中国国际私法与比较法年刊

CHINESE YEARBOOK OF PRIVATE INTERNATIONAL LAW AND COMPARATIVE LAW

2019
（第二十四卷）

中国国际私法学会
武汉大学国际法研究所 主办

黄进 肖永平 刘仁山 主编

法律出版社
LAW PRESS · CHINA

《中国国际私法与比较法年刊》编辑委员会名单

目　　录

国际私法专论

国际私法实务研究

国际民商事争议解决机制

比较法研究

《海牙判决公约》研究

信息与资料

Contents

Reviews on Private International Law

Studies on Private International Law Practices

Resolution of International Civil and Commercial Disputes

Comparative Law Studies

Studies on the 2019 Hague Judgment Convention

Information and Materials

国际私法专论

论国际私法人本性的法理逻辑与规范诠释

徐冬根*

人本性是国际私法的重要属性,人的问题造就了国际私法学的研究场域。国际私法的人本性不仅体现在“人”是国际私法学研究的逻辑起点和终极目标,“以人为本”是国际私法学和国际私法研究的基本价值取向上;而且还体现在国际私法的原则、规则和冲突规范之中。国际私法人本性具有深厚的法理逻辑。出于规则体系的合理性和逻辑自洽的角度,大陆法系国际私法学者更注重对国际私法人本性的立法规范诠释,而英美普通法系学者们更注重对人本性问题的司法实践以及当事人的实际行为和社会利益的研究。国际私法规范在司法实践中的实施是对人本性法理逻辑和规范诠释的积极回应。国际私法学者对跨国代孕和第三性等人类社会面临的新问题进行探索,寻找解决方案,体现了国际私法学者对于人本性问题的高度关注。

人本性是国际私法的重要属性。国际私法中的所谓“涉外民商事法律现象”,只不过是人在不同的涉外民商事法律场景中所表现出来的不同现象而已。国际私法学的使命,既在于探讨涉外民商事法律现象本身的特征,也在于揭示涉外民商事法律现象背后促使法律产生、运行、变化和发展的规律。① 按照著名学者罗纳德·德沃金(Ronald M. Dworkin)的理论,法学的任务“既具有描述性,又具有规范性”(descriptive as well as normative in character)。② 对国际私法的研究,既需要我们从思辨性的层面对国际私法深层次的思想和理念进行探索,又需要我们从国际私法规范层面进行诠释。在《论国际私法的哲理性》一文中,笔者从思辨性的层面提出并论

---

* 上海交通大学凯原法学院特聘教授、法学博士,上海交通大学国际法研究所所长、中国国际私法学会副会长。

① 参见谢晖:《价值重建与规范选择——中国法制现代化沉思》,山东人民出版社 1998 年版,第 75 页。

② See Ronald Dworkin, *Justice in Robes*, Cambridge Mass., Harvard University Press 2006, p. 251.

证了国际私法具有哲理性,[①]作为继篇,本文则着重从国际私法规范层面探讨国际私法的人本性,对国际私法中的人本性进行规范性诠释(normative interpretation)。我们相信,对国际私法人本性等基本属性的探讨和规范性诠释,有助于我们从某一个具体侧面进一步深入理解和把握国际私法的原则、规则和冲突规范产生、运行、变化、发展的规律。

一、"人"是国际私法学研究的逻辑起点和终极目标

国际私法学和国际私法研究不能远离现代社会结构及其逻辑起点——人的研究。有学者认为,中国法学的一个重要缺陷就在于忽略了人在法中的地位,人本观念的缺乏是法学界的明显失误,法、法治或法学都在很大程度上忽视了人。[②] 离开了人的因素,规则只能在机械和技术的层面发生影响,而国际私法学研究本身并不是控制社会的技术之学。国际私法学者、立法者和司法人员应该重视对人和人的地位、能力、身份与命运的关注与关怀,重视人的需要,要把对人的重视直接生成对国际私法主体强烈而现实的关怀。在国际私法学的理论研究中,我们应该将人放到更加重要的位置上。

马克思、恩格斯曾明确提出,他们理论的"出发点是从事实际活动的人"[③]。按照马克思主义的法学观,只有在张扬人类理性,表达人类理想,实现人类信仰的时候,法的统治才不至于成为奴役人的工具,而是成为发挥人的聪明才智、实现美好愿望的阶梯,才能最终把人的世界和人的关系还给自己。[④] "以人为本是马克思主义价值观的根本原理与原则。"[⑤]重视以人为本的理念,应该成为国际私法学和国际私法研究的基本价值取向。以人为本的"人",既包括法律关系中的个体意义上的人(当事人),也包括总体上的人(人类)。以人为本的"本",在修辞学上具有根源、根基、根据、中心、本位、目的的意义,以人为本亦即以人为主体,以人的需求为出发点和归宿,以人的自由为价值考量。[⑥] 人本主义指的是"人的利益、价值和尊严(human interests, values, and dignity)被认为是最重要的思想或行动"。因此,它是对人类最相关、最重要事物的关注,它注重个人、人类的表达和创造力,人类社会和

---

① 参见徐冬根:《论国际私法的哲理性》,载《华东政法大学学报》2010年第1期。
② 参见卓泽渊:《法治泛论》,法律出版社2001年版,第1、11页。
③ 马克思、恩格斯:《马克思恩格斯选集》(第1卷),人民出版社1995年版,第73页。
④ 参见《马克思恩格斯全集》(第1卷),人民出版社1956年版,第443页。
⑤ 李步云:《法的人本主义》,载《法学家》2010年第1期。
⑥ 参见孙莉:《人本的过程性与权力运作过程的人本性》,载《政法论坛》2007年第1期。

社会化,以及人类可持续发展的能力。①

人本主义所荷载是人之为人的终极存在价值的至崇至尊的地位的确立和确认,强调给予人以生存意义的终极关怀和眷注的人本情怀。李步云教授在《现代法的精神论纲》一文中,提出"现代法的人本主义"概念,指出"一切从人出发,把人作为一切观念、行为和制度的主体,尊重人的价值与尊严,实现人的解放和全面发展,保障所有人的平等、自由与人权,提高所有人的物质生活与精神生活水准,已经或正在成为现代法律的终极关怀,成为现代法制文明的主要标志,成为现代法律创制与实施的重要特征,成为推动法制改革的巨大动力"。②

国际私法学的研究必须建立在对人的分析基础之上,这既是它的逻辑起点,也是它的终极目标。

人的行为构成国际私法的基本法律现象。从表面上来看,国际私法学研究的对象是涉外民商事法律现象,而实质上,国际私法学研究的对象和目的都应该是人。"现代权利观念是从个人观点来谈论什么是公平,什么是正义,它表达的是尊重个人,尊重人的尊严和价值,尊重人的主体地位,国际私法也应如此。"③

人的问题造就了国际私法学的研究场域。萨维尼认为:"法律规则都是为当事人所制订的,当事人的现实利益就是法律的公正目标的实现。因而当事人的利益不应该屈从于法律规则的统一性和一致性。"④人本思想是西方法律思想的一个重要组成部分。⑤ 查士丁尼说:"我们所适用的法律,是关于人的法律,是关于物的法律,是关于诉讼的法律。首先要考察人,因为如果不了解作为法律关系对象的人,就不可能很好地了解法律。"⑥在国际私法学的研究中,必须从对人的分析入手,来确定国际私法学研究的路径、范式和主题。只有将国际私法学的研究建立在对人的分析基础之上,才能厘清涉外民商事法律关系中人与人、人与法以及人与物的关系。

国际私法学首先强调的应该是对人的保护。"法源于人性,人性即天理。所以,法律应该立足于人性,抽象出人性之一般,以此为基点,并兼顾人的多样性,来构建

① See Alfred McClung Lee, "Humanism as Demystification", *Journal of Sociology &Social Welfare* 3, 1976, p. 349.

② 李步云:《现代法的精神论纲》,载《法学》1997 年第 6 期。

③ 梅傲:《国际私法人本论》,西南政法大学 2014 年博士学位论文,第 15 页。

④ [德]弗里德里希·卡尔·冯·萨维尼:《法律冲突与法律规则的地域和时间范围》,李双元等译,法律出版社 1999 年版,第 65 页。

⑤ 有关西方古典人文主义理念与自然法学派的讨论,参见 Gabor Hamza, "Comparative Law and Antiquity within the Framework of Legal Humanism and Natural Law", *Fundamina* 16, 2010, p. 148。

⑥ [罗马]查士丁尼:《法学总论——法学阶梯》,张企泰译,商务印书馆 1989 年版,第 11 页。

各种制度。”①许多社会学家认为,人类社会的发展进步最根本的动因是人的需要。社会发展依赖于人的需要,法就是人的需要的产物。② 可见,国际私法规范的制定是为了人,无论是作为一种社会的规范设计、制度的安排与组织设置,还是一种社会的观念、意识和精神状态;无论是作为历史经验的自发产物,还是作为现实需求的理性构建,国际私法原则、规则和制度的构建应以个体人的人性需求为标准和动力,以真正的具体的人的日常生活世界为诞生之地,并以现实的人的具体的生活场景为存在和发展的地域与时空纬度。

国际私法是为规制人的涉外民商事法律行为所制定的。而人的行为具有多样性和复杂性,从而造成了国际私法立法的多样性和复杂性。没有人的涉外民商事行为的驱动,就不会有国际私法立法的发展和变化。正是从这个意义上来说,研究人的实际行为,成为国际私法学研究的逻辑起点。法律要真正实现以人为本,必须重视对人的保护,提高人的能动性。正是源于对人的涉外民商事行为的不同分析和结构,才逐步形成了不同的国际私法研究范式和方法,造就了丰富多彩的国际私法学说理论,从而推动了国际私法学的发展和繁荣。立足人性,尊重人性,是所有研究的逻辑起点,同样也是国际私法学研究的逻辑起点。

现代国际私法的制度和规则设计中应该关注私人利益,追求自由和平等。国际私法的任务不仅是要找到法域,还要实现更高的目标。国际私法承担的责任除了解决涉外民商事纠纷,促进国家间平等互利的经贸合作与实现国际民商事活动的有序进行,还需要尊重私主体、保护私权利。在现代社会,国际私法被赋予的责任更大,不仅要解决涉外私人纠纷,维护法院地公共秩序,还要求维护国际社会的共同利益。国家在行使权力时,更多地被要求考虑整个国际社会的利益和人类的共同福祉。③“在国际法治的发展进程中,出现了国际法的人本化趋势,此种趋势体现在国际私法就应该越来越强调人的意义与价值,合理保护私人权益。”④正是国际社会的不断发展,国际私法的基本理念和根本价值不断在冲突中革新,国际私法被赋予了更多的历史使命。

国际私法学是一门以人为本的社会学科,国际私法学的研究,应该围绕人的需求而展开,国际私法离不开人,离不开人与人之间的关系,离不开人追求美好生活的

① 李永成:《经济法人本主义论》,法律出版社 2006 年版,第 32 页。
② 参见卓泽渊:《法的价值论》,法律出版社 1999 年版,第 108 页。
③ 参见肖永平:《法理学视野下的冲突法》,高等教育出版社 2008 年版,第 297 页。
④ 梅傲:《国际私法人本论》,西南政法大学 2014 年博士学位论文,第 15 页。

愿景。国际私法学,是以人为本的学问,是关注人的实际法律生活以及人在涉外民商事关系中法律问题的学科。

二、国际私法人本性的法理逻辑

国际私法应该在人本框架之下,考虑社会中不同人的不同愿望。美国著名学者、最高法院大法官卡多佐(Benjamin Nathan Cardozo)在其名著《司法程序的性质》(*The Nature of the Judicial Process*, 1921)、《法律的成长》(*The Growth of the Law*, 1924)和《法律科学悖论》(*The Paradoxes of Legal Science*, 1928)等系列论著中提出一个重要的命题:法官在司法审判实践中应该采用"社会学方法"(method of sociology)或"作为立法者的法官"(judge as a legislator)来关注民生和人本。① 国际私法的人本性具有深厚的理论积淀。探索国际私法的人本性的理论之中所蕴藏的法学原理与逻辑内涵,对于我们深入理解和认识国际私法的人本性原理具有重要的学术意义。

(一)意思自治是国际私法人本性的典型表现

意思自治作为涉外民商事法律关系的首要原则,正是基于市民社会是人类私人的物质交往关系的集中体现,人们按照市场规律,通过契约的方式与他人发生民事关系,从而实现自己的利益和目的。② 法国学者杜摩兰提出在合同关系中,应该适用当事人自主选择的法律。后来意思自治原则逐渐成为国际私法中选择合同准据法的一项普遍接受的原则。这一原则是近代国际私法的重要标志之一,而自然法理论是其形成和发展的法哲学基础。近代自然法哲学主张自然法是最高的法律。自然法学说充分肯定人的理性、自由意志、平等和权利,是人本思想的重要体现。自然法渊源于人类的理性。③ 自然法学者关于自由意志的理念,使人从对神的依附中彻底地解放出来,成为独立人格和自由意志的人,奠定了契约自由的思想基础。以人为本的制度是以社会中每一个人的利益为出发点设计的制度,实行民主、自由的社会是以人为本进行制度设计的。④ 近代自然法论所倡导的"一切人生而平等,人们对财产、自由和生存有不可否认的自然权利,政府的正当职责是承认和保护人们之间

---

① 有关卡多佐及其学术思想的讨论与评价,参见 Charles E. Clark, David M. Trubek, "The Creative Role of the Judge: Restraint and Freedom in the Common Law Tradition", *Yale Law Journal* 71, 1961, p. 255。

② 参见梅傲:《国际私法人本论》,西南政法大学 2014 年博士学位论文,第 25 页。

③ 参见张宏生主编:《西方法律思想史》,北京大学出版社 1983 年,第 141 页。

④ 参见王国全、何锐:《论民法的人本性》,载《太原师范学院学报》(社会科学版)2012 年第 4 期。

的平等”,[①]这种注重人的自由、强调人的权利的思想成为意思自治原则的先导。

意思自治理论的出现,体现了对人的重视。意思自治理论在国际私法中的确立,使人本性在国际私法理论体系获得重要地位,并被运用到具体法律适用规则之中。法律冲突中的重要问题不是规则的制定,而是确定适用的案件及其适用程度。[②]人本性在国际私法中得到实施是国际私法人本性的真正意义所在。

随着以人为本理念在国际私法方面的深入,意思自治理论的适用领域不断扩大,从传统国际私法的合同法律适用领域逐渐发展到婚姻、家庭法律适用等与人本性密切相关的领域,回应了学者呼吁意思自治在婚姻、家庭法律适用领域提高其协调性的诉求。[③] 同时,对于意思自治理论本身的理解也出现了扩张,对于当事人选择准据法的时间、范围以及选择方式等方面,都呈现扩大化和灵活性的发展趋势。[④]

(二)最密切联系(实质正义)是国际私法人本性的综合体现

国际私法人本性集中体现在最密切联系方法(或原则)(approach)之中。最密切联系方法,又称最重要联系方法、最强联系方法或最真实联系方法,它是20世纪最富有创意、最有价值和最实用的国际私法法律选择方法。依最密切联系方法制定出来的冲突规范,是一种具有弹性的或者说是一种更加灵活的冲突规范,从而避免了传统的冲突规范的僵硬性和机械性,增加了法律选择的灵活性。最密切联系原则软化了传统的硬性联结因素,增强了法律适用的灵活性,有利于法院在法律适用上更具便利性和灵活性,有利于实现法院在案件判决中的个案公正,并体现实质正义的法律价值。最密切联系方法一经产生,便对国际私法的发展产生了重大影响,被各国立法和司法实践广泛接受,并被不断地加以完善。究其原因,主要是该原则具有灵活性特征,赋予了法官自由裁量权,要求法官不能对众多的与特定法律关系密切相关的联系因素置若罔闻,而是要根据案件的具体情况综合考虑各种相关因素,通过各种连结因素的表层去分析该连结因素与特定民商事关系的关联性,以期找到与该特定民商事关系有着最真实的,即本质的、固有的、稳定联系的法律。[⑤] 最密切联系方法的这一特点适应了目前复杂多变的涉外民商事法律关系。

---

① 参见[英]梅里曼:《大陆法系》,顾培东等译,台北,台湾黎明文化事业公司1978年版,第21页。

② See Hessel E. Yntema, “The Objectives of Private International Law”, *Canadian Bar Review* 35, 1957, p. 724.

③ See Felix Maultzsch, “Party Autonomy in European Private International Law: Uniform Principle or Context-Dependent Instrument”, *Journal of Private International Law* 12, 2016, p. 466.

④ 参见刘晓红:《中国国际私法立法四十年——制度、理念与方向》,载《法学》2018年第10期。

⑤ 参见董作春:《最密切联系原则本质初探》,载《学术论坛》2001年第2期。

最密切联系理论或方法重视对个体给予特殊关怀的价值取向,体现了实质正义的价值取向。我们可以将公平区分为形式公平和实质公平。实质公平与形式公平不同,它是指社会范围内实质性、社会性的公平或正义,是一种追求最大多数社会成员的福祉的公平观,强调针对不同的情况和不同的人给予不同的法律调整。因此,传统国际私法所体现的人本性是一种对具有理性认知能力的民事主体所提供一种总体的关怀,并未突出对民事关系中某些属性的特别调节,亦没有对某类主体给予特别的关注。但是由于每个人的自身状况、生活环境、社会联系、物质条件不同,同样的标准可能得出不同的结果。因此,从形式上看,一些法律规范是公平的,但是从实质上看,却是不公平的。随着现代社会关系的日益复杂化、多元化和多维化,传统国际私法亦面临着现代化的问题。单纯以总体为着眼点的人本性,愈来愈不能适应变动不居的现实需要。"平等并不要求对所有人同样对待。作为相等来对待(treatment as an equal),而不是平等对待(equal treatment),这是平等的价值。"①重视对个体给予特殊关怀的价值取向在现代国际私法中已经初露端倪,并日益增长,国际私法的价值取向正处于从形式公平向实质公平的转变过程之中。

现代国际私法所追求的是实质正义,即事实上和实质上的公平和正义。② 国际私法不应满足于法律适用形式上的公平和正义,而应该达到法律适用实质上的公平和正义。"适当国家"的法律必然是"适当的法律",这种适当性应该从法律适用的实质意义上,而不是从法律适用的空间意义上来界定。③ 超越形式公平,追求实质公平,是现代国际私法许多新学说的一种极其明显的倾向。美国学者凯弗斯所倡导的"规则选择"和"结果选择"说,④主张法院在审理涉外民商事案件时,应比较适用不同法律所产生的后果,并衡量这种后果对当事人是否公平和公正,法院应该适用能够真正体现实质公平和公正的法律。现代国际私法对凯弗斯的观点进行了扬弃,吸收了其中的合理内核,美国学者柯里的政府利益分析说⑤以及艾伦茨威格

---

① 参见[美]迈克尔·D. 贝勒斯:《法律的原则——一个规范的分析》,张文显等译,中国大百科全书出版社1996年版,第11~12页。

② See Courtland H. Peterson, "Private International Law at the End of the Twentieth Century: Progress or Regress?", *The American Journal of Comparative Law* 46, 1998 Supplement, p. 209.

③ 参见李双元:《国际私法正在发生质的飞跃——试评〈20世纪末的国际私法:进步抑或倒退?〉一书的总报告》,载李双元主编:《国际私法与比较法论丛》(第5辑),中国方正出版社2003年版,第415页。

④ See David F. Cavers, "A critical of the choice of law Problem", *Harvard Law Review* 47, 1933, pp. 173-208.

⑤ 参见韩德培、韩健:《美国国际私法(冲突法)导论》,法律出版社1994年版,第120页。关于柯里全部的学术思想与理论,参见Currie B., *Selected Essay on the Conflict of Law*, Durham N. C. 1963。

(Ehrenzweig)的法院地法说①均或多或少地体现了实质公平这种法律价值和追求。所以说,现代人文精神体现在最密切联系原则或者方法中的精髓是实质公平。

三、国际私法人本性的立法规范诠释

国际私法是以人为起点,通过关注人的需求,通过法律冲突规范系统的立法构建,提炼出解决法律冲突的一整套原则、规则和冲突规范,用于解决人际法律关系的冲突,最终实现人追求美好生活的愿景。从人本性视角出发,我们可以发现国际私法经过多年的积淀,已经形成了一套丰富的冲突规范立法体系。

(一)惯常居所是国际私法人本性在自然人属人法上的反映

国际私法的人本性还明显体现在国际私法的自然人属人法(*lex personalis*)之中。作为国际私法特有的概念,自然人属人法是关于人的身份(status)和能力(capacity)的准据法,②是用于解决人的身份、能力、婚姻、家庭、继承等方面的法律冲突的系属公式。

自然人属人法经历了一个到底是以自然人的国籍(nationality)、住所(domicile),还是惯常居所(habitual residence)为连接点的争论的发展历程。③

国籍概念所强调的是个人对国家负有的政治效忠以及国家对个人的保护义务的关系。1804年《法国民法典》第3条第3款“关于个人身份与法律上能力适用于全体法国人,即使居住于国外亦同”的规定,是国籍作为自然人属人法的典型代表。采用国籍作为自然人属人法的连结点,强调了国家的意志与主权,强调国家对全体国民的支配权。人成为国家支配关系中的对象和客体。意大利著名的政治家和国际私法学家孟西尼(P. S. Mancini)1851年在都灵大学发表了《国籍是国际法的基础》(*Nationality as the Foundation of Law of Nations*)的专题演讲,提出了以国籍主义为核心的国际私法三原则。其中国籍原则,又称本国法原则,即主张一切法律关系,不论其种类如何,原则上要以国籍作为连结因素,以当事人的国籍国法或本国法作为准据法。一国的国民即使身处国外,原则上也只是与自己本国的法律相联系。作为例外,当事人可以适用他们在合同中所指定的法律。从理论上系统分析和阐述了国籍作为自然人属人法的意义,充分肯定了国籍对法律选择的决定性作用。以国籍

① 参见邓正来:《美国现代国际私法流派》,法律出版社1987年版,第142页。

② See Edward I. Sykes, Michael C. Pryles, *International and Interstate Conflict of Law*, 2nd Edition, Sydney, Butterworths, 1981, p. 313.

③ 参见杜新丽:《从住所、国籍到经常居所地——我国属人法立法变革研究》,载《政法论坛》2011年第3期。

为原则的自然人属人法，在政治上迎合了当时欧洲国家的统一和强化国家对臣民（个人）的统治和管理。但是，这种片面强调政治性的内在倾向也是其遭到批评的重要原因。当事人对国籍的忠诚并不表明其在民事关系上与其国籍所属国的法律之间存在必然的联系，尤其是对长期居住于国外的人来说，这种情况更为显著。随着跨国流动人员的日益增多，以及双重国籍、无国籍人的数量的显著增加，以国籍为原则的自然人属人法，必然陷入困境。

住所是人的生活中心所在地，有关人的一切法律关系都与人的住所存在直接的关联。住所概念强调的是人的人身关系和财产关系，注重的是个人的私的生活法律关系的重心所在地域。强调国际私法属地性的学者认为，住所应该成为自然人属人法的核心要素。萨维尼的法律关系本座说最早明确将住所作为自然人属人法的连结点。在法律关系本座说中，萨维尼将有关人的身份、能力问题的法律适用“本座”分配到住所地的法律。住所具有原始住所和选择住所之分。在罗马法中，原始住所（*origo*）是因为出生而取得的住所，它包含了类似于现代意义上的国籍之内涵，强调个人与特定国家的关系，即个人对特定国家负有忠诚义务并享受相应权利。选择住所（*domicilium*）是成年人以定居为目的在一个国家建立的永久定居场所，①选择住所是当事人自己作出选择，体现了当事人的独立意思表示。国际私法肯定选择住所，将选择住所确认为自然人属人法，是对人的尊重，是对当事人选择权的维护。

采用国籍还是采用住所作为自然人属人法，不仅反映了自然人属人法的标准问题，而且从更深层次上反映了两类不同国家的理念问题和利益问题。住所地法和国籍国法的冲突，是两种不同利益的对立和冲突。为解决这种冲突，惯常居所地（habitual residence）法便应运而生，在1902年海牙国际私法会议首次在有关未成年人监护条约中使用“惯常居所地”②之后，尤其是在1954年《民事程序公约》之后，惯常居所地法成了自然人属人法的连接因素。

与国籍和住所相比，惯常居所强化了人的核心因素以及涉外民商事当事人选择居住场所的意愿和意志。经常居所地更能真实地反映当事人意图受其所居住地法律支配的主观意图和意愿，体现了当事人的意思自治。当事人选择某国作为其惯常居所地，这个选择表示了当事人希望得到某国法律保护，并愿意遵守该国法律规则的意愿。因此，惯常居所地法的普及和它在国际私法立法中的广泛运用，体现了国

① 参见陈小云、屈广清：《英国属人法问题研究——从坚持传统到温和改革》，载《河北法学》2006年第4期。

② See Convention of 12 June 1902 relating to the Settlement of Guardianship of Minors.

际私法的人本精神,强化了人的意志,体现了国际私法的人本关怀。

自然人属人法经历了从国籍到住所,再到选择住所,并一进步演化到惯常居所,[①]它所体现的是一种人在国际私法上的地位和身份的变化,从起初强调国家对臣民(个人)的绝对控制,到相对控制,到法律重视对个人选择权的认可与保护,进一步演化到对个人及其权利的尊重,体现了一条人本主义精神在国际私法发展中的嬗变历程和法哲学思想的进化路径。

(二)保护弱者利益是国际私法人本性的重要体现

现代社会以抽象人格、实行法律面前人人平等的无身份区别保护为一般原则,弱者身份的提出,是这种一般原则的例外。[②] 这种例外的产生并在法律规范中得以体现,是人类文明高度发展的结果。保护弱者是人类高度文明在法律上的显像,是法律规范人性化的反映。国际私法对弱者的保护,是国际私法人本性的重要体现。国际私法层面上的"弱者"是指在涉外民商事关系中处于弱势地位或者不利地位的当事人。[③] 这种弱势地位或者不利地位可能表现在当事人的经济地位方面,也可能表现在当事人的知识、技能、技术和信息方面。无论在哪一方面,处于弱势或不利地位的当事人都可能因为欠缺资本、技术、信息而出现错误或者被欺诈、胁迫,以致合法的民商事权利受到侵害。法律的人本性蕴含了弱势群体保护的价值追求——人是目的;廓清了弱势群体保护的道义基础——社会平等;明晰了弱势群体保护的发力源泉——国家责任;标示了弱势群体保护的有效路径—— 共享发展。[④] 国际私法上的弱者保护,是借助抽象人格对全体社会成员实行一体保护,是根据人所处的具体社会关系,界定其居于弱者地位,再由法律予以特殊或倾斜性的保护。国际私法关系的复杂性,使我们不得不认识到传统国际私法规范的不足,特别是在当事人之间存在悬殊地位差异的时候,必须有一种更高层次的国际私法规则来进行调整;否则难以实现法律公平、平等地保护当事人合法权益的目的。就实质正义角度而言,国际私法对弱者的利益予以特殊保障,对现实中特点的不合理进行一定程度的纠

---

① 我国立法没有采用"惯常居所"这个术语,而是选择了类似的范畴——"经常居所",参见杜焕芳:《自然人属人法与经常居所的中国式选择、判准和适用——兼评〈涉外民事关系法律适用法司法解释(一)〉第15条》,载《法学家》2015年第3期。

② 参见徐冬根:《人文关怀与国际私法中弱者利益保护》,载《当代法学》2004年第5期。

③ 参见田园:《保护弱者原则对国际私法基本制度的影响》,载韩德培等主编:《中国国际私法与比较法年刊》(第4卷),法律出版社2001年版,第85页。

④ 参见赵迅、刘焕桂:《弱势群体保护的人本主义诠释》,载《湖南大学学报》(社会科学版)2009年第1期。

正,将目光重点落在弱者利益的特殊保障上,有助于实现社会的公平正义。保护弱者利益的国际私法规范就承担了这样的任务。为了矫正这种表面公平而实质不公平的情况,法律需要对弱者进行保护,以体现法律价值取向的人本性,体现真正的公平。国际私法从传统意义上的法律适用的确定性和可预见性为导向的硬规则转向更为关注社会的整体发展和公民个人福利的软规则,国际私法的人本化趋势日益增强。人类社会是一个息息相关、互相制约的共同体,其成员之间不仅是竞争关系,而且还需要相互扶助,所以应对弱者进行保护。

当代国际私法的人本性体现了明显的保护弱者的思想,并将其作为国际私法立法的一项基本准则。例如,1986 年修订后的德国《民法典施行法》第 30 条规定即体现了保护弱者的精神。1996 年列支敦士登《国际私法》第 48 条、1998 年突尼斯《国际私法》第 67 条的规定也都体现了这样的立法精神:不允许以“当事人选择法律”为由剥夺法律所提供给劳动者(雇员)的特殊保护;在无法律选择情况下,一般适用雇员惯常工作地法,以有利于雇员。① 随着后现代主义法哲学观影响的日益扩大,对弱者给予特殊保护的原则在国际私法中得到进一步贯彻。2005 年,阿尔及利亚颁布新的《民法典》,新的法律适用规范强化了缔约自由和对弱者的保护。② 我国 2010 年 10 月 28 日颁布、2011 年 4 月 1 日起施行的《涉外民事关系法律适用法》③中明显体现了保护弱者权益的法律的理念,在父母子女人身、财产关系,扶养关系和监护关系的法律适用规则中,保护弱者权益原则得到广泛体现。④ 例如,我国《涉外民事关系法律适用法》第 29 条规定:“扶养,适用一方当事人经常居所地法律、国籍国法律或者主要财产所在地法律中有利于保护被扶养人权益的法律。”该条有关扶养的法律适用采用了由法官选择有利于被扶养人利益的法律选择规则。较之《民法通则》采用的最密切联系原则,本条规定进一步明确允许法官在多个法律中选择适用对扶

---

① See PM North, JJ Fawcett, *Cheshire and North's Private International Law*, 13th edition, London, Butterworths, 1999, pp. 855 – 857.

② 参见《阿尔及利亚民法典》(节录),邹国勇译,载黄进、肖永平、刘仁山主编:《中国国际私法与比较年刊》(第 12 卷),北京大学出版社 2009 年版,第 531 页。

③ 有关对《涉外民事关系法律适用法》的评论,参见郭玉军:《中国国际私法的立法反思及其完善——以〈涉外民事关系法律适用法〉为中心》,载《清华法学》2011 年第 5 期;肖永平:《中国国际私法立法的里程碑》,载《法学论坛》2011 年第 2 期;刘仁山:《中国国际私法立法应独立于民法典的编纂》,载《法制日报》2015 年 5 月 6 日,第 10 版。

④ 参见陈卫佐:《涉外民事法律适用法的立法思考》,载《清华法学》2010 年第 3 期。

养权利人有利的法律,与国际社会对扶养法律适用的立法趋势基本一致。[①] 这样,法官可以根据具体的情况,灵活地作出不同的选择:在法律适用的内容上,确认扶养关系的存在,可以选择有利于扶养关系成立的法律;在扶养费的给付方面,则可以选择适用规定扶养费数额较高的法律,使被扶养人的处境更为有利。[②] 对弱者给予特别保护的人本性理念,随着社会的进步,在国际私法中获得了越来越明显的贯彻和实施。"当弱势群体的利益得到充分保障后,其身份的转化将有助于提升人生价值,进而更加激发社会活力。"[③]由此可见,对于国际私法立法者而言,洞察现实生活中强弱对比的变化,运用人本性理念,及时界定弱者群体的范围,有利于对弱者形成有效的保护措施。

保护弱者的国际私法人本性还延伸到国际私法的司法实践领域。司法者要全面地执行国际私法规范,不仅要根据法律的普遍性规范来解决问题,而且也能针对个别情况、个别案情作特殊处理,从而体现法律的能动作用、灵活性和适应能力,[④]运用人本性理念,维护弱者的合法利益。

(三)人本性问题在国际私法新领域中的体现

随着社会的发展,国际私法的新问题、新领域也得到不断地拓展。其中跨国代孕就是国际私法中有关人本性的新领域。国际私法学者十分重视跨国代孕的问题,如2017年1月31日至2月1日,跨国代孕项目专家组在海牙举行了一次会议,19位专家、2位观察员和常设局的成员参加了会议。专家组报告涉及跨国代孕中子女的法定父母身份,连结点、准据法、管辖权、国际合作等问题进行研究。[⑤]

第三性问题,是国际私法领域有关人本性的又一个新领域。部分胎儿出生时性别不明,一些国家承认男性、女性之外,还承认第三性,为此在国际私法上产生对性别问题的定性、法律适用等问题。德国波恩大学家庭法研究所的高赛尔(Susanne Lilian Gössl)教授在《从事实问题到法律问题再到国际私法问题:一个人是男性,女性,还是?》[⑥]一文中,讨论了"第三种性别"应当被识别为法律和事实相结合的问题

① 参见郭玉军:《涉外民事关系法律适用法中的婚姻家庭法律选择规则》,载《政法论坛》2011年第3期。

② 参见徐冬根:《国际私法》(第2版),北京大学出版社2013年版,第224页。

③ 郑泰安:《法治功能的理性回归》,载《光明日报》2015年10月25日,第7版。

④ 参见张严方:《消费者保护法研究》,法律出版社2003年版,第249页。

⑤ 参见杜涛:《国际私法国际前沿年度报告(2016—2017)》,载《国际法研究》2018年第3期。

⑥ See Susanne Lilian Gössl, "From Question of Fact to Question of Law to Question of Private International Law: The Question Whether a Person Is Male, Female, or?", *Journal of Private International Law* 12, 2016, p. 261.

的原因,分析了国际私法对第三种性别的法律适用,探讨了《保护人权与基本自由公约》(European Convention on for the Protection of Human Rights and Fundamental Freedoms,以下简称《欧洲人权公约》)和公序良俗对这一问题的影响。她认为,对于更重视严格国家性别登记为男性和女性而对个人性别自主权重视程度较低的国家,可以不接受其他法域对个人第三种性别的认定。此外,应当承认其他国家对第三种性别的认定。欧盟法倾向于承认其他欧盟国家对第三种性别的认定,但受到公共秩序的限制。①

国际私法学者对诸如跨国代孕和第三性等人类社会面临的新问题进行探索和展开学术交流,寻找解决方案,说明国际私法学者对于人本性问题的高度关注,为国际私法中人本性新问题的立法调整和规范性诠释,奠定了前期的学术基础。

四、国际私法规范在司法实践中的实施:对人本性法理逻辑和规范诠释的积极回应

国际私法最重要的是国际民商事司法实践,通过专业的法律从业人员,包括律师和法官对与人本性相关的国际私法规范的理解、适用和诠释工作,创造和促进人际关系,增强对消费者和弱者的保护。② 包括律师和法官在内的法律工作者,不仅参与法律的研究,而且还参与创造和促进人际关系并表达人类价值观的行动。

大陆法系国际私法学者更注重对国际私法人本性立法规范的诠释。出于规则体系的合理性和逻辑自洽的角度考虑,大陆法系国际私法学者有关人本性的研究更多地关注法律条文的内容。相反,在英美普通法系,学者们比较注重对人本性的司法实践的研究,关注有关人本性问题的司法实践以及当事人的实际行为和社会利益,如美国耶鲁大学法学院前院长卡拉克(Charles E. Clark)教授指出,法官们所立的法甚至要比立法者所立的法更具有决定性和权威性,因为法是由法院解释的,而且法官对法的解释决定了法的真实含义。③ 卡拉克教授的这番话,揭示了国际私法中司法实践对于人本性规范诠释的重要意义。

在美国弗吉尼亚担任法官工作达32年之久的斯塔歇(Larry Starcher)法官,在其2008年离任之际,在《司法哲学:以人为本的正义》一文中,结合自己一生担任法

① 参见张海飞:《国际私法的新发展》,载《河北青年管理干部学院学报》2019年第2期。

② See Samuel J. M. Donnelly, Mary Ann Donnelly, "Commercial Law Is a Humanism", *Syracuse Law Review* 53, 2003, p. 303.

③ See Charles E. Clark, David M. Trubek, "The Creative Role of the Judge: Restraint and Freedom in the Common Law Tradition", *Yale Law Journal* 71, 1961, p. 255.

官职业生涯的体会,通过对一个个具体案例的分析,对民生与人本性作了完整而全面的总结,内容包括消费者保护、劳工、环境、保险、侵权与普通法、父母子女和家庭关系、员工赔偿、精神疾病、陪审团等各个领域的相关法律问题。①《司法哲学:以人为本的正义》不但反映了一位从事司法审判工作多年的老法官对司法实践中应该如何贯穿人本思想的体会和理论总结,也同时说明了人本性作为司法审判实践的精粹,在司法审判实践中得到了广泛而深入的贯彻和实施。

我国也十分重视在司法审判中的民生和人本性。习近平总书记指出,要努力让人民群众在每一个司法案件中都能感受到公平正义,不能让不公正的审判伤害人民感情。② 司法审判实践是现代法治国家中民生和人本性的重要体现,国家司法机关需要通过一个个具体的公正的司法判决体现国家关心民生和以人为本的原则。

国际私法人本性的贯彻和实施,有时需要与其他学科的合作来提高其规范效力。如被称为"行动导向的计划调解法庭和/或家庭法院"(an action oriented program-conciliation courts and/or family courts),是一个经过验证的司法实践改革项目,在该计划项目中,司法机关的婚姻和家庭辅导员参与对婚姻纠纷的调解,通过法律与其他学科的融合与交叉,提升法律在贯彻和实施人本性方面的实际作用和效能。③ 该计划项目的成功,证明了国际私法通过与行为科学的相互结合、相互沟通和合作,在贯彻实施人本性原则、有效解决家庭法领域的冲突方面,可以取得显著的成效。

综上所述,在国际私法人本性的研究中,关于国际私法规范在司法实践中的运用、实施、诠释及其社会效果,同样也应该成为我国国际私法学者关注的重要内容。我国国际私法学者对人本性司法实践的研究,要关注"活"的法律,这样可以有效地检测已有依立法中心主义所起草法律的社会效果。与此相应,正如何其生教授所呼吁的那样,中国国际私法的研究范式需要从传统的立法中心主义向以司法中心主义为主的多元研究范式转换。④ 可见,从已有的立法中心主义研究范式扩大到司法中心主义的研究范式,已经成为我国国际私法学术研究的当务之急。国际私法规范的

① See Larry V. Starcher, "A Judicial Philosophy: People-Oriented Justice", *West Virginia Law Review* 111, 2009, pp. 411 - 452.

② 参见习近平:《在首都各界纪念现行宪法公布施行三十周年大会上的讲话》,载中共中央文献研究室编:《十八大以来重要文献选编》(上册),中央文献出版社2014版,第91页。

③ See Meyer Elkin, "The Missing Link in Family Law-Humanism", *Family Courts Review* 14, 1976, p. 4.

④ 参见何其生:《中国国际私法学的危机与变革》,载《政法论坛》2018年第5期。

生命力在于司法实践,只有能够被法官在具体的司法审判实践中所适用的人本性国际私法规范,才真正能够体现出以人为本的国际私法价值。而对具有鲜活生命力的国际私法的规范诠释,并形成新的国际私法研究范式,则是重塑和提升中国国际私法学活力的重要渠道,也是彰显国际私法人本性理念和价值的重要手段。

五、结语

国际私法从产生至今,其理论变迁经历从关注规则到重视人的发展历程。

在公元13世纪,被称为“国际私法之父”的巴托鲁斯提出了法则区别说,他主张从法则本身的性质入手,把所有的法则分为“人法”和“物法”,其理论主导了国际私法的发展长达500余年。以巴托鲁斯法则区别说为基础建立起来的国际私法理论和体系,反映了国际私法对规则的倚重。但是,自从杜摩兰的“意思自治说”在国际私法中占据主导地位之后,人在国际私法中的地位得到大大提升。国际私法意思自治原则中的人本性所体现的是尊重人、尊重当事人的合法权益,体现私法自治原则,力求从实质上维护当事人尤其是弱者的合法权益。

“价值是事物存在的意义。”①国际私法对社会发展和人类福祉的构建与维护,具有很高的价值,在国际社会中发挥着不可或缺的作用。国际私法中的以人为本价值取向,完全符合我国当前的政策导向和治国方略。社会主义法治的核心是以人为本,国际私法正是以人为本之法。在法治勃兴的今天,对人和人类真实处境的思考和关切,强化对人的尊重,是社会主义法治观的体现。

近年来,习近平总书记围绕社会主义法治建设发表了系列重要讲话,提出了许多重要论断。习近平总书记站在政治哲学的高度,展示了社会主义法治思想的人本向度,即坚持以人民群众为主体,以人民利益为主线,以公平正义为核心,将实现共同富裕作为社会主义法治建设的出发点和落脚点。② 党的十八届四中全会提出的“要恪守以民为本、立法为民理念,贯彻社会主义核心价值观,使每一项立法都符合宪法精神、反映人民意志、得到人民拥护”是以人为中心的人本精神法治化的体现。唯其如此,“方可达到民众之富有,社会之和谐。民富则国强,民为邦本,本固邦宁”。③ 关注民生、发展民生,重视人本性、提升对人的尊重,是我国国际私法走向繁荣昌盛的必然价值取向。

---

① 佟欣科:《客观实证主义视野下国际法价值的新发展》,载《光明日报》2015年10月5日,第8版。

② 参见沈辰辰、袁寿其:《习近平社会主义法治思想的人本向度》,载《江苏大学学报》(社会科学版)2015年第4期。

③ 王国全、何锐:《论民法的人本性》,载《太原师范学院学报》(社会科学版)2012年第4期。

综上所述,国际私法学应将“人”作为研究中心,提高“人”在国际私法中的地位;国际私法立法确立意思自治原则的首要位置;强化最密切联系原则,并将保护弱者权益的人本性渗透到国际私法的更多层面。国际私法学者应积极关注国际私法领域新出现的人本性新问题,及时对人本性新问题展开研究并寻找解决新问题的方案。

论法国国际私法的非法典化*

丁　晓**

法国历来有成文法传统，但其在国际私法领域却有着显著的判例法特征。其国内成文条款寥寥无几，主要的国际私法规范源于法国最高法院的判例。尽管国际私法法典化运动在全球蓬勃发展，但法国国际私法仍以"非法典化"模式存在。第二次世界大战后，法国学者进行了三次国际私法法典化尝试，均以失败告终。究其原因，在国内层面，在于缺乏明确的政治意图，学界观点不一致，以及丰富的判例足以弥补成文法缺失。在国际层面，则由于法国国际私法法律渊源的国际化和欧洲化现象日益凸显，其国内渊源地位逐渐衰微。法国国际私法演变成传统国际私法、统一国际私法和欧洲国际私法3个维度共同发展的模式。我国可效仿法国"非法典化"立法模式，暂不编纂国际私法典，着力优化升级《涉外民事关系法律适用法》是当前事半功倍之选择。

自19世纪末起，国际私法的国内立法出现了系统化和集中化的发展态势。尤其是自20世纪70年代起，国际私法的法典化运动在世界范围日益高涨。然而，法国却如同一座孤岛，独自抵抗着这场法典化浪潮。法国国内立法中的国际私法规范屈指可数，判例法规范成为法国现代国际私法的基石，尤其是最高法院作出的重大判决（Grands arrêts）成为法国国际私法的主要渊源。① 有着丰硕国际私法学

* 本文是2019年度重庆市社会科学规划培育项目"后民法典时代中国国际私法立法模式研究"（项目编号：2019PY66）和2018年度国家法治与法学理论研究重点项目"论海牙'判决项目'的最新发展——中国视角、立场与方案"（项目编号：18SFB1009）的阶段性研究成果。

** 西南政法大学国际法学院国际私法2018级博士研究生，重庆工商大学讲师。

① See Bernard Haftel, *Droit international privé*, Dalloz, 2018, p. 10.

术成果,[①]且一贯推崇法典化理念的法国,为何采取此种老旧濒死的立法模式,令不少学者费解。[②] 本文将从立法模式的角度,探析法国国际私法"非法典化"模式的形成原因。

一、"法典化"运动与"非法典化"主张

在法典编纂问题上,法学家们的观点常常带有浓厚的文化印记、时代特征,甚至是主观色彩。在不同的法律体系、时代背景和社会地位之下,"法典化"与"非法典化"这两种思潮都进行过激烈交锋。法律的"非法典化"主张的提出与"法典化"运动的产生有着密切联系,因此,在讨论"非法典化"之前,须先谈及"法典化"。

(一)"法典化"运动

"法典化",又称为"法典编纂",是指对某一地域的全部法律或部门法律所作的系统阐述,以取代由判例或制定法形成的现行的法律规则和习惯。[③] 该术语由英国学者边沁(Bentham)首次提到,他是法律"法典化"的积极倡导者,并一直着力于英国普通法的"法典化"改革。

近代法律的"法典化"运动应追溯至拿破仑时期。法国历来有"法典化"的传统,18 世纪末和 19 世纪初,在拿破仑的亲自主持之下,法国开启了大规模的法典编纂事业。在该时期的法典中,最举世闻名的当属于 1804 年《法国民法典》,它统一了法国私法规则,开辟了成文法的新纪元。《法国民法典》之后,法国又迅速颁布了《法国民事诉讼法典》(1806 年)、《法国商法典》(1808 年)、《法国刑事诉讼法典》(1808 年)和《法国刑法典》(1810 年)。法国的"法典化"运动之后,各国纷纷效仿。其中,在 19 世纪取得民族独立的大多数国家效仿《法国民法典》修改和编纂了他们的法律。而法国,也从未停止"法典化"的步伐,迄今为止,法国现行法典数量高达 74 部,[④]居于世界前列。

---

① 杜摩兰(Charles Dumoulin,1500~1566 年),提出意思自治原则;达让特莱(Bertrand D'Argentré,1519~1590 年),提出"人法、物法、混合法"法则理论;柯基耶(Guy de Coquille,1523~1603 年),提出"根据立法者的立法意图来确定法律规则的适用范围"主张;毕耶(Antoine Pillet,1857~1926 年),支持普遍主义观点,提出法律社会目的说;巴坦(Étienne Bartin, 1860~1948 年),支持特殊主义观点,著有《国际私法研究》一书;巴蒂福尔(Henri Batiffol,1905~1989 年)提出协调论;弗朗西斯卡基斯(Francescakis,1910~1992 年)提出"直接适用的法"。参见[法]亨利·巴蒂福尔、保罗·拉加德:《国际私法总论》,陈洪武等译,中国对外翻译出版公司 1989 版,第 309~340 页。

② 参见宋晓:《国际私法与民法典的分与合》,载《法学研究》2017 第 1 期;Sylvette Guillemard, Alain Prujiner, "La codification internationale du droit international privé: un échec ?", *Les Cahiers de droit* Volume 46, numéro1-2, 2005, p. 191。

③ 参见[英]戴维·M. 沃克:《牛津法律大词典》,李双元等译,法律出版社 2003 年版,第 217 页。

④ 参见法国政府网:https://www.legifrance.gouv.fr,最后访问日期:2019 年 11 月 10 日。

（二）“非法典化”主张

“非法典化”主张是后于“法典化”运动产生的，是指针对一部分法学家提出的“法典化”主张，另一部分法学家认为，法律只能自发形成并自由发展，不能借助理性的立法手段来创制，[①]并且指出法典所崇尚的稳定与协调的目标是无法实现的，法典终将被新兴情形所突破。值得一提的是，“非法典化”主张并非仅存在于普通法系国家，它对大陆法系国家也产生过深刻影响。

1. 大陆法系的“非法典化”主张

19世纪初，德国著名法学家萨维尼（Savigny）是“非法典化”主张的支持者。他认为，法律应该通过民族自觉的内在力量获得发展，而并非立法者根据其意愿来制定。[②] 萨维尼的非法典化主张影响了众多学者，同时也在一定程度上放慢了德国制定统一民法典的步伐。

19世纪末，日本开始效仿欧洲编纂法典，并聘请法国法学教授瓦索纳德（Boissonade）按照《法国民法典》的体例来编纂日本民法典，这一措施引发了日本法学界强烈反对编纂法典的“非法典化”运动。法学家穗积陈重是此次运动的中坚力量，他指出成文法典缺乏灵活性等弊端，并认为过度依赖欧洲立法经验会导致法典与日本本国习惯的不协调。鉴于此，瓦索纳德为日本制定民法典的努力最终付之东流。

2. 英美法系的“非法典化”主张

19世纪中叶，法官菲尔德（Field）致力于将美国的普通法制定成法典，而美国律师公会会长卡特（Carter）却坚信法典会妨碍法律的发展。[③] 卡特认为，人类的有限智力不足以为未知事件设计规则，科学只能依靠对已知事实的整理和分类。与此同时，英国普通法体系在美国日益稳固，卡特的主张逐渐被广泛接纳，使美国法律最终沿袭了普通法的传统。

英国反对法典化的思想更是根深蒂固。柯克（Coke）、布莱克斯通（Blackstone）和梅因（Maine）等法学家强烈批判了边沁的“法典化”思想，连边沁的学生奥斯丁（Austin）也认为，“法典化”具有滞后性、僵化性和不协调性等弊端。最终英国彻底

---

① 此为萨维尼观点，参见何勤华、贺卫方主编：《西方法律史》，法律出版社2006年版，第261页。

② 参见封丽霞：《世界民法典编纂史上的三次论战“法典化”与“非法典化”思想之根源与比较》，载《法制与社会发展》2002年第4期。

③ 参见［美］E. 博登海默：《法理学——法律哲学与法律方法》，邓正来译，中国政法大学出版社2017年版，第104页。

抛弃了边沁的“法典化”构想。①

二、法国国际私法的“非法典化”立法模式

(一)国际私法的“法典化”运动

18 世纪中期以前,国际私法的立法活动仍处于起步阶段,其影响力十分有限。1900 年德国颁布的《民法施行法》是国际私法“法典化”运动的先驱,而大规模的“法典化”运动是从 20 世纪 60 年代开始,首先自东欧兴起,②蔓延到西欧大部分国家。③与此同时,“法典化”运动在北美也掀起高潮,美国的两次冲突法重述实际上也被看作国际私法“法典化”的路径之一。在亚洲和非洲,国际私法的“法典化”运动也产生了深刻影响。

(二)法国国际私法的“非法典化”

1. 法国国际私法的渊源

与世界上大多数国家一样,法国国际私法的渊源分为国内渊源和国际渊源。但自 20 世纪以来,法国国际私法国内渊源的地位逐渐衰落,国际渊源则得到不断发展和巩固。

法国国际私法国内渊源包含国内立法、司法判例和著名学说。在当代法国国际私法国内渊源中,由于缺乏足够的成文条款作支撑,国内立法的作用是有限的。法国法院从司法实践中发展出一套判例体系,并借助学者的论述来进行阐释,因此,判例法规范与著名学说在法国国际私法中占据重要地位。

法国国际私法国际渊源包含国际条约、国际习惯和国际判例。由于国际习惯④在法国国际私法中的地位仍具争议,国际判例的数量又极其有限,因此,近年来蓬勃发展的国际条约是其主要渊源。在国际私法领域,法国签订的国际条约主要来自海牙国际私法会议和欧洲联盟。因此,在处理同一案件时,法官可援引法国国内法(法律和法令),国际条约(公约、条约、协议和安排)以及欧洲法律文本(指令、条例和决

---

① 参见封丽霞:《世界民法典编纂史上的三次论战“法典化”与“非法典化”思想之根源与比较》,载《法制与社会发展》2002 年第 4 期。

② 捷克斯洛伐克,1963 年 12 月 4 日法令;波兰,1965 年 11 月 12 日法令;德意志民主共和国,1975 年 12 月 5 日法令;匈牙利,1979 年政府法令;南斯拉夫,1982 年 7 月 15 日法令;土耳其,1982 年 5 月 20 日法令;保加利亚,1985 年婚姻法改革。See Paul Lagarde, “sur la non-codification du droit international privé”, *Syracuse Journal of International Law and Commerce*, 1998, p. 45.

③ 例如,比利时于 2004 年 7 月 16 日颁布《国际私法典》,意大利于 1995 年 5 月 30 日颁布《国际私法改革法》以及瑞士于 1987 年 12 月 18 日颁布了《联邦国际私法》。

④ 如国家豁免,是法国高等法院面临的一个难题,相关公约还未生效,而法国国内法又没有关于豁免的规定。这个介于公法和私法之间的主题,仍处于一个模棱两可的状态。

定)。这使目前的法国国际私法呈现出法律渊源错综复杂以及各类规则相互叠加的局面。

法国国际私法国内立法现行成文条款分布于《法国宪法》《法国民法典》以及其他单行法之中,例如,《法国商法典》(*Code de commerce*)、《法国劳动法典》(*Code du travail*)、《法国消费法典》(*Code de la consommation*)、《法国民事诉讼法典》(*Code de procédure civile*)以及《法国货币金融法典》(*Code monétaire et financier*)等。

(1)法国《宪法》中的国际私法相关条款

自1958年法国《宪法》颁布以来,共修订了24次。最近一次修订是2008年7月23日。该宪法与国际私法相关的条款有:1958年法国《宪法》第52条,赋予了总统行使议定和批准条约的权利;第53条规定了批准条约的限制条件;第55条①赋予了国际条约高于国内法律之效力。法国《宪法》第15章,是欧洲共同体专章,其中第88-1条②规定了成员国根据条约向欧盟让渡部分国家权力。

(2)《法国民法典》中的国际私法相关条款

建立在绝对君主制之下的《法国民法典》仅有为数不多的条款涉及国际私法问题,包含了冲突规范、外国人的身份和地位、国籍和管辖权方面。

《法国民法典》第3条③是专门规定国际私法规范的条款,但遗憾的是,该条款单单指出了适用法国法的情形,属于典型的单边冲突规范,具有明显的属地主义和时代的局限性。另外,该法第11条明确规定,在条约互惠的前提下,外国人享有与法国人同等的民事权利。该法第14~15条明确了涉外合同纠纷中管辖权归属于法国法院的情形。

《法国民法典》对国籍的相关问题作了详尽的规定:第17条至第17-6条,详细地规定了赋予、获得和失去法国国籍的情形;第21-1条至第20-5条,规定了关于儿童获得法国国籍的情形;第3章(第21条、第21-1条至第21-29条、第22条、第22-1条至第22-3条)专章大幅确定了获得法国国籍的途径及效力;第4章专章阐明了法国国籍的失去、失效和重新获得的情形。

---

① 法国《宪法》第55条:依法批准或者认可的条约或者协定,自公布后即具有高于各种法律的权威,但就每一个协定者或者条约而言以对方缔约国予以适用为限。

② 法国《宪法》第88-1条:共和国加入欧洲联盟,根据《欧盟条约》《欧盟运行条约》以及2007年12月13日签订的《里斯本条约》,其成员国自由选择共同行使部分国家权力。

③ 《法国民法典》第3条:有关警察与公共治安的法律,对于居住于法国境内的居民均有强行力。位于法国的不动产,即使属于外国人所有,仍适用法国法律。关于个人身份与法律上能力的法律,适用于全体法国人,即使其居住于外国时亦同。

20世纪70年代,法国迎来了大规模的移民浪潮,当时的成文法已不能满足民商事关系的发展需要。自1972年起,法国立法者转而采取"部分法典化"(codification partielle)的策略,即利用每一次民法典修订的契机,对现有国际私法规范进行修订。具体修订有:1972年法案修订关于亲子关系条款(《法国民法典》第311-14条至第311-18条)、1975年法案调整离婚条款(原本《法国民法典》中的第310条变为第309条)、2001年法案增补涉外夫妻财产制的法律适用(在《法国民法典》中加入第1387-1条至第1387-6条)、2002年法案增补涉外领养条款(在《法国民法典》中加入第370-3条至第370-5条)、2008年法案修订诉讼时效条款(第2221条)、2009年法案修订注册伴侣关系条款(第515-7-1条)、2013年法案修订涉外婚姻条款(第202-1条)。① 然而,这些增补或修订的条款质量并不高,这些局部调整仅仅只停留在形式层面。

(3)其他法典中的国际私法相关条款

在法国其他法典中也分散存在一些冲突法规范,例如,《法国商法典》(第210-3条和第225-97条)、《法国劳动法典》(第1231-5条)、《法国消费法典》(第211-18条)、《法国民事诉讼法典》(第509条和第733条)以及《法国货币金融法典》(第313-27条)。②

由于国际私法条款的匮乏及现有成文条款的局限性,法庭需要自己草拟规则体系来弥补这个缺失,因此,判例占据了法国国际私法国内法源中的主导地位。

2. 法国国际私法的立法模式

国际私法立法模式可分为:法典式(包含冲突法重述)、单行法规式、专编专章式和分散式立法。在上述四种立法模式中,普遍认为法典式立法是国际私法走向成熟的标志,而分散式立法通常被看作是前三种立法模式的雏形阶段,存在缺乏系统性、调整范围狭窄等弊端。近一个世纪以来,各国立法模式不断优化,反映出全球在制定系统的国际私法规范上作出的巨大改革。③

然而,法国立法者在国际私法立法问题上显得尤为谨慎。《法国民法典》颁布距今已有两个多世纪,法国国际私法仍处于分散式立法的阶段。法国国际私法规范以《法国民法典》第3条为基础,散见于《法国民法典》以及其他单行法律中,并以法国

① See Sandrine Clavel, Estelle Galland-Busnel, *Les grands textes du droit international privé français*, 3e *édition*, Dalloz, 2019, pp. 3-20.

② See Dominique Bureau, Horatia Muir Watt, *Le droit international privé*, Puf, 2009, pp. 15-50.

③ 参见《外国国际私法立法选译》,邹国勇译注,武汉大学出版社2017年版,前言。

最高法院(Cour de Cassation)根据判例而形成的规则为中流砥柱。这些由典型判例所发展出的原则和制度,[①]至今在国际私法舞台上仍发挥着举足轻重的作用。

尽管如此,一贯秉持“法典化”信念的法国,也并非甘于“非法典化”。自20世纪70年代以来,许多学者和法官就法国国际私法的法典化问题做出了努力和贡献。其中,最具影响力的倡导者是尼波耶[②](Jean-Paulin Niboyet)、巴蒂福尔[③](Henri Batiffol)和福耶[④](Jean Foyer)。

3. 法国国际私法“法典化”的三次尝试

《法国民法典》出现后的一个半世纪,国际私法的法典化并没有受到学界的关注,直至第二次世界大战结束,此问题才逐渐进入法国法学家们的视野。随后,法国国际私法三次尝试起草国际私法草案,下文将对此进行阐述。

第一份草案(又称“尼波耶草案”)的编纂工作于1948~1950年开始,由法国民法典改革委员会负责起草,融入了创导人之一尼波耶的构想,起草人员为法国知名教授和法官。该草案内容详备,总共7个章节,包含116个条款,涉及外国人的地位(第1~13条)、住所(第14~22条)、法律冲突(第23~71条)、管辖权冲突(第72~88条)、法国法院管辖权(第89~103条)、外国判决的效力(第104~115条)和最后条款(第116条)。由于在条款数量及草案最终形式两方面[⑤]无法达成一致,该草案最终没有被采纳。这份草案也是至今最受关注的法国国际私法草案。

第二份草案通常被称为“巴蒂福尔草案”,因其主要创导人之一巴蒂福尔而得名。法国民法典改革委员会于1959年采纳了该草案,于1970年予以公布,并把该草案作为下文第三份草案的基础文本。巴蒂福尔草案共有21条,涉及外国人的地位、法律冲突和判决相关问题。该草案比第一份草案内容更加简洁精炼。由于和第三份草案发布时间重叠,该草案没有引起实质性变革。

---

① 例如,法国最高法院在鲍富莱蒙案(Bauffremont)中确立的规避内国法无效原则、在福果案(Forgo)中确立的反致制度、在李查蒂案(Lizardi)中明确的当事人缔约能力适用行为地规则。参见刘想树主编:《国际私法》,法律出版社2011版,第26页。

② 尼波耶(Jean-Paulin Niboyet, 1886~1952),法国法学家,曾任法国国际私法委员会会长,一生致力于法国国际私法学的推广。

③ 巴蒂福尔(Henri Batiffol, 1905~1989),法国著名国际私法学家,曾任里尔大学和巴黎大学国际私法教授,提出协调论。

④ 福耶(Jean Foyer, 1921~2008),法国法学家,曾任戴高乐时期法国司法部部长。

⑤ 问题一:草案应效仿德国、意大利和土耳其法典,在有限范围内提供有用条款,还是应效仿《美国冲突法重述》一般细致入微?问题二:草案以独立于《法国民法典》的形式存在还是纳入《法国民法典》中?参见Georges René Delaume, “A Codification of French Private International Law”, *Can. B. Rev.*, 1951, pp. 722-723。

第三份草案的编纂工作于1965年12月至1967年2月进行,由时任法国司法部部长福耶主持。编纂专家组成员为知名法学教授、法官和律师。该草案共37个条款,主要涉及法律冲突问题。该草案建立在"巴蒂福尔草案"的基础上,其创新之处在于,加入了一部分原则性条款,如公共秩序保留、反致以及外国法的适用等。但该草案因司法部长的更换而宣告破产。[①] 福耶事后总结认为,该草案失败的原因在于"司法部长的继任者对草案的兴趣不浓"。[②]

法国尝试编纂国际私法典屡次受挫之后,法国的立法者不得不转而寻求其他立法途径。一方面,一部分学者支持仍然以《法国民法典》为基础,对涉及国际私法部分进行局部修订;另一方面,一部分学者则寄希望于促进国际私法的全球统一。因此,法国学者积极把握《法国民法典》修订时机,循序渐进地加入了部分国际私法规范。另外,在以海牙国际私法会议为主导的国际私法统一化进程中,法国也扮演了十分积极的角色。

三、法国国际私法"非法典化"之成因

前文提到"非法典化"主张的产生,都带有浓厚的时代印记。法国国际私法"非法典化"模式的生成也是基于政治、学术和国际形势等多方面因素。笔者将从国内和国际两个层面分别展开分析。

(一)国内层面

1. 高度统一的共和国制度

法国大革命爆发后,产生了一种消除地方习惯法的广泛意愿,并通过统一法律制度来促进国家的统一。《法国民法典》的颁布实现了法国各地方的法律的统一,除了阿尔萨斯(Alsace)和摩泽尔(Moselle)地区中的3个省份仍保留有限的地方习惯法之外,法国已经消除了法律的内部冲突。法国的共和制度和中央集权的传统,极大地促进了法国法律的便利化和统一化。

因此,对于编纂国际私法典,法国政界缺乏明确的政治意图,极大地限制了法国国际私法的革新和发展。例如,上述第一份国际私法草案和第三份草案皆因主要创导人的去世或离任而止步;而上述第二份草案的"姗姗来迟",根本原因也是缺乏政治上的支持。

---

① See Benjamin Remy, "Les codifications récentes du droit international privé", *Revue internationale de droit comparé* 62, 2010, pp. 291-323.

② See Paul Lagarde, "sur la non-codification du droit international privé", *Syracuse Journal of International Law and Commerce* 25, 1998, pp. 45-59.

2. 丰富的国际私法判例

由于涉外民商事关系的特殊性和复杂性,相对固定的成文法已不能满足其日益发展的需求。法国国际私法条文零散且数量有限,因此,必须引入大量有价值的判例作为成文法的补充。从19世纪末期开始,法院判例为法国创制了一套成体系的国际私法规范。例如,在合同责任方面,从1910年美国贸易公司案(American Trading),法国法院就发展出合同当事人可自由选择合同的法律适用;在侵权责任方面,从1948年洛图尔(Latour)案①得出侵权责任适用侵权行为地法(*lex loci delicti*)的结论。

法国最高法院在司法实践中发展出的判例法体系,注重对冲突规范进行整理和重述,其质量远高于由立法者编纂的成文条款。因而,《法国民法典》中国际私法成文条款的匮乏并未损害法国法院处理涉外民商事案件的能力。值得注意的是,由于国际渊源的发展,法国采纳了大量的国际条约和欧盟内部条例,近年来,判例在法国国际私法中的作用也开始呈弱化趋势。

3. 学界无变革的迫切需要

根据《牛津法律大辞典》对"法典编纂"(codification)一词的解释,可以得知,是否编纂法典取决于一个重要因素,即具备使大量且混乱的原有法律合理化并提供新发展基础的法律制度的渴望。而对于这里指的对法典化的"渴望",法国学界进行了激烈争论:有学者认为国际私法学本身还不够完善,起草单行法或法典的时机还尚未成熟;也有学者认为,由于大量的国际条约已广泛涵盖了国际私法范畴,再制定法国国际私法典已不具实际意义。此外,鉴于当时全球大量新学说的涌现以及公共秩序和反致等保留措施的介入,如果再进行国际私法的法典化编纂,会加剧复杂的局面;②另外一些学者坚信法典本身有局限性,会过度制约法官的自由裁量权。③ 上文谈及,著名学说在法国国际私法中占有至关重要的地位,因此学界对于国际私法法

① 1948年在西班牙发生的货车事故,司机死亡,幸存的妻子要求赔偿。法国最高法院认为侵权责任中的法律适用问题,应适用侵权行为发生地法,此案中应适用西班牙法。

② See B. ANCEL, Y. LEQUETTE, *Grands arrêts de la jurisprudence française de droit international privé*, Sirey, 1992, av. Propos, p. XI. ; Contra A WEISS, "Le Code civil et le conflit de lois", in Le Code civil 1804 - 1904, *livre du centenaire*, Dalloz, 2004, pp. 249 - 262.

③ 在第一份草案表决时,1/3的法国国际私法委员会成员认为,法典化限制了法官的自由裁量权。参见B. BEIGNER, "La codification du droit international privé", in La codification, coll. *Theèmes et Commentaires*, Dalloz, 1996, p. 134。

典化问题的分歧,也是造成法国国际私法“非法典化”现状的重要因素。①

法国高度统一的内部法律体系致使政界缺乏编纂法典的意向,高质量的判例法填补了成文法的缺失,加之国内学界各执己见,导致法国国际私法在立法模式上至今仍未有实质改革举措。

(二)国际层面

1958年《法国宪法》第55条赋予了条约高于国内法的地位,国际条约的发展是法国国际私法“非法典化”模式产生的主要原因。法国国际私法领域国际条约的发展主要体现在两方面:一是多边条约体系下的国际私法统一化;二是欧盟法框架下的国际私法欧洲化。因此,下文将重点聚焦于海牙国际私法会议中的国际条约以及欧盟国际私法的发展,并介绍法国在其中的立场和影响。

1. 国际私法的统一化

位于海牙的众多国际组织中,海牙国际私法会议是唯一具有立法权的常设政府间国际组织。该机构在统一国际私法上的丰硕成果,大多是以多边条约形式体现的。该机构目前有83个成员,包含82个国家和1个区域经济一体化组织(欧盟)。海牙国际私法会议的议题主要围绕三大板块进行,即司法协助与国际诉讼、国际商法与国际银行法以及跨国家庭与继承关系。自1951年起,海牙国际私法会议共通过41部公约(含章程、议定书和原则),其中31项已生效。②

法国一贯对多边条约持开放态度。法国于1964年加入海牙国际私法会议,目前已批准并生效了25项公约和议定书,③是除荷兰以外,加入海牙国际私法会议公约最多的国家。法国加入了如此多的国际私法领域的国际条约,法国学者保罗拉加德(Paul Lagarde)认为,对于编纂法国国际私法典,法国更青睐于促进国际私法在全球范围的逐步统一。因此,转而致力于国际私法的统一化进程可看作法国国际私法国内立法安于现状的原因之一。

① See Y. LOUSSOUARN, “Les vicissitudes de la codification du droit international privé français”, *Kluwer Law International*, 1996, pp. 191 – 204.

② 参见海牙国际私法会议官网(法语版):https://www.hcch.net/fr/instruments/conventions,最后访问日期:2019年11月10日。

③ 由海牙国际私法会议产生并已得到法国的批准且生效的公约有:《国际有体动产买卖所有权转移法律适用公约》(法国于1964年9月1日生效)、《关于取消外国公文认证要求的公约》(法国于1965年1月24日生效)、《关于遗嘱处分方式法律冲突的公约》(法国于1967年11月19日生效)、《婚姻财产制度法律适用公约》(法国于1992年9月1日生效)、《关于国际成人保护公约》(法国于2009年1月1日生效)、《关于父母责任和儿童保护措施方面的管辖权、准据法、承认、执行及合作的公约》(法国于2011年2月1日生效)和《扶养义务法律适用公约》(法国于2013年8月1日生效)等。

2. 国际私法的欧洲化

国际私法的欧洲化很大程度上造就了法国国际私法的“非法典化”。著名学者亨利·梅利曼(John Henry Merryman)曾明确指出大陆法系国家的“非法典化”倾向。他认为,大陆法系国家目前正在经历转型,其中一个重要体现便是欧洲联邦主义的勃兴。① 由此可见,法律的“欧洲化”与“非法典化”有着密切的联系。

(1)国际私法的欧洲化

法律的欧洲化,是指欧洲联盟成员国在《马斯特里赫特条约》基础上,将民事司法合作计划纳入《欧洲联盟条约》,通过制定条例、指令和签订国际条约的形式进行共同一内部法律的统一和协调。国际私法的欧洲化(L'Européanisation du droit international privé),是指欧盟内部对国际私法规范的协调和统一,是欧盟国际私法统一化的结果。②

1999年5月1日《阿姆斯特丹条约》生效以来,扩大了欧盟在民事司法合作领域的立法权,欧盟成员国之间的民事司法合作进一步欧洲化。长期以来,为了实现这种欧洲化,欧盟分了两步走。

第一步,将欧共体公约转化为欧盟条例。《布鲁塞尔公约》与《罗马公约》是欧共体在促成统一国际私法问题上取得的重要成果。首先,《布鲁塞尔公约》于2001年被转化为《布鲁塞尔条例Ⅰ》,该条例在公约基础上规定了合同债务履行地、法人住所和受案时间的定义,对保险合同、消费者合同以及个人雇佣合同的管辖权规定作出了修改。另外,基于未能生效的《布鲁塞尔公约Ⅱ》,③欧盟理事会于2000年颁布了《布鲁塞尔条例Ⅱ》。④ 该条例的创新之处是在婚姻事项与父母责任事项上适用直接管辖权原则。随后,《布鲁塞尔条例Ⅱ》于2003年被废除并被《布鲁塞尔条例Ⅱ a》所取代,后者的进步之处在于其明确了非婚生子女的平等地位,将婚生子女、非婚生子女和离婚后子女均纳入父母责任事项。⑤《布鲁塞尔条例Ⅰ》于2012年通过《布鲁塞尔条例Ⅰ Bis》进行修订,使判决在欧盟境内的跨国流通变得更加便利。

---

① 参见徐学鹿、梁鹏:《论非法典化》,载《时代法学》2005年第4期。

② 参见邹国勇:《德国国际私法的欧洲化》,武汉大学2005年博士学位论文,第41页。

③ 即《关于婚姻事项管辖权及判决的承认与执行公约》,于1998年5月28日签署,但因没有成员国批准而未能生效。

④ 即《关于婚姻和父母责任事项的第1347/2000号条例》,2000年5月29日通过。

⑤ 参见黄进、邹国勇:《欧盟民商事管辖权规则的嬗变——从〈布鲁塞尔公约〉到〈布鲁塞尔条例〉》,载《东岳论丛》2006年第5期。

其次,《罗马公约》于2008年转化成欧盟《罗马条例Ⅰ》,[①]该条例将主要权利转移到司法合作层面,从而减少了欧洲议会在审判中的权力。[②]

第二步,创设新的欧盟条例。2007年欧盟理事会通过了《罗马条例Ⅱ》,[③]使非合同义务的法律适用增加了一种“超国家”法律渊源;2010年出台了《罗马条例Ⅲ》,[④]其核心是强化了意思自治原则,赋予了当事人选择准据法的自由。目前涉及跨国继承的《罗马条例Ⅳ》正在谈判中,被继承人或将可自主选择继承所适用的法律。

通过上述两个“欧洲化”步骤,欧盟内部逐渐形成了一种“欧洲国际私法”的特点。随着欧盟地域的扩张与合作的深度展开,欧盟成员国间的国际私法呈现日益统一的趋势。

(2)法国国际私法的欧洲化

国际私法的欧洲化对法国国际私法的影响主要体现在其法律渊源的欧洲化。

一方面,欧盟法成为法国国际私法最重要的法律渊源。《法国民法典》颁布以来,传统法国国际私法以判例法和国内立法为主要渊源。而近几十年来,法国国际私法的内涵不断被充实,尤其得益于来自欧盟的超国家性的国际私法规范。根据欧洲法院2006年2月7日的1/03号意见,法国和其他所有欧盟成员国一样,无权独立与其余成员国缔结有管辖权和司法合作的条约。因此,法国大部分现有的国际私法规范来自具有直接效力的欧盟法,欧盟法在法国当代的国际私法中占据了上风。通过研究法国高等院校的国际私法教材,可知法国国际私法的渊源已被明确划分为三类,即国内渊源、欧盟渊源(或超国家渊源)和国际渊源。可见欧盟法的卓越地位,已在法国形成了普遍共识。

另一方面,欧盟法成为法国国际私法中具有最高效力的法律渊源。即确定管辖权应首先明确案件是否属于欧盟法范畴,当案件不属于欧盟法范畴时,才适用法国国内法。法国国内法的发挥空间仅限于欧盟之外的涉外关系,极大地限制了法国国内法的发展。例如,一个中国公司A与法国人B签订了合同,但没有约定争议管辖权。当争议发生时,如果将争议提交至法国法院,A作为被告与B作为被告的管辖

---

① 即《关于合同义务法律适用的第593/2008号条例》,2008年6月17日通过。

② 参见邓剑:《法国国际私法的渊源》,载《湖南社会科学》2011年第2期。

③ 即《关于非合同义务法律适用的第864/2007号条例》,2007年7月1日通过。

④ 即《关于在离婚和依法别居法律适用的第1259/2010号条例》,2010年12月20日通过。

权归属是有差别的,关键之处在于争议的性质是否属于欧盟内部事务。[①] 在案件中,如果A是原告,B是被告,此种情况下根据《布鲁塞尔条例Ⅰ bis》第4条,法国法院有对案件的管辖权。相反,如果B是原告,A是被告,A在欧盟内没有住所,则要先根据《布鲁塞尔条例Ⅰ bis》第6条,管辖权的归属适用法国法;再根据《法国民法典》第14条,作为法国公民的B,可至法国法院起诉外国人。

综上所述,在国际私法统一化和欧洲化进程中,法国国内法已退居辅助补充的位置,编纂法国国际私法典已不再是热点议题,非法典化、统一化和欧洲化成为法国国际私法的发展现状和未来方向。值得注意的是,面对众多超国家性的规范,法官和律师则需要从中寻求协调和平衡。在处理涉外案件时,适用海牙国际私法会议的条文和欧盟法的优先次序,成为法国国际私法面临的一个新挑战。

四、法国国际私法的"非法典化"对我国的启示

正如《法国民法典》一样,我国新颁布的《民法典》肩负着整合现有法律法规和指引深化改革方向之重任。党的十八届四中全会作出编纂民法典的重大决策,并确立了"分两步"编纂《民法总则》和分编草案的工作计划。首先,2017年3月十二届全国人大五次会议审议通过了《民法总则》,奠定了民事活动的基本原则;其次,2018年8月27日全国人大常委会审议了《民法典各分编(草案)》。草案共1034条,设有6个分编,顺序依次涉及物权、合同、人格权、婚姻家庭、继承及侵权责任。2020年5月28日第十三届全国人民代表大会第三次会议通过《民法案》,将于2021年1月1日起施行。但《涉外民事关系法律适用法》(以下简称《法律适用法》)并未被纳入《民法总则》及《民法典》各分编,国际私法脱离《民法典》走上了"独善其身"的道路。站在《民法典》新的历史起点之上,国际私法如何与《民法典》相得益彰,是值得思考的具有前瞻性和迫切性的问题。

对于处理国际私法与《民法典》的关系,国内观点可归纳为:分离说、协调说和融入说。分离说是国际私法立法模式的主流,绝大部分学者赞同《法律适用法》与《民法典》分离的观点,认为国际私法并入《民法典》会影响《民法典》自身体系和效力,因而国际私法规范不应纳入《民法典》;[②]协调说是指维持《法律适用法》单行法的地

① 此案所涉的管辖权条款为:《布鲁塞尔条例Ⅰ bis》第4条规定,需至被告住所地提起诉讼;第6条表明,如果被告在欧盟内无住所,案件管辖权则根据该成员国国内法决定;《法国民法典》第14条规定,法国公民可在法国法院起诉外国人。

② 参见刘仁山:《中国国际私法立法应独立于民法典的编纂》,载《法制日报》2015年5月6日,第10版。

位并与《民法典》保留协调和互动关系;[①]融入说则强调《民法典》的中心地位,认为单行法必须围绕《民法典》来构建,而不应追求自成一个过于庞大和分散的体系。[②]

基于上文对法国国际私法"非法典化"模式的观察和分析,笔者认为我国国际私法立法应借鉴法国的"非法典化"模式,优先考虑完善现有《法律适用法》。并从融合宪法、公法、国际法的价值判断,顺应国际统一化的趋势,发展区域一体化优势,协调《法律适用法》与《民法典》的关系以及借鉴判例法的优势等方面进行统筹安排。此种模式最能取得事半功倍的成效,是目前立法机关最切实可行的选择,也是现阶段国际私法学界亟须回应的现实问题。

五、结语

法律的"法典化"有便于查找、使司法更具稳定性和可预见性等优势;但同时有可能使法律变得僵化,不能与时俱进等弊端。尽管世界上众多国家都编纂了国际私法法典,但法国仍独树一帜,坚持其独特的发展模式。事实证明,法国国际私法的"非法典化"并未给其国际私法发展造成拦阻,反而使其有更大的发展空间。

当代法国国际私法展现出成文法与判例法并重、国内渊源与国际渊源共同作用的特点。这种"非法典化"模式在传统国际私法、统一国际私法、欧洲国际私法 3 个维度交相辉映:在国内层面建立在《法国民法典》基础上,结合其他的单行法规,以不断发展的判例为补充;在国际层面,密切融入国际私法统一化进程;在欧盟层面,积极发挥欧盟的区域一体化优势。这种"非法典化"模式是一种兼顾确定性和灵活性,具有远见的发展模式,值得学习和借鉴。

我国是疆域广阔的多民族国家,为了维护国家统一和民族团结,编纂法典是中国实现法治的必然选择。在当前国际私法全球统一化和区域一体化的背景下,我国《法律适用法》应保留与《民法典》的协调互动,并与单行法、判例法等其他法律形式互补配合,共同担当起通过法律实现社会规制的使命。

---

① 参见宋晓:《国际私法与民法典的分与合》,载《法学研究》2017 年第 1 期。

② 参见王利明:《论法典中心主义与我国民事立法的体系化》,载《云南大学学报》(法学版)2009 年第 2 期。

大数据时代下个人信息保护法的域外效力边界

丁汉韬*

大数据背景下，各国个人信息保护的法律冲突明显。个人信息保护的公私二元属性，导致国际私法难以有效解决现有法律冲突。部分国家出于保护本国人数据相关基本权利和数据主权的目的域外适用本国个人信息保护法。但这种单边的域外适用可能导致个人权利保护的不确定、数据控制者负担的加重和各国间的对抗性立法等后果，无助于法律冲突的解决。现有问题的症结之一是，各国在网络空间进行管辖权竞争的过程中，没有为私人权利保护留下缓冲地带。因此，个人信息保护的域外效力应对公法层面和私法层面予以区分，对个人信息相关的私人权利通过国际私法规范予以调整。各国针对域外数据控制者和数据控制行为行使立法管辖权时，应当明确数据处理活动和本国公民的直接联系，不宜过度扩张管辖权。

一、跨境个人信息保护的法律冲突困境

(一)个人信息保护的法律冲突

互联网技术的不断发展加速了人类进入大数据时代的步伐。在大数据背景下，与公民身份、财产、通信、活动相关的个人信息被各类数据控制者广泛地采集、传输、储存和利用，个人信息受到侵犯和滥用的可能性也随之明显升高。在这一新时代背景下，如何妥善保护公民个人信息相关的权利成为许多国家关注的议题。

自1948年《世界人权宣言》明确提出“每个人都有私生活、家庭、住宅或通信免受干扰的权利，并应受到法律的保护”的重要原则以来，越来越多的国家开始通过立法加强对个人信息的法律保护。1970年德国黑森林州颁布的《数据保护法》，是世界上最早的个人信息保护法律之一。该法明确了除在法律授权或当事人同意的情

* 中南财经政法大学法学院讲师，法学博士。

形外,电子数据应当被严格保密。[①] 而在进入21世纪后,各国在个人信息保护立法上的进程明显加快,目前已有161个国家或地区进行了保护个人数据或个人信息的相关立法。[②]

然而,个人信息的保护与一国的法律体系、社会文化和经济发展水平紧密相连,这导致各国在立法上产生了显著的差异。例如,在个人信息的保护模式上存在两种截然不同的做法。美国在个人信息保护领域采用政府引导下的行业自律模式,以民间组织为主导实现对个人信息的保护,政府只在部分涉及公共事务的范围内进行立法。[③] 而欧盟则强调以政府为主导通过立法实现对个人信息的保护,主张对个人信息这一基本权利提供更多的法律保护。此外,数据主体所享有的具体权利也会因国家不同,而具有不同的内涵或限制条件。

国际社会也注意到个人信息保护的法律冲突问题,不少区域和全球性的条约都尝试解决这一问题。经济合作与发展组织(Organization for Economic Cooperation and Development,OECD)在1980年的《隐私保护与个人数据跨国流通指南》明确提出各国立法不一致会导致数据自由流动困难。[④] 为了缓解各国在个人数据保护和数据流动上的法律差异,OECD提出了保护个人数据、隐私和数据自由流动的八大基本原则:收集限制原则、数据质量原则、特定目的原则、限制使用原则、安全保护原则、公开原则、个人参与原则和责任原则。然而这些过于宽泛的原则未能缩小实践中各国法律的差异。欧盟在一体化的进程中也意识到各国在个人信息保护立法上的碎片化现象,并试图通过欧盟层面的统一立法来缩小各成员国在立法上的差距,欧盟《个人数据保护指令》(第95/46/EC号指令,以下简称《指令》)应运而生。[⑤] 该指令的第4条提供了一条类似法律选择的规则来确定法律的地域效力范围,并试图协调欧盟成员国在个人数据保护中适用法律的一致性。

但从整体上看,目前世界各国在个人信息保护领域的立法仍然存在明显差异,这也导致个人信息保护的法律冲突成为必然。个人信息保护领域的法律冲突在互

---

① See Hessisches Datenschutzgesetz (The Hesse Data Protection Act), *Gesetz und Verordungsblatt* I 625 (1970).

② 参见联合国贸易和发展会议相关报告,资料来源:https://unctad. org/en/Pages/DTL/STI_and_ICTs/ICT4D-Legislation/eCom-Data-Protection-Laws. aspx,最后访问日期:2019年11月2日。

③ 参见齐爱民:《大数据时代个人信息保护法国际比较研究》,法律出版社2015年版,第162页。

④ See Introduction of OECD Guidelines on the Protection of Privacy and Transborder Flows of Personal Data, Accessed November 20, 2019. https://www. oecd. org/sti/ieconomy/privacy-guidelines. htm.

⑤ See The Protection of Individuals with Regard to the Processing of Personal Data And on the Free Movement of Such Data, Directive 95/46/EC, para 65.

联网无国界特征的影响下被放大，并导致跨境个人信息保护中法律适用的困境。

（二）个人信息保护法律冲突的特殊性

消解涉外民商事法律冲突是国际私法的重要使命之一。但在个人信息保护领域的法律冲突使国际私法难以发挥其实质功能。这主要是个人信息保护法律的特殊性质决定的。

首先，个人信息的权利属性尚存在争议。目前，我国理论界对于个人信息是否属于民事权利的争论存在两种截然不同的观点。一种观点是将个人信息视为一项个人民事权利，在这个大前提下，既有将个人信息视为隐私权、人格权的主张，也有将个人信息视为财产权的主张；①另一种观点则否定个人数据和信息的私权属性，认为根据数据信息的特征，数据的权利化难以实现，②或应将其定位为公共物品。③ 这种理论上的争议也反映在各国立法上，以美国为代表的部分国家主张将个人信息视为隐私权并进行保护。④ 而部分国家则更加偏重个人信息的公法属性。⑤ 这种对个人信息是否属于私权的争论，直接影响了跨境个人信息保护法律冲突的解决。如果个人信息属于私权，那么由此产生的法律冲突应当通过冲突规范的指引来适用准据法。但如果个人信息不属于私权，那么有关个人信息的法律就应当遵守公法的属地性要求，或通过其他司法合作的渠道来解决法律冲突。但个人信息游走在公法和私法的边缘的现状，使相关法律冲突的解决陷入困境。

其次，在国内法中，对于个人信息的保护可能同时存在公法保护和私法保护两个层面。⑥ 从世界范围看，将个人信息和数据视为私权予以保护的做法是目前的主流方式。⑦ 但在视个人信息为私权的法域，个人信息保护法中的公法性质并不能完全被排除。例如，OECD 1980 年通过的《隐私保护与个人数据跨国流通指南》第 2 条就明确指出了该指南同时适用于公共和私人领域的个人数据。

个人信息领域公私保护并存的特征也体现在各国立法中。例如，部分国家在个

① 参见王利明：《论个人信息权的法律保护——以个人信息权与隐私权的界分为中心》，载《现代法学》2013 年第 21 期；刘德良：《个人信息的财产权保护》，载《法学研究》2007 年第 3 期。

② 参见梅夏英：《数据的法律属性及其民法定位》，载《中国社会科学》2016 年第 9 期。

③ 参见吴伟光：《大数据技术下个人数据信息私权保护论批判》，载《政治与法律》2016 年第 7 期。

④ 参见美国 1974 年《隐私法》以及加利福尼亚州《消费者隐私法》《儿童在线隐私法》等州法，澳大利亚 1988 年《隐私法》（The Privacy Act 1988），新西兰 1993 年《隐私法》（The Privacy Act 1993），菲律宾 2012 年《数据隐私法》（The Data Privacy Act of 2012）。

⑤ 参见俄罗斯《联邦个人数据法》（Federal Law No. 152 - FZ on Personal Data 2006）。

⑥ 参见程啸：《论大数据时代的个人数据权利》，载《中国社会科学》2018 年第 3 期。

⑦ 参见丁晓东：《个人信息私法保护的困境与出路》，载《法学研究》2018 年第 6 期。

人信息保护法中对政府收集、处理公民个人信息作了特殊规定。[①] 如加拿大《隐私法》第5条的规定:政府机构应尽可能仅出于行政管理目的而向个人收集与他相关的信息,除非获得个人授权或个人信息依据其他规定而被披露,同时政府机构应当向个人告知收集信息的目的。[②] 美国1974年《隐私法》中则专门对政府机构收集个人信息作出了包括需要告知当事人收集目的、提供授权根据、进行记录等限制条件。[③] 此外,由于在互联网环境下个人想要对抗庞大的互联网公司和处理复杂的信息数据技术是非常困难的,因此即使认定个人信息是私权的国家,仍然会在国家层面设立个人信息保护机构来实现公民个人信息的保护。[④] 其中最典型的是欧盟成员国根据欧盟《一般数据保护条例》第51条所成立的本国个人信息监管机构,英国的信息专员办公室(Information Commissioner's Office,ICO)、法国的国家信息和自由委员会(CNIL)等。这些个人信息监管机构除了承担了监督本国和欧盟信息法律的实施,提高公众对于保护数据信息的认识,加强各国间有关个人信息保护的合作等一般职能外,还有权力直接对数据控制者开展调查和实施临时措施。[⑤]

最后,互联网的无国界特征使属地原则难以被准确界定。从国际法的角度看,公法的适用和本国主权的行使紧密相连,因此各国的立法管辖权都应遵循属地原则以免与其他国家在司法主权上产生冲突。[⑥] 但互联网的全球交流打破了地域,创造了一个全新的人类活动领域,并减弱了传统法律基于地域边界而产生的正当性和可行性。[⑦] 具有较强公法性质的个人信息保护法律同样会受到互联网技术导致的非地域化影响,从而产生各国法律适用上的冲突。

大数据时代下,某一国公民的个人信息在外国互联网服务提供商的不当处理下而被传播至世界各个角落的情形已不再是天方夜谭,但这其中涉及的法律冲突却已经超出了国际私法所能解决的范围,短期内各国也难以达成具有普遍约束力的个人信息保护国际条约。在这一背景下,赋予本国个人信息保护法域外效力开始成为越

---

① 参见齐爱民:《大数据时代个人信息保护法国际比较研究》,法律出版社2015年版,第269页。

② See Canada Privacy Act (R. S. C., 1985, c. P-21), Section 5 (1), (2).

③ See The Privacy Act of 1974, 5 U. S. C. §552a, (e).

④ 目前已有70多个国家和地区设立了个人信息保护机构,载法国国家信息和自由委员会网:https://www.cnil.fr/en/data-protection-around-the-world,最后访问日期:2019年11月5日。

⑤ See The General Data Protection Regulation (EU) 2016/679, Art. 58.

⑥ See Hannah L. Buxbaum, "Territory, Territoriality, and the Resolution of Jurisdictional Conflict", *The American Journal of Comparative Law* 57, 2009, p. 632.

⑦ See David R. Johnson, "Law and Borders—The Rise of Law in Cyberspace", *Stanford Law Review* 48, 1996, p. 1367.

来越多国家的选择。

二、域外效力在个人信息保护领域的适用

(一)域外效力的界定

随着经济全球化的深入发展,越来越多不属于私法范畴的部门法开始借鉴域外效力规则。包括竞争法、劳动法、证券法、环境法等领域都存在域外适用本国法的立法或司法实践。①

在讨论国内法域外适用时,法律的域外效力、域外适用、治外法权、域外管辖权是几个常用概念。其中域外效力和域外管辖权的使用最为频繁,但对二者之间的区别和各自内涵,各国学者尚存在不同理解。② 这一分歧很大程度源于"管辖权"一词的丰富含义。在国际法上,管辖权通常被认为具有3层含义:立法管辖权、司法管辖权和执法管辖权。③ 理论上,域外管辖权的表述不仅表明了一国立法对于外国人或发生在外国行为的效力,也包括了一国法院或执法机构对外国人或发生在外国行为行使权力的意涵。当然亦有学者主张"域外效力"和"域外管辖权"本就是同一概念,只是采取了不同的表述方式。④ 笔者着重探讨国家单边将本国个人信息保护法律适用于外国主体或发生于外国行为的立法模式。因此,域外效力和域外管辖权的细微区别在本文中不作进一步区分。

(二)个人信息保护法中域外效力的普遍化趋势

由于个人信息保护法发展较晚,在国际法上对个人信息保护域外效力的讨论并不热烈。但综观世界各国立法,近20年来赋予本国个人信息保护法域外效力的做法开始被越来越多国家和地区的立法者所采纳,从范围上看有逐步扩大的趋势。

澳大利亚是较早在个人信息保护领域规定本国法域外效力的国家之一。澳大利亚1988年的《隐私法》第5B条明确规定了该法的域外适用。根据该条规定,澳大利亚的《隐私法》同样适用于有"澳大利亚联系"的组织、小型经营者在澳大利亚领土外实施或完成的行为。⑤ 这一法律规定明确将发生在澳大利亚境外的部分行为也归入了本国《隐私法》的调整范围,是较为典型的域外效力条款。

欧盟是目前推动个人信息法域外效力最为积极的法域,但欧盟本地法的域外适

---

① 参见张利民:《经济行政执法的域外效力》,法律出版社2008年版,第102页。

② 参见孙国平:《论劳动法的域外效力》,载《清华法学》2014年第4期。

③ See Cedric Ryngaert, *Jurisdiction in International Law*, 2nd Edition, Oxford, Oxford University Press, 2008, pp. 26 – 27.

④ 参见王中美:《竞争规则的国际协调》,人民出版社2005年版,第46页。

⑤ See Australia Privacy Act, Sect 5B (1988).

用倾向在其进行个人信息保护立法的早期阶段并不明显。1981年欧洲委员会颁布的《个人数据自动化处理中的个人保护公约》是欧洲第一部有关个人信息保护的国际公约。该公约明确将其适用范围限制在了各国的领土范围内。① 欧盟1995年颁布的《指令》则向域外适用欧盟个人信息保护法迈出了一大步。《指令》第4条规定了欧盟成员国针对个人信息处理应当适用国内法的几种情形:(1)由设立在成员国领域内的数据控制者的机构在其活动范围内从事数据处理;(2)数据控制者并未设立在成员国领域内,但依据国际公法应当适用;(3)数据控制者并没有设立在成员国领域内,但为了处理个人数据使用了成员国境内的设备或自动操作等情况,这些设备仅用于数据传输而经过欧共体国家情形除外。由于这三个标准在解释上存在很大的空间,实践中来自非欧盟国家的数据控制者即使仅仅使用了欧盟公民浏览网站而产生的储存在用户本地终端上的数据(cookies),都会被认为是使用了位于欧盟领域内的设备,而必须遵守《指令》和成员国国内法的规定。② 因此有学者认为《指令》的3个标准将欧盟法的适用范围扩大到令其他国家难以接受的程度。③ 受到《指令》的影响,许多欧洲国家在本国法中也制定了类似《指令》第4条的规定以赋予国内法域外效力。例如,英国1998年《数据保护法》第5条规定:当数据控制者设立在英国并由其处理数据或数据控制者没有设立于英国及欧洲经济区但使用位于英国的设备进行数据处理的应当适用该法,数据仅传输通过英国的除外。④ 荷兰的1998年《个人数据保护法》第4条也采取了类似的表述。⑤

美国1998年通过的《儿童网上隐私保护法》也试图将其法律效力扩张至位于境外的数据控制者。该法直接将运营商定义为运行网站或网络服务并收集或维护用户或访客(包括直接访问网站、其他行为、通过互联网提供商品或服务)的个人信息的人。同时,这些网站或网络服务是以商业为目的而在不同州或不同国家之间从事商业活动。⑥ 依据这一定义,只要收集了美国境内儿童的个人信息,即使是在外国运行的网站同样要适用该法。

---

① 《个人数据自动化处理中的个人保护公约》第1条规定:"本公约旨在保护各缔约国领土内每一个人,无论他的国家和居住地,在自动化处理与他个人相关的数据时的权利和基本自由,特别是隐私权。"

② See Article 29 Working Party (A29 WP), "Opinion 8/2010 on applicable law" (16 December 2010), p. 25.

③ 参见郭瑜:《个人数据保护法研究》,北京大学出版社2012年版,第247页。

④ See UK Data Protection Act 1998, Section 5.

⑤ See Dutch Personal Data Protection Act, Article 4.

⑥ See Electronic Code of Federal Regulations Part 312 – Children's Online Privacy Protection Rule §312.2.

进入21世纪后随着各国个人信息保护立法进程的加快,个人信息保护法域外效力的立法实践也越来越多。欧盟2018年生效的《一般数据保护条例》是近年来赋予个人信息保护法域外效力最有影响的立法。该条例第3条在1995年《指令》第4条的基础上进行了修改,规定当数据处理活动涉及:(1)为欧盟境内的数据主体提供货物或服务,而无论数据主体是否被要求支付费用;(2)对数据主体在欧盟境内的行为进行监控时,无论相关的数据处理行为是否发生在欧盟境内都将会适用该条例。[①] 相较于《指令》,《一般数据保护条例》在成员国范围内有更强的法律效力,可以直接适用于所有成员国。随着该条例的生效,域外适用个人信息保护法的做法已经在欧盟范围内得以确立。

除了许多欧美国家在个人信息保护立法中引入域外效力外,亚洲部分国家也开始倾向于在本国个人信息保护立法中借鉴域外效力的规定。

日本2017年新修改的《个人信息保护法》第75条,在关于法律适用范围的规定中专门列举了该法的第15条、第16条、第18~25条、第27~36条、第41~43条同样适用于对日本人提供货物或服务但主营机构在外国的或匿名的处理者与获得个人信息相关的情形。这些条文的主要内容包括:个人数据处理主体的责任,包括利用目的的明确和限制、获取数据后的通知义务、第三方条款的限制、披露义务;个人信息保护委员会的指导、建议和限制。[②] 新加坡2012年的《个人数据保护法》虽然没有明确指明该法可以域外适用。但在新加坡个人数据保护委员会的《个人数据保护法建议指南》中,增加了对于该法效力范围的解释:新加坡《个人数据保护法》适用于在新加坡境内执行个人数据有关活动的机构,在数据由海外机构搜集随后传输到新加坡的情况下,该法也适用于个人数据相关活动。[③] 我国澳门特别行政区(以下简称澳门特区)的《资料保护法》第3条第3款也规定:本法律适用于对可以认别身份的人的声音和影像进行的录像监视,以及以其他方式对这些声音和影像的取得、处理和传播,只要负责处理资料的实体的住所在澳门特区,或者通过在澳门特区设立的提供资讯和电信资讯网络服务的供应商而实施。

总体来看,赋予本国(地区)个人信息保护法域外效力已经成为各国(地区)在制定个人信息保护法时的普遍选择。但域外效力的普遍运用并不能消除其在理论上的争议,反而将这一问题摆到了更突出的位置。

---

① See The General Data Protection Regulation (EU) 2016/679, Art. 3.

② 参见日本《個人情報の保護に関する法律》第75条。

③ See Advisory Guidelines on Key Concepts in the Personal Data Protection Act, paras 10.2, 11.2.

三、个人信息保护域外效力的法理检视

属地原则蕴含着一个国家对本国主权和公共利益的维护。由于各国之间的平等地位,一个主权国家没有认可或执行其他国家法律的义务。本国法律超越属地原则的域外效力只有在特定的条件下才能被接受。尽管互联网的发展对传统属地原则提出了新的挑战,但法律的属地原则仍然是有关一国法律地域范围的最基础原则,对属地原则的突破必须建立在充分的理论基础之上。

传统理论中,对属地原则的突破主要来自三种不同的理论。一是将属地原则作主观和客观的划分从而扩大解释属地原则;①二是以保护本国重大利益为基础行使管辖的保护原则;②三是为国际重大公益目的而对非本国国民行使管辖权的普遍原则。③ 虽然经过数十年的发展,域外效力的适用早已从国际刑法延伸到证券法、进出口管制法、环境法、劳动法、反垄断法等诸多部门法,但上述三类原则仍然是本国法域外适用的理论基础。目前各国的立法和司法实践表明,个人信息保护法的域外适用仍基于传统理论,但互联网技术的飞速发展和公民权利意识的不断觉醒为传统的域外效力理论基础注入了新的内涵。

(一)数据主权与属地原则扩张

属地原则的概念自诞生以来就和国家主权、领土边界紧密相连。互联网在产生之初就脱离了物理边界的范畴形成了超越国界的网络空间。随着互联网在世界范围内的普及,网络空间和国家主权边界也发生了激烈的碰撞。虽然网络空间具有跨国界的特征,但网络空间不是"法外飞地",主权国家仍然需要对发生在网络空间的行为进行规制。④ 在当前这个大数据时代,如何为承载个人信息的数据寻找物理意义上的位置,是一个国家在确定法律地域适用范围时必须回答的问题。

在美国的微软案中,微软公司和美国政府对于国家如何享有数据主权产生了严重分歧。2013 年纽约州南部地区法院在一起刑事案件中向微软公司发出了搜查令,要求微软提供与其电子邮件服务相关的内容。微软随后提供了储存在美国的相关数据,但拒绝提供储存在爱尔兰服务器中的数据。因为微软公司认为储存在爱尔兰

---

① 参见 Lotus Case (France *v.* Turkey) [1927] PCIJ, Series A, No. 10, para 50。通常认为美国经济法领域的效果原则也是客观属地原则的发展和运用,参见张利民:《经济行政执法的域外效力》,法律出版社 2008 年版,第 101 页。

② 参见王铁崖主编:《国际法》,法律出版社 1995 年版,第 128 页。

③ 参见[英] 伊恩·布朗利:《国际公法原理》,曾令良等译,法律出版社 2003 年版,第 333 页。

④ 参见张新宝、许可:《网络空间主权的治理模式及其制度构建》,载《中国社会科学》2016 年第 8 期。

服务器中的数据已经超越了美国法院搜查令的管辖权范围。[①] 该案的争议之一是美国要求微软提供储存在爱尔兰服务器的数据是否构成了域外管辖。从微软的角度看,数据的位置就是数据储存服务器的位置而不是访问者所在的位置。从美国执法机关的角度看,搜查令针对的是微软这家美国公司,而微软能够控制相关的数据。因此美国执法机关要求微软提供储存在海外的数据并非行使域外管辖。虽然该案中,美国联邦第二巡回法院偏向了微软公司的观点。多数法官认为政府的执法行为是一种域外管辖,而美国《存储通信法》在立法时并未明确赋予该法域外效力,因此微软可以拒绝提供相关数据。[②] 但这一观点很快就失去了意义。在 2018 年,美国国会快速通过的《澄清域外合法使用数据法案》(Clarifying Lawful Overseas Use of Data Act,CLOUD Act)中实际表明了美国坚持数据主权的立场。[③] 国会明确赋予了政府跨境调取数据的权力。从国际视角看,美国政府的观点并非孤例。在《网络活动适用国际法塔林手册 2.0》中,起草专家们显然更加偏向微软案中美国政府的观点。在这一份处理国际网络问题的重要准则中,来自不同国家的国际法专家们提出:只要来自一国的公民可以访问某一网站,即使网站服务器位于国外,该国同样可以行使地域管辖权。[④] 这一标准极大地扩展了国家主权在网络空间中的地域范围。国家的主权可以随着全球流动的数据扩张至地理疆域之外。

虽然目前学界对于数据主权的准确内涵尚无定论,但从内容上看,数据主权至少包括了两个层面:国家规制领域内与数据相关的活动权力以及国家对数据本身的控制权。[⑤] 将数据纳入主权的范畴,无疑是对传统国家地理疆域范畴的一次重要突破。在网络空间中,数据是承载所有信息的最基本单元。所有与网络相关的行为都必须依托数据来展开,对于个人信息而言就更是如此。在这一理论框架下,只要数据属于本国,一国就可以对外国人在外国实施的行为进行规制。

因此,数据主权的提出为国家对外国数据处理者在境外处理本国数据的行为适

---

① See In re Warrant to Search a Certain E-mail Account Controlled & Maintained by Microsoft Corp., 15 F. Supp. 3d 466, 470 (S. D. N. Y. 2014).

② See Microsoft Corp. v. United States, 829 F. 3d 197 (2d Cir. 2016) (No. 14 – 2985), 2015 WL 1139654.

③ See Covington represents Microsoft Corporation in United States v. Microsoft, No. 17 – 2.

④ See Michael N. Schmitt, *Tallin Manual on the International Law Applicable to Cyber Warfar*, Cambridge, Cambridge University Press, 2015, p. 69.

⑤ 参见曹磊:《网络空间的数据权研究》,载《国际观察》2013 年第 1 期;齐爱民、祝高峰:《论国家数据主权制度的确立与完善》,载《苏州大学学报》(哲学社会科学版)2016 年第 1 期;翟志勇:《数据主权的兴起及其双重属性》,载《中国法律评论》2018 年第 6 期。

用本国法提供了理论支撑。

(二)个人信息的人权化保护

随着国际法人本化趋势的加强,以国际人权法为代表的一种超越国界的更高层次国际共识正在形成。[①] 基于人权的普遍性而域外适用本国法律已经普遍存在于反恐、反酷刑等法律领域,并向劳动法等社会法领域蔓延。[②] 个人信息是否已经构成了具有普遍意义的人权尚存在争议,但将个人信息视为公民的基本权利已被大部分国家所接受。目前,包括《世界人权宣言》《公民权利和政治权利国际公约》等主要的世界性人权法律文件均将个人隐私和个人生活不被打扰的权利纳入公民的基本权利范畴。2013 年联合国大会通过的"数字时代的隐私权"决议,重申了与个人数据和信息相关的隐私权的人权属性,并促请各国尊重并保护隐私权,包括数字通信方面的隐私权。[③]

欧盟是将个人信息和数据视为公民基本人权的典型法域。虽然在 20 世纪 90 年代之前的欧洲,个人数据仍然只被视为一种经济需求。[④] 但 1995 年的欧盟《指令》已经开始表现出欧盟对个人信息保护的高度关切。《指令》在前言中提出:由于个人信息保护法的目标就是对《欧洲人权公约》所确立的公民基本权利和自由提供保障,因此必须采取高水平的保护。[⑤] 2018 年的《一般数据保护条例》则继续保持对个人信息保护的人权化趋势,同时条例试图通过建立第三国评估机制,将欧盟对个人数据保护的规则推向其他国家。

在司法实践中,欧盟法院通过判决表明了个人信息的高水平保护与地域效力范围扩张之间的有机联系。2014 年的"谷歌案"中,一名西班牙公民对谷歌西班牙公司和谷歌公司提起诉讼,认为该公司的互联网搜索服务侵犯了他的隐私权。此案在多次诉讼后上诉至欧盟法院。该案面临的第一个争议,就是是否要对位于美国的谷歌总公司适用欧盟法律。根据谷歌西班牙公司的解释,该公司并不参与任何搜索引擎服务,而仅是谷歌公司在西班牙的商业代表,只负责相关业务的广告和推广工作。而根据《指令》第 4(1)条中所设立的标准,除非谷歌在西班牙设立商业代表的行为也构成数据处理行为,否则对位于美国的谷歌公司适用欧盟法于法无据。而该案法

① 参见曾令良:《现代国际法的人本化发展趋势》,载《中国社会科学》2007 年第 1 期。

② 参见孙国平:《论劳动法的域外效力》,载《清华法学》2014 年第 4 期。

③ See United Nations, General Assembly, A/RES/68/167, 21 January 2014.

④ See Mistale Taylor, "The EU's Human Rights Obligations in Relation to Its Data Protection Laws with Extraterritorial Effect", *International Data Privacy Law* 5, 2015, p. 246.

⑤ 参见欧盟《指令》前言,第 10 条。

官在判决中指出：鉴于指令保护欧盟公民基本权利和自由的目标，对从事相关活动不必进行严格解释。而且依据《指令》前言中的相关表述，欧盟的立法者制定一个宽泛的地域范围就是为了防止《指令》赋予当事人的保护被剥夺或规避。[①] 因此即使设计机构从事的并非数据处理相关的工作，但只要数据控制者通过此行为获利就应当被纳入《指令》的适用范围。

个人信息的人权化，使部分国家在域外适用本国个人信息保护法时能够高举正义的旗帜并随之扩张本国法律的地域效力范围。

四、个人信息保护域外效力的局限性

在微软案的审理过程中，微软总裁布拉德 · 史密斯曾多次呼吁：我们正在努力用 20 世纪八九十年代的法律来管理 21 世纪的技术，但我们需要的是新的解决办法。当今个人信息保护法域外适用的趋势可以视为对新技术的一次回应，但绝非完美的答案。随着个人信息保护法域外效力的发展，它的局限性也正在浮现。

（一）个人权利保护的不确定性

无论是在公法还是私法中，都存在对法律确定性的追求。但各国域外适用本国个人信息保护法的做法不仅不能增加法律适用的确定性，反而使个人权利的保护处于更加不确定的状态。

1. 域外效力与国际私法的关系

法律适用的确定性是国际私法最基本的价值取向之一。[②] 在跨境个人信息纠纷中，国际私法可以为私人权利的保护提供确定性。以我国《涉外民事关系法律适用法》为例，该法专门制定了有关人格权和网络侵犯人格权的冲突规范。根据这两条冲突规范，个人数据的保护范围和侵权保护应分别适用权利人经常居所地和被侵权人经常居所地法律。这种将权利人的经常居所地作为连结点的立法模式，体现了权利人与其活动中心的密切联系，符合冲突法所追求的稳定性和一致性的目标，也灌注了“有利于弱者”的先进立法理念与现代社会注重以人为本的时代精神。[③] 在涉外民商事关系中，国际私法在明确法律适用的可预见性和确定性上有明显优势，但域外效力规则的引入使国际私法已经在实际上被架空了。

---

① See Google Spain SL, Google Inc. v. Agencia Española de Protección de Datos, Mario Costeja González, C - 131/12, paras 53,55.

② 参见肖永平：《法理学视野下的冲突法》，高等教育出版社 2008 年版，第 301 页。

③ 参见万鄂湘：《〈中华人民共和国涉外民事关系法律适用法〉条文理解与适用》，中国法制出版社 2011 年版，第 329 页。

从适用方法上看,域外效力条款是天然排斥冲突规范的。一方面,域外效力条款属于国内法。而在国际私法的选法方法中,冲突规范先于域外效力条款决定哪国法应当被作为准据法适用。如果准据法是外国法,那么本国的域外效力条款是无法适用的。相反,如果优先适用本国法的域外效力条款,那么实体法律的适用已然确定,冲突规范也就失去其实际功能了。另一方面,冲突规范和域外效力条款遵循的是两种截然不同的适用逻辑。国际私法通过冲突规范明确在何种情况下外国法可以在本国适用,而域外效力则是规定本国法在何种情况下可以适用于外国的人或行为。前者是本国法律在保护私权时的有意避让,后者则是维护本国利益时的主动进攻。在跨境个人信息保护纠纷较多的欧盟,司法实践已经证明法官在处理法律适用问题时优先适用《指令》第 4 条或《一般数据保护条例》第 3 条后,《罗马条例Ⅰ》已经不再有适用的空间。①

2. 域外效力适用的不确定性

当域外效力条款完全取代国际私法选法方法后,法律适用的确定性明显缺乏制度上的保障。

一方面,域外效力的法律冲突目前尚无妥善的解决办法。当一国主张其他国家不能接受的域外效力时,另一国通常只能同样以域外效力予以还击。在反垄断领域,美国基于效果原则域外适用本国法的立法模式被欧盟大部分成员国所借鉴,包括希腊、德国、奥地利等国也采用这一域外效力模式。在 1988 年的著名的“欧盟纸浆案”中,欧盟委员会发现部分木纸浆制造商和纸浆协会违反了《欧共体条约》第 85 条有关禁止垄断协议的规定。欧盟委员会对其进行罚款并命令其停止达成价格协议的行为,但部分生产企业并不位于欧洲,因此这是对非欧洲的企业提起上诉。但是根据美国法,这些企业的行为是合法的。② 这种域外效力的冲突由于不能通过冲突规范来预见将被适用的准据法,不免会使当事人权利的保护陷入两难境地。

另一方面,各国的司法主权并不总是能保证域外效力的实现。虽然域外效力代表着国家对于相关领域价值和利益的重视,但本国在外国的司法主权是否能有效及于外国并不是本国可以单方面决定的。在实践中,即使是美国这样的在经贸领域具有国际领先地位的国家,想要顺利地实现域外效力仍然是困难的。因此也有外国学

① See Jiahong Chen, “How the best-laid plans go awry: the (unsolved) issues of applicable law in the General Data Protection Regulation”, *International Data Privacy law* 6, 2016, p. 318.

② See William S. Dodge, “Extraterritoriality and Conflict-of-Laws Theory: An Argument for Judicial Unilateralism”, *Harvard International Law Journal* 39, 1998, p. 155.

者将域外效力比喻为“立法者的美梦和法官的梦魇”①。欧盟的部分实践也反映出这些担忧的现实性。在“谷歌案”中,虽然欧盟为保护西班牙公民的私人权利而极力将《指令》扩展适用于美国的谷歌总公司,但实际上欧盟内部对于域外效力的执行并不乐观。欧盟根据《指令》第29条所成立的咨询工作组出台的相关报告中明确提出:在欧盟法下每个人都享有数据权利,但欧盟数据保护机构将主要集中于那些数据主体和欧盟有清晰连结的诉求。② 就个人而言,在具体个案中国家是否能够真正实现法律的域外效力是难以预见的。

(二)控制者负担及其负面效果

当谈到个人信息保护域外效力时,对数据主体的保护始终被放在了核心的位置。但作为与数据主体对立的一方,对数据主体权利保护的不断加强,意味着数据控制者的义务在不断加重。而域外效力给数据控制者带来的过重负担往往被学界所忽视。

首先,域外效力使位于一国的数据处理者必须受到多国法律监管。是否在本国进行了数据处理活动是目前各国域外适用本国法律的主要前提。而互联网活动的特征,决定了数据控制者一定是在世界范围内开展相关活动。无论哪一国的互联网服务商多需要面临来自全世界各个国家的用户,同时使用者还可能在不同国家间流动。因此数据控制者可能会频繁受到其他国家法律的域外适用。例如,在欧盟通过《一般数据保护条例》后,无论是美国的互联网经营者还是来自中国的互联网经营者都会面临欧盟法律监管导致的成本上升。③

其次,域外效力会导致法律的重叠适用。域外效力并不能排斥本国法律的效力,所以当数据控制者受到外国法律支配时,他的行为同样要符合本国法律的规定。对此,数据控制者只有对企业进行更高水平的合规处理,才能减小其法律风险。正如美国最高法院所指出的:“如果我们坚持所有(海外)争议必须在美国法院以美国法律来解决的狭隘观念,那么美国工商业的扩张将难以为继。”④在域外效力和属地原则的作用下,互联网企业不得不面临额外的经营压力。

---

① See Dan Jerker B. Svantesson, “Extraterritoriality and targeting in EU data privacy law: the weak spot undermining the regulation”, *International Data Privacy Law* 5, 2015, p. 231.

② See Article 29 Data Protection Working Party, “Guidelines on the Implementation of the Court of Justice of the European Union Judgment on ‘Google Spain and Inc. v. Agencia Espan~ola de Proteccio’n de Datos (AEPD) and Mario Costeja Gonza’lez’—C-131/12” (2014) WP225, 3.

③ 参见王孔祥:《GDPR出台,互联网企业该如何应对》,载《中国经济报告》2018年第9期。

④ The Bremen v. Zapata Off-Shore Co., 407 U. S. 1 (1972).

此外,域外效力具有明显的杠杆效应。域外效力在适用上的一个重要特征是其通过域外适用本国标准,会抬高各国的法律保护水平。因为只有当本国保护水平高于其他国家时,才需要域外适用本国法以在跨境活动中保护本国相关利益。当本国保护水平低于外国时,域外适用本国法的实际意义并不大。2000 年欧盟和美国签订了著名的《安全港协议》。在该协议签署之前,欧盟已经出台了《指令》将欧盟个人数据保护的整体水平提到了较高水准。而美国仍然坚持以行业自律和松散立法的方式来保护本国企业。该协议的签署和执行事实上抬高了美国企业对欧盟居民信息和数据的保护水平。①

有调查显示 2018 年欧盟实施《一般数据保护条例》后,各国企业为了使自己的经营符合该法的监管要求普遍额外支付了高昂的成本。② 一方面,高昂的数据控制成本阻碍了数据的自由流动。目前,个人数据保护中在全球层面的规制存在"三难选择",无法同时兼顾"良好的数据保护"、"跨境数据自由流动"和"数据保护自主权"。③ 避免被较高保护水平国家法律管辖的最简便方法就是直接屏蔽来自该国的使用者,或为该国的用户专门设置新的数据处理系统。无论数据控制者采取哪种方式规避监管,都会造成数据在各国间难以自由流动。另一方面,域外效力导致的额外负担会加速数据寡头的形成。各国域外适用本国个人信息保护法以加强个人信息保护的做法抬高了互联网行业的管理成本。在各国高强度的个人信息保护网交织之下,中小型互联网企业面临发展的危机。大型的互联网企业凭借自己资金和管理上的优势吸引了更多的用户并掌握了更多的数据,最终形成一定形式上的数据垄断。

域外效力给数据控制者带来的成本负担可以视为对数据主体保护的一种牺牲。但从长远来看,各国法律的域外适用对整个网络空间和互联网产业的发展留下了隐患。

(三)引起对抗性立法

除了在个人保护确定性、数据自由流动和互联网产业发展上的负面效应,过分的域外效力还会引起各国间的对抗性立法。

---

① See Gregory Shaff, "Extraterritoriality in A Globalizing World: Regulation of Data Privacy", *Proceedings of the Annual Meeting (American Society of International Law)* 314, 2003.

② See IAPP-EY Annual Privacy Governance Report 2018, Accessed Jan 31, 2019. https://iapp.org/media/pdf/resource_center/IAPP-EY-Gov_Report_2018-FINAL.pdf.

③ 参见黄宁、李杨:《"三难选择"下跨境数据流动规制的演进与成因》,载《清华大学学报》(哲学社会科学版)2017 年第 5 期。

美国联邦最高法院大法官斯卡利亚在哈特弗特(Hartford)案中曾呼吁,礼让原则在域外适用法律中具有重要意义:“对于礼让原则的考量是应先于分析《谢尔曼法》的域外管辖权是否成立的。”①因为在大多数情况下,对域外效力或域外管辖权的考量代表着该国已经在相应问题上放弃礼让原则。但在域外效力的发展过程中,各国之间因为立法管辖权的碰撞而引起的对抗时有发生。在反垄断领域,美国在向外扩张《谢尔曼法》的立法管辖权时,欧盟通过颁布《反对第三国立法域外适用的条例》予以了还击。② 根据这项条例,欧盟境内的人员和公司有义务将他们受到美国法律影响的情况通知欧盟委员会,并同时负有未经授权不得遵守适用这两部法律的义务。同时,欧盟境内的人员和公司享有拒绝承认和执行根据域外立法作出的判决、裁决和行政决定的权利,并且可以获得因美国上述法律造成损失的全部补偿。③ 此外,欧盟还通过外交行动法和世界贸易组织程序进行了全方位的回应。④在劳动法领域,南非曾经制定《商务保护法》来对抗美国《进出口银行法》中关于对外国劳动标准调查的规定。南非《商务保护法》明确规定:除非有南非经济部的批准,否则任何人都不应遵守或回应外国发出和民事诉讼相关的命令、指示、质询、委托调查、请求信函,不得提供商业信息,无论这些商务活动发生在南非境内或境外。⑤这种针对域外效力的对抗行为在进出口贸易管制领域更加激烈,美国对苏联、伊朗的禁令都曾经引发其他国家的强烈反应。⑥

在个人信息保护领域,这种法律上的针锋相对同样存在。欧洲部分国家如法国、瑞士都有针对美国域外取证和域外证据开示的对抗性立法。⑦ 法国 1968 年的 68 – 678 号法律,即《法国阻却法》(French Blocking Statute)明确限制了域外证据开示中的信息传输,该法第 1 条规定:禁止任何法国公民或经常居住在法国的个人,以及任何政府官员、民意代表、代理机构和在法国有中心或设计机构的法人的雇员通

---

① 参见 Hartford Fire Ins. Co. v. California, 509 U. S. 764, 797 (1993),但斯卡利亚的这一观点并不是最高法院判决的多数意见。

② See Protecting Against the Effects of the Extra-Territorial Application of Legislation Adopted by A Third Country, Council Regulation (EC) No. 2271/96.

③ 参见张劲松:《论欧盟对美国经济法域外效力的法律阻却》,载《欧洲》2001 年第 2 期。

④ See Alexander, Angharad, “Extraterritorial Jurisdiction—European Responses”, *Houston Journal of International Law* 26, 2004, p. 314.

⑤ See South African Protection of Businesses Act 99 of 1978, article 1 (1) (b).

⑥ 参见张利民:《经济行政执法的域外效力》,法律出版社 2008 年版,第 320 页。

⑦ See Hughes Hubbard & Reed LLP, The Impact on U. S. Discovery of EU Data Protection and Discovery Blocking Statutes, Accessed Jan 31, 2019. https://www.hugheshubbard.com/index.php?p=actions/vmgHhrUtils/download/asset&id=6793.

过书面、口头及其他任何形式将有可能损及主权、安全、法国潜在经济利益或公共政策的经济、商业、工业、金融、科技信息传送给外国公共机关。① 但美国法院同样对这类立法怀有抵触情绪,认为这类封锁立法的规定过于宽泛,并过分地保护本国利益。因此在实践中,美国法院仍会忽视外国相关法律规定,并要求当事人对域外数据进行取证或证据开示。② 在不同法域的对抗中个案的当事人成为受到影响最深的一方。例如,在法国的 Christopher X 案中,法国检方就对一位在法国境内为美国诉讼收集证据的律师作出了刑事处罚。③ 对抗性立法把原本复杂的域外法律适用的纠纷进一步复杂化了。

五、个人信息保护法域外适用的边界

当前,全球网络的崛起正在挑战地理位置在传统法律中的地位,但在网络空间中各国的主权意识并没有弱化而是更加强化了。各国都在试图用网络数据本地化立法为网络空间构筑樊篱,以至于有学者提出目前存在一种"数据民族主义"。④ 在这种环境下,国家对个人信息进行域外保护的行为都有可能碰触到其他国家的主权,从而引起法律乃至政治、外交上的冲突。

尽管国家域外适用本国法律的做法并不违反现有的国际法,但这并不意味着这种适用方式就能在国际间通行无阻。因为一国法律在外国领域内发生效力还需要其他国家的承认。当一国基于本国利益而希望域外适用本国法时,通常也涉及外国在相关领域的国家利益。鲜有国家会主动放弃行使本国主权而让本国公民受到外国法律支配。基于网络空间共治的基本理念,各国对个人数据保护的域外效力应当谨守边界,以减小域外效力的局限性。

首先,跨境个人数据保护的私法保护应当通过国际私法规范予以实现。虽然私法的社会化趋势在个人信息保护领域表现明显,公法保护也构成对个人信息保护的主要方式,但有关个人信息保护的私人保护仍然是保护公民人身、财产权利的最直接方式。在处理跨国个人权利的保护上,国际私法的多边选法方法已经被证明是处理法律冲突的有效途径。综观各国的个人信息保护法,在个人数据保护领域仍然存在更加偏重私权保护的规则,如个人信息权或数据权利的具体内容、个人和非国家

---

① See French Law no. 80 – 538, Article 1, dated July 16, 1980.

② See Société Nationale Industrielle Aerospatiale v. U. S. District Court for the Southern District of Iowa, 482 U. S. 522 (1987)

③ See Cour de cassation chambre criminelle du 12 decembre 2007 no. 07 – 83228, *Digital Evidence and Electronic Signature Law Review* 7, 2010, p. 130.

④ See Chander, Anupam, "Data Nationalism", *Emory Law Journal* 64, 2015, p. 677.

主体在个人信息储存和处理上达成协议和约定的权利、个人对非国家主体不当使用个人数据的行为通过民事诉讼请求损害赔偿的权利等。在偏重私权利保护的问题上,国际私法规则更能保障涉外民事法律关系的稳定和可预见性。

其次,域外管辖的依据应与本法域具有实际联系。域外管辖不等于过度管辖。当国家试图将本国法适用于特定法律关系中与本国联系微弱的外国当事人时,政治和公共利益的考量已经超过了对特定民商事关系中私人权利的保护。①

目前各国在个人信息和数据保护领域域外效力的连接因素可以根据数据处理活动和数据主体所在国的联系划分为两种类型。一类是境外数据控制者直接对本国的数据进行收集和处理,如美国域外适用《儿童网上隐私保护法》的依据是外国数据控制者搜集了美国儿童的数据和信息。这种直接针对外国数据主体的数据处理行为既给了国家基于保护本国公民的理由行使立法管辖权,也符合以数据主权扩展本国属地原则范围的理论。另一类是数据活动和数据主体之间没有直接联系,而是通过设立机构、分公司、商业行为来建立间接联系。与前一类和数据处理有直接联系的域外效力依据相比,这种间接联系容易导致私人保护的不确定、数据控制者的重叠管辖和各国间的管辖权冲突。

最后,国际合作是现阶段确定个人数据保护法的域外效力边界的根本途径。虽然个人数据保护同时具有私法和公法的性质,但由于国家主权在网络空间的互不让步,个人数据的域外效力冲突短时间内难以协调。欧盟和美国在2000年达成的《安全港协议》是通过国际合作解决个人数据域外效力冲突的一个示范。依据该协议,美国的机构为欧盟的个人提供充分的隐私权保护,但是协议并没有完全采用《指令》的所有标准。《指令》的域外效力由于《安全港协议》的存在也并不发生效力,事实上是欧盟和美国两种隐私权保护标准之间形成的妥协。随着欧盟个人数据保护的进一步加强,《安全港协议》被欧盟法院认定无效,但欧、美之间很快又达成了新的《隐私盾协议》。这两份协议显示出欧、美两大经济体在寻求数据流动自由和本国监管的平衡上所作的努力,在短期内无法实现各国个人数据保护法趋同的情形下,这种国际协调仍然是比域外效力规则更为有效的方式。

总体来看,域外适用本国个人信息保护法的困境在于不同国家数据主权冲突下如何实现私权利保护的协调。在互联网空间中,传统的依据国家边界划分主权应当

---

① See the Hague Conference on Private International Law, Preliminary Draft Convention on "International Jurisdiction and Foreign Judgments in Civil and Commercial Matters" (Prel. Doc. No 7 of April 1997).

更加灵活和具有弹性,避免将国家主权的考量混入私人民事法律关系之中,从而为私人活动留下空间。

六、结语

随着我国《民法典》的出台,个人信息在我国的法律保护也越来越受到重视。《民法典》中明确规定,自然人的个人信息受法律保护。任何组织和个人需要获取他人个人信息的,应当依法取得并确保信息安全,不得非法收集、使用、加工、传输他人个人信息。近年来,个人信息保护法的立法工作也越来越受到关注,已有多位专家起草了《个人信息保护法(专家建议稿)》。在有关个人信息保护法效力范围的讨论中,已经有部分学者提出,我国将来的个人信息保护法应该采纳域外效力条款。① 还有学者指出,应当借鉴类似的欧盟《一般数据保护条例》的域外效力立法模式。② 但这些建议都存在对欧盟立法模式的模仿,缺乏明确的框架并且未对域外效力的负面效果加以考虑。

综合前文分析,笔者认为个人信息保护法设置域外效力条款的做法并不违反国际法,其理论依据在于对本国公民基本权利的扩张保护和国家主权的扩张解释。但个人信息保护法具有公私二元特性,域外效力对本国主权和社会利益、公共安全的保护功能并不必然能够妥善保护个人权利。鉴于我国目前在个人数据保护私法层面的法律保护尚较为薄弱,在个人数据保护法中全面引入域外效力规则,会导致跨境个人数据纠纷中公民个人本身应获得的私法保护,并导致法律适用的不确定性。因此在相关立法中,对于域外效力规则的引入应当对个人数据的私法层面和公法层面作出区分,而非“一刀切”式的概括式立法。从平衡国家主权维护、个人权利保护、数据跨境自由流动的长远目标来看,建立行之有效的国际合作机制是比域外效力规则更加有效的途径。

---

① 参见齐爱民、王基岩:《大数据时代个人信息保护法的适用与域外效力》,载《社会科学家》2015年第11期;张新宝:《我国个人信息保护法立法主要矛盾研讨》,载《吉林大学社会科学学报》2018年第5期。

② 参见张建文、张哲:《个人信息保护法域外效力研究——以欧盟〈一般数据保护条例〉为视角》,载《重庆邮电大学学报》(社会科学版)2017年第2期。

国际私法实务研究

中国商事仲裁年度报告(2017)

宋连斌[*] 林 荟[**] 陈希佳[***]

2017年国内仲裁机构受案量与标的总额持续增长,我国仲裁制度也经历了近年来力度最大的一次改革。仲裁员资格条件有所修改,最高人民法院发布了包括《关于仲裁司法审查案件归口办理有关问题的通知》等在内的多个重要司法解释,丰富并完善了仲裁司法审查案件归口管理、报核、仲裁裁决撤销等方面的实践。国内主要仲裁机构在国际投资仲裁、临时仲裁等领域也不乏规则创新。笔者在对共计4970件国内、涉外仲裁案件进行研究后认为,2017年中国法院对仲裁司法监督总体仍以友好态度为主,否定性评价案件总体数量不多,对先予仲裁等新问题能够作出正确裁判。但在司法实践中,依然存在对少数司法审查理由错用、滥用的情况,部分案例中法院对快速程序下仲裁庭组成方式、外国仲裁裁决执行请求审查期间的财产保全等问题的裁判,也引起了较大争议。

一、概述

本文旨在综述2017年中国仲裁实务动态及发展。从《仲裁法》实施的1995年起,我国仲裁机构的受案量连续22年保持增长。2017年全国253家仲裁机构共受理案件239,360件,平均受案为946件,比2016年增加15%;案件标的总额为5338亿元,比2016年增长14%。其中,6家仲裁委员会通过网上仲裁方式,共处理案件85,399件,占全国案件总数的36%;60家仲裁委员会受理涉外,涉我国香港特别行政区、澳门特别行政区及台湾地区案件3188件,与2016年基本持平。在司法审查方面,全国范围内仲裁机构所作仲裁裁决被人民法院裁定撤销的案件186件,裁定不

* 法学博士,中国政法大学国际法学院教授,博士研究生导师。
** 中国政法大学国际法学院国际私法方向博士研究生。
*** 法学博士,品诚梅森律师事务所(Pinsent Masons LLP)合伙人及中国区联合负责人。

予执行仲裁裁决的案件100件,较2016年分别减少46件、37件。①

在立法、司法解释和相关规定方面,2017年《仲裁法》进行了细微修订,最高人民法院发布了多项重要的司法解释。同时,还有一批仲裁机构修改或颁布了仲裁规则。

案例收集方面,基于已有数据库,此次共收集案例4970件。本文仍以精选的50件典型的国内、涉外案例为研究对象,分别对仲裁协议效力认定、仲裁裁决的撤销、仲裁裁决的执行、案外人申请不予执行仲裁裁决的司法审查理由进行分析,并就其中的重要案例与问题进行专门研讨。本文不代表任何机构的立场,仅为关注仲裁的各界人士和机构提供相关的信息,以便进一步探讨中国仲裁的相关问题。

二、新仲裁法规和仲裁规则述评

自2017年5月开始,最高人民法院连续颁布了《关于仲裁司法审查案件归口办理有关问题的通知》(法〔2017〕152号,5月22日发布)、《关于仲裁司法审查案件报核问题的有关规定》(法释〔2017〕21号,12月26日发布)、《关于审理仲裁司法审查案件若干问题的规定》(法释〔2017〕22号,12月26日发布),并于3日后原则通过《关于人民法院办理仲裁裁决执行案件若干问题的规定》(法释〔2018〕5号,2018年2月23日正式发布)。为适应我国法律职业资格考试制度的改革,2017年9月1日,第二十届全国人民代表大会常务委员会第二十九次会议通过了全国人民代表大会常务委员会《关于修改〈中华人民共和国法官法〉等八部法律的决定》。② 可以说,2017年是中国仲裁制度改革深化的一年。

(一)关于仲裁员资格条件

《仲裁法》的修改与完善为业界关注多年。全国人民代表大会常务委员会《关于修改〈中华人民共和国法官法〉等八部法律的决定》自2018年1月1日起施行。依该决定,将《仲裁法》第13条第2款第1项由原来的“从事仲裁工作满八年的”修改为“通过国家统一法律职业资格考试取得法律职业资格,从事仲裁工作满八年的”;将第3项由原来的“曾任审判员满八年的”修改为“曾任法官满八年的”。可以看出,《仲裁法》此次修改仅针对仲裁员的资格条件,与司法考试制度改革为国家统一法律职业资格考试制度有关,规范并提高了法律类仲裁员的入门条件,调低了非

① 参见司法部政府法制协调司:《2017年全国仲裁处理案件情况统计报告》。

② 参见《授权发布:全国人民代表大会常务委员会关于修改〈中华人民共和国法官法〉等八部法律的决定》,载 http://www.xinhuanet.com/2017-09/02/c_1121588527.htm,最后访问日期:2019年9月29日。

现职法官担任仲裁员的条件。

（二）关于仲裁司法监督

最高人民法院颁布的《关于仲裁司法审查案件归口办理有关问题的通知》《关于仲裁司法审查案件报核问题的有关规定》《关于审理仲裁司法审查案件若干问题的规定》，是2005年最高人民法院《关于适用〈中华人民共和国仲裁法〉若干问题的解释》（法释〔2006〕7号，以下简称《〈仲裁法〉司法解释》）之后，我国仲裁司法监督制度最大的一次革新。限于篇幅及避免重复，对前述3份文件的详细评述，可参考作者另行发表的相关文章。①

（三）关于仲裁规则

2017年，内地仲裁机构通过发布新的仲裁规则对我国仲裁制度进行了有益探索，有两个方面十分引人注目。

1. 投资仲裁规则

2017年9月19日，中国国际经济贸易仲裁委员会（以下简称贸仲）发布了《中国国际经济贸易仲裁委员会国际投资争端仲裁规则》，填补了我国国际投资仲裁规则的空白。该规则总结了国际投资争端解决中心（International Center for Settlement of Investment Disputes，ICSID）、国际商会国际仲裁院（The ICC International Court of Arbitration，ICC）、瑞典斯德哥尔摩商会仲裁院（Arbitration Institute of the Stockholm Chamber of Commerce，SCC）等国际投资的经验，认真研究美国、欧盟的投资条约内容，深入考察我国双边投资协议（Bilateral Investment Treaty，BIT）缔约实践，在投资规则的程序设计、公开审理、仲裁员名册、仲裁地、仲裁庭管辖权、合并仲裁、第三方资助和仲裁程序的透明度等许多方面都充分吸收和借鉴了国际最先进的理念和做法，同时注入中国仲裁的丰富经验，如吸纳仲裁与调解相结合的经验，实行专业名册制度，使该规则既体现国际化的特色，也符合我国投资仲裁的实际需要。

2. 临时仲裁的制度建构

最高人民法院《关于为自由贸易试验区建设提供司法保障的意见》（法发〔2016〕34号，2016年12月30日发布）出台后，我国仲裁界对临时仲裁或特定仲裁进行了尝试。2017年3月23日，珠海市横琴新区管理委员会与珠海仲裁委员会发布了《横琴自由贸易试验区临时仲裁规则》；2017年4月27日，贸仲通过了《中国国际经济贸易仲裁委员会香港仲裁中心担任指定机构的规则》，其后又推出了《第三方

---

① 参见宋连斌：《仲裁司法监督制度的新进展及其意义》，载《人民法治》2018年第5期。

资助仲裁指引》;2017年6月2日,石家庄仲裁委员会发布《石家庄仲裁委员会仲裁规则》,对前述司法意见中的"特定仲裁"作出规定;2017年9月19日,中国互联网仲裁联盟公布了《临时仲裁与机构仲裁对接规则》,中国广州仲裁委员会随之修改了其仲裁规则,承认、接受前述对接规则。至此,从规则层面上看,临时仲裁在我国内地已崭露头角。

三、仲裁司法监督案件统计分析

(一)数据收集及案例概况

为确保统计口径一致,此次收集的案例皆源于官方已正式运行4年的中国裁判文书网。经统计,与仲裁有关的四大类案例共计4970件,将其中缺乏法律分析价值的案例排除后,仍有4627件案例。① 其中,与确认仲裁协议效力有关的案例851件,申请撤销仲裁裁决案例3089件,申请仲裁裁决执行(包括申请强制执行与请求不予执行)案例464件,申请仲裁保全的案例223件。(见表1~6)经多种途径,特别是通过对北大法宝、无讼等数据库司法案例系统的另行抽样确认,相信以上数据基本能够反映2017年度四大类型案件在司法实践中出现的大致比例。以此为出发点,在适当考虑案件影响力的基础上,精选其中富有代表性的国内案例50个、涉外案例10个。其中,与确认仲裁协议效力有关的案例10件,申请撤销仲裁裁决案例30件,申请仲裁裁决执行案例8件,申请仲裁保全的案例2件。(见表1~7)

表1 中国法院受理的与仲裁有关的案件抽样统计

序号	主要争议点	审理法院及案号	案由	裁定结果	裁定理由
1	仲裁协议效力	北京市第三中级人民法院民事裁定书(2017)京03民特142号	确认仲裁协议无效	驳回申请	申请人以其并非合同相对方为由请求确认仲裁协议无效,实质上属于有无仲裁协议之争,不属于仲裁协议效力之争

① "缺乏法律分析价值的案例"主要指以下类型的案例:申请人对确认仲裁协议效力、撤销仲裁裁决、执行或不予执行仲裁裁决、仲裁保全等类型的申请予以撤回,以及法院对申请人的此类申请按自动撤回处理的案例。

续表

序号	主要争议点	审理法院及案号	案　由	裁定结果	裁定理由
2	仲裁协议效力	福建省厦门市中级人民法院民事裁定书(2017)闽02民特131号	确认仲裁协议无效	驳回申请	1.“合同双方”除有特别约定,应指合同项下权利义务双方即签约各方,不限于出借人与借款人,也应包括担保人; 2. 仲裁协议中约定的“本合同未尽事宜”,其主语是“本合同”,而非“本合同未尽事宜”,这是一种概况式的约定
3	仲裁协议效力	福建省南平市中级人民法院民事裁定书(2017)闽07民特1号	确认仲裁协议无效	仲裁协议无效	仲裁委员会的约定是否明确,应以协议签订时当事人的意思表示为判断基础。双方达成仲裁协议时约定的仲裁机构尚不存在,新设立的仲裁机构显然不在当事人签订合同时的选择范围内
4	仲裁协议效力	广东省佛山市中级人民法院民事裁定书(2016)粤06民特286号	确认仲裁协议无效	驳回申请	申请人虽主张仲裁协议属格式条款应无效,但其作为合法注册经营的企业法人,具备独立签约能力,审慎检查合同是其应尽的注意义务,其在合同尾部签名盖章的行为应视为对合同全部内容的确认
5	仲裁协议效力	广东省广州市中级人民法院民事裁定书(2017)粤01民特254号	确认仲裁协议无效	驳回申请	1. 虽然合同通用条款约定了诉讼,但专用条款中关于争议解决方式作出了仲裁的约定,应视为对通用条款争议解决方式的变更; 2. 仲裁事项是否属于仲裁协议的范围,并非仲裁协议无效的法定情形,不在法院的审查范围内

续表

序号	主要争议点	审理法院及案号	案由	裁定结果	裁定理由
6	仲裁协议效力	河南省安阳市中级人民法院民事裁定书(2017)粤05民特25号	确认仲裁协议无效	仲裁协议无效	房产管理部门存档的合同上并未选择争议解决方式,虽然被申请人提交的合同上选择了仲裁,但该处及签订时间处并无申请人的签字或手印,对该合同的真实性无法确认
7	仲裁协议效力	湖北省武汉市中级人民法院民事裁定书(2017)鄂01民特89号	确认仲裁协议无效	仲裁协议无效	合同中同时约定了“乙方有权向当地所在地的人民法院提起诉讼”与“协商不成交由仲裁委员会仲裁”,故案涉仲裁协议无效
8	仲裁协议效力	宁夏回族自治区银川市中级人民法院民事裁定书(2017)宁01民特5号	确认仲裁协议无效	驳回申请	合同约定“向当地有管辖权的仲裁委员会申请仲裁”,其中“当地”一词可解释为申请人所在地、被申请人所在地、合同签订地、合同履行地。合同签订时这几个地方只有银川市存在仲裁机构,故双方对仲裁机构的约定是明确的
9	仲裁协议效力	山东省青岛市中级人民法院民事裁定书(2017)鲁02民特30号	确认仲裁协议无效	驳回申请	合同约定“如出现纠纷,诉讼当地仲裁机构”。该条款的本意是如果产生纠纷则诉至仲裁机构解决。尽管此处的“诉讼”用词不准,但并不能得出当事人具有通过诉讼途径解决的意思表示
10	仲裁协议效力	浙江省杭州市中级人民法院民事裁定书(2016)浙01民特91号	确认仲裁协议无效	仲裁协议无效	合同约定“应提交原告方所在地仲裁委员会依据其规则进行仲裁”。即使将“原告方”理解为“申请人”,但合同签订时仲裁申请人尚未确定,双方当事人均可能成为申请人且分处两地,故案涉仲裁协议约定了两个或两个以上的仲裁机构

续表

序号	主要争议点	审理法院及案号	案　由	裁定结果	裁定理由
11	仲裁裁决效力	陕西省延安市中级人民法院民事裁定书(2017)陕06民特61号	申请撤销仲裁裁决	撤销仲裁裁决	1. 仲裁裁决对履约过程中的不可抗力因素考虑不当; 2. 本案所涉买卖的楼房系限价房,主要为解决中低收入家庭住房困难,裁决不当影响社会公共利益
12	仲裁裁决效力	吉林省四平市中级人民法院民事裁定书(2017)吉03民特2号	申请撤销仲裁裁决	驳回申请	申请人并未提供证据证明仲裁裁决存在法律规定的撤销情形
13	仲裁裁决效力	江苏省常州市中级人民法院民事裁定书(2017)苏04民特48号	申请撤销仲裁裁决	驳回申请	1. 仲裁机构未就管辖权异议先作决定,而是在仲裁裁决中一并决定,并未违反法定程序和仲裁规则; 2. 虽然两仲裁申请人中只有一人签订了合同,但两人系夫妻关系且共同承担了合同义务,故作为共同申请人参与仲裁程序并未增加仲裁被申请人的负担; 3. 并无证据证明合同存在事后添加和伪造的情况
14	仲裁裁决效力	内蒙古自治区鄂尔多斯市中级人民法院民事裁定书(2017)内06民特36号	申请撤销仲裁裁决	驳回申请	虽然申请人主张被申请人隐瞒了相关事实导致仲裁委员会作出错误认定,但被申请人实际提供了证据,不存在隐瞒证据的情况
15	仲裁裁决效力	贵州省六盘水市中级人民法院民事裁定书(2017)黔02民特19号	申请撤销仲裁裁决	驳回申请	1. 虽然裁决书上载明的是申请人变更前的名称,但申请人实际上以自己的名义参加了整个仲裁过程,其参加仲裁的权利并未被剥夺; 2. 虽然申请人主张被申请人隐瞒了工程竣工验收合格的证据,但并无证据证明该证据存在,且有无该证据也不足以影响仲裁裁决的结论

续表

序号	主要争议点	审理法院及案号	案　由	裁定结果	裁定理由
16	仲裁裁决效力	江西省宜春市中级人民法院民事裁定书(2017)赣09民特1号	申请撤销仲裁裁决	撤销仲裁裁决	申请人并未在合同上盖章签字,也否认曾授权他人签订合同,因此合同中的仲裁协议不能约束申请人
17	仲裁裁决效力	河北省邯郸市中级人民法院民事裁定书(2017)冀04民特269号	申请撤销仲裁裁决	驳回申请	1. 被申请人于仲裁中的委托代理人系律师事务所专职律师,并非仲裁机构工作人员,其担任该仲裁机构的仲裁员或专家咨询委员并无法律禁止性规定; 2. 申请人没有证据证明存在伪造证据和隐瞒证据的情况
18	仲裁裁决效力	黑龙江省佳木斯市中级人民法院民事裁定书(2017)黑08民特16号	申请撤销仲裁裁决	驳回申请	虽然被申请人涉嫌犯罪,但双方当事人之间的关系属于民间借贷关系,并不涉及非法吸储或非法集资,仲裁裁决不存在违背社会公共利益的情形
19	仲裁裁决效力	江西省鹰潭市中级人民法院民事裁定书(2017)赣06民特2号	申请撤销仲裁裁决	驳回申请	申请人虽然对仲裁协议效力有异议,但并未在仲裁庭首次开庭前提出,且应诉参加仲裁
20	仲裁裁决效力	河南省许昌市中级人民法院民事裁定书(2017)豫10民特2号	申请撤销仲裁裁决	撤销仲裁裁决	案涉合同没有申请人的签章,也无证据证明第三人签订合同时拥有申请人的授权
21	仲裁裁决效力	湖北省黄石市中级人民法院民事裁定书(2017)鄂02民特40号	申请撤销仲裁裁决	驳回申请	1. 双方当事人虽然约定仲裁不成可依法诉讼,但仍以仲裁为争议解决前置方式,并非排除仲裁; 2. 申请人称被申请人隐瞒了足以影响公正裁决的证据,但仲裁裁决对相关事实的认定与申请人的主张是一致的

续表

序号	主要争议点	审理法院及案号	案　由	裁定结果	裁定理由
22	仲裁裁决效力	江西省南昌市中级人民法院民事裁定书(2017)赣01民特30号	申请撤销仲裁裁决	驳回申请	仲裁裁决不存在《仲裁法》第58条规定的情形
23	仲裁裁决效力	甘肃省兰州市中级人民法院民事裁定书(2017)甘01民特35号	申请撤销仲裁裁决	驳回申请	1. 被申请人并未隐瞒相关证据; 2. 仲裁裁决中关于申请人应对合同解除进行补偿的内容,系解除合同后可以一并处理的问题,并不属于程序违法
24	仲裁裁决效力	四川省泸州市中级人民法院民事裁定书(2017)川05民特13号	申请撤销仲裁裁决	驳回申请	1. 不存在仲裁程序违反法定程序的情形; 2. 申请人称被申请人隐瞒了相关证据,但即使该证据存在也不足以影响仲裁裁决; 3. 仲裁程序、仲裁裁决是否明显不公,并非《仲裁法》第58条规定的法定理由
25	仲裁裁决效力	河南省平顶山市中级人民法院民事裁定书(2017)豫04民特7号	申请撤销仲裁裁决	驳回申请	1. 仲裁庭无法启动鉴定程序,是申请人自身原因所致; 2. 在缺乏鉴定结论情况下,仲裁庭是驳回仲裁请求还是采纳其他结论,并不属于程序问题
26	仲裁裁决效力	山东省泰安市中级人民法院民事裁定书(2017)鲁09民特11号	申请撤销仲裁裁决	驳回申请	申请人未提供证据证明仲裁裁决存在《仲裁法》第58条规定的应予撤销的情形
27	仲裁裁决效力	黑龙江省黑河市中级人民法院民事裁定书(2017)黑11民特1号	申请撤销仲裁裁决	驳回申请	申请人与第三人签有合同,后第三人将其债权转让给被申请人,故该合同中的仲裁协议应对被申请人有效

续表

序号	主要争议点	审理法院及案号	案　由	裁定结果	裁定理由
28	仲裁裁决效力	黑龙江省七台河市中级人民法院民事裁定书(2017)黑09民特18号	申请撤销仲裁裁决	驳回申请	仲裁机构在不能直接送达申请人的情况下,公告送达程序合法
29	仲裁裁决效力	浙江省杭州市中级人民法院民事裁定书(2017)浙01民特5号	申请撤销仲裁裁决	撤销仲裁裁决	1. 后签订的合同上虽无申请人盖章,但有其代表的签字,构成表见代理。其约定了诉讼管辖,变更了前一合同中的仲裁约定。 2. 双方虽然在首次开庭时均表示对仲裁机构管辖本案无异议,但在已有一方当事人对仲裁协议效力提出异议的情况下,前述表示并不是对重新达成仲裁协议的清晰明确的意思表示
30	仲裁裁决效力	陕西省渭南市中级人民法院民事裁定书(2017)陕05民特7号	申请撤销仲裁裁决	驳回申请	申请人称被申请人隐瞒证据,但申请人在仲裁过程中并未申请向被申请人调取有关证据,仲裁庭亦未通知被申请人提供相关证据
31	仲裁裁决效力	陕西省渭南市中级人民法院民事裁定书(2017)陕05民特10号	申请撤销仲裁裁决	驳回申请	1. 申请人称仲裁庭未将第三方列为被申请人或第三人,但申请人在仲裁过程中并未提出追加请求; 2. 申请人称仲裁庭对旁听人员身份未作核对,但仲裁庭已对其身份进行了核对并记入庭审笔录
32	仲裁裁决效力	江苏省宿迁市中级人民法院民事裁定书(2017)苏13民特74号	申请撤销仲裁裁决	驳回申请	申请人称裁决所根据的证据是伪造的、仲裁庭违反法定程序,其理由均不能成立

续表

序号	主要争议点	审理法院及案号	案　由	裁定结果	裁定理由
33	仲裁裁决效力	四川省广元市中级人民法院民事裁定书(2017)川08民特16号	申请撤销仲裁裁决	驳回申请	申请人称双方没有仲裁协议、仲裁程序违法,其理由均不能成立
34	仲裁裁决效力	河南省驻马店市中级人民法院民事裁定书(2017)豫17民特1号	申请撤销仲裁裁决	驳回申请	1. 申请人称被申请人隐瞒证据,但并未提供证据证明该证据系由被申请人持有; 2. 债权转让后,仲裁机构未追加转让人为当事人,仲裁程序并无不当
35	仲裁裁决效力	安徽省铜陵市中级人民法院民事裁定书(2017)皖07民特12号	申请撤销仲裁裁决	驳回申请	申请人称被申请人隐瞒证据,但该证据已被交付申请人,举证责任不在被申请人,其并无提交义务
36	仲裁裁决效力	陕西省咸阳市中级人民法院民事裁定书(2017)陕04民特13号	申请撤销仲裁裁决	驳回申请	申请人申请撤销仲裁裁决的理由均不能成立
37	仲裁裁决效力	山东省济宁市中级人民法院民事裁定书(2017)鲁08民特121号	申请撤销仲裁裁决	撤销仲裁裁决	仲裁机构以《仲裁邀请书》的形式邀请第三人参加仲裁,不是《仲裁法》或仲裁规则规定的法定形式,与当事人之间并不存在书面仲裁协议
38	仲裁裁决效力	新疆维吾尔自治区克拉玛依市中级人民法院民事裁定书(2017)新02民特1号	申请撤销仲裁裁决	驳回申请	申请人申请撤销仲裁裁决的理由均不能成立

续表

序号	主要争议点	审理法院及案号	案　由	裁定结果	裁定理由
39	仲裁裁决效力	湖北省宜昌市中级人民法院民事裁定书(2017)鄂05民特8号	申请撤销仲裁裁决	驳回申请	1. 申请人称裁决所依据的证据系伪造,但并未提供证据予以证明; 2. 仲裁庭对部分争议款项未作处理,系因为该款项涉及第三人,仲裁庭对此并无管辖权,故并不违反法定程序
40	仲裁裁决效力	江西省鹰潭市中级人民法院民事裁定书(2017)赣06民特1号	申请撤销仲裁裁决	驳回申请	申请人称裁决所依据的证据系伪造,但该证据真实存在,并不属于伪造的证据
41	仲裁裁决执行	山西省阳泉市中级人民法院执行裁定书(2017)晋03执86号	申请不予执行仲裁裁决	不予执行	仲裁系对已经发生的纠纷作出裁决。仲裁机构在纠纷尚未形成的情况下,以当事人届期不能还款为假设前提作出预裁决,不符合《仲裁法》的相关规定
42	仲裁裁决执行	山东省青岛市中级人民法院执行裁定书(2017)鲁02执异58号	申请不予执行仲裁裁决	驳回申请	隐瞒证据须符合证据的唯一性的构成要件。申请执行人未出示的《协议书》与本案定案依据《股权转让协议书》的内容并不冲突,不符合证据唯一性的构成要件
43	仲裁裁决执行	湖北省十堰市中级人民法院执行裁定书(2017)鄂03执异44号	申请不予执行仲裁裁决	驳回申请	被执行人主张其选定自己的法律顾问为仲裁员,故仲裁庭组成违反法定程序。但被执行人不能就自己选定仲裁员的行为要求对方承担不予执行仲裁裁决的不利后果
44	仲裁裁决执行	湖北省十堰市中级人民法院执行裁定书(2017)鄂03执异23号	申请不予执行仲裁裁决	驳回申请	当事人申请不予执行仲裁裁决的理由不符合法律规定的情形

续表

序号	主要争议点	审理法院及案号	案由	裁定结果	裁定理由
45	仲裁裁决执行	江苏省无锡市中级人民法院民事裁定书(2016)苏02执185号之一	申请执行仲裁裁决	终结执行	执行过程中,申请执行人以双方达成和解为由请求撤回执行申请
46	仲裁裁决执行	福建省泉州市中级人民法院执行裁定书(2016)闽05执1126号	申请不予执行仲裁裁决	不予执行	仲裁庭对同一法律事实作出与法院判决相悖的裁判,应依法裁定不予执行
47	仲裁裁决执行	四川省眉山市中级人民法院执行裁定书(2017)川14执异16号	申请不予执行仲裁裁决	驳回申请	1. 仲裁申请人向仲裁机构提供的仲裁被申请人的送达地址系后者的工商登记住所地,仲裁被申请人未提供证据证明其公司住所地发生了变更且为仲裁申请人所知晓,故仲裁申请人不构成隐瞒证据; 2. 法律规定的“足以影响公正裁决的证据”应与案件主要事实或争议焦点有密切联系,而当事人的送达地址与纠纷本身并无关联
48	仲裁裁决执行	北京市第三中级人民法院执行裁定书(2017)京03执异130号	申请不予执行仲裁裁决	驳回申请	1. 被执行人提出的部分理由已在撤销仲裁裁决案件中提出并被驳回; 2. 被执行人提出的“仲裁庭认定事实的主要证据不足”这一理由不属于不予执行仲裁裁决的法定事由
49	仲裁财产保全	广东省江门市中级人民法院民事裁定书(2017)粤07财保10号	申请仲裁程序中的财产保全	查封、扣押、冻结被申请人的财产	符合财产保全的条件

续表

序号	主要争议点	审理法院及案号	案　由	裁定结果	裁定理由
50	仲裁财产保全	广东省广州市荔湾区人民法院民事裁定书(2017)粤0103财保45号	申请仲裁程序中的财产保全	查封、扣押、冻结被申请人的财产	符合财产保全的条件

表2　案件类型分布情况

案件类型	案件总量(件)	百分比(%)	抽样数量(件)
仲裁协议效力	851	18.4	10
撤销仲裁裁决	3089	66.8	30
仲裁裁决执行	464	10	8
仲裁保全	223	4.8	2
总　　计	4627	100	50

表3　仲裁协议效力案件处理结果类型

案件类型	裁定结果	数量(件)	百分比(%)
仲裁协议效力认定	确认有效	608	71.45
	确认无效	212	24.91
	其　他①	31	3.64
	总　计	851	100

表4　申请撤销仲裁裁决案件处理结果类型

案件类型	裁定结果	数量(件)	百分比(%)
申请撤销仲裁裁决	驳回申请	2660	86.1
	撤销裁决	382	12.4
	重新仲裁	28	0.9
	其　他②	19	0.6
	总　计	3089	100

① 此处“其他”一栏,是指法院并未对仲裁协议的效力进行实际审查,而是依据程序法上的理由对当事人的申请予以驳回的案例。

② 此处“其他”一栏,是指当事人申请撤销仲裁调解书的案例。

表5　申请不予执行仲裁裁决案件处理结果类型

案件类型	裁定结果	数量(件)	百分比(%)
申请不予执行仲裁裁决	驳回申请	200	88.9
	不予执行	25	11.1
	总　计	225	100

表6　申请执行仲裁裁决案件处理结果类型

案件类型	裁定结果	数量(件)	百分比(%)
申请执行仲裁裁决	执行裁决	173	72.4
	驳回申请	25	10.5
	中止执行	12	5
	终结执行	29	12.1
	总　计	239	100

表7　申请仲裁保全案件处理结果类型

案件类型	裁定结果	数量(件)	百分比(%)
申请仲裁保全	准许申请	218	97.8
	驳回申请	5	2.2
	总　计	223	100

根据上述统计,在2017年中国法院所受理的与仲裁有关的大量案件中,申请撤销仲裁裁决的案件几占半数,其下依次为仲裁协议效力认定、仲裁裁决执行、仲裁保全案件,其比例与往年类似。虽然总体上否定性评价的案件数量不多,但撤销、不予执行裁决仍有偏多之嫌。

(二)仲裁裁决撤销、不予执行案件存在的问题及反思

撤销裁决之诉与不予执行抗辩,乃中国法院对仲裁裁决进行司法监督的两种方式。虽然我国《民事诉讼法》的修改已将不予执行国内仲裁裁决的法定理由与我国《仲裁法》规定的撤销裁决的法定理由实现并轨,但在实践中,对于这两种不同的司法监督程序,法院一般采纳何种理由裁定撤销裁决与不予执行裁决,可能存在一定差异,值得比较。基于此,笔者将涉及两者的相关案例予以区分归类。

在仲裁裁决被撤销的案件中,中国法院所援引的理由大体归类如下:

1."没有仲裁协议的"相关案件

(1)《买卖合约》中虽约定有仲裁条款,但双方之后签订的《补充协议》将争议解决方式变更为"交由××市人民法院仲裁",且约定协议与原合同相互冲突时,应以该协议为准;①(2)双方当事人均认可涉案合同中当事人的签名并非本人所签,且申请人称其并未授权他人代签;②(3)协议约定争议解决方式为仲裁,且双方约定该协议有效期至2016年4月6日,而申请仲裁的事项发生于2016年8月,故不受该协议仲裁条款的约束;③(4)仲裁机构以《仲裁邀请书》的形式要求当事人参加仲裁,不是仲裁法或仲裁规则规定的法定形式,在当事人之间不存在书面仲裁协议的情况下,仲裁机构不应受理当事人的仲裁申请;④(5)A合同系甲公司与乙公司之间的约定,并未涉及丙公司,B合同系甲公司同丙公司之间的约定,并未涉及乙公司,故两份合同中的仲裁协议仅能约束合同各自的相对方当事人,不应认定三方当事人之间就仲裁达成了一致的意思表示;⑤(6)双方约定的争议解决条款存在或裁或审的情形;⑥(7)仲裁条款约定"提交当地仲裁委员会仲裁",而双方当事人的住所地与合同的履行地均属于不同的行政辖区,无法确定仲裁地点的唯一性,故当事人对仲裁机构的约定不明。⑦

2."裁决的事项不属于仲裁协议的范围或者仲裁委员会无权仲裁的"相关案件

(1)仲裁条款约定的仲裁事项是"因履行合同发生的争议",并不包括合同的效力、变更等问题,故仲裁裁决变更出让金数额,该部分属于超出仲裁协议约定的范围;⑧(2)当事人在合同中仅约定了办理房屋所有权证书,并未约定办理土地使用权证书,故对土地使用权证书事项作出裁决超出了双方当事人约定的仲裁范围;⑨(3)涉案合同属于劳动者与用人单位之间签订的企业内部目标责任考核协议,因其产生的纠纷不属于平等主体之间发生的合同纠纷或其他财产权益纠纷,故不可以仲

---

① 广东省广州市中级人民法院民事裁定书(2017)粤01民特1062号。

② 重庆市第一中级人民法院民事裁定书(2017)渝01民特851号。

③ 福建省泉州市中级人民法院民事裁定书(2017)闽05民特39号。

④ 山东省济宁市中级人民法院民事裁定书(2017)鲁08民特124号。

⑤ 天津市第二中级人民法院民事裁定书(2017)津02民特56号。

⑥ 河北省张家口市中级人民法院民事裁定书(2017)冀07民特18号;广西壮族自治区桂林市中级人民法院民事裁定书(2017)桂03民特13号。

⑦ 山西省晋中市中级人民法院民事裁定书(2017)晋07民特8号。

⑧ 河南省安阳市中级人民法院民事裁定书(2017)豫05民特4号。

⑨ 四川省绵阳市中级人民法院民事裁定书(2017)川07民特78号。

裁;[①](4)甲公司作为乙公司的债权人,已经同意了重整计划且已受偿完毕,仲裁裁决再要求乙公司承担已被重整计划减免的债务,违反了我国相关法律规定,[②]应属于仲裁委员会无权仲裁的情形;[③](5)申请人否认签订过涉案协议,被申请人认为该协议系申请人提前打印而成,再结合本案中其他协议的签订格式、盖章方式和签订时间等情况,已经说明涉案协议涉嫌合同诈骗,仲裁委员会对此无权裁决;[④](6)当事人签订的国有土地使用权出让合同属于行政协议的一种,双方因履行该协议产生的争议,应提起行政诉讼而非仲裁。[⑤]

3."违反法定程序的"相关案件

(1)仲裁员系被申请人委托的代理人所在的律师事务所的专家律师团成员之一,符合仲裁规则中仲裁员与被申请人代理人之间"有其他关系"的情形,依法应当回避;[⑥](2)仲裁员选择过程中,申请人并没有勾选简易程序(但填写了一名仲裁员的名字),而是勾选普通程序并另行选定了仲裁员和首席仲裁员,故应当认定申请人选定了仲裁庭的组成方式和仲裁员,而仲裁委员会以当事人没有约定仲裁庭的组成方式和仲裁员为由,自行指定仲裁员,违反了仲裁法和仲裁规则的规定;[⑦](3)仲裁机构在决定原指定仲裁员回避后,未告知当事人重新选定或指定仲裁员,仲裁庭组成不合法;[⑧](4)一方当事人的代理人在仲裁过程中被仲裁机构聘请为仲裁员,这虽然不会构成仲裁员回避的事由,但其继续担任代理人的行为违反了相关规定,[⑨]使仲裁程序丧失正当性与合法性;[⑩](5)仲裁委员会在仲裁案件的过程中未查明当事人实际住所、未穷尽其他送达方式的情形下,径行采取公告送达的方式送达了相关文

---

① 江西省九江市中级人民法院民事裁定书(2017)赣04民特1号。

② 《企业破产法》第92条第1款规定:"经人民法院裁定批准的重整计划,对债务人和全体债权人均有约束力。"第94规定:"按照重整计划减免的债务,自重整计划执行完毕时起,债务人不再承担清偿责任。"

③ 北京市第二中级人民法院民事裁定书(2017)京02民特55号。

④ 山西省太原市中级人民法院民事裁定书(2017)晋01民特1号。

⑤ 辽宁省本溪市中级人民法院民事裁定书(2017)辽05民特1号。

⑥ 湖南省湘潭市中级人民法院民事裁定书(2017)湘03民特10号。

⑦ 江苏省苏州市中级人民法院民事裁定书(2017)苏05民特93号。

⑧ 山东省德州市中级人民法院民事裁定书(2017)鲁14民特10号;山东省德州市中级人民法院民事裁定书(2017)鲁14民特11号。

⑨ 《律师和律师事务所违法行为处罚办法》(2010年4月8日司法部令第122号发布)第7条规定:"有下列情形之一的,属于《律师法》第四十七条第三项规定的律师'在同一案件中为双方当事人担任代理人,或者代理与本人及其近亲属有利益冲突的法律事务的'违法行为:……(五)曾经担任仲裁员或者仍在担任仲裁员的律师,以代理人身份承办本人原任职或者现任职的仲裁机构办理的案件的。"

⑩ 湖北省宜昌市中级人民法院民事裁定书(2017)鄂05民特1号。

书,导致申请人未能应诉;①(6)仲裁庭没有按照仲裁规则的规定组织证据认定,违反了法定程序;②(7)仲裁一方当事人在仲裁程序之前已被核准注销,故其不具有民事主体资格,仲裁机构将其作为民事主体并作出裁决构成程序违法;③(8)经查阅仲裁卷宗,仲裁庭合议结果与裁决结果不一致,仲裁庭存在违反审理程序的情形;④(9)3人仲裁庭中的1名仲裁员缺席了该仲裁案的三次庭审;⑤(10)案件争议标的额较大,案情复杂,由1名仲裁员适用简易程序独任审理并不符合仲裁规则的规定。⑥

4."裁决所根据的证据是伪造的"相关案件

(1)经鉴定,涉案《保证合同》上申请人的印章印文系伪造,故裁决申请人承担保证责任的部分应被撤销;⑦(2)仲裁书认定双方当事人在两封电子邮件中就设计事宜进行了协商和沟通,并以此认定申请人提交的成果不符合合同要求,从而构成违约,但法院认为,这两封邮件并不是申请人发送给被申请人的,并不能作为双方协商的证据;⑧(3)某仲裁裁决以涉案房屋产权证作为其主要依据,虽然该房产证加盖有公章,证据载体真实,但是结合该房产证已经被登报遗失作废、房屋目前的状况及其他材料,应当认定该房屋产权证不能反映争议发生时的客观情况,系伪造的证据。⑨

5."隐瞒了足以影响公正裁决的证据的"相关案件

(1)申请人提交的证据足以证明,系争转账汇款的性质并非被申请人在仲裁过

① 陕西省延安市中级人民法院民事裁定书(2017)陕06民特2号;广西壮族自治区贵港市中级人民法院民事裁定书(2017)桂08民特33号;湖南省邵阳市中级人民法院民事裁定书(2017)湘05民特5号;广西壮族自治区桂林市中级人民法院民事裁定书(2017)桂03民特13号;江苏省宿迁市中级人民法院民事裁定书(2017)苏13民特81号;河南省驻马店市中级人民法院民事裁定书(2017)皖01民特32号;河南省安阳市中级人民法院民事裁定书(2017)豫05民特22号。

② 湖北省武汉市中级人民法院民事裁定书(2017)鄂01民特85号;贵州省贵阳市中级人民法院民事裁定书(2017)黔01民特97号;河北省石家庄市中级人民法院民事裁定书(2017)冀01民特43号;陕西省太原市中级人民法院民事裁定书(2017)晋01民特30号。

③ 四川省成都市中级人民法院民事裁定书(2017)川01民特211号。

④ 黑龙江省哈尔滨市中级人民法院民事裁定书(2017)黑01民特81号。

⑤ 广东省佛山市中级人民法院民事裁定书(2017)粤06民特86号。

⑥ 河北省承德市中级人民法院民事裁定书(2017)冀08民特91号。

⑦ 广东省广州市中级人民法院民事裁定书(2017)粤01民特223号;河北省沧州市中级人民法院民事裁定书(2017)冀09民特42号。

⑧ 青海省西宁市中级人民法院民事裁定书(2017)青01民特8号。

⑨ 吉林省长春市中级人民法院民事裁定书(2017)吉01民特5号。需要特别说明的是,该案中,法院认为:"伪造证据的行为不仅包括伪造、变造或篡改后不真实的证据,还应当包括为虚构事实而提供证据载体形式上真实,内容上和客观情况不符的证据。"

程中所主张的租金，被申请人隐瞒了该笔款项的性质、来源、用途以及相关证据，导致仲裁庭作出了不公正的仲裁裁决；①(2)双方当事人就其股权转让纠纷进行仲裁，但在整个仲裁过程中，双方均未向仲裁庭提交《股权转让合同》，隐瞒这一证据的行为足以影响仲裁庭的公正裁决，而且双方均要求撤销该仲裁裁决；②(3)房屋买卖合同纠纷中，申请人曾提出以免收3年物业费作为其延期交房的补偿方案，被申请人亦认可了该方案，但在仲裁过程中被申请人却对该方案只字未提；③(4)仲裁案件的被申请人张某某与翟某某在本案中系夫妻关系，但2人未向仲裁庭如实陈述这一事实，致使仲裁庭在裁决中未要求翟某某对夫妻共同债务承担责任。④

6."裁决违背社会公共利益的"相关案件

(1)申请人对房屋片区的整体规划及旧城改建是为了公共利益的需要，涉案裁决确认解除协议并返还房屋，势必导致该片区的改造规划受阻，进而影响公共利益，即使确有违约行为，被申请人也完全可以通过追究其他违约责任获得救济；⑤(2)涉案建设工程施工合同约定以财政审核结论作为结算依据，而在审计机关已对涉案工程造价出具审计结论、财政部门不再单独审核这一背景下，仲裁庭并未采纳审计结论对工程款予以扣减，其由此作出的裁决不仅违反合同约定，而且将导致国有资产流失；⑥(3)双方当事人对于行政审批事项的约定与现行法律规范存在差异，如坚持将此约定继续拘束双方当事人，将有违合同的公平原则，可能导致不特定的合同当事人利用该类约定排除自己的合同义务并损害相对方的合法权益，不利于保障社会主义市场经济的健康发展；⑦(4)被申请人的房屋因申请人原因遭到污染，仲裁庭由此作出裁决，要求后者赔偿土壤环境修复费用，但是由于受污染土地属于国家或集体所有，申请人拥有的仅是宅基地的使用权，将土壤功能恢复及修复费用支付给被申请人个人将违反相关司法解释的规定，⑧也会损害国家或集体的公共利益；⑨

---

① 山东省东营市中级人民法院民事裁定书(2017)鲁05民特32号。

② 贵州省遵义市中级人民法院民事裁定书(2017)黔03民特45号。

③ 山西省太原市中级人民法院民事裁定书(2017)晋01民特26号。

④ 河南省安阳市中级人民法院民事裁定书(2017)豫05民特7号。

⑤ 重庆市第一中级人民法院民事裁定书(2017)渝01民特873号。

⑥ 福建省泉州市中级人民法院民事裁定书(2017)闽05民特57号。

⑦ 贵州省贵阳市中级人民法院民事裁定书(2017)黔01民特137号。

⑧ 最高人民法院《关于审理环境侵权责任纠纷案件适用法律若干问题的解释》(法释〔2015〕12号)第14条规定："被侵权人请求恢复原状的，人民法院可以依法裁判污染者承担环境修复责任，并同时确定被告不履行环境修复义务时应当承担的环境修复费用。污染者在生效裁判确定的期限内未履行环境修复义务的，人民法院可以委托其他人进行环境修复，所需费用由污染者承担。"

⑨ 山东省东营市中级人民法院民事裁定书(2017)鲁05民特56号。

(5)案涉楼房系某县政府限价房(限地价、限房价),是针对中低收入购房者的让利和补贴,对其违约金裁决不当将会使政府民生工程无法及时投入使用,影响社会公共利益;[①](6)仲裁过程中,仲裁庭以申请人未在举证期届满前及庭审过程中提出鉴定申请为由,驳回了申请人的鉴定申请,[②]但法院认为,《民事诉讼法》及相关司法解释已经不再将举证期限届满前提出作为准许鉴定申请的硬性条件,[③]而且违背社会公共利益的范围包括违反法律规定,故仲裁裁决违背了社会公共利益;[④](7)同一仲裁机构对同类纠纷作出了截然相反的裁决,使当事人对其市场参与行为所产生法律后果无法作出预判,不利于法律的统一适用和市场交易秩序的统一规范,有损社会公共利益。[⑤]

在仲裁裁决被裁定不予执行的案件中,法院所援引的理由大体归类如下:

1."当事人在合同中没有订有仲裁条款或者事后没有达成书面仲裁协议的"相关案件

(1)鉴定结论表明申请人在签订案涉合同时处于"器质性智能损害(中度偏轻器质性痴呆)"的发病期,其智力状况不足以对签订仲裁条款这一行为的意义作出正确判断,故无法确定选择仲裁是其真实意思表示;[⑥](2)申请人仅在《商户借款申请表》上签字,该申请表并非涉案借款合同的组成部分,故申请人并非借款合同的相对方,自然不受其中仲裁条款的约束;[⑦](3)虽然发包人与承包人之间的工程施工合同约定仲裁条款,承包人与实际施工人之间的项目承包合同也载有仲裁条款,但发包人与实际施工人之间并未签订合同,故仲裁机构一并受理实际施工人对发包人与承

---

① 陕西省延安市中级人民法院民事裁定书(2017)陕06民特73号。

② 最高人民法院《关于民事诉讼证据的若干规定》(法释〔2001〕33号)第25条第1款规定:"当事人申请鉴定,应当在举证期限内提出。符合本规定第二十七条规定的情形,当事人申请重新鉴定的除外。"

③ 《民事诉讼法》(2012年)第65条规定:"……当事人逾期提供证据的,人民法院应当责令其说明理由;拒不说明理由或者理由不成立的,人民法院根据不同情形可以不予采纳该证据,或者采纳该证据但予以训诫、罚款。"第76条规定:"当事人可以就查明事实的专门性问题向人民法院申请鉴定……当事人未申请鉴定,人民法院对专门性问题认为需要鉴定的,应当委托具备资格的鉴定人进行鉴定。"最高人民法院《关于适用〈中华人民共和国民事诉讼法〉的解释》(法释〔2015〕5号)第121条第1款规定:"当事人申请鉴定,可以在举证期限届满前提出。申请鉴定的事项与待证事实无关联,或者对证明待证事实无意义的,人民法院不予准许。"

④ 四川省雅安市中级人民法院民事裁定书(2017)川18民特3号。

⑤ 湖南省岳阳市中级人民法院民事裁定书(2017)湘06民特22号。

⑥ 广东省深圳市中级人民法院民事裁定书(2015)深中法涉外仲字第276号。

⑦ 广东省广州市中级人民法院执行裁定书(2016)粤01执异309号。

包人的仲裁请求这一做法违反了仲裁自愿原则。①

2.“仲裁庭的组成或者仲裁的程序违反法定程序的”相关案件

(1)仲裁机构以特快专递的方式向仲裁被申请人寄送组织仲裁庭通知、开庭通知、仲裁裁决书等仲裁文书时,均未提供仲裁文书被申请人已签收的证据;②(2)被执行人没有向仲裁机构确认准确送达地址,仲裁机构仅依据房产证登记住址向其邮寄送达法律文书,违法了送达的法定程序;③(3)一方当事人在仲裁机构受理案件后变更了其工商注册地址,仲裁机构仍向变更前的地址送达法律文书,违反了送达的法定程序;④(4)仲裁机构于公告送达时确定于举证期满后第7日开庭审理,法院据此计算的开庭日期是2016年6月29日,而仲裁程序中的实际开庭日期是2016年7月13日,缺席开庭审理剥夺了当事人出庭参加仲裁与辩论的权利。⑤

3.“裁决所根据的证据是伪造的”相关案件

(1)相比于房管部门备案合同及担保人提供的合同,贷款人向仲裁庭提交的合同加大了担保人的民事责任,此时应以房管部门备案合同为准,故可以认为贷款人变造了足以影响公正裁决的证据;⑥(2)仲裁庭作出裁决的依据之一为当事人提供的购销合同,而根据另一刑事案件的讯问笔录,被指控骗取贷款的涉事公司承认其并没有进行实际贸易,故该合同内容不真实;⑦(3)仲裁过程中,申请执行人提供证据支持其主张,但被执行人提出该证据非原件且系伪造,而法院认为从双方往来电子邮件中无法认可申请执行人的主张成立;⑧(4)被执行人主张涉案合同上的印章印文系其公司股东的法定代表人游某某私自刻制,虽然这一主张在仲裁裁决撤销程序中被法院驳回,但之后游某某因涉嫌伪造公司印章罪而被立案侦查并逮捕,故法院认为该仲裁裁决属于“裁决书所根据的证据是伪造的”这一情形,应当不予执行。⑨

---

① 湖南省常德市中级人民法院执行裁定书(2016)湘07执异19号。

② 湖南省湘西土家族苗族自治州中级人民法院执行裁定书(2015)州法执字第26号。

③ 吉林省榆树市人民法院执行裁定书(2016)吉0182执异00011号。

④ 广东省深圳市中级人民法院民事裁定书(2017)粤03民初1226号。

⑤ 广西壮族自治区贵港市中级人民法院执行裁定书(2017)桂08执141号;广西壮族自治区贵港市中级人民法院执行裁定书(2017)桂08执143号。

⑥ 河南省洛阳市中级人民法院执行裁定书(2017)豫03执异328号。

⑦ 河北省衡水市中级人民法院执行裁定书(2017)冀11执异34号。

⑧ 四川省内江市中级人民法院执行裁定书(2017)川10执异12号。

⑨ 四川省资阳市中级人民法院执行裁定书(2017)川20执异14号。

4."隐瞒了足以影响公正裁决的证据的"相关案件

(1)仲裁庭认为,申请执行人通过竞拍购得涉案房屋后,发现房屋承租人未经许可将房屋分割出租给另两家公司使用,后者构成违约行为,但法院认为拍卖文件《估价报告》中已载明前述事实,对此申请执行人于竞买时理应知晓,但其在仲裁过程中并未如实陈述这一情况;①(2)合同中载明担保人的连带责任于贷款人领取涉案房屋抵押权预告登记证书后免除,且本案借款人逾期还款事实确实发生于贷款人领取预告登记证书之后,但贷款人在仲裁期间未提交此证据(担保人亦未对此提出抗辩),影响了仲裁庭对担保人担保责任的判断,构成对足以影响公正裁决证据的隐瞒。②

5.其他类型的相关案件

(1)仲裁庭在纠纷尚未形成的情况下以当事人不能还款为假设前提作出预决,不符合仲裁法的相关规定;③(2)仲裁庭对同一法律事实作出与法院判决相悖的判断,违背了社会公共利益;④(3)仲裁庭作出裁决的依据之一系某司法会计鉴定所作出的司法鉴定意见书,但该司法会计鉴定所于裁决作出后又作出答复,对先前的司法鉴定意见进行了变更,故裁决依据的变更必然会导致裁决书结论发生变化。⑤

通过考察以上仲裁裁决被裁定撤销与不予执行的案件,并联系表4与表5,可有以下6点启示:

第一,在仲裁裁决被裁定撤销的案件中,法院所援引的理由依其出现频次排序分别为:仲裁庭的组成或仲裁的程序违反法定程序(151件),裁决违背社会公共利益(116件),裁决的事项不属于仲裁协议的范围或者仲裁委员会无权仲裁(57件),没有仲裁协议(40件),对方当事人隐瞒了足以影响公正裁决的证据(33件),裁决所根据的证据是伪造的(11件)。本次收集的案例样本中,尚未发现有法院认定仲裁员存在索贿受贿、徇私舞弊、枉法裁决行为的案例。同往年的情况相比,最大的变

---

① 浙江省杭州市中级人民法院执行裁定书(2016)浙01执异49号。

② 河南省洛阳市中级人民法院执行裁定书(2017)豫03执异326号。

③ 山西省阳泉市中级人民法院执行裁定书(2017)晋03执86号。

④ 福建省泉州市中级人民法院执行裁定书(2016)闽05执1126号;福建省泉州市中级人民法院执行裁定书(2014)泉执行字第1304号。

⑤ 陕西省宝鸡市中级人民法院执行裁定书(2017)陕03执异3号。需要说明的是,本案法院所援引的法律条文为2017年《民事诉讼法》第237条第2款第5项,即"对方当事人向仲裁机构隐瞒了足以影响公正裁决的证据的"。

化当属因“公共政策”原因被裁定撤销的仲裁裁决在数量上显著增加。[①] 鉴于其中有83个案例属于连锁案件，[②]对这一问题也许不应过分估计；但即使考虑了这一因素，“公共政策”被援引的次数仍偏高，这显然不是一个很好的信号。还有一些非常规的案例存在：有的法院仅仅援引了《仲裁法》第58条，但并未说明仲裁裁决符合其中哪一项的规定；[③]另有法院在未进行任何论证的情况下，即认定裁决“认定事实不清，违反法定程序，裁决不当”。[④]

第二，在仲裁裁决被裁定不予执行的案件中，法院所援引理由的出现频次较为平均，按其从多到少依次分别为：仲裁庭的组成或仲裁的程序违反法定程序(9件)，对方当事人隐瞒了足以影响公正裁决的证据(6件)，裁决所根据的证据是伪造的(3件)，没有仲裁协议(3件)，裁决违背社会公共利益(2件)。而在本次收集的案例样本中，裁决的事项不属于仲裁协议的范围或者仲裁委员会无权仲裁的案件，以及法院认定仲裁员存在索贿受贿、徇私舞弊、枉法裁决行为的案件则尚未发现。

第三，如前所述，在确认仲裁协议效力阶段，国内法院倾向于仅对仲裁协议作形式审查，但这并不意味着法院会放弃对仲裁管辖权的司法监督，只是将审查的时间点移至仲裁程序结束之后。通过观察本次收集的撤裁与不予执行的案例，仍然能发现在此方面存在一些不尽如人意之处：首先，在仲裁过程中双方当事人均未提出管辖权异议的情况下，法院依然认定不存在仲裁合意，[⑤]这显然违背了《〈仲裁法〉司法

---

① 宋连斌、林荟、陈希佳：《中国商事仲裁年度观察(2017)》，载北京仲裁委员会编：《中国商事争议解决年度观察(2017)》，中国法制出版社2017年版，第37页。

② 这一系列案件的一方当事人均为安塞增盛房地产开发有限公司，因该公司延期交付限价房而引发争议，所涉仲裁裁决最终被陕西省延安市中级人民法院用同一理由裁定撤销。

③ 山西省太原市中级人民法院民事裁定书(2017)晋01民特26号。

④ 河北省承德市中级人民法院民事裁定书(2017)冀08民特12号。

⑤ 例见海南省海口市中级人民法院民事裁定书(2017)琼01民特13号。该案中，法院认为：“对海南仲裁委员会一方面认为被申请人不是涉案合同当事人，另一方面又对该案行使管辖权，进行实体审理的做法，本院不予认可。海南仲裁委员会认为被申请人正常答辩，且没有提出管辖异议，应视为被申请人接受仲裁管辖的观点没有法律依据。”另外需要说明的是，本案中申请人并没有针对“没有仲裁协议”这一情况提出撤销请求，海口市中级人民法院作出的认定显然属于主动审查。浙江省杭州市中级人民法院民事裁定书(2017)浙01民特5号。该案中，法院认为：“本院注意到，仲裁庭审笔录显示，管辖异议审查结束后、首次开庭时，仲裁庭曾向双方询问‘当事人对杭州仲裁委员会管辖本案有无异议?’双方均回答‘无异议’……本院认为，仲裁协议应当以书面形式达成且具有明确的请求仲裁的意思表示，而上述问答系仲裁庭就管辖异议决定书收到与否作出询问之后对管辖是否有异议又作的常规性、程式化提问，利达公司关于无异议的回答也是基于前述提问和追问作出，双方并未有当庭进行仲裁协议磋商的意愿和过程，也未有请求仲裁的明确意思表示。”

解释》第27条的规定;[①]其次,在主从合同争议解决条款不一致时应如何认定这一问题上,缺乏一致的裁判逻辑和正确的合同解释思路;[②]最后,在对仲裁协议范围的判断上,也有法院对当事人的约定作过于狭隘的理解,而将本应属于仲裁庭管辖范围内的事项认定为超裁。[③]

第四,仲裁裁决因违反法定程序而被撤销或不予执行的案件,具体理由十分庞杂:仲裁员具有法定回避事由、仲裁员缺席庭审、送达违法、不当适用简易程序、仲裁审理超过期限、未依照仲裁规则适用涉外程序、法院受理破产申请后仲裁程序未中止等。整体来看,法院基本能够按照司法解释的相关规定严格审查,[④]但也有部分案例的做法存在问题。首先,关于"当事人的仲裁代理人是受理该案的仲裁机构的仲裁员"这一情形,部分法院直接认定这属于仲裁员应自行回避的事由,[⑤]也有法院认

---

① 《〈仲裁法〉司法解释》第27条第1款规定:"当事人在仲裁程序中未对仲裁协议的效力提出异议,在仲裁裁决作出后以仲裁协议无效为由主张撤销仲裁裁决或者提出不予执行抗辩的,人民法院不予支持。"

② 有法院认为,主从合同约定有不同的争议解决条款时,主合同中的争议解决条款应适用于从合同,如广东省湛江市中级人民法院民事裁定书(2017)粤08民特17号。该案中,法院认为:"而根据《最高人民法院关于适用〈中华人民共和国担保法〉若干问题的解释》第一百二十九条'主合同和担保合同发生纠纷提起诉讼的,应当根据主合同确定案件管辖。担保人承担连带责任的担保合同发生纠纷,债权人向担保人主张权利的,应当由担保人住所地的法院管辖。主合同和担保合同选择管辖的法院不一致的,应当根据主合同确定案件管辖'的规定,虽然《最高额保证合同》约定了仲裁条款,但《个人借款合同》明确约定'发生争议双方均可向城区支行住所地人民法院起诉。'因此,本案争议管辖已排除了仲裁管辖。"但也有法院持不同观点,如河南省新乡市中级人民法院民事裁定书(2017)豫07民特16号。该案中,法院认为:"双方就案涉补充协议并未明确约定适用案涉设计合同的仲裁条款,也未达成新的仲裁条款。故案涉仲裁裁决将补充协议与案涉补充协议一并作出处理,超出了双方当事人约定的范围,双方对案涉补充协议并未达成明确的仲裁条款。"

③ 例见河南省安阳市中级人民法院民事裁定书(2017)豫05民特4号。该案中,双方当事人约定因履行合同发生的争议,提交安阳仲裁委员会仲裁,对此法院认为:"但是对于合同的效力、变更等问题,并未约定仲裁,因此,安阳仲裁委员会仅应对上述合同履行所产生的纠纷进行仲裁……安阳仲裁委员会裁决变更国有建设用地使用权出让金数额,该裁决的事项超出了仲裁协议约定的范围。"甚至对于仲裁裁决要求一方当事人承担对方律师费的部分,也有法院认为超出了当事人仲裁协议约定的范围,如广东省梅州市中级人民法院民事裁定书(2017)粤14民特2号。

④ 《〈仲裁法〉司法解释》第20条规定:"仲裁法第五十八条规定的'违反法定程序',是指违反仲裁法规定的仲裁程序和当事人选择的仲裁规则可能影响案件正确裁决的情形。"

⑤ 例见安徽省亳州市中级人民法院民事裁定书(2017)皖16民特59号。该案中,法院认为:"律师既是仲裁代理人,同时又是该仲裁机构的仲裁员,此种矛盾的双重身份可能影响案件的公正裁决,致使当事人对仲裁裁决的公正性、权威性产生合理怀疑……故李某某与三位仲裁员之间存在可能影响公正仲裁的关系,仲裁庭的仲裁员未自行回避,违反了《中华人民共和国仲裁法》第三十四条第一款第三项的规定……"(此处对裁定书中涉及的人名进行了匿名处理——笔者注)河南省南阳市中级人民法院民事裁定书(2017)豫13民特25号。该案中,法院认为:"被申请人大兴公司的代理人王某某律师在仲裁期间和仲裁员李某某同为河南汉冶律师事务所律师,依照《中华人民共和国仲裁法》第三十四条第三项规定必须回避但未回避。"(此处对裁定书中涉及的人名进行了匿名处理——笔者注)

为虽然不构成仲裁员回避事由,但违反了相关律师管理规范,也属于程序违法。① 在往年的观察中,笔者认为,"该行为虽然在某种程度上违反了与律师管理有关的行政性规范,但通常不宜因此而否定裁决本身的效力",②这一评论依然适用。其次,在若干案例中,法院显然未能对仲裁机构或仲裁庭对程序性事项的决定权给予足够尊重。比如,有法院无视《仲裁法》赋予仲裁庭在鉴定问题上的裁量权,认为后者决定不予鉴定的理由违反法律规定;③有法院以案件不满足"事实清楚、权利义务关系明确"的条件,不应适用简易程序为由,认定仲裁程序违法。④ 虽然我国法律没有对"仲裁员适当进行仲裁程序的权力"进行规定,但这一权力无疑是仲裁程序的一个重要特征,其行使仅受当事人意思和正当程序要求的限制。⑤ 是否有必要进行鉴定、是否应适用简易程序等问题,应当由仲裁机构或仲裁庭基于个案情况综合公正效率等因素进行判断,在没有明显侵犯当事人程序权利的情况下,前述案例中法院的做法实在难称妥当。

第五,伪造证据与隐瞒证据,是为数不多的对仲裁裁决实体内容进行监督的情形,但这也意味着法院在运用这两类理由时应持审慎态度,尤其应注意避免恣意扩大审查范围,而将一切实体问题均纳入其中。从本次收集的案例样本来看,虽有法

① 湖北省宜昌市中级人民法院民事裁定书(2017)鄂05民特1号。

② 参见宋连斌、林荟、陈希佳:《中国商事仲裁年度观察(2017)》,载北京仲裁委员会编:《中国商事争议解决年度观察(2017)》,中国法制出版社2017年版,第38页。

③ 例见甘肃省庆阳市中级人民法院民事裁定书(2017)甘01民特1号。该案中,法院认为:"本案中双方对已完成工程价款及工程质量意见分歧,应当由专业鉴定机构对此进行鉴定,陕西竣泽公司与甘肃华远公司也分别提交鉴定申请,并各自缴纳鉴定费用,庆阳仲裁委以双方达不成一致鉴定意见为由决定不予鉴定,其不予鉴定的理由不符合法律相关规定,亦不符合本案鉴定事由的客观必要性,使纠纷仍未得到解决,其鉴定程序违反法定程序。"但按照《仲裁法》第44条第1款的规定("仲裁庭对专门性问题认为需要鉴定的,可以交由当事人约定的鉴定部门鉴定,也可以由仲裁庭指定的鉴定部门鉴定"),仲裁庭显然在决定是否需要鉴定方面拥有裁量权。

④ 例见辽宁省阜新市中级人民法院民事裁定书(2017)辽09民特13号。该案中,法院认为:"另依照《中华人民共和国仲裁法》第十五条第三款及第七十五条关于仲裁规则应当同时以《民事诉讼法》为依据的规定,本条所述'事实清楚、权利义务关系明确'的情形,可进一步理解为当事人对争议的事实陈述基本一致,以及能够明确区分享有权利、承担义务的主体……就此而言,本案与《暂行规则》第三十六条所列'事实清楚、权利义务关系明确'的简易程序适用条件并不相符。"(《暂行规则》全称为《阜新仲裁委员会仲裁暂行规则》——笔者注)

⑤ See Nigel Blackaby et al., *Redfern and Hunter on International Arbitration*, New York, Oxford University Press, 2009, p. 317.

院在认定过程中保持克制,①但也有部分法院的做法值得商榷。伪造证据情形的认定,应有明确证据证明相关证据系伪造,但有的法院仅在相关证据存在形式要件瑕疵、难以确定真实性的情况下即认定应当撤销仲裁裁决,这一做法显然不当;②也有法院将当事人提出形式上真实但内容与实际情况不符的证据亦归类为伪造证据。③这实质上扩大了"伪造"一词的字面含义,将非因当事人原因造成的证据失真亦纳入审查范围,这一扩大解释虽然不是完全没有合理性,但法院并没有对此作出任何立法原意或学理上的论证,于裁判方法上的缺陷显而易见。至于隐瞒证据情形,由于这一理由本身与仲裁程序中事实发现的基本原理颇多龃龉,④其实践更显混乱,诸如双方当事人在仲裁程序中均未提交某个证据、⑤就某个事实主张虽有未出具的相反证据但当事人对该主张并未发生任何争议⑥等情形,均被法院认定构成隐瞒证据。笔者认为,仲裁并非以发现绝对真实为目标,为避免仲裁程序中的举证责任分配被架空,适用"隐瞒证据"这一事由应以存在证据隐瞒且隐瞒将导致裁决出现严重不公正情形为限。值得一提的是,最高人民法院在2018年的司法解释中已经对"伪造证据"和"隐瞒证据"的认定作了一定程度的限制和澄清,其究竟能否发挥预期的效果

---

① 例见山东省青岛市中级人民法院执行裁定书(2017)鲁02执异58号。该案中,法院认为:"该《协议书》的内容与本案的定案依据《股权转让协议书》的内容并不冲突,两者系不同的法律关系,《协议书》的存在不能根本否定《股权转让协议书》效力。隐瞒证据须符合证据的唯一性的构成要件,即便申请执行人持有该《协议书》而未提交仲裁庭,也不符合证据唯一性的构成要件,因此,未向仲裁庭提交该《协议书》并不代表申请执行人向仲裁庭隐瞒了足以影响公正裁决的证据。"

② 例见河南省三门峡市中级人民法院民事裁定书(2017)豫12民特5号。该案中,法院认为:"对于单位出具的证明材料,《最高人民法院关于适用〈中华人民共和国民事诉讼法〉的解释》第一百一十五条明确规定,单位出具的证明材料必须符合形式上的要求……该《证明》仅仅加盖河南水建集团有限公司灵宝市断密涧河河道治理工程施工项目部印章,并不符合法定形式要件……故不能确定该《证明》的真实性,该《证明》不足以采信。"

③ 吉林省长春市中级人民法院民事裁定书(2017)吉01民特5号。

④ 早有学者提出,这一撤销事由与仲裁程序中通行的"谁主张谁举证"原则相矛盾,对其机械理解将会得出当事人应当自证其错这一荒谬结论。参见黄进、宋连斌、徐前权:《仲裁法学》,中国政法大学出版社2002年修订版,第151页。

⑤ 贵州省遵义市中级人民法院民事裁定书(2017)黔03民特4号。

⑥ 河南省洛阳市中级人民法院执行裁定书(2017)豫03执异326号。

则需要进一步的观察。①

第六,在违背社会公共利益问题方面,如前所述,2017 年因这一理由而被撤销的仲裁裁决不在少数。通过个案分析可知,这一现象部分源于我国法院对"社会公共利益"未能作出正确界定。例如,有法院在裁判中认为"违背社会公共利益的范围包括违反法律规定",②先不论该案仲裁庭是否真的如法院所说违反了法律规定,③将"强制性规定"与"公共政策"二者直接等同也背离了最高人民法院在这一问题上的一贯立场。④ 再如,对同一批购房者签订的商品房买卖合同,同一仲裁机构前后作出了不同的仲裁裁决,有法院认为这会"使当事人对其市场参与行为所产生法律后果的预判出现混乱,不利于法律的统一适用和市场交易秩序的统一规范"。⑤ 这一裁判理由存在以下问题:首先,从本案被申请人的答辩可知,前后两个案件虽然案情相近,但本案提供了新的证据,案件争议焦点并不相同;其次,前后两个案件的仲裁申

---

① 最高人民法院《关于人民法院办理仲裁裁决执行案件若干问题的规定》(法释〔2018〕5 号)第 15 条规定:"符合下列条件的,人民法院应当认定为民事诉讼法第二百三十七条第二款第四项规定的'裁决所根据的证据是伪造的'情形:(一)该证据已被仲裁裁决采信;(二)该证据属于认定案件基本事实的主要证据;(三)该证据经查明确属通过捏造、变造、提供虚假证明等非法方式形成或者获取,违反证据的客观性、关联性、合法性要求。"第 16 条规定:"符合下列条件的,人民法院应当认定为民事诉讼法第二百三十七条第二款第五项规定的'对方当事人向仲裁机构隐瞒了足以影响公正裁决的证据的'情形:(一)该证据属于认定案件基本事实的主要证据;(二)该证据仅为对方当事人掌握,但未向仲裁庭提交;(三)仲裁过程中知悉存在该证据,且要求对方当事人出示或者请求仲裁庭责令其提交,但对方当事人无正当理由未予出示或者提交。当事人一方在仲裁过程中隐瞒己方掌握的证据,仲裁裁决作出后以己方所隐瞒的证据足以影响公正裁决为由申请不予执行仲裁裁决的,人民法院不予支持。"

② 四川省雅安市中级人民法院民事裁定书(2017)川 18 民特 3 号。

③ 该案中,仲裁庭以举证期限届满为由,拒绝了当事人提出的鉴定申请。对此,法院认为 2017 年修订《仲裁法》已不对申请鉴定的时间条件作硬性规定,只有通过鉴定才能查清事实,故仲裁庭的做法违反了《仲裁法》第 7 条("仲裁应当根据事实,符合法律规定,公平合理地解决纠纷")和第 44 条第 1 款("仲裁庭对专门性问题认为需要鉴定的,可以交由当事人约定的鉴定部门鉴定,也可以由仲裁庭指定的鉴定部门鉴定……")的规定。但已如前文所述,《仲裁法》第 44 条已经明确,鉴定的启动与否应属于仲裁庭在程序事项上的裁量权范围,故以该条作为依据令人费解。另外,《仲裁法》第 7 条固然要求仲裁庭查明事实,但仲裁程序并非以追求"绝对真实"为唯一目的,鉴定也并非查明事实的唯一手段,综合当事人的举证质证情况、进行鉴定的预期成本等因素,仲裁庭完全可以作出不需要进行鉴定即可作出裁决的判断。如果要求仲裁庭对当事人的鉴定申请"每求必应",反而会使仲裁程序的效率优势荡然无存。

④ 参见最高人民法院《关于 ED&F 曼氏(香港)有限公司申请承认和执行伦敦糖业协会仲裁裁决案的复函》,(2003)民四他字第 3 号;最高人民法院《关于对海口中院不予承认和执行瑞典斯德哥尔摩商会仲裁院仲裁裁决请示的复函》,(2005)民四他字第 12 号;最高人民法院《关于申请人天瑞酒店投资有限公司与被申请人杭州易居酒店管理有限公司申请承认仲裁裁决一案的请示的复函》,(2010)民四他字第 18 号。

⑤ 湖南省岳阳市中级人民法院民事裁定书(2017)湘 06 民特 22 号。

请人(购房者)并不相同,依据我国法律规定不足以构成矛盾裁判,[①]此时仲裁裁决究竟如何"使当事人预判出现混乱",进而如何违背社会公共利益,法院在裁判中并没有作出充分的论证和说明;再次,较之诉讼程序,仲裁程序中的当事人主义色彩更为浓厚,而且仲裁员在法律适用方面也有更大的自由,故仲裁程序注定更为关注个案争议的公正效率解决,要求其承担起保证"法律统一适用和市场交易秩序的统一规范"的责任未免强人所难;最后,倘若强求同类仲裁案件在裁判结果上相互参酌并保持一致,这不仅可能有违仲裁保密性的要求,也罔顾了不同案件中仲裁庭系分别组成、基于个案情况独立作出裁判这一事实。鉴于最高人民法院新颁布的司法解释,已将"以违背社会公共利益为由不予执行或者撤销我国内地仲裁机构的仲裁裁决"纳入内部报告制度的适用范围,可以期待这一问题上的混乱状况在今后得到改善。[②]

(三)涉外仲裁案件的抽样考察及扼要评述

中国法院审理的涉外仲裁案件主要涉及以下几类:涉外仲裁协议效力确认案件,中国仲裁机构涉外仲裁裁决的撤销与执行案件,涉我国香港特别行政区、澳门特别行政区及台湾地区仲裁裁决的认可与执行案件,外国仲裁裁决的承认与执行案件。相比于纯国内仲裁案件,此类案件的数量较少,但又有着较高的公众关注度。因此,针对这类案件从个案的角度予以抽样考察,显得更为合理。笔者从本次收集的65个涉外仲裁案件中,挑选10个进行分析,如表8所示。

① 我国现行法律虽然并没有对法院裁判或仲裁裁决既判力的直接规定,但司法解释在禁止重复起诉方面的规定可部分体现我国在这一问题上的立场。按最高人民法院《关于适用〈中华人民共和国民事诉讼法〉的解释》(法释〔2015〕5号)第247条第1款的规定("当事人就已经提起诉讼的事项在诉讼过程中或者裁判生效后再次起诉,同时符合下列条件的,构成重复起诉:(一)后诉与前诉的当事人相同;(二)后诉与前诉的诉讼标的相同;(三)后诉与前诉的诉讼请求相同,或者后诉的诉讼请求实质上否定前诉裁判结果"),如果前后案件当事人并不相同,则无论如何不会产生矛盾裁判的问题。

② 最高人民法院《关于仲裁司法审查案件报核问题的有关规定》(法释〔2017〕21号)第3条规定:"本规定第二条第二款规定的非涉外涉港澳台仲裁司法审查案件,高级人民法院经审查拟同意中级人民法院或者专门人民法院认定仲裁协议无效,不予执行或者撤销我国内地仲裁机构的仲裁裁决,在下列情形下,应当向最高人民法院报核,待最高人民法院审核后,方可依最高人民法院的审核意见作出裁定:……(二)以违背社会公共利益为由不予执行或者撤销我国内地仲裁机构的仲裁裁决。"

表8　中国法院受理的涉外仲裁案件抽样统计

序号	主要争议点	审理法院及案号	案　由	裁定结果	裁定理由
1	仲裁协议效力	北京市第四中级人民法院民事裁定书（2017）京04民特18号	确认仲裁协议无效	驳回申请	1. 当事人没有约定仲裁协议适用的法律，但约定了仲裁机构为中国国际经济贸易仲裁委员会，应当适用仲裁机构所在地法律； 2. 虽然申请人系通过股权受让方式事后加入原合同，但涉案仲裁条款明确记载于原合同中，且当事人之后亦对原合同签订过修订协议，故申请人主张其不知道仲裁条款不能成立
2	仲裁协议效力	广东省广州市中级人民法院民事裁定书（2017）粤01民特53号	确认仲裁协议无效	驳回申请	约定仲裁机构为“广州市仲裁为”，此为“广州市仲裁委”的笔误，可以唯一确定为中国广州仲裁委员会的简称，并不属于仲裁机构约定不明的情形
3	仲裁协议效力	广东省广州市中级人民法院民事裁定书(2013)穗中法仲异字第50号	确认仲裁协议无效	仲裁协议无效	1. 当事人没有约定仲裁协议适用的法律，但约定了仲裁机构为广州仲裁委员会，应当适用仲裁机构所在地法律； 2. 代理人在签署合同时并未获得申请人关于仲裁条款的概括授权或特别授权，事后申请人也未对代理人作出的仲裁意思表示予以追认
4	仲裁协议效力	北京市第四中级人民法院民事裁定书（2017）京04民特38号	确认仲裁协议无效	驳回申请	1. 北京仲裁委员会可受理涉外仲裁案件，申请人认为只可约定北京国际仲裁中心为仲裁机构的意见不能成立； 2. 当事人之间是否存在仲裁协议，不在法院审查确认仲裁协议效力的范围内

续表

序号	主要争议点	审理法院及案号	案　由	裁定结果	裁定理由
5	仲裁裁决效力	上海市第一中级人民法院民事裁定书(2017)沪01民特379号	申请撤销仲裁裁决	驳回申请	1. 申请人对仲裁程序提出的异议,实质是针对案件事实和证据认定的异议; 2. 申请人提出的其他涉及合同履行、违约责任等异议,均不属于本案撤销涉外仲裁裁决的审查范围
6	仲裁裁决执行	江苏省无锡市中级人民法院民事裁定书(2017)苏02民特105号	申请执行上海国际经济贸易仲裁委员会仲裁裁决	执行	被申请人提出仲裁裁决未明确相关税费的代扣代缴内容。但法院的审查范围局限于仲裁管辖瑕疵和仲裁程序错误等程序性问题,即仅处理该仲裁裁决能否启动执行程序,而不处理执行程序启动后的执行实施问题,故对被申请人提出的异议不予审查
7	仲裁裁决执行	江苏省无锡市中级人民法院民事裁定书(2015)锡商外仲审字第2号	申请执行香港国际仲裁中心仲裁裁决	执行	1. 合同约定受中国法律管辖,从合同文本整体性理解,应认为当事人对仲裁条款准据法明确约定为中国法; 2. 仲裁庭以电子邮件形式将庭审时间通知发送至当事人邮箱,符合仲裁规则的规定; 3. 虽然仲裁裁决要求合资合同终止后合资企业应进入清算程序,但这并不要求由仲裁庭来组织清算,而且该裁决还强调清算应遵照内地法律进行,故并不属于"争议事项不能以仲裁解决的"情形

续表

序号	主要争议点	审理法院及案号	案　由	裁定结果	裁定理由
8	仲裁裁决执行	北京市第四中级人民法院民事裁定书（2016）京04认港1号	申请认可与执行国际商会国际仲裁院于香港地区作出的仲裁裁决	认可与执行	1.所涉仲裁裁决系由国际商会国际仲裁院在香港地区作出，故应依据最高人民法院《关于内地与香港特别行政区相互执行仲裁裁决的安排》审查； 2.不存在最高人民法院《关于内地与香港特别行政区相互执行仲裁裁决的安排》项下不予执行的情形
9	仲裁裁决执行	河南省新乡市中级人民法院民事裁定书（2015）新中民三初字第53号	申请承认与执行国际商会国际仲裁院仲裁裁决	部分承认与执行	仲裁申请人的仲裁请求是被申请人停止使用未经授权的技术，但裁决书中"继续使用……的技术"这一表述并没有强调未经授权的技术，也包括了授权的技术，因此这部分内容构成超裁
10	仲裁裁决执行	辽宁省大连市中级人民法院民事裁定书（2016）辽02协外认2号	申请承认与执行新加坡国际仲裁中心仲裁裁决	承认与执行	1.当事人向我国商标局提起申请与其向新加坡国际仲裁中心申请仲裁并不冲突。涉案仲裁裁决没有裁定我国商标行政管理机关必须作或不作一定行为，也没有就涉案商标的合法性、有效性作出裁判，故承认与执行该裁决不会与已生效的行政裁决书相悖； 2.裁决所影响的只是当事人的经济利益，不违反我国的基本法律制度，也不损害我国的根本社会公共利益

在此次收集的涉外仲裁案件中，涉外仲裁协议被认定为无效、涉外仲裁裁决被

不予执行,以及外国仲裁裁决被拒绝承认与执行的案件,均较为少见;[①]而涉外仲裁裁决被撤销的案件,以及涉我国香港特别行政区、澳门特别行政区及台湾地区的仲裁裁决被拒绝认可与执行的案件则尚未发现。但是考虑到涉外仲裁案件总量本就不大,这一宏观上的统计结论或许不宜被直接解读为我国法院秉持支持仲裁立场的结果。故有必要通过对个案裁判意见与结论予以审视,如此才有可能还原涉外仲裁案件中我国法院的真实态度与裁判水平。

从本次收集的案例来看,我国法院在审查涉外仲裁协议效力问题时,大多具备法律选择意识:首先对仲裁协议的准据法予以确定,进而适用该法对仲裁协议的效力作出判断。实践中,当事人在签订合同时一般不会就仲裁协议的准据法专门进行约定,此时我国法院的一般做法是,应以当事人约定的仲裁地或仲裁机构所在地的法律作为仲裁协议的准据法。[②] 但在少数案例中,法院并没有径直判断当事人未对仲裁协议准据法作出约定,而是考察当事人是否对合同争议准据法作出约定,并将该被选法律视作当事人对仲裁协议准据法的选择。[③] 笔者认为,这种做法虽然有其理论与实务支持,但其毕竟与我国法院的长期实践——当事人约定对主合同适用的法律不能当然视为合同中仲裁协议的准据法——并不一致,[④]也与自2018年1月1日起施行的最高人民法院《关于审理仲裁司法审查案件若干问题的规定》中的有关

---

① 在22件涉外仲裁协议效力确认案件中,有3件案例最终认定涉外仲裁协议无效;在6件涉外仲裁裁决执行案件中,有1件案例裁定对涉外仲裁裁决部分执行;在18件外国仲裁裁决承认与执行案件中,有2件案例裁定部分承认与执行外国仲裁裁决,有1件案例裁定拒绝承认与执行外国仲裁裁决。

② 参见北京市第四中级人民法院民事裁定书(2017)京04民特18号;广东省广州市中级人民法院民事裁定书(2013)穗中法仲异字第50号;广东省深圳市中级人民法院民事裁定书(2017)粤03民初877号。

③ 参见湖南省邵阳市中级人民法院民事裁定书(2017)湘05民特8号("因双方在补充协议中约定,发生纠纷时适用中华人民共和国法律,故本案应当适用中华人民共和国法律");江苏省无锡市中级人民法院民事裁定书(2015)锡商外仲审字第2号("合资合同中第四十三条约定'本合同的订立、效力、解释、履行和争议的解决均受中华人民共和国法律的管辖。'第四十四条仲裁条款即属于'争议的解决'条款,根据上下文文字的逻辑关系,以及从合同文本的整体性来理解,可以认定三方对于仲裁条款适用的准据法有了明确的约定,即适用中华人民共和国内地法律");辽宁省大连市中级人民法院民事裁定书(2016)辽02协外认2号("仲裁条款属于《合作协议》的条款之一,《合作协议》中约定了仲裁条款及解决争议的准据法——新加坡法律,因此对《合作协议》及仲裁条款效力的审查应适用新加坡法律")。

④ 参见最高人民法院《关于夏新电子股份有限公司与比利时产品有限公司确认经销协议仲裁条款效力的请示的复函》,(2009)民四他字第5号;最高人民法院《关于马来西亚航空公司与厦门太古飞机工程有限公司服务合同纠纷一案中仲裁条款效力问题的请示的复函》,(2012)民四他字第4号;最高人民法院《关于泰州浩普投资公司与WICOR HOLDING AG中外合资经营企业合同纠纷一案的请示报告的复函》,(2012)民四他字第6号。

规定相抵触。[①] 故为了避免造成裁判意见的混乱,原则上不推荐采用这一做法。

一般认为,在判断仲裁裁决的"国籍/区籍"的标准问题上,我国司法实践经历了从仲裁机构所在地到仲裁地或仲裁裁决作出地的转变。[②] 笔者曾在往年的观察中论述称,2016 年南京市中级人民法院裁定执行贸仲香港仲裁裁决一案,即是对以仲裁地为仲裁裁决国籍/区籍主要判断标准这一做法的进一步肯定。[③] 这一观点同样延续至 2017 年。北京市第四中级人民法院在一份裁定中认为,涉案仲裁裁决系由国际商会国际仲裁院在我国香港特别行政区作出,对该裁决的执行应依据最高人民法院《关于内地与我国香港特别行政区相互执行仲裁裁决的安排》进行审查。[④] 结合近年来的相关案例可以得出结论认为,我国法院对此类问题已经形成了较为稳定的认识,且在很大程度上趋同于国际商事仲裁的主流做法。

在承认与执行外国仲裁裁决方面,上海市第一中级人民法院(以下简称上海法院)于 2017 年 8 月作出裁定拒绝承认与执行一份由新加坡国际仲裁中心适用快速程序作出的仲裁裁决,该案引起了极大的争议与讨论。[⑤] 上海法院拒绝承认与执行该裁决的主要理由在于,涉案仲裁机构适用快速程序审理案件并指定独任仲裁员组成仲裁庭的做法,违背了当事人在仲裁协议中所作的"仲裁庭应由 3 名仲裁员组成"这一约定。对该案的详细讨论将放在后文"典型案例述评"部分进行,本文在此仅欲说明,在将该案裁判意见适用于其他相似案件时,需要注意某些事实细节的区别可能会导向截然不同的结论:同样是在 2017 年,武汉海事法院在面对一份由伦敦海事仲裁员协会成员独任仲裁的裁决时,就并没有因为当事人曾有"仲裁庭由 3 位仲裁员组成"的约定而拒绝对其予以承认和执行。[⑥] 后案与前案的裁判结果之所以截然不同,其关键在于,后案当事人无论在仲裁阶段抑或在申请承认与执行仲裁裁决阶

---

① 最高人民法院《关于审理仲裁司法审查案件若干问题的规定》第 13 条规定:"当事人协议选择确认涉外仲裁协议效力适用的法律,应当作出明确的意思表示,仅约定合同适用的法律,不能作为确认合同中仲裁条款效力适用的法律。"

② 这一转变参见最高人民法院《关于不予执行国际商会仲裁院 10334/AMW/BWD/TE 最终裁决一案的请示的复函》,(2004)民四他字第 6 号;最高人民法院《关于香港仲裁裁决在内地执行的有关问题的通知》(法〔2009〕415 号)。

③ 江苏省南京市中级人民法院民事裁定书(2016)苏 01 认港 1 号。对该案的评论,参见宋连斌、林荟、陈希佳:《中国商事仲裁年度观察(2017)》,载北京仲裁委员会编:《中国商事争议解决年度观察(2017)》,中国法制出版社 2017 年版,第 9 ~ 10 页。

④ 北京市第四中级人民法院民事裁定书(2016)京 04 认港 1 号。

⑤ 上海市第一中级人民法院民事裁定书(2016)沪 01 协外认 1 号。

⑥ 武汉海事法院民事裁定书(2016)鄂 72 协外认 2 号。

段,均没有针对仲裁庭的组成方式向仲裁庭或法院提出异议。① 虽然这并不会从根本上动摇前案法院的裁判意见,但该案至少表明,在当事人未主动提出异议的情况下,我国法院能够有意识地对自身的审查范围予以克制,以符合《承认及执行外国仲裁裁决公约》(以下简称《纽约公约》)第5条第1款的规定。②

我国法院在处理仲裁司法监督案件中,有权主动对争议事项的可仲裁性进行审查。原则上,在判断争议的可仲裁性时应以《仲裁法》第2条与第3条为准,③但实践中法院也会结合某些具体的法律规定加以认定,涉及企业解散或清算的情形即为一例。一般认为,鉴于我国法律所确立的公司解散与清算程序都在不同程度上需要法院的介入,故如果仲裁庭直接裁决涉案公司解散或清算的,此部分裁决内容将被认定属于无权仲裁情形,并进而面临执行上的障碍。④ 但2017年审结的一起香港仲裁裁决执行案件似乎表明,不能机械地理解这一观点。该案所涉仲裁裁决的一项内容为:"第一被申请人和第二被申请人应当在各方当事人收到本仲裁裁决书后30天内连带地跟申请人合作组成英库清算组,组员应当依据中国法尽快推进英库的清算程序。本席也同时裁定宣判 MrltayBar-Giora……他合适被指派并成为英库清算组组员。"虽然当事人也就此项内容的可仲裁性提出了异议,但江苏省无锡市中级人民法院并未因此裁定不予执行,其理由为:仲裁裁决只是指出合资合同终止后合资企业应当进入清算程序,并不意味着要由仲裁庭来组织清算事宜;其并非对清算组组员进行指定,而仅仅是强调该人成为清算组组员的适格性。⑤ 本案中,即使仲裁裁决在文字上已经对企业的清算程序进行了较为具体的指示(如组成清算组的时间及清算组的成员),法院也能将其理解为非约束性的内容,从而在不扭曲裁决原意的基础上

---

① 本案的另一个关键不同点在于,1996年英国《仲裁法》本身就提供了在特殊情形下由一方当事人委任仲裁员进行独任仲裁的可能。依据该法第17条的规定,如果一方当事人拒绝或未在规定期限内委任仲裁员,则已经适当委任仲裁员的另一方当事人可以书面通知该不作为方当事人,建议委任其委任的仲裁员为独任仲裁员。而如不作为方当事人仍未在一定期限内作出委任,则已被委任的仲裁员就可独任仲裁该案件。

② 《纽约公约》第5条第1款规定:"裁决唯有于受裁决援用之一造向声请承认及执行地之主管机关提具证据证明有下列情形之一时,始得依该造之请求,拒予承认及执行……"

③ 《仲裁法》第2条规定:"平等主体的公民、法人和其他组织之间发生的合同纠纷和其他财产权益纠纷,可以仲裁。"第3条规定:"下列纠纷不能仲裁:(一)婚姻、收养、监护、扶养、继承纠纷;(二)依法应当由行政机关处理的行政争议。"

④ 最高人民法院《关于撤销中国国际经济贸易仲裁委员会(2009)CIETACBJ裁决(0355)号裁决案的请示的复函》,(2011)民四他字第13号;最高人民法院《关于宁波永信汽车部件制造有限公司申请撤销宁波仲裁委员会甬仲裁字[2007]第44号裁决一案的请示报告的复函》,(2009)民四他字第45号。

⑤ 江苏省无锡市中级人民法院民事裁定书(2015)锡商外仲审字第2号。

使其符合内地法律对争议可仲裁性的要求，这一做法显然更能彰显支持仲裁的精神。

四、重要仲裁案例述评

（一）内地法院以仲裁庭组成方式不符合当事人约定为由拒绝承认与执行新加坡仲裁裁决

2017 年 8 月 11 日，上海法院作出裁定，拒绝承认与执行一份由新加坡国际仲裁中心（以下简称新仲）适用快速程序作出的仲裁裁决。① 鉴于我国在承认与执行外国仲裁裁决问题上采用的内部报告制度，②该裁定也可以说代表着最高人民法院对涉案争议问题的意见。③ 该案裁定一经作出，即引起业界的高度关注，围绕上海法院的裁定意见，支持者与反对者各执一词，争论颇为激烈。故有必要结合相关理论与实践，对该案所涉法律问题予以展开与剖析，进而对本案体现出来的裁判方法与价值取向进行评价。

在此先对本案案情作简要概述。本案当事人一方为新加坡来宝资源国际私人有限公司（Noble Resources International Pte. Ltd.，以下简称来宝公司），另一方为设立于中国（上海）自由贸易试验区的上海信泰国际贸易有限公司（以下简称信泰公司）。两公司于 2014 年签订合同，并就争议解决方式作出约定："因交易和/或本协议引起的或与其有关的任何争议和索赔……应根据当时有效的新加坡国际仲裁中心《仲裁规则》提交新加坡仲裁，该等规则视为经引述被并入本条款……仲裁庭应由 3 名仲裁员组成……"后双方在合同履约过程中发生争议，来宝公司于是向新仲提

---

① 上海市第一中级人民法院民事裁定书(2016)沪 01 协外认 1 号。

② 按最高人民法院《关于人民法院处理与涉外仲裁及外国仲裁事项有关问题的通知》（法发〔1995〕18 号）要求，"凡一方当事人……向人民法院申请承认和执行外国仲裁机构的裁决，如果人民法院认为……申请承认和执行的外国仲裁裁决不符合我国参加的国际公约的规定或者不符合互惠原则的，在裁定不予执行或者拒绝承认和执行之前，必须报请本辖区所属高级人民法院进行审查；如果高级人民法院同意不予执行或者拒绝承认和执行，应将其审查意见报最高人民法院。待最高人民法院答复后，方可裁定不予执行或者拒绝承认和执行"。另参见最高人民法院《关于仲裁司法审查案件报核问题的有关规定》第 2 条第 1 款："各中级人民法院或者专门人民法院办理涉外涉港澳台仲裁司法审查案件，经审查拟认定仲裁协议无效，不予执行或者撤销我国内地仲裁机构的仲裁裁决，不予认可和执行香港特别行政区、澳门特别行政区、台湾地区仲裁裁决，不予承认和执行外国仲裁裁决，应当向本辖区所属高级人民法院报核；高级人民法院经审查拟同意的，应当向最高人民法院报核。待最高人民法院审核后，方可依最高人民法院的审核意见作出裁定。"

③ 本案也被最高人民法院法官作为典型案例加以介绍，用以说明我国法院对《纽约公约》第 5 条规定的拒绝承认和执行外国仲裁裁决理由的理解与适用。参见高晓力：《中国法院承认和执行外国仲裁裁决的积极实践》，载《法律适用》2018 年第 5 期。

出仲裁请求，并依据2013年第5版《新加坡国际仲裁中心仲裁规则》(以下简称《新仲仲裁规则》)第5条规定申请适用快速仲裁程序。① 而于此期间，信泰公司亦多次致函新仲，表示其不同意以独任仲裁方式审理该案。在双方就仲裁庭人数问题协商失败的情况下，新仲通知双方称，新仲主席已决定对该案适用快速程序，并最终对独任仲裁员作出指定。仲裁庭作出仲裁裁决后，来宝公司向上海法院申请承认与执行该裁决，而信泰公司则在答辩中称本案存在拒绝承认与执行的法定事由，即仲裁庭的组成不符合仲裁条款的约定，且信泰公司从未以任何方式对仲裁庭组成方式予以变更。

上海法院在处理这一核心争议时，首先对适用快速程序与采用独任仲裁这两个问题进行了区分。法院认为，就前者而言，考虑到案件标的额低于500万新加坡元，且双方并未排除快速程序的适用，故本案新仲适用快速程序进行仲裁并不违反当事人的约定。但就后一问题，上海法院则认为，本案新仲的做法违反了仲裁条款的约定。具体而言，《新仲仲裁规则》并未排除在快速程序中适用独任以外的仲裁庭组成方式，其规定的"主席另有决定的除外"，不应解释为新仲主席可以不顾当事人的约定强制适用独任仲裁。故鉴于两公司已于仲裁条款中明确约定应由3名仲裁员组成仲裁庭，且信泰公司明确反对独任仲裁等情况，上海法院认为，新仲仍决定独任仲裁的做法属于《纽约公约》第5条第1款e项所规定的"仲裁机关之组成或仲裁程序与各造间之协议不符"的情形，并最终裁定对该裁决不予承认与执行。

在具体讨论本案裁判意见前，有必要先明确几个问题。其一，本案系争的快速程序(expedited procedure)首先由日内瓦商会创设，②其目的在于简化部分仲裁程序环节与步骤，满足当事人对争议解决效率的追求。新仲于2010年引入这一制度，于本案则具体体现在2013年第5版《新仲仲裁规则》的第5条规定。一般认为，新仲快速程序的特点之一即在于其赋予了新仲主席在程序的启动和具体程序事项上的广泛裁量权，③这一点确实与世界知名仲裁机构的主流做法不同，后者则往往采用更

① 2013年《新仲仲裁规则》第5条规定："(一)在仲裁庭完成组庭之前，存在下列情形之一时，一方当事人可以向主簿提出书面申请，请求依照本条所称'快速程序'进行仲裁。1. 由仲裁请求、反请求以及任何答辩主张的抵销所构成的争议数量，合计金额相当于五百万元(新加坡币)以下……(二)当事人已依据本规则第五条第(一)款向主簿申请快速仲裁程序时，主席考虑各方当事人观点后决定仲裁应当适用本条'快速程序'的，仲裁程序应当按照如下规定进行……2. 案件应当由独任仲裁员审理，但主席另有决定的除外……"

② 参见1992年《日内瓦商会仲裁规则》第31条。

③ See Mark Mangan, Lucy Reed, et al., *A Guide to the SIAC Arbitration Rules*, New York, Oxford University Press, 2014, p. 85.

为折中的做法。[①] 其二,应当认识到,涉案仲裁条款的文本并不是当事人仲裁合意的全部。该条款中"该等规则(指《新仲仲裁规则》——笔者注)视为经引述被并入本条款"这一部分,即表明《新仲仲裁规则》被有效并入到双方当事人的仲裁协议之中。就仲裁庭的组成方式而言,当事人在仲裁条款中的"仲裁庭应由3名仲裁员组成"这一表述固然是当事人的约定,仲裁规则中的相关规定(尤其是快速程序中默认的独任仲裁规则)也同样属于当事人的合意。故本案核心争议就其性质而言其实是一种合同的内部文本冲突,必须借助合同的一般解释原则与方法方能妥当处理。

笔者认为,从前述观点的角度看,上海法院的最终意见及其论证过程都是存在缺陷的。首先,一般认为,国际商事仲裁协议的解释是需要依据仲裁协议本身的准据法进行的,[②]而上海法院在解释当事人的仲裁合意时,越过了法律选择的环节,直接作出仲裁庭违反仲裁协议的判断——事实上,新加坡高等法院曾在一个与本案极为相似的案件中优先承认了新仲主席在指定独任仲裁员的裁量权,[③]故如果上海法院能够对新加坡法律的此种观点纳入考量,则很可能会得出与本案不同的结论。其次,上海法院未能将核心争议准确定性为仲裁协议的解释问题,其认定新仲主席"在其行使决定权时应当充分尊重当事人关于仲裁庭组成方式的合意",实质上将仲裁规则与仲裁协议简单对立起来,却没有意识到仲裁规则在被当事人明示选择并入后,也即成为当事人仲裁协议的一部分,应一并纳入意思表示的解释范围。最后,法院在合同解释方法的运用上存在缺失,其裁判结论也未能契合国际商事仲裁背景下的个案价值取向。具体而言,法院在处理合同内部冲突时,没有遵循合同整体解释的一般方法,错过了依据"尽量使合同全部有效"[④]和"具体条款优

---

① 例如,日本商事仲裁协会规定,即使争议金额低于适用快速程序的金额上限,如果当事人约定有多个仲裁员仲裁,则快速程序将不能适用;香港国际仲裁中心、瑞士苏黎世商会仲裁院等仲裁机构则会建议当事人将其3名仲裁员的约定修改为一名仲裁员,但是如果当事人不同意修改,则仲裁机构将通过3名仲裁员依据快速程序解决争议。

② See Emmanuel Gaillard and John Savage eds., *Fouchard Gaillard Goldman on International Commercial Arbitration*, The Hague, Kluwer Law International, 1999, p. 255.

③ See AQZ v ARA [2015] SGHC 49.

④ 这一解释准则要求在面对不同的解释方案时,应当对各自情形下合同内部相互矛盾的部分所遭受损害程度的大小进行比较,而整体损害程度较小的解释应当优先得到采用。具体到本案中,如果和法院一样认为3人仲裁庭的约定应适用于快速程序,则实际意味着无论仲裁案件是采用普通程序还是快速程序,都将永远不能出现独任仲裁的情况,且仲裁规则中新仲主席的裁量权也将形同虚设。而如果认为3人仲裁庭的约定并不绝对适用于快速程序,则一方面该约定对普通程序下的仲裁情形依然可以适用;另一方面即使在快速程序情形下,该约定同样保有适用的可能,因为新仲主席可以根据案件复杂程度、争议金额等情况,决定由多名仲裁员组成仲裁庭。比较后可以发现,后一种解释方案能够使仲裁约定中表面上冲突的两部分内容得到更大程度的保留。

先于一般条款”[①]等解释方法得出其他结论的可能。法院在裁判中格外强调当事人在程序方面的意思自治，这一原则固然毋庸置疑，[②]但对其不应作绝对、机械的理解，因为当事人的约定既不能违背平等原则，也不能违背仲裁地国的强行性规范和公共政策，更有可能受到当事人选择的仲裁规则的限制。[③] 当事人既然将包含有快速程序的《新仲仲裁规则》并入仲裁协议中，则意味着其对仲裁效率更为看重，如果认为当事人进一步要求无条件地采用多人仲裁，这种自相矛盾的做法虽然不是毫无可能，但至少可以说十分突兀。[④] 事实上，当事人如果确实希望适用 3 人仲裁的机制，则应当在合同中用更为明确的文字加以确定：或者约定排除《新仲仲裁规则》中快速程序的适用，或者明确约定即使在快速程序中也由 3 名仲裁员组成仲裁庭进行仲裁。

需要指出的是，新仲在其 2016 年 8 月 1 日起施行的第 6 版《新仲仲裁规则》中，对第 5 条作出了增补和修订，尤其是增加一项内容并规定：“当事人如果同意依照本规则进行仲裁，当案件根据本规则 5 条规定的‘快速程序’进行仲裁时，则第 5.2 条的规定应被视为当事人已经同意予以适用，即使其仲裁协议中有相反的约定。”如此一来，新仲的态度得到进一步明确：在快速程序情形下，如果当事人仲裁协议约定与仲裁规则特别规定之间存在冲突时，后者将得到优先适用；而且适用的范围不仅仅限于仲裁庭的人数问题，还包括《新仲仲裁规则》第 5.2 条涉及的其他特殊问题，如审理方式、裁决期限、裁决理由等。[⑤] 有理由认为，在此规则背景下，内地法院与新仲

---

① 这一解释准则要求，当案件事实属于合同具体条款的适用范围时，该具体条款应当优先于合同一般条款得到适用。具体到本案中，虽然当事人没有在协议中明示 3 人仲裁庭的适用范围，但完全可以在解释上将其视为一般条款，而将仲裁规则中的快速程序部分视为具体条款，由此得出结论认为，当事人并无在快速程序中适用 3 人仲裁庭的原意。考虑到在商事实务中，当事人很少专门针对快速程序中的细节问题(如仲裁庭的人数)作出具体约定，这一解释显得格外有说服力。

② 典型如 1985 年《联合国国际贸易法委员会国际商事仲裁示范法》第 19 条第 1 款规定：“在不违背本法规定的情况下，当事人可以自由约定仲裁庭进行仲裁时所应当遵循的程序。”

③ See Nigel Blackaby et al., *Redfern and Hunter on International Arbitration*, New York, Oxford University Press, 2009, pp. 366 – 368.

④ 当事人对 3 人仲裁庭的约定，更有可能仅仅是对《新仲仲裁规则》普通程序中仲裁庭人数的约定。在《新仲仲裁规则》背景下，对普通程序作出这样的约定是有意义的，因为《新仲仲裁规则》对普通仲裁程序同样默认采用独任制。参见 2013 年《新仲仲裁规则》第 6.1 条规定：“应当指定独任仲裁员。但当事人另有约定的除外；或者，主簿充分考虑当事人的建议、争议的复杂性、涉案数额、其他关联情况后，认为涉案争议应当指定三人仲裁庭，方可合适地进行仲裁的情形除外。”

⑤ 新仲的这一规定看似惊世骇俗，但也绝非孤例：国际商会(International Chamber of Commerce, ICC)在其 2017 年 3 月 1 日起施行的新版仲裁规则中新增了快速程序的规定，而该规则就借鉴了新仲的做法，明确规定快速程序的特别规则应当优先于当事人仲裁协议得到适用。

对这一问题的理解分歧进一步显现，这也意味着新仲仲裁裁决在我国的承认与执行将继续面临与本案同样的障碍。

（二）先予仲裁的仲裁裁决被法院裁定不予执行

先予仲裁，或称“同步仲裁”“无争议仲裁”，系近年来于我国时兴的一种特殊的仲裁模式，应用场景多为网络借贷合同案件。一般是指双方当事人在签订合同时，即约定由某家仲裁机构依该合同的内容提前调解结案，并出具仲裁调解书或根据调解协议制作仲裁裁决书。从表面上看，这种模式在确保取得具有约束力和执行力的法律文书的同时，省略了传统仲裁模式中颇为消耗资源的质证与答辩环节，无疑有着极高的效率。但在实践中，对于当事人针对先予仲裁的仲裁裁决提出的执行申请，法院的态度却显得迟疑不定，而山西省阳泉市中级人民法院于2017年11月作出的一份执行裁定堪称反对意见的典型代表。①

该案所涉仲裁裁决是由湛江仲裁委员会作出的，裁决内容系对合同所载的被执行人的还款义务予以确认。对此法院认为，仲裁是解决平等主体之间发生的合同纠纷和其他财产权益纠纷的方式，系对已经发生的纠纷作出裁决；而湛江仲裁委员会在还款期限届满前即纠纷尚未形成的情况下，以被执行人不能还款为假设前提作出预决，不符合《仲裁法》的规定，故法院最终裁定对该仲裁裁决不予执行。

从其裁判意见可以看出，该案法院的观点是，先予仲裁因其并不符合“纠纷发生后再仲裁”的条件，故由此产生的裁决并不具有执行力。对此类观点，湛江仲裁委员会曾于2018年2月给予回应称：“不能把仲裁和法院处理的案件，都界定为公开冲突”，“潜在的、公开的、不安的冲突同样是纠纷”，并以当事人合意作背书，认为“仲裁调解如果不侵犯公共利益和他人的利益，不管是何时调解，怎样调解，只要是自愿真实，法院无理由拒绝认可”。② 笔者认为，至少从我国现有法律的文义上看，仲裁及调解的启动确实需以存在争议为前提，③但这一论证并未触及先予仲裁模式的根本缺陷，况且实践中先予仲裁也可能发生在借款人未能按时还款时，贷款人直接申

---

① 山西省阳泉市中级人民法院执行裁定书(2017)晋03执86号。

② 参见湛江仲裁委员会：《执行同步调解确认仲裁的法律依据及最新规定》，载湛江仲裁委员会：http://www.zjac.org/page/7/240.htm，最后访问日期：2018年9月29日。

③ 我国法律涉及仲裁的条文均将“争议”或“纠纷”作为当事人申请仲裁的对象，如《合同法》第128条（“当事人可以通过和解或者调解解决合同争议。当事人不愿和解、调解或者和解、调解不成的，可以根据仲裁协议向仲裁机构申请仲裁……”），《民事诉讼法》第271条第1款（“涉外经济贸易、运输和海事中发生的纠纷，当事人在合同中订有仲裁条款或者事后达成书面仲裁协议，提交中华人民共和国涉外仲裁机构或者其他仲裁机构仲裁的，当事人不得向人民法院起诉……”）及《仲裁法》第2条（“平等主体的公民、法人和其他组织之间发生的合同纠纷和其他财产权益纠纷，可以仲裁”）等。

请仲裁机构出具裁决书这一情形,此时再称尚无争议发生难言妥当。

先予仲裁之所以具备所谓的高效率与可预期性,一是在于缔结调解协议时往往要求仲裁被申请人放弃一切举证质证与答辩的权利;二是在于调解书及裁决书的内容均由事前订立的所谓调解协议预先确定。仔细审视不难发现,这两种做法均存在明显问题。就前者而言,仲裁被申请人(通常为网络借贷合同中的借款人)被直接剥夺陈述案件的机会,并且考虑到仲裁申请人的权利并未被限制,双方当事人陈述案件的机会显然是不平等的,因此先予仲裁模式必然无法满足最低限度的正当程序要求。① 就后者而言,一方面,此种预先达成的调解协议本身是否满足自愿原则存有疑问,②而且该调解协议仅是对合同内容的简单重复,并非任何实际进行过的调解的产物;另一方面,仲裁庭虽为名义上的调解人,但其一般于调解协议达成时与双方当事人并无交流,也没有实际主持过任何调解程序,其对案件实体方面的了解仅可来自一方当事人事后提交的证明材料,对先已达成的调解协议的实体内容自然不能施加任何影响。由此可以看出,先予仲裁无论在程序方面还是实体方面均存在重大缺陷,于仲裁被申请人的利益侵害尤甚;这种无条件确认合同内容的做法,在本质上是透支仲裁机构的信用为网络贷款平台作背书,虽然在短期内使仲裁机构获得巨量案源,但于国内尚需培育的仲裁环境与仲裁公信力不啻为一次严重的破坏。

需要说明的是,相关仲裁机构与部分地方法院曾于2018年上半年就此问题进行了颇为激烈的争论,③经地方法院请示,最高人民法院最终于2018年6月以批复形式明确作出回应,认定先予仲裁属于《民事诉讼法》规定的应不予执行仲裁裁决理

---

① 与诉讼程序类似,仲裁程序应满足正当程序要求这一点并无争议,有疑问的只在于正当程序要求其内容为何。仲裁学者在总结正当程序规范时,往往将当事人获得平等对待并可充分陈述其案情作为其核心内容;而堪称全球仲裁智慧结晶的联合国《国际商事仲裁示范法》,也在其第18条明确规定"当事人应当受到平等待遇,并应当被给予充分的机会陈述其案情"。参见 Fernando Mantilla-Serrano, "Towards a Transnational Procedural Public Policy", *Arbitration International* 20, 2004, pp. 342-344。

② 考虑到实践中先予仲裁往往被应用于网络借贷等双方当事人地位存在明显不平等的情形,虽然这并不必然意味着在此种背景下达成的仲裁合意都存在瑕疵,但至少在解释上难称当事人对程序权利的放弃有着充分的了解和意愿。

③ 其中颇具代表性的意见包括福建省厦门市中级人民法院:《厦门市中级法院反映"先予仲裁"模式严重影响执行质效》,载法治厦门网:http://www.xmpf.gov.cn/fzdt/llyj/201805/t20180524_1881032.htm,最后访问日期:2019年2月11日。

由中的“仲裁庭的组成或者仲裁的程序违反法定程序”情形。[①] 之后不久，相关仲裁机构亦遵照司法解释的要求，对其仲裁规则中关于先予仲裁的部分进行了修改。[②] 故基本可以认为，在可预见的未来，先予仲裁这一短暂而畸形的“仲裁模式”将会退出中国仲裁的历史舞台。

（三）当事人在申请承认与执行外国仲裁裁决司法审查期间提出的财产保全申请被法院驳回

在债权人提起民事诉讼前或起诉后，为避免债务人隐匿、转移或处分其财产，致使债权人即使取得终局判决也无法实现其权利，法律特设有财产保全程序，在终局判决之前给债权人以临时性救济。在仲裁领域，我国法律亦设有仲裁前与仲裁中的财产保全制度，对仲裁当事人的权益予以保障。但是存在疑问的是，由于此类条文大部分系针对国内仲裁与涉外仲裁而设置，[③]其能否适用于外国仲裁，尤其是当事人

---

① 最高人民法院《关于仲裁机构“先予仲裁”裁决或者调解书立案、执行等法律适用问题的批复》（法释〔2018〕10号）：“……你院请示中提出的下列情形，应当认定为民事诉讼法第二百三十七条第二款第三项规定的‘仲裁庭的组成或者仲裁的程序违反法定程序’的情形：一、仲裁机构未依照仲裁法规定的程序审理纠纷或者主持调解，径行根据网络借贷合同当事人在纠纷发生前签订的和解或者调解协议作出仲裁裁决、仲裁调解书的；二、仲裁机构在仲裁过程中未保障当事人申请仲裁员回避、提供证据、答辩等仲裁法规定的基本程序权利的。前款规定情形中，网络借贷合同当事人以约定弃权条款为由，主张仲裁程序未违反法定程序的，人民法院不予支持……”

② 如2014年《湛江仲裁委员会、湛江国际仲裁院仲裁规则》在第2条第4项[“争议仲裁、无争议仲裁、同步仲裁（先予仲裁、同时仲裁）都可提交湛仲仲裁，均适用本规则]、第2条第5项（合同在签订时或履行过程中，当事人根据约定提交的仲裁事项，不论此时是否发生实质性或公开性争议，均认为是仲裁案件，适应本规则”）以及第43条（“……无争议仲裁、同时仲裁以及双方当事人积极配合能调解结案的其他仲裁案件，不论是以调解书或裁决书的形式出现，仲裁庭都必须即立即办、从速结案，不得以简易程序和普通程序确定的最长时间为结案期限；但当事人另有约定的除外……”）对先予仲裁予以规定，而这些条文在2018年均已被删除。

③ 国内仲裁中的财产保全制度，主要规定于《仲裁法》第28条第1～2款（“一方当事人因另一方当事人的行为或者其他原因，可能使裁决不能执行或者难以执行的，可以申请财产保全。当事人申请财产保全的，仲裁委员会应当将当事人的申请依照民事诉讼法的有关规定提交人民法院……”）。国内仲裁前的财产保全制度，主要规定于《民事诉讼法》第101条第1款（“利害关系人因情况紧急，不立即申请保全将会使其合法权益受到难以弥补的损害的，可以在提起诉讼或者申请仲裁前向被保全财产所在地、被申请人住所地或者对案件有管辖权的人民法院申请保全措施……”）。涉外仲裁中的财产保全制度，主要规定于《民事诉讼法》第272条（“当事人申请采取保全的，中华人民共和国的涉外仲裁机构应当将当事人的申请，提交被申请人住所地或者财产所在地的中级人民法院裁定”）。申请撤销仲裁裁决、不予执行仲裁裁决案件司法审查期间的财产保全制度，主要规定于最高人民法院《关于人民法院办理仲裁裁决执行案件若干问题的规定》第7条第2款（“……申请撤销仲裁裁决、不予执行仲裁裁决案件司法审查期间，当事人、案外人申请对已查封、扣押、冻结之外的财产采取保全措施的，负责审查的人民法院参照民事诉讼法第一百条的规定处理……”）。

申请承认与执行外国仲裁裁决的情形则尚不明确。[①] 就此问题而言,海口海事法院曾于2017年作出否定回答,该裁判意见颇有研究价值。[②]

该案所涉仲裁裁决系由3位具有伦敦海事仲裁员协会会员资格的仲裁员组成的仲裁庭就大韩海运株式会社(Korea Line Corporation,以下简称大韩海运)与海航集团有限公司(以下简称海航集团)之间的《租船合同》和《履约保函》纠纷,于2016年1月在英国伦敦作出的。裁决作出后,大韩海运向海口海事法院申请承认与执行该裁决,并于审查期间针对海航集团的银行资金及其部分投资的股权提出财产保全申请。海口海事法院曾于2016年8月作出裁定,对大韩海运的财产保全申请予以准许。[③] 后海航集团向同一法院提起复议,请求撤销该裁定。对此,法院最终于2017年4月作出裁定,同意海航集团的请求,撤销了前述财产保全裁定。在该裁定书中,法院表达的主要意见为:首先,此类财产保全申请属于国际司法协助范畴,应当以我国缔结或参加的国际条约或我国与该仲裁机构所在国之间存在互惠为依据,而于本案情形下,我国与伦敦海事仲裁员协会所在国——英国——共同参加的《纽约公约》未对外国仲裁裁决承认与执行的司法审查期间能否进行财产保全作出规定,两国间就该问题也无相关司法协定;其次,我国《民事诉讼法》第100条所规定的保全仅适用于在我国进行的诉讼,不适用于在外国进行的诉讼和仲裁,故我国现有法律也未对此问题作出具体规定。

笔者认为,海口海事法院分别从国内法与国际条约的角度,探讨承认与执行外国仲裁裁决司法审查期间财产保全的法律依据问题,这一分析思路是正确的,但其论证过程与结论却存在一定的问题。

第一,关于国内法律对此事项是否确实缺少具体规定这一问题,并不能简单给出回答。从法律解释的角度考虑,虽然财产保全的相关法律条文集中于对国内仲裁与诉讼程序的规定部分,但是鉴于国内程序与涉外程序规定之间存在普通法与特别法的关系,并不能完全排除这些条文并非纯为国内仲裁设置,亦可适用于外国仲裁情形这一可能。[④] 笔者认为,相关法律条文的文字表述与制度设计似乎并不能支持

---

① 可供参考的是,对于香港仲裁裁决的认可与执行情形,现有司法解释亦未对财产保全作出具体规定,但实践中已有内地法院同意当事人的财产保全申请并实际采取保全措施的案例出现,参见广东省广州市中级人民法院民事裁定书(2014)穗中法民四初字第42号。

② 海口海事法院民事裁定书(2016)琼72协外认1号之一。

③ 海口海事法院民事裁定书(2016)琼72协外认1号。

④ 《民事诉讼法》第259条规定:“在中华人民共和国领域内进行涉外民事诉讼,适用本编规定。本编没有规定的,适用本法其他有关规定。”

这种解释:其一,对于当事人于仲裁中提出的保全申请,要求由仲裁委员会向法院提交,但我国法律语境下的"仲裁委员会"有着特殊的设立条件与组织结构要求,①这就意味着由外国仲裁机构管理的仲裁案件以及仲裁地在国外的临时仲裁将难以适用此类条文;②其二,既然外国仲裁情形下仲裁中财产保全申请难以在国内法院获得支持,则从体系一致性的角度考虑,对于当事人在其他阶段提出的财产保全申请自然也应当保持同样的态度。

第二,虽然《纽约公约》原则上对仲裁案件的保全制度并无具体规定,③但这并不意味着海口海事法院的做法就一定遵循了该公约所确立的缔约国的义务。在承认与执行外国仲裁裁决的程序规则方面,《纽约公约》第3条规定固然赋予缔约国适用本国程序法的权力,但也对这一权力进行了限制,即缔约国不能规定相比于执行本国裁决更加严苛的条件或更高的费用,④而这一限制也被称为"国民待遇"或"非歧视"原则。⑤ 一般认为,此条规定即意味着,当缔约国对承认与执行外国仲裁裁决缺乏特定程序规则规定时,可以转而适用本应适用于国内仲裁裁决的程序规则。⑥当然,在将该条适用于本案争议时,还需要回答两个问题:其一,财产保全是否属于该条所欲规范的程序规则范围;其二,在承认与执行外国仲裁裁决阶段拒绝财产保全申请,是否属于"过苛之条件"或"过苛之费用"。笔者认为,对这两个问题都应当

---

① 《仲裁法》第10条规定:"仲裁委员会可以在直辖市和省、自治区人民政府所在地的市设立,也可以根据需要在其他设区的市设立,不按行政区划层层设立。仲裁委员会由前款规定的市的人民政府组织有关部门和商会统一组建。设立仲裁委员会,应当经省、自治区、直辖市的司法行政部门登记。"

② 值得说明的是,本案法院在裁定书中的"涉案仲裁裁决作出机构即伦敦海事仲裁员协会"这一表述,表明其认为涉案仲裁性质上属于伦敦海事仲裁员协会管理的机构仲裁,这是一个错误判断。与机构仲裁情形不同,伦敦海事仲裁员协会本身并不对仲裁程序进行管理和监督,相关职能由个案中临时组成的仲裁庭行使,故本案所涉仲裁应当归类于临时仲裁范畴。See LMAA, "What is the LMAA and what does it do?", Accessed Sep. 29, 2019. http://www.lmaa.org.uk.

③ 唯一例外是《纽约公约》第6条规定:"倘裁决业经向第五条第一项(戊)款所称之主管机关声请撤销或停止执行,受理援引裁决案件之机关得于其认为适当时延缓关于执行裁决之决定,并得依请求执行一造之声请,命他造提供妥适之担保。"

④ 《纽约公约》第3条规定:"各地约国应承认公断裁决具有拘束力,并依援引裁决地之程序规则及下列各条所载条件执行之。承认或执行适用本公约之公断裁决时,不得较承认或执行内国公断裁决附加过苛之条件或征收过多之费用。"

⑤ See *Travaux préparatoires*, United Nations Conference on International Commercial Arbitration, Summary Records of the Tenth Meeting, E/CONF.26/SR.10, pp. 3,7.

⑥ See Emmanuel Gaillard and John Savage eds., *Fouchard Gaillard Goldman on International Commercial Arbitration*, The Hague, Kluwer Law International, 1999, p. 968; Albert Jan van den Berg, *The New York Arbitration Convention of* 1958: *Towards a Uniform Judicial Interpretation*, The Hague, T. M. C. Asser Institute, 1981, p. 238.

作出肯定回答:其一,从诉讼法学理角度上讲,保全程序虽然不是严格意义上的实现私权的程序(执行程序),但就保全程序旨在保障裁判所确定的实体权利而言,可以认为该程序应属于执行程序的一部分;①其二,财产保全制度属于《纽约公约》第3条意图规范的范围内,这一观点既得到了国际仲裁学界的认可,②也有相关司法裁判意见的支持;③其三,从保障仲裁裁决所确定权利得到最终实现这一目的看,没有理由认为财产保全制度本身仅能适用于国内裁决,而一旦不允许财产保全申请,将从实质上对仲裁裁决的执行构成障碍,故应当认为,对国内裁决与外国裁决予以区别对待违反了《纽约公约》第3条所确定的缔约国义务。

第三,需要注意的是,《纽约公约》第3条所欲规范的是承认与执行外国仲裁裁决这一阶段的执行程序,故该条对仲裁前与仲裁中的财产保全情形无法当然适用。这一部分仍主要留由各国通过其国内法加以规范。

(四)债权人行使代位权情形下的管辖之争

作为债权保全的方法之一,"当债务人有权利而怠于行使,以致影响债权人债权的实现时,法律允许债权人代债务人之位,以自己的名义向第三人主张债务人怠于主张的权利",④此即债权人的代位权,在我国主要由《合同法》第73条确立,⑤并通过最高人民法院《关于适用〈中华人民共和国合同法〉若干问题的解释(一)》[以下简称《合同法解释(一)》]第11~22条予以充实完善。实务中存有疑问的是,如果债务人与次债务人就其权利内容约定有仲裁协议,那么债权人在行使其代位权时是否应当受到该仲裁协议的约束。对这一问题,上海市高级人民法院在2017年的一份管辖权裁定中作出了肯定回答,该案的裁判意见及论证过程颇有讨论价值。⑥

该案中,债务人与次债务人曾约定纠纷应当提交香港国际仲裁中心按照联合国国际贸易法委员会(United Nations Commission on International Trade Law,UNCITRAL)

---

① 参见江伟主编:《民事诉讼法专论》,中国人民大学出版社2005年版,第255~256页。

② See Albert Jan van den Berg, *The New York Arbitration Convention of* 1958: *Towards a Uniform Judicial Interpretation*, The Hague, T. M. C. Asser Institute, 1981, p. 240.

③ 例如,我国香港特别行政区法院曾作出裁定认为,要求债权人在申请执行外国仲裁裁决时需要提供担保,这即构成更严苛的条件,因为债权人在申请执行本地裁决时并没有此类责任。参见A. T. K. Bulkhanding GmbH v. Meridian Success International Ltd. [1998] HKCFI 801; HCMP 4765/1998 (30 November 1998)。

④ 韩世远:《合同法总论》(第3版),法律出版社2011年版,第324页。

⑤ 《合同法》第73条规定:"因债务人怠于行使其到期债权,对债权人造成损害的,债权人可以向人民法院请求以自己的名义代位行使债务人的债权,但该债权专属于债务人自身的除外。代位权的行使范围以债权人的债权为限。债权人行使代位权的必要费用,由债务人负担。"

⑥ 上海市高级人民法院民事裁定书(2017)沪民辖终29号。

仲裁规则进行。债权人向上海市第二中级人民法院提起债权人代位权诉讼,次债务人则以其与债务人之间存在仲裁协议为由,主张法院并无管辖权,并将争议上诉至上海市高级人民法院。上海市高级人民法院经审查后认为,我国《合同法解释(一)》规定,次债务人对债务人的抗辩,可以向债权人主张。[①] 这种抗辩既包括实体上的抗辩,也包括程序上的抗辩。债权人提起的代位权诉讼,其实质是代债务人向次债务人主张到期债权,基于保护次债务人管辖利益立场,代位权人应当受该仲裁条款的约束。且证据表明债权人与债务人于签署《商谈备忘录》时已明确知晓债务人与次债务人之间存有仲裁约定,故法院对该案并无管辖权。

对于债权人行使代位权时是否应受债务人与次债务人之间仲裁协议约束这一问题,法律上并无明确规定,传统上司法实践大多给出否定回答,[②]但偶尔亦有法院肯定了仲裁协议对代位权人的约束力。[③] 学界对此问题也多有讨论,多数观点认为,债权人不应受到债务人与次债务人之间仲裁协议的约束,其主要理由包括:(1)债权人行使代位权只能通过诉讼方式进行,以仲裁方式主张代位权或被法律所禁止,[④]或在事实上无法成立;[⑤](2)债权人并非仲裁协议的当事人,其与次债务人之间没有达成仲裁合意;[⑥](3)代位权情形下并未发生合同权利义务的转让,故债权人也没有通过转让方式而成为仲裁协议当事人。[⑦] 笔者认为,这些反对理由本身均有待商榷,在传统民法理论中,以仲裁形式处理代位权争议本无障碍,但这一做法在我国法律背景下确实存在难以回避的问题。

首先,虽然《合同法》及相关司法解释对债权人代位权的行使仅规定有诉讼

---

① 《合同法解释(一)》第 18 条第 1 款规定:"在代位权诉讼中,次债务人对债务人抗辩,可以向债权人主张。"

② 参见甘肃省宝鸡市中级人民法院民事裁定书(2014)宝中民立终字第 00006 号;广东省高级人民法院民事裁定书(2016)粤民辖终 383 号;武汉市中级人民法院民事裁定书(2017)鄂 01 民终 1576 号;上海市第二中级人民法院民事裁定书(2018)沪 02 民辖终 617 号。

③ 参见甘肃省庆阳市中级人民法院民事裁定书(2016)甘 10 民终 111 号;四川省成都高新技术产业开发区人民法院民事裁定书(2017)川 0191 民初 10444 号。

④ 参见杨立新:《民法判解研究与适用》(第 4 辑),人民法院出版社 1999 年版;赵钢、刘学在:《论代位权诉讼》,载《法学研究》2000 年第 6 期;张芳芳:《代位请求权情形下仲裁协议的效力问题探讨》,载《河北法学》2007 年第 7 期。

⑤ 参见贾玉平:《论债权人代位权》,载《法学评论》2001 年第 4 期。

⑥ 参见曲昇霞、朱愈明:《仲裁协议抗辩能否对抗债权人代位权之诉?——以矛盾裁判为视角的分析》,载《扬州大学学报》(人文社会科学版)2018 年第 6 期;张芳芳:《代位请求权情形下仲裁协议的效力问题探讨》,载《河北法学》2007 年第 7 期。

⑦ 参见沈志韬:《论债权人代位权情形下仲裁协议的效力》,载《仲裁研究》2010 年第 2 期。

方式,[1]但并没有明示排除采用仲裁方式的可能。传统民法上并未对代位权的行使方式作特别限制,无论是通过裁判方式抑或径行行使方式均无不可。[2] 我国立法之所以在文字上将其限缩于诉讼方式,理由主要在于保证债权人之间的公平、防止债权人滥用代位权、防止发生不必要的纠纷等。[3] 但是,且不谈当前的立法模式究竟能否实现这些目的,[4]在仲裁司法监督机制较为完善、仲裁裁决原则上拥有与法院判决相同的既判力与执行力的背景下,也没有理由认为仲裁在这些方面整体上劣于诉讼。此外,债权人与次债务人的代位权纠纷性质上仍属于平等主体之间的财产权益纠纷,在可仲裁性问题上也不应存在障碍。

其次,想在债权人与次债务人之间认定有直接的仲裁合意存在并不现实,这是因为从外观上看,仲裁协议是在债务人与次债务人之间签订的,次债务人通常不会预见到债权人的介入,而债权人在意图行使代位权时亦可能对该仲裁协议的存在一无所知。但是也应当认识到,并不能单纯因为债权人与次债务人之间缺乏直接的仲裁合意,就简单认为该仲裁协议的效力不可扩张至代位权人。理论上,债权人代位权本就被视为对合同相对性的突破,而债权人之所以可以向非合同相对方的第三人主张权利,实是出于法律的直接规定。而在仲裁理论与实务上,可称为仲裁协议效力扩张的法理基础,固然有许多系以当事人的合意为基础(如代理、默示合意、第三方受益、合同转让等),但因衡平原则以及法律强制规定等非当事人合意原因而使仲裁协议效力扩展至非签署人的情况也并不少见(如揭开公司面纱、禁反言、表见代理、继承、股东派生诉讼等)。[5] 此时需要回答的关键问题在于,要求债权人在行使代位权时受仲裁协议约束,是否具有足够充分的合理性,以及这种做法是否实质上颠覆了仲裁的合意基础。

---

① 例如,《合同法》第73条规定:“因债务人怠于行使其到期债权,对债权人造成损害的,债权人可以向人民法院请求以自己的名义代位行使债务人的债权,但该债权专属于债务人自身的除外……”(着重号为笔者所加——笔者注)。再如,《合同法解释(一)》第14条规定:“债权人依照合同法第七十三条的规定提起代位权诉讼的,由被告住所地人民法院管辖。”

② 例如,日本《民法典》第423条第2款规定:“债权人于其债权期限未届至间,除非依裁判上的代位,不得行使前款权利。但保存行为不在此限。”

③ 参见王利明、崔建远:《合同法新论·总则》(修订版),中国政法大学出版社2000年版,第401页。

④ 鉴于我国法上代位权的效果归属并非遵循入库规则,而是直接由次债务人向债权人履行清偿义务,事实上赋予了提起代位权诉讼的债权人以优先受偿的地位,如此则债权平等原则已遭破坏。参见崔建远:《债权人代位权的新解说》,载《法学》2011年第7期。

⑤ See Gary Born, *International Commercial Arbitration*, the Netherlands, 2nd edition, Kluwer Law International, 2014, p. 1415.

在笔者看来,对债权人作出这样的要求,既符合传统代位权制度的内在逻辑,也不违反三方主体的合理利益。在传统民法理论中,代位权制度虽然突破了合同的相对性,但并非对债务人与次债务人之间契约自由的肆意干涉。具体来说,该权利以行使他人权利为内容,在性质上应属管理权,①债权人虽然是以自己名义行事,并有着保全自身债权这一最终目的,但其行使代位权的直接目的仍然是维持债务人的一般责任财产,权利行使的效果也归属于债务人。② 这意味着,债权人在对次债务人主张权利时,应当被视为具备与债务人同等的法律地位,方能确保债权人的权利不被滥用。这种同等既指相同的实体权利义务,也应包括权利实现方式上——尤其是争议解决方式上——的同等对待。既然债务人与次债务人签订有仲裁协议,那么以仲裁方式确定双方之间的权利义务关系才能在最大程度上保证次债务人的合理期待。③ 而站在债权人的角度,无论诉讼方式还是仲裁方式在代位权效果的实现上并无不同。此外,虽然他可能主张并不知晓债务人签订有仲裁协议,但考虑到债权人行使代位权时本就需要对债务人与次债务人之间的权利义务状态承担举证责任,故理应推定其对仲裁协议的存在和内容有所了解。

应当指出的是,我国的代位权制度在相当程度上偏离了民法传统,为应对"三角债"问题而否定入库规则,转而将代位权的行使效果直接归属于债权人,④在此背景下,前文观点的合理性的确存在不小的问题。这是因为,不同于其他大陆法系国家,⑤我国裁判者在处理代位权争议时,需要同时对债权人与债务人之间的法律关系以及债务人与次债务人之间的法律关系进行实体上的裁判,且对这两个法律关系争议均产生既判力效果。如此,若债权人欲以仲裁形式主张代位权,则不可避免会在仲裁管辖权问题上出现障碍:除非当事人有特别约定或有相反证据,否则在解释上

---

① 参见史尚宽:《债法总论》,中国政法大学出版社 2000 年版,第 462 页。

② 有学者认为,代位权诉讼符合"由第三人替代通常情况中之实质性利益归属人或与他们并列而同样被认为是当事人适格"这一描述,属于一种诉讼担当,而与代表人诉讼、破产管理人/遗嘱执行人/失踪人的财产代管人实施的诉讼相类似。参见赵钢、刘学在:《论代位权诉讼》,载《法学研究》2000 年第 6 期。

③ 可以认为,在债权人以仲裁方式行使代位权的情形下,债权人在程序上是以类似于诉讼承担的方式取代了债务人的位置而向次债务人主张权利,此时作为仲裁基础的当事人意思自治原则非但没有遭到破坏,要求债权人受仲裁协议约束才真正体现了意思自治原则的内涵。

④ 关于《合同法》中代位权相关条文的制定过程,参见孙礼海主编:《〈中华人民共和国合同法〉立法资料选》,法律出版社 1999 年版,第 84 页。

⑤ 与我国的做法不同,大陆法系国家的代位权诉讼中,判决主文一般仅对债务人与次债务人之间的民事法律关系作出判断,而对债权人与债务人之间的法律关系并不作出实体判断,仅在判决理由中加以说明。参见赵钢、刘学在:《论代位权诉讼》,载《法学研究》2000 年第 6 期。

很难将债权人与债务人之间的合同问题归入债务人与次债务人之间仲裁协议的适用范围。①

在该案中,法院认为,债权人提起的代位权诉讼“其实质是代债务人向次债务人主张到期债权”,这表明法院对代位权作出了接近于传统民法上的解释,言下之意即是在法律上应将债权人等同于债务人看待。之后“基于保护次债务人管辖利益立场”这一表述,亦表明法院认为次债务人的合理期待应受保护。但本案裁判在论证上也存在一些明显的缺陷:其一,仅谈及对次债务人利益的保护,而未对债权人和债务人的合理利益作出分析;其二,如何理解裁判中“被上诉人与原审第三人签署《商谈备忘录》时已明确知晓原审第三人与上诉人之间存有仲裁约定”这一论述存在疑问,如果将债权人事前知晓仲裁协议存在作为其受仲裁协议约束的必要条件,那么必然后果是大部分案件难以满足这一要求;其三,债权人与债务人之间的法律关系缺乏仲裁管辖基础,而法院对这一问题并未作出解释。

五、结语

不难看出,2017 年是我国仲裁领域继续保持活跃且成果丰富的一年,在仲裁制度的完善(投资仲裁、临时仲裁)、仲裁司法审查实践(归口管理、报核、仲裁裁决撤销等)的改进上,尤其明显。我国改革开放 40 多年,我国经济持续稳步发展了 40 多年,有理由相信,未来我国仲裁会有更大的提升。

① 有学者提出另一种解决方案:法院应尊重仲裁协议的效力,债务人与次债务人之间的法律关系应提交仲裁确认,在仲裁裁决作出后,再由债权人通过诉讼方式行使代位权。笔者认为,这一观点在理论与实务中同样存在不少问题,限于篇幅原因,在此不展开论述。参见沈志韬:《论债权人代位权情形下仲裁协议的效力》,载《仲裁研究》2010 年第 2 期;曲昇霞、朱愈明:《仲裁协议抗辩能否对抗债权人代位权之诉?——以矛盾裁判为视角的分析》,载《扬州大学学报》(人文社会科学版)2018 年第 6 期。

2017～2018 年国际私法涉外家事年度研究报告*

袁发强** 孙锦怡*** 张柽柳****
陈 垚***** 黎 喆******

2017～2018 年，世界范围内涉外婚姻领域国际私法的发展，主要体现为部分国家对同性婚姻与家事裁判管辖权作出新调整。如何规制跨国代孕涉及的亲子关系是国际社会在涉外亲子关系领域的研究重点。各国立法在涉外收养方面的发展呈现两种趋势：一是通过调整国内法暂停该国的涉外收养；二是国家通过开展国际合作项目或加入相关国际公约，积极推动跨国收养。在涉外监护的国际立法方面，匈牙利、克罗地亚颁布了新的国际私法，对如何确定涉外监护的管辖权和法律适用作出了新规定；拉脱维亚加入了《成人国际保护公约》。对弱势成年人的跨境保护专题会议在布鲁塞尔举办。海牙国际私法会议将如何有效地在外国执行追索扶养费和保护儿童利益作为涉外扶养工作的重点内容。匈牙利、摩纳哥、克罗地亚、瑞士和韩国对本国涉外继承制度作出了修订。此外，中国和埃塞俄比亚的民商事司法协助条约正式生效，进一步协调了两国涉外继承案件的管辖权。欧洲议会则公布了欧盟理事会《继承条例》自生效以来的执行情况以考察其实施效果。

一、前言

本报告主要是对 2017～2018 年度世界范围内国际私法涉外家事领域有关活动

* 特此鸣谢日本帝冢山大学法学院的黄轫霆教授为本报告提供日本国际私法涉外婚姻与涉外监护领域的新发展讯息。

** 华东政法大学国际法学院教授，博士研究生导师。

*** 华东政法大学国际法学院 2018 级硕士研究生。

**** 华东政法大学国际法学院 2018 级硕士研究生。

***** 华东政法大学国际法学院 2018 级硕士研究生。

****** 华东政法大学国际法学院 2018 级硕士研究生。

的收集与整理,内容分为婚姻、父母子女关系、收养、监护、扶养和继承六大领域。其中,就文献数量而言,涉外婚姻领域32篇,涉外父母子女关系领域73篇,跨国收养领域62篇,涉外监护与扶养领域52篇,涉外继承领域80篇。

二、涉外婚姻

(一)国家立法与判决

1.国家立法

2017年6月30日,德国联邦议院通过了《婚姻平权法案》,①同性伴侣可在德国登记结婚,并享有领养子女的权利。

2017年12月5日,奥地利最高法院裁定《民法典》和《注册伴侣关系法》有关将婚姻限制为异性结合的条款违反了《联邦宪法》平等条款关于禁止歧视的规定。该违宪条款于2018年12月31日被废止。自2019年1月1日起,异性以及同性情侣都有权利选择在奥地利结婚或登记为注册伴侣。②

2017年11月,澳大利亚联邦议会通过了《婚姻法修正案(定义和宗教自由)》,该法案修正了《婚姻法》第5节的规定,将婚姻定义为"两人"的结合。③ 2018年11月29日,该法案已在澳大利亚联邦参议院获得通过。

2018年4月8日,日本国会审议通过了修改《人事诉讼法》和《家事事件程序法》的法案,并于2019年4月1日开始施行。本次修改新增了人事诉讼(如离婚)和家事非讼案件的国际民事裁判管辖权的规定,并在《家事事件程序法》中增加了关于承认外国家事裁判效力的有关规定。④ 修改后的《人事诉讼法》第3条第2款统一规定了包括离婚诉讼在内的人事诉讼国际裁判管辖权。以离婚诉讼为例,第1项规定了被告住所地管辖;第5项规定了婚姻双方都为日本人时的本国管辖;第6项规定了原告住所地管辖,但以日本是夫妻最后的共同住所地为前提条件;第7项规定了紧急管辖的情形。此次修改没有新增承认外国离婚判决等人事判决的规定,这被理解为维持以往在实务中的做法,即对外国人事判决的承认全面适用日本《民事诉讼

---

① See Alison Smale, David Shimer, *Parliament in Germany Approves Same-Sex Marriage*. Accessed November 10, 2019. https://www.nytimes.com/2017/06/30/world/europe/germany-gay-marriage.html.

② VfGH, Dec 4, 2017, Docket No. G 258 – 259/2017 – 9, Accessed November 10, 2019. https://web.archive.org/web/20180103151003/;https://www.vfgh.gv.at/downloads/VfGH_Entscheidung_G_258 – 2017_ua_Ehe_gleichgeschlechtl_Paare.pdf.

③ *Section 5 of the Marriage Act* 1961: *Marriage* means the union of 2 people to the exclusion of all others, voluntarily entered into for life.

④ 载日本法务省网:http://www.moj.go.jp/MINJI/minji07_00217.html.,最后访问日期:2019年11月10日。

法》第 118 条。而《家事事件程序法》中增加的第 79 条第 2 款规定对外国家事裁判效力的承认“在不违反其性质的前提下,准用《民事诉讼法》第 118 条的规定”,该条对在何种程度上适用第 118 条属于不违反家事事件性质留下了一定的解释空间,留待今后的立法或实践进一步明确。

2. 判决

在“阿德莱耶诉迪斯卡案”(Adeleye v. Driscal)中,①夫妻双方在尼日利亚通过委托代理人结婚,2 人均未出现在婚礼现场,也无任何书面证据能证明这段婚姻确实存在。即便如此,得克萨斯州法院仍根据礼让原则判决该婚姻有效。②

在“马古诉辛格案”(Maghu v. Singh)中,③妻子认为,由于其丈夫为非美国居民,美国法院对其丈夫申请的无过错离婚请求无管辖权,并且婚姻关系隶属合同关系,应适用合同缔结地法。法院认为,男方已经满足获得美国绿卡的所有要求,法院具有管辖权,而且婚姻不同于普通合同,不仅涉及人身关系,还涉及公共利益,所以本案并不能适用合同缔结地法,而应遵循美国成文法承认无过错婚姻的规定,故法院最终判决夫妻双方离婚。

在“科恩诉苏珊案”(Cohen v. Shushan)中,④以色列法律认可苏珊是科恩“事实上的配偶”,幸存配偶可以继承已故配偶的一半财产。上诉法院认为,在以色列法律下,尽管“事实上的配偶”和真正结婚的夫妇的法律地位正在逐步接近甚至趋近相同,两者仍存在明显区别,否认这一区别将会影响国家司法主权。

“贝利斯诉劳动产业部案”(Veliz v. Department of Labor and Industries)也涉及非正式婚姻的问题。⑤ 该婚姻的缔结地在墨西哥,双方在墨西哥以夫妻名义共同生活了几年。墨西哥法律给予这种形式的婚姻大多数正式婚姻享有的权利。在本案中,丈夫因工伤导致高度伤残,确定伤残赔偿金数额的关键问题在于丈夫能否被认定为已婚。如果是已婚,伤残赔偿金将大大增加。美国法院认为他们之间并不形成婚姻关系。

在“森匈诉凡案”(SengXiong v. Vang)中,⑥一对老挝苗族的夫妻在泰国结婚后移民到美国威斯康星州,共同居住了 25 年后在该州提起了离婚诉讼。被告认为,泰

① 544 S. W. 3d 467 (Tex. App. 2018).

② Adeleye, 544 S. W. 3d at 476.

③ 181 A. 3d 518 (Vt. 2018).

④ Cohen, 212 So. 3d at 1122.

⑤ 199 Wash. App. 1051, 2017 WL 2957740 (2017).

⑥ 2017 WL 4797915 (Wis. Ct. App. 2017).

国将他们视为非法移民且禁止非法移民结婚,故婚姻应认定无效。原告称双方住所地为老挝,而老挝承认传统的苗族婚姻。法院驳回了原告的主张,理由在于婚姻的有效性应当适用婚姻缔结地法而非双方住所地法,本案婚姻缔结地在泰国,故该婚姻无效。同时,法院认为他们之间构成一种推定的婚姻关系,即结婚时双方都认为进入了一段在法律上有效的婚姻。

在"法拉赫诉法拉赫案"(Falah v. Falah)中,①原被告双方在以色列以穆斯林仪式结婚,然后移民到美国俄亥俄州,居住多年后搬回以色列,并在伊斯兰法庭离婚。伊斯兰法庭判决妻子支付拖延已久的嫁妆。在该程序尚未结束时,妻子到俄亥俄州申请离婚。法院驳回了妻子的申请,并出于对伊斯兰法庭的礼让,判决对夫妻财产进行分割,并要求丈夫向妻子支付赡养费。上诉法院认为,初审法院基于礼让作出的判决是错误的。该案反映了美国法院更多的是将外国法院判决视为一种补充证据,而不是出于礼让接受其判决结果。

在"塔斯汀诉纽曼·塔斯汀案"(Tatsing v. Njume-Tatsing)中,②当事人在喀麦隆结婚并移居美国俄亥俄州,丈夫在俄亥俄州提起离婚诉讼,妻子随后在喀麦隆提起婚姻无效诉讼,但没有通知和送达传票给丈夫。喀麦隆法院以该婚姻未按照喀麦隆法律的规定在当事人一方的出生地或住所地缔结为由,裁决该婚姻无效。妻子将该判决作为证据提交至俄亥俄州法院以证明婚姻无效,并要求法院驳回离婚诉讼。俄亥俄州初审法院和上诉法院均支持了她的请求。法院认为,尽管喀麦隆的诉讼程序存在缺陷,但是喀麦隆的判决证明了当事人的婚姻无效,并且俄亥俄州法院表明其裁决的依据是喀麦隆法律,而非喀麦隆法院的判决。根据法院所理解的婚姻举行地法规则,如果婚姻在其举行地无效,那么在任何地方都无效。因此,该婚姻在俄亥俄州也无效。

(二)学术研究

《2018年美国法院的法律选择:第32次年度报告》(Choice of Law in the American Courts in 2018: Thirty-Second Annual Survey)和《2017年美国法院的法律选择:第31次年度报告》(Choice of Law in the American Courts in 2017: Thirty-First Annual Survey)整理了美国法院在2017年和2018年与冲突法有关的案例,其中涉及涉外婚姻的冲突法案例共有9个。

此外,有学者认为,在涉外离婚案件中,有必要在管辖权方面给予当事人合意选

① 2017 WL 1148603 (Ohio Ct. App. 2017).

② 2017 WL 5164384 (Ohio App. 2017).

择法院的自治权利。[①] 以欧盟法为例,由于欧盟法的规定具有碎片化的特点,一个涉外离婚案件的不同法律问题如财产、监护等,不同法院均具有管辖权且适用不同的法律,这增加了管辖权和法律适用的复杂性。尊重当事人的意思自治,让双方当事人指定的法院管辖离婚案件中的所有问题不失为一种良方。

(三)小结

近两年来,除了日本在管辖权方面作出新规定之外,其他国家关于涉外婚姻的立法都主要集中于对同性婚姻的规制。学术研究方面,专门对涉外婚姻进行讨论的文献较少,主要集中于对涉外婚姻案件的整理和法律适用的分析与研究。

三、涉外父母子女关系

(一)国家立法与判决

1. 国家立法

英格兰、威尔士和苏格兰法律委员会于 2018 年 5 月开始审查有关代孕的法律,并对现有法律中无法与社会发展相匹配的规定进行更新修改。[②]

爱尔兰政府于 2017 年 10 月通过《辅助生殖法令》(The Assisted Reproduction Bill 2017)的基本方案以规制代孕等问题,该方案建议在爱尔兰引入一个全面的代孕监管框架,要求所有代孕协议都由新的辅助人类生育监管局预先授权。[③]

意大利 2017 年颁布法案(Italian Decree No. 7/2017)规制外国同性婚姻和同性民事结合所涉及的国际私法规则事项。[④] 法案提议同性伴侣应该享有与异性伴侣同等的权利。在确认父母身份时,意大利法院可能更倾向于采取儿童的最佳利益原则以对家庭中最弱势成员给予保护。[⑤]

2. 判决

美国伊利诺伊州地方法院于 2017 年 1 月 20 日对 A. H 诉哈洛案(A. H. v.

---

① See Lara Walker, "Party autonomy, inconsistency and the specific characteristics of family law in the EU", 2 *Journal of Private International Law* 14,2018, pp. 225 – 261.

② See *Surrogacy laws set for reform as Law Commissions get Government backing*. Accessed November 10, 2019, https://www.lawcom.gov.uk/project/.

③ See Lydia Bracken, "The Assisted Reproduction Bill 2017: An Analysis of Proposals to Regulate Surrogacy in Ireland", 68 *N. Ir. Legal Q.* 577,2017,pp. 577 – 586.

④ See Italian Decree n' 7 of 19 January 2017, n. 7, amending the Italian law n 218/1995 of PIL rules (Official Journal n' 22 of 27 Jan 2017). Accessed November 10, 2019. http://www.articolo29.it/wp-content/uploads/2017/03/genius – 2016 – 02.pdf.

⑤ See Eva de Gotzen,"Recognition of Same-Sex Marriages, Overcoming Gender Barriers in Italy and the Italian Law No. 76/2016 on Civil Unions. First Remarks",9 *Cuadernos Derecho Transnacional* 2017,pp. 194 – 208.

Harlow H.)作出判决,[1]认为泰国法院对该案的判决没有违反伊利诺伊州的公共政策,应当予以承认与执行。泰国法院认为,被告作为长期居住在泰国的伊利诺伊州公民,是在泰国出生的三胞胎的父亲,因为三胞胎是在被告的同意下通过辅助生殖技术(Assisted Reproduction Technology,ART)将精子捐献给一位女性而诞生的。被告则认为,他在捐献精子时已与一位伊利诺伊州的女子结婚,根据伊利诺伊州的公共政策该判决不能被承认,并援引伊利诺伊州亲子关系法的规定,即"在精子提供人向其妻子以外的女子提供精子进行人工授精的情况下,该捐精人在法律上不应该被视为通过此方式出生的子女的亲生父亲"。但地方法院认为被告对该规定理解错误并驳回其意见,最终承认并执行了该外国判决。

(二)国际立法

1. 欧盟

欧盟委员会于2017年11月16日召开议题系关于人体组织和细胞的第二次专家会议。在会议上,欧洲人类生殖与胚胎学学会提出ART领域具有特殊性,对其的规制和管理上应当与将人体组织或细胞技术应用于患者的其他领域区分开来。ART涉及医学和非医学原因的生育保护,包括一些代孕的需要,而后者未能在组织和细胞立法中得到解决。学会认为未来的立法需要考量ART的特殊性,以此明确欧盟立法在ART领域的适用范围。[2]

2. 海牙国际私法会议

过去两年里海牙国际私法会议公开了3份关于亲子代孕问题的专家组报告。

在2017年2月召开的会议上,专家组认为,对父母合法身份的认定关乎所有人的切身利益。经过会议讨论,专家组最终在以下三个方面达成了一致意见:一是为解决跨国亲子关系认定问题而制定一项有约束力的多边机制具有可行性,该机制涉及承认关于合法父母的司法判决;二是确定法律上父母身份的方法以及各国公共文件对法定父母身份的承认规定具有多样性;三是无法在制定可能用来解决其中父母合法身份问题的国际私法规则、特殊规定以及一些保障措施等方面得出明确结论,

---

① See IN RE PARENTAGE OF A. H. et al. v. HARLOW H. 2017 IL App (1st) 133703. 410 Ill. Dec. 357.

② See *Ad-Hoc Meeting between Stakeholders and representatives members of the Competent Authorities on Substances of Human Origin Expert Group.* Accessed November 10, 2019, https://ec.europa.eu/health/sites/health/files/blood_tissues_organs/docs/ev_20171116_min_en.pdf.

需要展开更深入的探讨。①

2018 年 2 月的专家组会议,对上一次会议的遗留问题作了进一步探讨。焦点在于通过法律规定承认关于父母合法身份的外国司法裁决、寻求在公共文件中记录法定父母的可行性和可适用的办法以及在面对通过跨国代孕协议或 ART 出生的儿童时,是否需要对其给予特殊关注或区别对待。在合法亲子关系的认定问题上,专家组确定了两个需要讨论的课题:一是一国作出的确认合法父母身份之判决在另一国的承认;二是促进缔约国之间的司法合作。由于专家组对于是否应当承认非缔约国作出的确认合法父母身份的司法判决这一问题的意见不统一,所以最后决定将该问题纳入下一阶段的讨论中。

2018 年 9 月 25 日至 28 日,亲子关系与代孕专家组在海牙举行第四次会议,重点讨论了与亲子关系合法性相关的国际私法问题,大致包括以下四个方面的内容:一国接受他国证明亲子关系的文件;在没有司法判决的情况下承认涉外亲子关系合法;达成统一适用法律规则协议以确立亲子关系;一国法院承认他国涉及亲子关系的判决。此次会议并没有强调跨国代孕协议的有关问题,而是将其置于 2019 年 1 月 29 日至 2 月 1 日召开的第五次会议中进行专门讨论。②

(三)国际司法实践

根据欧洲人权法院 2017 年案件总览文件,法院将与《欧洲人权公约》第 8 条相关的“帕拉迪索和坎贝奈诉意大利案”(Paradiso and Campanelli v. Italy)划分到“其他权利与自由”之下。③

本案申请人均系意大利公民,其与一对已婚夫妇在俄罗斯签订了代孕协议,并在莫斯科获得一名代孕子。申请人将孩子带回意大利,要求政府登记出生证明,但意大利当局拒绝将申请人列为孩子的父母。意大利法院认为申请人缔结代孕协议违反辅助生殖法以及将儿童带到意大利违反意大利领养法,应将本案中的代孕子认定为“被遗弃儿童”。

欧洲人权法院裁决意大利政府没有违反《欧洲人权公约》第 8 条关于获得私人

---

① See *Report of the experts group on the parentage / surrogacy project* (*Meeting of* 31 *January* – 3 *February* 2017). Accessed November 10, 2019, https://assets.hcch.net/docs/ed997a8d-bdcb-48eb-9672-6d0535249d0e.pdf.

② See *Report of the experts group on the parentage / surrogacy project* (*Meeting of* 25 – 28 *September* 2018). Accessed November 10, 2019, https://assets.hcch.net/docs/c25b558d-c24e-482c-a92b-d452c168a394.pdf.

③ See Paradiso and Campanelli v. Italy [GC], no. 25358/12, ECHR 2017.

的以及组建家庭的权利的规定,并认可意大利政府迅速采取行动保障国家利益的行为和儿童与申请人间不存在生物学联系的观点。尽管法院承认意大利政府的一些做法会侵犯这对夫妇的私人生活,但仍具有合法性,未违背《欧洲人权公约》第8条。①

与意大利相类似,《法国民法典》明确禁止代孕。② 法国政府对 ART 的回应在某种程度上解释了其对承认跨国代孕所生子女所持的严厉立场。在"拉博里诉法国案"(Laborie v. France)中,③一对法国已婚夫妇赴乌克兰通过代孕技术获得一对双胞胎,并在出生证明上登记为孩子的双亲。申请人声称代孕行为发生在法国境外,不应被认为无效或违反法国法律及公共秩序,但是法国法院依旧拒绝承认亲子关系的合法性。通过考察先例情况,申请人没有上诉至法国最高上诉法院,而是直接将案件提交给欧洲人权法院裁决。在欧洲人权法院宣布代孕所得儿童的私生活受到侵犯后,法国法院对该裁决作出了积极回应,承认了申请人的父母身份及其国籍,并指出法国政府事实上已于 2015 年 10 月给双胞胎颁发了国籍证书。

欧洲人权法院的一系列裁决表明,保护儿童的权利优先于法律禁止代孕的规定。据此,法国法院已经制定了解决代孕合同非法这一政策立场与此类案件中的儿童拥有法国生父之间的现实分隔的技术方案。可以看出,欧洲人权法院的态度对法国高等法院的立场有相当大的影响。尽管如此,法国政府仍向对此情形感到担忧的公民保证,政府无意支持废除代孕禁令的主张。④

(四)学术研究

1. 国外学术研究

国外学者偏向于比较分析和论证一国国内现有法律规定和典型案例及其对涉外父母子女关系的影响,其研究方向大致可以分为三个主题:跨国代孕亲子关系的确认、多个父母家庭模式下亲子关系的确认、LGBT⑤ 人群与其子女的关系。

---

① See Kathryn Webb Bradley, "Surrogacy and Sovereignty, Safeguarding the Interest of Both the Child and the State", 43 *N. C. J. Int'l L.* 1, 2018, pp. 1 – 37.

② See Toute convention portantsur la procrdationou la gestation pour le compted autruiestnulle. Code Civil [C. civ] [Civil Code] art. 16 – 7 (Fr.).

③ See Laborie v. France, App. No. 44024/13 Eur. Ct. H. R. at 5 9 (2017), [perma. cc/BSM7 – 2CA7].

④ See La GPA Restera, supranote 82; *MarlneSchiappa*: "Non, le gouvernement ne proposera pas la GPA", FRANCEINFO (Sept. 18, 2017) [perma. cc/V4PP – ML29].

⑤ LGBT 是女同性恋者(Lesbians)、男同性恋者(Gays)、双性恋者(Bisexuals)与跨性别者(Transgender)的英文首字母缩写。

国外学者主要讨论了跨国代孕引发的法律问题和相关国家的代孕规定。就印度而言，有学者认为，印度在过去是跨国代孕意向父母的热门选择地，但由于近年来跨国代孕引发的法律问题日益频繁，法院要求政府澄清包括法定父母、商业代孕捐赠卵子的妇女、代孕母亲以及意向父母的法律地位和权利。① 在美国，不同的州对代孕的规定也不尽相同，有些州允许商业代孕而有些州将签订商业代孕协议视为违反民法或刑法的行为，更多的州则选择对代孕行为不作规定，例如，加利福尼亚州通过了《统一亲子法》，但该法没有对代孕协议作出规定，这一问题甚至都没有纳入法案起草者的考虑范围之内。② 新西兰学者对其国内在监管代孕方面所采用的出生后转移父母权利的模式进行分析，认为由相关机构对获得批准的代孕协议当事方提供教育服务，并确保意向父母了解孩子出生后要完成事项的步骤，可以使监管模式具有较强的可操作性。③

医学和社会的发展使新型家庭模式的出现成为可能。在新型家庭模式下，可能涉及两个以上的成年人达成共同生育或抚养孩子的有效协议，但是用以规制双亲权利与义务的传统法律不能给予多家长模式家庭的父母及孩子足够的保护。针对这一现象，国外学者的讨论主要围绕两个核心问题：一是如何确定多父母模式下各方的法律地位；二是家庭法应当如何规制这种以合意为导向的多父母模式家庭。④ 有学者将多父母模式家庭分为五种情形：ART 家庭（ART Families）、共同抚养家庭（Co-Parenting Families）、再婚家庭（Stepfamilies）、开放式收养家庭（Open Adoption Families）、延续式亲属关怀（Extended Kindship Care）。⑤

在当事人的法律地位方面，几乎所有的西方国家法律都规定一个孩子只能拥有

---

① See Stellina Jolly, *Cross-Border Surrogacy: Indian State*, S. R. Garimella and S. Jolly (eds.), Private International Law, Springer Nature Singapore Pte Ltd. 2017.

② See Kimberly M. Mutcherson, "Things That Money Can Buy: Reproductive Justice and the International Market for Gestational Surrogacy", *N. C. J. Int'l L* 43, 2018, pp. 150 – 182.

③ See Debra Wilson, "Avoiding the Public Policy and Human Rights Conflict in Regulating Surrogacy: The Potential Role of Ethics Committees in Determining Surrogacy Applications", 7 *UC Irvine L. Rev.* 653, 2017, pp. 653 – 678.

④ See Prof. Ingrid Boone, "Co-parenting before conception. The Low Countries' approach to intentional multi-parent families", Family & Law February 2018, DOI: 10.5553/FenR/.000034.

⑤ See Haim Abraham, "A Family Is What You Make It: Legal Recognition and Regulation of Multiple Parents", 25 *Am. U. J. Gender Soc. Pol'y & L.* 405, 2017, pp. 405 – 444.

两位合法的家长。[①] 血缘关联始终在确认亲子关系上扮演重要角色,但当前的立法趋势也表明立法者逐渐认识到法律上的父母没有必要一定反映为生理上的父母。例如,新修改的《比利时民法典》规定,女同性伴侣领养孩子,法律承认一个孩子拥有两个法律上的母亲。[②] 不过,立法者仍然坚持了一个孩子不能在法律上拥有两个以上家长的原则。关于如何对多父母模式家庭作出规制,学者们都建议考虑儿童最大利益原则以及重视对生母权利的保护。

当涉及 LGBT 人群能否获取父母身份这一问题时,国外学者无一例外地对"奥贝格菲尔诉霍奇斯案"(Obergefell v. Hodges)进行了分析与评价。[③] 这起由美国联邦最高法院判决的案件认可了同性恋婚姻权利受美国宪法的保护。在该案中,为同性伴侣争取婚姻平等的律师重点否认了"同性伴侣结婚可能会伤害他们实际抚养的孩子"的这一说法。[④]

法律对 LGBT 人群获取父母身份的模糊规定可以概括为以下两点:一方面,并非所有法官在处理父母身份认定纠纷时都愿意将异性恋家庭法的先例适用于同性恋育儿案件。通常而言,在判例法系国家,父母身份的确定取决于家庭法院对州法或普通法学说的解释,若法官将异性恋育儿的先例扩展适用于同性案件,意味着法官系按照儿童最大利益原则作出判决而不考虑父母婚姻状况。另一方面,是受社会舆论的影响。虽然许多调查报告都认为绝大多数群众支持同性婚姻及其收养权利,但是还要考虑到这种支持在个体与群体间可能存在较大差异。[⑤]

2. 国内学术研究

在跨国代孕方面,国内学者对跨国代孕中亲子关系的分析主要集中在法律冲突与法律适用方面。

在分析跨国代孕亲子关系认定产生的法律冲突时,有学者从国际社会对于代孕

---

① See K. Sikorska, T. Kruger and F. Swennen, Meerouderschapenmeeroudergezag, *Onderzoekuitgevoerd in opdracht van de staatscommissieHerijkingouderschap*, Onderzoeksgroep Persoon&Vermogen University of Antwerp 2015, pp. 19 – 39.

② See Act of 5 May 2014 on the establishment of the filiation of the co-mother, BelgischStaatsblad 7 July 2014, entry into force 1 January 2015.

③ See Obergefell v. Hodges, 135 S. Ct. 2584, 2600 – 01 (2015).

④ See Leslie Joan Harris, "Obergefell's Ambiuous Impact on Legal Parentage", 92 *Chi. -Kent L. Rev.* 55, 2017, pp. 55 – 133.

⑤ See Alison Gash, Judith Raiskin, "Parenting without Protection: How Legal Status Ambiguity Affects Lesbian and Gay Parenthood", 1 *Law & Social Inquiry* 43, 2018, pp. 82 – 118.

子女身份认定的有关理论出发，说明各国立法依据的理论差异。[①] 也有学者在阐述该问题时，首先将代孕区分为有偿代孕和无偿代孕，再进一步横向对比不同国家的法律规定。[②]

关于法律适用方面的讨论可以分为三个部分：首先是国际立法。当前国际社会尚无关于跨国代孕的统一实体法或冲突法，但是在区域立法方面，美国一些州对因代孕合同而产生的亲子关系纠纷进行了规制。[③] 其次是各国的冲突法。在英美法系国家的实践中，由于外国出生证明不能被视为认定亲子关系成立的证据，因此在解决跨境代孕亲子关系认定纠纷时，法院适用的是意向父母的本国法。[④] 而澳大利亚、哥伦比亚等国则基于跨国代孕的涉外因素适用法院地法作为确定亲子关系的准据法。在这种情况下，有学者指出采用普通的冲突法规则指定适用的准据法，可能会导致接受国认定的法定父母身份与出生地国认定的法定父母身份相互冲突，最终使代孕儿童陷入身份不明的法律困境。因此，有必要制定统一跨国代孕中法定父母身份认定的冲突法规则。[⑤] 最后则是通过案例分析来讨论在跨国代孕判决承认中所要考虑的因素。据此，国内有学者提出了意在消弭公共秩序之争的国际普遍公共秩序方法。[⑥]

（五）小结

从海牙国际私法会议文件和欧洲人权法院审理的案件来看，近两年来国际较为关注跨国代孕中的涉外父母子女关系认定问题。海牙国际私法会议专家组在是否应该单独设立一套法律系统对代孕协议进行规制等问题上存在较大分歧，而欧洲人权法院则更多地分析了亲子关系认定与人权的关系。

在学术研究领域，学者们在讨论涉外亲子关系的确认问题时大多关注跨国代孕问题。国内研究侧重讨论跨国代孕案件的法律适用以及被请求的国内法院承认与执行外国法院跨国代孕判决时应采取的解决办法。相比之下，国外研究除了讨论上述问题外，还涉及分析一国用以规制跨国代孕的法律并提出法规修改建议。此外，

---

① 参见袁泉、罗颖仪：《跨境代孕亲子关系认定所涉及的若干国际私法问题》，载《国际法研究》2016年第6期。

② 参见高升、王洪根：《论跨国代孕中法定父母身份认定的法律冲突》，载《河南财经政法大学学报》2017年第4期。

③ 参见严红：《跨国代孕亲子关系认定的实践与发展》，载《时代法学》2017年第6期。

④ 参见高升、王洪根：《论跨国代孕中法定父母身份认定的法律冲突》，载《河南财经政法大学学报》2017年第4期。

⑤ 参见严红：《跨国代孕亲子关系认定的实践与发展》，载《时代法学》2017年第6期。

⑥ 参见王艺：《外国判决承认中公共秩序保留的怪圈与突围——以一起跨国代孕案件为中心》，载《法商研究》2018年第1期。

通过对比可知,国外学者在讨论涉外亲子关系时倾向于根据讨论对象的不同作二次划分,例如,细分成 LGBT 家庭、多家长模式家庭等;而国内学者则立足于本国的实际状况进行研究,并未将这些情形作为单独的对象加以讨论。

四、跨国收养

(一)国家立法

2017 年 4 月 21 日,在没有公布任何正式理由和发布有关暂停的正式通知的情况下,埃塞俄比亚总理宣布将暂停所有跨国收养。①

爱尔兰于 2017 年 10 月 17 日签署了生效令,以落实《2017 年领养(修正)法》[Adoption(Amendment) Act 2017]的规定。② 该法的主要目的是在与领养有关的范围内实施《宪法》第 42A 条与儿童权利相关的规定。

印度于 2017 年 1 月 4 日公布《妇女与儿童发展通知》,对印度国内收养事务的管理增添了新的规定,其中第四章是跨国收养程序规则。这些规定已于 2017 年 1 月 16 日正式实施。③

澳大利亚自 2017 年 1 月 1 日起,将管理跨国收养事务的权限由司法部移转到社会服务部门,其主要职责包括评估申请、教育、准备和支持潜在的收养父母进行跨国收养,并为父母和收养者提供安置后的监督和支持。④

(二)国际立法

1. 欧盟

2017 年 2 月 2 日,欧洲议会向欧盟委员会提出了关于跨国收养的建议,大致包括以下几方面:(1)认为迫切需要一项欧洲文书涵盖自动承认在另一成员国进行的收养;(2)请求委员会根据《欧洲联盟运作条约》第 67 条第 4 款,在 2017 年 7 月 31 日之前提交一份条例提案,规定相互承认有关判决以及采取该条约第 81 条第 3 款所规定的涉及家庭法领域的措施;(3)采用包括创建欧洲收养证书在内的特殊程序

---

① See Jennifer S. Jones, *How Changes In Country Policy Affect International Adoption*, Sep 02, 2017. Accessed November 10, 2019. https://adoption.com/how-changes-in-country-policy-affect-international-adoption.

② See *Adoption amendments come into force on Thursday-Minister Zappone signs the Commencement Order for the Adoption (Amendment) Act* 2017. Accessed November 10, 2019. https://www.dcya.gov.ie/docs/EN/Press-Releases-copy-dcya-gov-ie-2018/81/4445.htm.

③ See *Ministry of women and child development notification*. Accessed November 10, 2019. http://cara.nic.in/PDF/Regulation_english.pdf.

④ See Geoffrey Monahan, Jennifer Hyatt, "Adoption Law and Practice in Australia", 30 *SAcLJ* 484, 2018, pp. 484 – 517.

以加快承认进程;(4)强调在所有与收养相关的决定中,儿童的最大利益最为重要,案件必须根据当事人个人情况加以评估。

2017年4月28日,欧洲议会通过了一项关于在整个欧盟维护儿童最大利益的决议。该决议强调,欧盟成员国在跨国收养决定等法律程序中若未能相互合作和保护儿童最大的权益,儿童将受到伤害。基于此,决议再次呼吁成员国和委员会对承认欧盟其他国家国内收养决定作出规定。①

2. 海牙国际私法会议

2017年1月1日,《跨国收养方面保护儿童及合作公约》(Convention on Protection of Children and Cooperation in Respect of Intercountry Adoption,以下简称《跨国收养公约》)对加纳正式生效,至此加纳成为该公约第98个缔约国,并使加纳成为第149个与海牙国际私法会议存在联系的国家。② 随后,美国开始审查加纳的执法,并且在美国政府当局与加纳当局会晤后,美国国务院确定美国能够与加纳合作,并已于2017年3月3日开始处理与加纳有关的收养问题。③

根据海牙国际私法会议2017年12月1日的官方报道,《关于父母责任和保护儿童措施的管辖权、法律适用、承认、执行和合作公约》(Hague Convention on Parental Responsibility and Protection of Children,以下简称《儿童保护公约》)于2017年2月22日对古巴正式生效。④

贝宁也已于2018年6月28日签署并提交正式批准文件,成了《跨国收养公约》的缔约国。该公约目前为止共有99个缔约国。⑤

根据海牙国际私法会议2018年8月1日的官方报道,洪都拉斯于2017年10月16日正式交存《儿童保护公约》加入书,成为该公约的第48个缔约方,该公约于2018年8月1日正式对其生效。⑥ 虽然洪都拉斯尚未成为海牙国际私法会议的成员

---

① See *Cross-border aspects of adoptions.* Accessed November 10, 2019. http://www.europarl.europa.eu/legislative-train/theme-area-of-justice-and-fundamental-rights/file-cross-border-aspects-of-adoptions.

② See *Ghana accedes to the* 1993 *Hague Convention on Intercountry Adoption.* Accessed November 10, 2019. https://www.hcch.net/en/news-archive/details/? varevent=520.

③ See *Adoption Information: Ghana, U.S. Citizenship and Immigration Services.* Accessed November 10, 2019. https://www.uscis.gov/adoption/country-information/adoption-information-ghana.

④ See *The Child Protection Convention enters into force for Cuba.* Accessed November 10, 2019. https://www.hcch.net/en/news-archive/details/? varevent=637.

⑤ See 1993 *Hague Adoption Convention enters into force for Benin.* Accessed November 10, 2019. https://www.hcch.net/en/news-archive/details/? varevent=640.

⑥ See *Honduras accedes to the* 1996 *Child Protection and* 2007 *Child Support Conventions.* Accessed November 10, 2019. https://www.hcch.net/en/news-archive/details/? varevent=576.

国,但仍然积极参与其相关活动,目前已经签署了四项海牙公约。

3. 儿童监察专员欧洲网络

儿童监察专员欧洲网络(European Network Children,ENOC)在2018年9月21日于巴黎召开的第22届例行会议上提出了有关跨国收养的态度声明。组织成员着重强调了依据《欧洲儿童权利公约》以及其他相关的规定和标准,重新考量了欧洲当前法律、政策以及实务操作并审核其存在必要性。组织成员根据各国实践中出现的收养人和送养人之间的矛盾以及成员国2018年的国内调研报告,提出了七点建议:(1)加强对收养相关信息的保护;(2)积极履行海牙公约义务并鼓励非缔约国加入公约;(3)关注近年来跨国收养范围的新变化;(4)对欧洲各国已被领养儿童提供足够的支持;(5)确保跨国收养中的每位儿童在收养过程中的权利;(6)尊重和确保儿童了解生理父母的权利;(7)避免对兄弟姐妹进行分离。①

(三)学术研究

1. 国外学术研究

国外学者对跨国收养的研究大致可以分为以下三类:跨国收养与人口贩卖、跨国收养与国际人权、同性伴侣与跨国收养。

跨国收养的国际性使得对领养的后续监管有一定难度,加上一些国家在儿童领养方面的法规不成熟,使假借领养之名进行人口贩卖成为跨国收养方面绕不开的难题。这一点在非洲国家尤其明显。② 目前规制跨国收养和打击人口贩卖问题的国际公约主要有《欧洲儿童权利公约》《跨国收养公约》《联合国打击跨国有组织犯罪公约关于预防禁止和惩治贩运人口特别是妇女和儿童行为》《海牙公约》。联合国公约还引入并界定了儿童最大利益原则的实质性权利作为基本的解释性法律原则和程序规则。除了上述提及的国际公约之外,有学者认为,一国在规制跨国领养和预防国际人口贩卖方面还应该考虑国际习惯法上的责任要求,并且在实践中应该注重对儿童最大利益原则的运用。③

① See *European Network of Ombudspersons for Children* (*ENOC*) *Position Statement on* "*Intercountry Adoption*". Accessed November 10, 2019. http://enoc.eu/wp-content/uploads/2014/12/ENOC-2018-statement-on-Intercountry-adoption-FV.pdf.

② See Sylvia Namubiru Mukasa; Kristen Cheney, "Embedding social justice in Ugandan adoption and legal guardianship cases", 1 *Childhood in Africa*, 2017, pp. 23 – 33.

③ See Michael D. Aune, "Unregulated Custody Transfers: Why the Practice of Rehoming Should Be Considered a Form of Illegal Adoption and Human Trafficking", 46 *Ga. J. Int'l & Comp. L.* 185, 2017, pp. 185 – 224.

在讨论跨国收养与国际人权的关系时，有学者通过分析跨国收养现象与国际人权的起源与发展历程，提出在跨国收养中存在着与国际人权规定冲突的观点。① 例如，跨国收养未能充分考虑被收养儿童与领养家庭之间的种族和宗教差异，抑或当然地认为替生活在危机状态下的儿童寻找新家庭是保护儿童利益的最好选择，而没有考虑到这些儿童想回到原生家庭的意愿。

此外，由于同性恋婚姻的特殊性，同性伴侣成为跨国收养问题中需要额外关注的对象。相关文献在探讨同性恋跨国收养儿童的问题时，或是从大环境出发谈论同性恋群体收养儿童的处境以及有关的法律规定，或是基于一国宪法所规定的原则对同性恋收养的判例和条文规定进行分析。

当前，欧洲各国对于同性恋收养儿童的法律规定存在较大差异。根据统计，截至2019年12月，只有安道尔、奥地利、比利时、保加利亚、克罗地亚、捷克、塞浦路斯、丹麦、爱沙尼亚、芬兰、法国、德国、希腊、冰岛、爱尔兰、拉脱维亚、卢森堡、马耳他、荷兰、挪威、波兰、圣马力诺、斯洛伐克、斯洛文尼亚、葡萄牙、西班牙、瑞典、瑞士和英国这29个欧洲国家完全承认同性恋领养的合法化。② 至于附属领土，同性伴侣的共同收养在直布罗陀、格陵兰岛、马恩岛和泽西岛是合法的；而在欧洲其他国家，同性伴侣领养儿童的法律地位则未予规定或者规定不明。③

有学者认为，在讨论是否应允许同性恋伴侣领养儿童时，应当区分已婚同性伴侣和未婚同性伴侣，进而对与未婚异性伴侣领养儿童的相关规定加以对比分析。④ 美国联邦最高法院虽于2015年7月奥贝格菲尔诉霍奇斯案（Obergefell v. Hodges）便判决承认同性恋情侣在美国有结婚的权利，但是由于并非所有州都同意同性伴侣收养儿童，故通过领养儿童而组建的家庭仍面临着被歧视的困境。例如，犹他州的州法HB393与《婚姻主权法案》（Marriage Sovereignty Bill of Utah）从本质上禁止同性伴侣领养儿童。⑤ 其他个别州在处理同性伴侣和异性伴侣领养儿童的问题上，依

---

① See Barbara Stark, "When Genealogy Matters: Intercountry Adoption, International Human Rights, and Global Neoliberalism", 51 *Vand. J. Transnat'l L.* 159, 2018, pp. 159 – 210.

② *LGBT Adoption.* Accessed November 10, 2019. https://en.wikipedia.org/wiki/LGBT_adoption#Europe.

③ See Roberta Messina&Salvatore D'Amore, "Adoption by Lesbians and Gay Men in Europe: Challenges and Barriers on the Journey to Adoption", 2 *Adoption Quarterly* 21, 2018, pp. 59 – 81.

④ See Jasmine HanasabBarkodar, "Gay Marriage Is Legalized, Now What: Discriminatory Adoption Regulations", 26 *S. Cal. Rev. L. &Soc. Just.* 131, 2017, pp. 131 – 154.

⑤ See Robert Boyd, "Marriage Sovereignty" *Bill Proposed in Utah Could Infringe on Rights of Same-Sex Couples*, FOX 13 (FEB 18, 2016).

据领养人的性取向、性别、婚姻状况或综合所有这些特征予以区别对待。对于异性伴侣而言,只要领养机构认为他们是“适格”父母即可收养孩子。据此,有观点认为,未婚同性伴侣与未婚异性伴侣在领养儿童方面的不同规定实际上违反了美国宪法修正案的平等保护条款,构成了歧视性对待。①

2. 国内学术研究

我国关于跨国收养的研究大致可以分为两类:一是研读讨论其他国家关于涉外领养的法律规定;二是分析欧洲地区关于收养的法律与判例的新发展。

有学者指出,我国当前涉外收养领域面临的最大问题首先是收养的法律适用问题,其次是涉外收养跟踪机制问题。我国关于涉外收养的立法对被收养儿童出境后的跟踪调查和保障机制实质上并未作任何规定,存在法律疏漏,不利于保护跨国收养中被收养的我国儿童的利益。② 据此,部分学者希望通过梳理相关国家相对完善的跨国收养立法和管理模式,以期获取完善我国涉外收养立法的启发。

在立法研究方面,有文章分析了新修订的《关于儿童收养的欧洲公约》在六个方面的新变化。③ 也有学者分析了欧盟近年来关于外国收养判决的承认情况,认为欧盟在承认外国收养判决之间接管辖权条件方面的态度发生变化:一方面,逐步淡化间接管辖权审查;另一方面,设定了新的适用于国内性质收养判决在跨国承认中的间接管辖权审查标准。④

从欧洲地区相关公约的发展和欧盟承认外国收养判决时考虑因素之变化可知,保护被领养儿童权利,充分重视儿童最大利益原则,甚至主张被收养儿童应取得与婚生子女相同的法律地位,是当今国际社会对于跨国收养的主要态度。

(四)小结

从现阶段收集的资料来看,无论是一国国内的法律规定还是国际层面的法律合作,在涉及跨国收养问题时,儿童最大利益原则的落实推进始终是重点。虽同是出于对儿童的保护,但国家立法上却存在两种截然不同的价值取向——完全禁止跨国代孕和积极开展国际合作。

国内外学者在研究跨国收养问题时虽然具有相同的研究目的,但是关注点有比

---

① See Peter Gallucci, “Thou Shall Not Adopt: Sexual Orientation Discrimination in the Adoption Process”, 23 *Cardozo J. L. & Gender* 465, 2017, pp. 465 – 494.

② 参见蒋新苗、张融:《我国涉外收养立法研究——湖南师范大学博士生导师蒋新苗教授访谈》,载《社会科学家》2018 年第 4 期。

③ 同上。

④ 参见刘阳:《论欧盟承认外国收养判决条件之新发展》,载《武大国际法评论》2018 年第 4 期。

较明显的差异：国内学者在研究跨国收养问题时，主要围绕国际私法中的法律适用问题；国外学者的研究不限于对法律适用的讨论，还涉及国际人权、国际人口贩卖以及同性恋婚姻等相关问题。

五、涉外监护

（一）国家立法与判决

1. 国家立法

（1）匈牙利颁布《关于国际私法的第 28 号法律》

2017 年 4 月 4 日，匈牙利议会通过了《关于国际私法的第 28 号法律》（ActXXVIII of 2017 on private international law，以下简称 2017 新法），[①]并于 2018 年 1 月 1 日起生效。

在管辖权方面，旧法只规定了“为住所或惯常居住地在匈牙利的非匈牙利公民设置保佐人或解除保佐”，不仅管辖对象单一，而且管辖范围也十分狭隘。2017 新法第 106 条规定，在《关于婚姻的第 2201/2003 号条例》第 14 条所指情形下，[②]只要子女具有匈牙利国籍，匈牙利法院对父母责任、人身探视以及监护权具有管辖权。第 107 条规定，在涉及保佐以及其他与保护措施有关的诉讼中，拟被保佐人或被保佐人具有匈牙利国籍或者在匈牙利有惯常居所，则匈牙利法院具有管辖权。[③] 这些改动扩大了匈牙利法院的管辖范围，有利于加强对其本国公民的保护。

在法律适用方面，2017 新法第 34 条采取了“以法院地法为主、有利的法为辅”的法律选择方法，而不过分强调当事人属人法的作用，即父母子女关系以及监护适用法院地法，但是完全成年和姓名使用除外，法院可以例外考虑适用与案件密切联系且更符合子女利益的另一国法律。[④] 这一改动不仅大大简化了涉外监护的法律适用，也反映出此次修订顺应了目前欧洲主流的立法趋势——冲突法是以结果为导向的法律选择规则，法律适用的结果应保障被监护人的合法利益。

（2）克罗地亚颁布《关于国际私法的法律》

2017 年 10 月 4 日，克罗地亚议会通过了《关于国际私法的法律》，该法于 2019

---

① 载匈牙利官方公报网（Magyar Közlöny）：https://www.ilo.org/dyn/natlex/docs/ELECTRONIC/106778/131131/F629439152/MK_17_054.pdf.，最后访问日期：2019 年 11 月 10 日。

② 欧盟理事会 2003 年 11 月 27 日《关于婚姻事项及父母责任事项的管辖权、判决的承认与执行并废除 1347/2000 号条例的第 2201/2003 号条例》，以下简称《布鲁塞尔条例Ⅱa》。

③ 参见《匈牙利 2017 年〈关于国际私法的第 28 号法律〉》邹国勇译，载黄进等主编：《中国国际私法与比较法年刊》（第 21 卷），法律出版社 2018 年版，第 367 页。

④ 同上。

年1月29日正式生效,[①]1983年前南斯拉夫联邦共和国《关于解决在特定关系上与其他国家的法律冲突的法律》自此失效。2017新法关于涉外监护的管辖权和法律适用规定更加简单、明确,体现出克罗地亚国际私法在这30多年的发展过程中深受欧盟法律和海牙条约的影响。

在管辖权方面,2017新法第50条规定,克罗地亚法院在父母责任、监护方面的管辖权适用《布鲁塞尔条例Ⅱa》和《儿童保护公约》的规定,确定了儿童惯常居住地法院行使儿童保护措施管辖权的基本原则,同时规定了其他有最密切联系国家所享有的补充管辖权。这些改变都有助于在涉外监护法律关系中更好地保护未成年人的合法权益。

在法律适用方面,2017新法第15条则重申了《儿童保护公约》在子女监护准据法方面所具有的重要作用。这实际上体现了克罗地亚在加入海牙国际私法会议以后,在儿童保护领域重视国际合作,符合当前国际社会将保护儿童利益作为首要考虑因素的主流趋势。

2. 判决

(1)欧盟

2018年4月19日,欧盟法院对萨波纳罗申请代表未成年子女放弃继承权案作出判决。[②] 本案原告萨波纳罗(Saponaro)与希莉娜(Xylina)系未成年子女的父母,惯常居住地为意大利。未成年子女的外祖父死亡时居住地为希腊,未留遗嘱,生前因欺诈被定罪,其继承人可能成为受害人提起的损害赔偿诉讼的对象,故其妻女均已放弃继承权,原告也向希腊法院申请代表未成年子女放弃继承权。

本案涉及对《布鲁塞尔条例Ⅱa》序言第12段的解释,该段表明该条例确立的对父母责任事项的管辖是依据符合子女最大利益或类似的特定标准制定的。[③] 欧盟法院指出,儿童惯常居所成员国的管辖权如果与儿童最大利益相违背,也应当被排除在外,除非儿童居住地发生变化或根据父母责任人之间的协议得以更改,本案虽具有继承背景,但本质是父母为维护儿童的最大利益,以未成年子女的名义放弃遗产是属于父母行使管理、处置儿童财产的监护措施,属于《布鲁塞尔条例Ⅱa》第1条第1款b项所指的父母责任范围。作为遗产所在地的希腊法院和子女惯常居所地的意

① 载克罗地亚共和国国家公报(ZAKON. HR):https://www.zakon.hr/z/947/Zakon-o-me% C4% 91unarodnom-privatnom-pravu.,最后访问日期:2019年11月10日。

② *Proceedings brought by Alessandro Saponaro and Kalliopi-ChloiXylina*, CJEU-C-565/16.

③ 参见《外国国际私法立法精选》,邹国勇译注,中国政法大学出版社2011年版,第301页。

大利法院均对本案有管辖权,原告向希腊法院提起诉讼表明其接受该法院管辖,希腊法院认为授权原告代替未成年子女放弃继承权符合儿童最佳利益。

(2)美国

2018 年 10 月 12 日,美国佛罗里达州地方法院依据 1980 年海牙《关于国际儿童诱拐事件民事问题的公约》(以下简称《海牙诱拐公约》)对"里维罗诉戈多伊案"(CrespoRivero v. Godoy)判决戈多伊归还孩子至其经常居住地。①

本案中,里维罗和戈多伊无婚姻关系,育有一子梅克,2 人所签的监护协议规定里维罗拥有孩子的监护权,并为其提供经济支持。里维罗和梅克一直生活在委内瑞拉。2017 年 5 月 2 日,梅克所住社区发生动乱,戈多伊带着梅克前往迈阿密并长期逗留,逾期未返回委内瑞拉。里维罗请求法院判决梅克立刻返回委内瑞拉。法院认为,首先,公约确定父母的监护权是包括与照顾子女有关的所有权利,特别是确定儿童居住地的权利。其次,根据监护协议,里维罗平时与梅克经常保持联系并提供经济支持,实际行使了监护权。最后,戈多伊和梅克长期滞留美国,符合《海牙诱拐公约》规定的"非法将儿童带离经常居住地所在国"的情形。公约的目的是恢复现状,以确保儿童能够迅速返回其经常居住地所在国,消除被父母带离国境所造成的有害影响。因此,戈多伊的行为违反了《海牙诱拐公约》的规定,应当让梅克立即返回委内瑞拉。

(二)国际立法

1. 海牙国际私法会议

2018 年 12 月 5 日至 7 日,欧洲委员会和海牙国际私法会议在布鲁塞尔联合举办了"对弱势成年人的跨境保护"专题会议。首先,会议指出,保护成年人的首要问题是尊重其尊严和自主权。其次,各成员国对 2000 年海牙《成人国际保护公约》进行讨论并提出了改进建议,包括形成一系列良好的行为指南、典型范式以及司法指导以加强各国间的信任与联系,在金融、保险和医疗领域建立起全面合作关系,有效落实对弱势成年人的跨境保护工作。最后,各成员国相互交流工作经验,有成员国提出了专门针对监护弱势成年人的议题:着力打造以"支持决策"机制为基础的专业

---

① See *CrespoRivero v. Godoy*, 1: 2018cv23087-Civ-COOKE/GOODMAN, US District Court for the Southern District of Florida, July 30, 2018.

性监护管理机构,以期保障弱势成年人享有更多的自主权。①

根据海牙国际私法会议2017年12月8日的官方报道,拉脱维亚于2017年11月24日交存了《成人国际保护公约》的批准书,该公约已于2018年3月1日对其生效。至此,拉脱维亚成为该公约的第10个缔约方,这是一个重要的里程碑事件。此外,该公约也已于2018年11月1日对塞浦路斯正式生效。②

2. 欧盟

2017年6月20日,欧洲议会委员会和宪法事务政策部组织了"关于当前移民背景下各国对失散儿童身份的确认与监护问题法律适用"的研讨会。③ 会议聚焦于国际私法和移民法在移民不断增加的背景下产生的许多重叠与法律冲突,明确各国要加强国际合作,统一国际管辖权,就监护问题适用儿童惯常居所地法律。

2018年2月13日,欧洲区域委员会公布了一项保护移民儿童的报告。④ 该报告指出,确定欧洲移民儿童的监护权是当前相关学界重点关注的话题。由于成员国的监护制度各不相同,使儿童获得平等权利的机会也不尽相同。因此,委员会提出在欧盟范围内建立一项统一的制度:为移民中每位举目无亲的儿童指定一位专业监护人,该监护人需要在任何情况下都能代表其负责监护的儿童,并就法律事务发言,还要与受监护的儿童建立信任关系并保护其免受各种剥削和伤害。目前,德国已经初步建立起此项制度。报告还明确了专业监护人首先要经过专业培训,具有特定的知识技能和文化素养,与此相关的费用由各成员国政府支付。报告最后呼吁建立专业监护人制度和欧洲监护网络,各成员国应当分享经验并细化相关准则,从而达到维护移民儿童的最大利益的目的。

---

① See *EC-HCCH Joint Conference on the Cross-border Protection of Vulnerable Adults: Conclusions and Recommendations.* Accessed November 10, 2019. http://assets.hcch.net/docs/88f10f24-81ad-42ac-842c-315025679d40.pdf.

② See *Latvia ratifies the* 2000 *Hague Protection of Adults Convention.* Accessed November 10, 2019. https://www.hcch.net/en/news-archive/details/? varevent=586.

③ See *Potential & challenges of private international law in the current migratory context.* AccessedNovember 10, 2019. http://www.europarl.europa.eu/committees/en/juri/events-workshops.html?id=20170607WKS00621.

④ See *Opinion of the European Committee of the Regions-The protection of children in migration.* Accessed November 10, 2019. https://eur-lex.europa.eu/legal-content/EN/TXT/? uri = CELEX:52017IR2782.

(三)学术研究

1. 国外学术研究

2017~2018 年,国外学者的研究多聚焦于通过分析典型案例以比较不同法域或不同国家监护制度的异同,以及如何建立和完善移民儿童监护制度等问题。

(1)分析不同国家或地区的监护制度

在伊斯兰法域内,监护权的归属和争议主要受到传统伊斯兰法的管辖。① 随着时间的推移,法院在处理儿童监护案件时,常常会陷入传统伊斯兰宗教家庭法律原则过于僵化和狭隘的困境之中,故伊斯兰国家的立法变化以及新的司法判例都反映出传统的伊斯兰宗教法律不再适合解决现代家庭事务争端。因此,越来越多的法院经常会推翻传统解释,并根据公正、正义和良知作出审判。在孟加拉国,这一趋势在法院适用儿童监护、扶养方面的法律时表现得尤为明显。②

有学者以年代为顺序分析了相关伊斯兰国家最高法院关于监护案件的判决情况,归纳总结出在伊斯兰法域下,适用传统伊斯兰儿童监护法律原则的案件比例不断下降,而推翻传统原则的案件比例则不断上升。在推翻的案件中,法庭更多的是立足于保护儿童最佳利益的目的,这体现了相关伊斯兰国家就儿童监护事务的审判回归到以维护儿童最大利益为基点的国际主流趋势之中。③

在尼日利亚,监护制度是涉外家事领域中的重要问题,关系到儿童福祉和最大利益的重要保障。④ 法院在授予监护权时,如何最大限度地维护儿童利益是法院衡量的重要指标。有学者认为,根据《联合国儿童权利公约》,"儿童可以通过行使一项程序性权利"来保护和促进其他权利的实现。具体而言,儿童参与权是该公约对儿童享有尊严的重要补充,并有助于确定儿童的其他权利。⑤ 此外,对婚姻子女的监护、福利、晋升或教育,首要考虑子女利益,法院对此享有广泛的自由裁量权。根据每个案件的特殊情况,法院均衡考量监护权人的选择,维护儿童的最佳利益、福祉不

---

① See N. J. Coulson, *A History of Islamic Law*, EdinburghUniversity Press, 1964, p. 164; Wael B. Hallaq, An Introduction to Islamic Law, CUP, 2009, p. 115.

② See "Judicial Trends in Child Custody Cases in Bangladesh: Traditional Islamic Law Rules versus Welfare Considerations", 2 *Asian Journal of Comparative Law* 12, 2017, pp. 233 – 256.

③ See Ahmad Nizam Abbas, "Custody Issues-Differences and Similarities between Civil and Syariah Courts in Singapore", 30 *SAcLJ* 695, 2018.

④ See Chinazor Queen Umeobika, "Evaluation of the Rights of the Child to Participation in Divorce/Custody Matters in Nigeria", 9 *NnamdiAzikiwe U. J. Int'l L. & Juris.* 122, 2018.

⑤ See N. Taylor et al., *International Models Child Participation in Family Law Proceedings Following ParentalSeparation/Divorce*, Op cit, pp. 645 – 673.

仅是首要考虑因素,更是一个先决条件。①

儿童参与权对于确定授予监护权的亲生父母或其他个人而言很重要。近年来,各国儿童参与监护案件的数量不断增加。儿童有机会拥有选择权并采取行动实现其他权利,以协助法院作出符合儿童最大利益的判决。对此,有学者主张,修订实体法和程序法的有关规定,纳入儿童参与的要素。在监护案件中,儿童应被视为独立当事方,其有权独立派代表出席审判,了解其权利和参与适当程序。②

有学者希望美国在每个州都设立专门的家事官员,以处理包括涉外监护在内的所有家庭事务。法院不仅应首要考虑儿童最大利益,还要提高儿童的参与程度,鼓励儿童发表意见并予以听取,征求专家提供意见并出具权威的儿童权益报告。

(2)移民儿童监护问题的讨论

有学者指出,虽然欧盟十分关注移民儿童的监护问题,各成员国都有一套国家儿童监护系统,但是现行的国家儿童监护系统大多只是将监护委托给地方级的社会服务机构,只有少数成员国拥有国家级的中央监护权,这导致各国执行不同标准、缺乏统一方法,使儿童无法公平享有其最佳利益。据此,专业监护人需要确保被监护的移民儿童得到适当的照顾、卫生保健、教育等权利,还要就法律事项和儿童协商,并让决策当局接收儿童的意见,最后要向儿童提供专业的咨询意见,使儿童了解其权利。这些是维护移民儿童最佳利益的有效解决办法。此外,建立移民儿童监护管理制度也是欧盟解决贩运移民儿童问题的关键举措。③

在美国《冲突法重述(第三次)》的编纂过程中,编纂者同样面临着如何处理涉外家庭事务这一首要问题,尤其是如何对有关儿童监护的问题进行对比分类。④ 有学者提出,必要情况下应当承认国内和国际儿童监护案件的差异,通过接受这种差异,以产生更加和谐一致的结果,即让儿童顺利地从一国迁移至另一国,以维护其最大利益,同时也不会引起重大国际私法问题。⑤ 因此,应当发挥国际私法在涉外监护

① See Child Rights Act, 2003, S. 75.

② See Nigussie Afesha, "Legal and Practical Aspects of Child Custody, Visitation and Maintenance: A Case Study in SNNP Regional State", 11 *Mizan L. Rev.* 275,2017, pp. 275 – 303.

③ See *Guardianship systems for children deprived of parental care in the European Union*. AccessedNovember 10, 2019. https://ec.europa.eu/anti-trafficking/sites/antitrafficking/files/guardianship_systems_for_children_deprived_of_parental_care_in_the_european_union_en.pdf.

④ See PRELIMINARY DRAFT No. 2 § 1. 0, cmt. e (relation of Restatement of Conflicts to Restatement of Foreign Relations Law).

⑤ See Sanchez, Mark; Arthur, Craig; Johnson, Lauren; Barthel, Nick; Alicie, Jo-Ellen, *Detainment, Dependency, and Deportation*, Whittier Journal of Child and Family Advocacy 17,2018, pp. 106 – 137.

法律方面的协调作用,逐步减少国内法的差异,以得出强有力的普遍解决方案。

目前各国在为举目无亲的移民儿童确定监护人时采用的是维护儿童的最佳利益标准,这一标准不区分儿童性别,其优点是将关注点放在对儿童最有利的结果上。最佳利益标准承认父母双方对子女都有监护权,从而有利于促进和保障父母在争夺监护权时的公平和平等,但是其所具有的不确定性与鼓励诉讼这两项缺点也让该标准饱受批评。①

2. 国内学术研究

国内学者从比较各国儿童监护的立法情况入手,以"管辖权、法律适用和判决的承认与执行"为核心框架,具体分析了我国涉外监护的相关立法及其完善。

在管辖权方面,儿童惯常居所地作为最重要的管辖基础,是各国确定儿童监护管辖权的普遍依据。然而,有学者通过比较分析后认为,当事人的国籍国法院同样可以管辖监护事项,受理离婚案件的法院可以附带成为儿童监护诉讼的管辖法院。在紧急情况下,儿童最后出现地法院也可以行使临时性保护管辖。②

在法律适用方面,两大法系在涉外监护关系冲突规则连结点的选择上差异较大。在英美法系国家中,英国采用法院地法,将管辖权与法律适用一起考虑;美国则受政策影响较为严重,偏向于政策定向的法律选择方法。在大陆法系国家中,日本采用了适用本国法的单边冲突规范;德国、瑞士、比利时等则将儿童惯常居所地作为法律适用的主要连结点。

在判决的承认和执行方面,欧盟形成了儿童监护裁决的区域性公约,公约成员国可以直接适用公约的规定,非公约成员国则由内国法来调整。

针对我国《涉外民事关系法律适用法》(以下简称《法律适用法》)第 30 条关于涉外监护的规定,有学者指出,因立法规定过于模糊而带来了法官自由裁量较大、儿童保护措施缺乏实质内容等问题,导致实践中出现了《法律适用法》第 30 条被搁置不用的现象。法官不能随意以司法规避机制来躲避裁判职责,而要认真裁判个案,在此层面上建立清晰、具有可操作性的裁判规则,并在实践中正确适用有利原则,以保护个体利益,并为一些重要的法学理论问题提供问题意识之源和司法素材,推动

① See Margaret Ryznar, "The Empirics of Child Custody", 65 *Clev. St. L. Rev.* 211,2017.

② 参见孔源、王继红:《论涉外儿童监护的立法评价及完善》,载《湖南科技学院学报》2018 年第 3 期。

比较法研究的发展。[①]

(四)小结

综观过去两年国际私法在涉外监护领域的变化,虽然国际立法的发展稍显不足,未形成重要的国际性成果,但是随着全球经济格局的演变,国家立法和区域立法的发展不容忽视。欧盟将目光聚焦于儿童保护工作,出台了一系列针对贩运移民儿童问题的举措,并指导各成员国制定专门的监护制度,维护儿童最佳利益,杜绝人口贩卖犯罪。匈牙利、克罗地亚等国修改了其国际私法,以期与欧盟法律、国际条约保持一致。美国《冲突法重述(第三次)》的编纂工作正在如火如荼地进行,其强调在处理跨境监护案件时,应协调目前司法实践中面临的涉外监护法律问题,减少调整跨境监护关系的国际法与国内法的差异。

在学术研究方面,国内学者注重分析和讨论《法律适用法》对于涉外监护的规定,并提出了完善当前规定的建议。国外学者则不限于国内法的研究,还通过比较研究的方法,分析对比不同法域下与涉外监护有关的法律问题和案例,为同业者提供了更广阔的研究思路。

六、涉外扶养

(一)国际立法

海牙国际私法会议为解决如何在儿童家庭领域达成协议并有效在外国执行追索扶养费的问题,成立了与儿童有关的家庭事务协议跨境承认和执行项目专家组。2017 年 6 月 14 日至 16 日,该专家组在海牙举行第三次专题会议并设立常设局办公室。[②] 本次会议的重点之一,是讨论常设局编写的《指导工具草案》,以及 2016 年理事会通过的结论和建议。《指导工具草案》的主要目的是提出在外国承认和执行与儿童有关的家庭法领域协议的最佳做法。此外,《指导工具草案》将有助于确定上述公约可能存在的缺陷,以便更好地评估在该领域开发新的约束性文书的可能性和可行性。专家组认为,虽然现有的海牙家庭法公约确实鼓励友好解决家庭纠纷,但并未考虑使用"一揽子"协议来解决一些超出公约范围的问题。

2016 年 9 月至 2017 年 9 月,白俄罗斯和加拿大签署了《海牙扶养公约》。此外,

---

① 参见叶竹盛:《寻找"更有利的法"——比较型冲突规范的司法困境及出路》,载《现代法学》2017 年第 5 期。

② See "News from the Hague Conference on Private International Law: Permanent Bureau of the HCCH on Private International Law", *Uniform Law Review* 22, 2017, pp. 984 – 995. Accessed November 10, 2019. https://doi.org/10.1093/ulr/unx035.

巴西于2017年7月17日交存了《海牙扶养议定书》的批准书。为进一步执行公约及议定书以解决全球儿童扶养义务问题，目前有13个国家参与了由常设局协调、欧盟和其他20多个组织和国家资助的iSupport的开发。iSupport是一个旨在促进《海牙扶养公约》实际运作的电子案件管理和安全通信系统，现已经被葡萄牙和美国加利福尼亚州用于简化追索国外儿童扶养费的工作。

2018年10月18日至19日，加勒比国际儿童保护会议——实施和运作《海牙儿童保护公约》在牙买加金斯敦举行。[①] 会议的目标是促进1980年加勒比管辖区内的《绑架儿童公约》的实施和运作，并向该地区的中央机关官员和海牙网络法官提供培训。此外，会议还讨论了海牙儿童公约的发展情况以促进国际家庭调解事项的实施，同时评估了加入这些公约在处理加勒比地区及其他地区的跨境儿童保护案件方面的作用和益处。

（二）小结

2017~2018年，国外学者关于涉外扶养的研究与涉外监护多有重叠，主要集中在保护儿童、维护儿童最佳利益与跨境追索扶养费纠纷的讨论上。国内学者主要通过比较各国跨境扶养义务制度的异同，结合对相关海牙公约的分析，总结出目前跨境追索扶养费所面对的挑战，并提出了一些新的规则，如建立专门性的扶养纠纷解决机制，以提供公平、高效的程序，保障跨国扶养纠纷顺利解决。[②]

其他涉外扶养内容，或与涉外监护有重复，或未检索到相关文件，不再赘述。

七、涉外继承

（一）国家立法与判决

1. 国家立法

（1）匈牙利颁布《关于国际私法的第28号法律》

匈牙利2017新法对涉外继承法律制度也作出了较大变动，具体包括以下三方面内容：

第一，涉管辖权。首先，2017新法第88条延续了“匈牙利法院对有关匈牙利国民在匈牙利的遗产的继承诉讼享有专属管辖权”的规定。第102条第4款还将法院

---

① See *Caribbean Meeting on International Child Protection - Implementing and Operating the Hague Child Protection Conventions.* Accessed November 10, 2019. https://www.hcch.net/en/news-archive/details/?varevent=644.

② See IlijaRumenov: *Contemporary Challenges of the Cross Border Maintenance Obligations System in the Repuof Macedonia*, 2 *ECLIC* 275, 2018.

对涉外继承诉讼的管辖事项延伸至与继承有关的婚姻财产法问题。其次,第 89 条 b 项排除了匈牙利法院管辖“涉及非匈牙利国民的被继承人遗留在外国的财产的继承诉讼”。同时还明确了涉外继承中匈牙利法院和公证人的管辖能力,有利于实现对匈牙利国民及其遗产的保护。

第二,法律适用。2017 新法十分注重与欧盟法律、国际立法的一致性。根据第 2 条,有关涉外继承的一般事项应当优先适用《继承条例》,而旧法第 36 条第 1 款“继承适用被继承人/遗嘱人死亡时的属人法”的规定不再适用;第 2 款有关“遗嘱形式或其撤销”的法律适用虽然得以保留,但是范围仅限于口头遗嘱,其他遗嘱形式仍然受到《继承条例》而非 2017 新法第 64 条的调整。2017 新法第 65 条新增了“无人继承财产”的法律适用,即适用匈牙利法律中有关匈牙利国家继承的规定。[①]

第三,承认与执行外国涉外继承判决。2017 新法在系统地规定了“承认与执行外国决定”一般规则的情况下,又在第 115 条进一步强调了外国法院对涉外案件的合格管辖权,规定“死者死亡时惯常居所地法院或国籍国法院”是对涉外继承诉讼具有管辖权依据的外国法院,匈牙利法院可以承认或执行其作出的判决。[②]

(2)摩纳哥颁布《关于国际私法的第 1.448 号法案》

2017 年 6 月 22 日,摩纳哥国民议会通过了《关于国际私法的第 1.448 号法案》(Loi n° 1.448 du 22juin 2017 relative au droit international privé),并于 2017 年 7 月 28 日生效。[③] 该法主要目的在于将摩纳哥继承法与《继承条例》等国际立法措施相结合,以适应家庭事项及遗产事项日益国际化的趋势,表现在三个方面:

第一,由区别制转变为同一制。该法第 56 条规定:“继承适用死者死亡时居住国法律。”这充分表明了被继承人死亡时居住国法的单一法律应当适用于整个继承事项,无论所涉财产是动产还是不动产。

第二,公民有权选择适用其国籍国法。根据该法第 57 条,个人可选择其国籍国法解决继承问题,且选择必须明确,应以书面形式声明。据此,摩纳哥公民有权选择国籍国法来管理其财产,而不是默认适用作为最后住所地法的摩纳哥法律。

第三,《关于信托的第 214 号法律》与继承问题的协调。《关于国际私法的第

---

① 参见《匈牙利 2017 年〈关于国际私法的第 28 号法律〉》,邹国勇译,载黄进等主编:《中国国际私法与比较法年刊》(第 21 卷),法律出版社 2018 年版,第 356 ~ 357 页。

② 同上书,第 368 页。

③ 载摩纳哥官方公报网(Journal de Monaco):https://journaldemonaco.gouv.mc/Journaux/2017/Journal-8337/Loi-n-1.448-du-28-juin-2017-relative-au-droit-international-prive.,最后访问日期:2019 年 11 月 10 日。

1448 号法律》第 65 条规定,“在个人构成信托或某人将财产置于信托的情况下,适用于信托基金的法律不应妨碍根据本法对继承适用的法律”。可知,《关于信托的第 214 号法律》(1936 年)仍然有效,信托法也不排除根据 2017 新法适用继承准据法。此规定旨在确保摩纳哥公民可以在尊重摩纳哥继承手续的同时根据国家法律建立信托,避免强迫继承。

值得注意的是,该法适用于所有未决事项和将来发生的事项,各个国籍的公国居民都必须考虑这项新立法对其现有财产和财务安排的影响。这有利于避免或者限制住所法规下的遗产争议,符合《继承条例》的基本精神和原则。

(3)克罗地亚通过《关于国际私法的法律》

克罗地亚通过的《关于国际私法的法律》同样简化了涉外继承的有关制度:首先,第 29 条作为涉外继承的一般规则,确定继承事项由《继承条例》决定。其次,第 30 条规定,有关遗嘱形式的法律适用依据《海牙遗嘱处分公约》确定。最后,不同于大多数国家对涉外继承案件专属管辖权的强调,第 54 条规定了克罗地亚法院或其他机构对于遗产继承事项、因继承关系引起的争议或者债权人对遗产的债权之诉的管辖权也依照《继承条例》确定。此外,如果承认与执行外国涉外继承案件判决也受到该条例的管辖,则该条例也会优先于《关于国际私法的法律》第四部分关于承认和执行外国司法判决的规定得到适用。

克罗地亚《关于国际私法的法律》旨在与欧盟法规和国际条约保持一致,统一国际私法在涉外继承方面的法律规定,以避免和减少涉外继承法律冲突。

(4)瑞士计划修改国际私法

瑞士联邦委员会于2018 年2 月 14 日启动了修订国际私法联邦法律的磋商程序并发布了修正案的初稿,①主要内容如下:

第一,管辖权的协调。首先,考虑到瑞士居民常常具有双重或多重国籍,修正案尽可能地调整管辖权限和认可规则,无论该瑞士居民是否具有瑞士国籍,都可以通过遗嘱处分和继承合同将其部分或全部遗产置于其中一个国籍国的管辖范围内,以肯定其他国籍国对继承案件的管辖权(修正案第 86 条第 3 款)。其次,修正案认为管辖权的出发点是死者最后居住地,故第 4 款规定遗嘱人最后居住地的瑞士法院或当局对继承享有管辖权。最后,修正案第 87 条和第 88 条特别强调,瑞士法院或有关当局应始终负责管辖“最后居住地在国外的瑞士国民的继承案件”以及“外国人

---

① See *Bundesgesetz über das Internationale Privatrecht* (*IPRG*) *-Vorentwurf*. Accessed No-vember 10, 2019. https://www.bj.admin.ch/bj/de/home/aktuell/news/2018/ref_2018-02-14.html.

位于瑞士的遗产”。从这些规定来看,修正案虽然进一步认可了其他国籍国法院以及遗嘱人最后居住地法院对继承案件的合格管辖权,但是仍然十分重视瑞士法院或当局的管辖能力。

第二,法律适用。修正案第 90 条允许双重或多重国籍居民选择适用其国籍国法;第 91 条第 1 款强调瑞士法律的域外效力,其适用于瑞士居民的境外财产,除非立遗嘱人通过遗嘱处分或继承合同使其遗产受到其最后居住地法或本国法的约束;第 2 款第 2 句规定了“执行权的统一适用”,即这项权利应特别包括保护和解决程序的措施,包括遗产管理或遗产执行的程序方面以及遗产管理人或遗嘱执行人及其处置权的问题。① 第 94 条规定遗嘱处分适用遗嘱成立时死者居住地法;第 85 条则规定继承合同适用合同签订时死者居住地法,对多人继承合同采用了重叠适用的冲突规范,其必须符合每个当事人的居住地法或指定的家庭法。修正案还借鉴了国际通行做法,规定遗嘱处分形式直接适用《海牙遗嘱处分公约》,有关继承合同的某些规定比照适用。必须强调的是,修正案明确将有关处置自由的问题排除在继承准据法(包括遗嘱处分或继承合同)的适用范围之外。

第三,承认外国决定、措施和文件。修正案第 96 条规定,有关继承事项的决定、措施、文件,如果是在死者的最后居住国、居住国、本国、最后惯常居住国作出、签发、设立或得到承认,在符合该规定具体条件时可以在瑞士得到承认。

修正案目前尚处于完成磋商程序的初期阶段,委员会必须将该法案提交议会立法程序以便进行修改,修订后的法律最早可能于 2020 年或 2021 年开始生效。

(5)韩国修改国际私法管辖权

2018 年 11 月 20 日,引入国际管辖权规定的《国际私法(修正案)》获得韩国国会通过。具体包括以下内容:

第一,新设国际裁判管辖决定的一般原则。2001 年《国际私法》仅规定了韩国法院对与韩国有实质性关联的案件才有国际管辖权,但并未明确具体的判断标准。《国际私法(修正案)》通过大法院判例总结出来的标准,明确规定法院应当以“当事人之间的公平、裁判的适当、迅速以及经济性”作为一般原则,判断对某一事件有无国际裁判管辖权。

第二,新设涉外继承的管辖规定。《国际私法(修正案)》第 77 条第 1 款规定了韩国法院对继承和遗嘱活动享有国际管辖权的依据;第 2 款参照了《继承条例》的规

---

① See *Änderung des Bundesgesetzes über das Internationale Privatrecht (Erbrecht) -Erläuternder Bericht zum Vernehmlassungsentwurf*, Januar 2018, p. 24.

定，允许当事人就继承案件订立国际管辖权协议，并同时规定了除外情形；第4款规定，如果韩国是立遗嘱人的遗产所在地国，则韩国法院享有管辖权。

第三，《国际私法（修正案）》新设了与韩国《民事诉讼法》相对应的国际裁判管辖规定，包括管辖权的一般规定和关联案件的管辖规定，还在第11条中新设了处理国际诉讼竞合问题的规定。据此，《国际私法（修正案）》对国际继承管辖权的规定将有利于收集证据等案件资料从而推进审判程序高效开展，同时避免在多个国家进行诉讼导致判决相互矛盾或冲突的情况。

2. 判决

(1)欧盟法院

2017年10月12日，欧盟法院对“库比卡公证遗嘱案”作出判决。[①] 该案原告库比卡(Kubicka)是居住在德国法兰克福的波兰公民，丈夫是德国国民，2人婚后育有两个孩子，共同拥有现在居住的法兰克福土地。原告想通过公证人立下一份载有“遗产在继承开始时应转让给某一特定人”(a legacy by vindication)的公证遗嘱，从而使其丈夫和子女以平等份额继承其遗产，避免给继承遗产的未成年子女在代理权以及额外费用方面带来困难。公证人依据《德国民法典》第968条的规定拒绝起草原告要求的遗嘱，理由是创建一份遗嘱有悖于德国关于物权和土地登记权利的立法和判例法，必须根据《继承条例》第1条第2款k项、l项和第31条予以考虑。因此，这种行为是非法的。原告反对公证人的决定，声称应对《继承条例》的规定作独立解释。欧盟法院认为，《继承条例》第1条第2款k项、l项和第31条必须被解释为以下内容：如果拒绝的理由是立遗嘱人根据该条第22条第1款选择的继承法，遗产涉及位于该成员国的不动产所有权，而该成员国的法律没有规定继承发生时具有直接实质效力的遗产，则应当排除成员国当局拒绝承认通过特定程序获得遗产的实质效力。

2018年3月1日，欧盟法院对“曼科夫幸存配偶继承案”作出判决，[②]认为幸存配偶基于夫妻共同财产获得的继承份额属于《继承条例》的适用范围，可以全文记录在欧洲继承证书(European Certificate of Succession, ECS)中。本案原告为曼科夫(Mahnkopf)，其丈夫的遗产包括位于德国的资产和位于瑞典的夫妻共同所有财产的一半份额。应原告请求，对遗产事项享有管辖权的德国柏林地区法院依据《德国民法典》第1371条第1款和第1931条第1款的规定签发了国家继承证书。随后，原

① *Proceedings brought by Aleksandra Kubicka*, CJEU - C - 218/16.

② *Proceedings brought by Doris Margret LisetteMahnkopf*, CJEU - C - 558/16.

告依据《继承条例》又向该法院申请ECS登记确认其对于已故丈夫在瑞典的遗产的所有权。该法院以原告继承的份额中有1/4不属于《继承条例》的适用范围为由驳回了原告申请。欧盟法院指出,第1371条第1款并非系考虑配偶之间的财产分配,而是幸存配偶对已算作遗产的那部分资产的权利问题,所增加的1/4份额属于已故配偶遗产的继承问题,而非调整夫妻婚姻财产事项的《婚姻财产条例》第1条第1款的适用范围,而且《婚姻财产条例》第1条第2款D项也明确将已故配偶遗产的继承问题排除在其适用范围之外,因此该份额可以适用ECS并产生第69条所列之效力。

2018年6月21日,欧盟法院对"文森特继承证书案"作出判决。[①] 该案被继承人阿德里安(Adrien)是一位法国国民,最后惯常居住地在法国,遗产位于法国和德国,原告文森特(Vincent)系其儿子。应原告请求,法国地区法院签发了国家继承证书。随后,原告向德国柏林地区法院申请签发一份仅限于位于德国的遗产的国家继承证书以表明其继承权。原告认为,根据德国《家事事件和非讼事件程序法》第105条以及第343条第3款第1句的规定,由于被继承人的部分遗产在德国,因此地区法院是对被继承人的继承事项享有管辖权的法院。地区法院认为根据《继承条例》,其不是死者死亡时的惯常居所地法院,不具有颁发国家继承证书的管辖权。欧盟法院认为,《继承条例》第4条也确定了成员国有关当局签发国家继承证书程序的管辖权,并且必须被解释为排除成员国立法中规定"虽然死者死亡时在该成员国没有惯常居所,但由于死者遗产位于该成员国或死者是该国国民,该成员国法院应保留在跨境继承中发布国家继承证书的管辖权"。

(2)澳大利亚

2017年2月24日,澳大利亚维多利亚州最高法院对"唐某正遗嘱认证案"作出最终判决,驳回了原告的申请。[②] 本案被继承人唐某正是澳大利亚公民,自2003年起在中国居住直到在中国上海病逝,所有遗产均为动产,且其中大约3/4位于中国。原告系被继承人母亲,声称被继承人在病逝前留下一张中文手写纸条,表明将其在澳大利亚西太平洋银行(Westpac)的两个银行存款账户供原告使用。由于该纸条未指定遗嘱执行人,作为遗嘱唯一受益人的原告要求法院授予其遗产管理书。法院在综合各方意见后,明确本案有三个待解决的争议问题:

第一,本案适用中国法律还是澳大利亚法律。法院认为,决定法律适用的核心是被继承人的住所,这是通过在一国存在合法居住的事实加上无限期留在该国的主

① *Proceedings brought by Vincent Pierre Oberle*, CJEU - C - 20/17.

② See Supreme Court of Victoria Decision: Re Tang 2017VSC 59, 24 February 2017.

观意图而确定的,且后者具有决定性作用。本案中,被继承人的绝大部分资产和生活中心都在中国而不在澳大利亚,没有证据表明被继承人具有与维多利亚州保持重要联系或申请返回维多利亚州的意图,而且纸条签立地系中国。因此,本案的现实证据有力地证明被继承人的住所地在中国,应当适用中国法律。

第二,该纸条是否为有效遗嘱。法院认为,“遗嘱形式可能符合中国国内法”的说法缺乏专家证据,并且该纸条作出时没有原告或其他人在场,无法证明被继承人的签名及其笔迹。另外,从普通法的角度来看,一份只处理位于另一法域、约占1/4遗产的文件被视为遗嘱是不寻常的。法院还多次强调,原告必须提出关于遗嘱行为能力的证据,如果立遗嘱人缺乏遗嘱行为能力,或者对遗嘱不知情或不同意,或者在订立遗嘱过程中受到了不适当影响,法院便不能确信被继承人打算将该文件作为遗嘱。因此,法官否定了原告关于该纸条为遗嘱的主张。

第三,该纸条是否构成对原告的死因赠与。法院认为,有效死因赠与必须满足特定的法律标准,关键在于如何证明标的物的交付或转让。法官在综合考虑先例后最终认定:银行账户等无形财产的交付具有特殊性,尽管该纸条表明账户存折为原告所有,但被继承人并未以任何形式(包括说出、在该纸条或其他纸张上写下)透露任何一个账户的密码,如此即表明没有交付或转让,不构成死因赠与。

(3)法国

2017年9月27日,法国最高上诉法院在第1004号判决书中认定,法国继承法为法定继承人保留遗产的规则不属于法国国际公共秩序的适用范围。[①]

本案被继承人迈克尔(Michel)于1999年在美国设立了一份遗嘱,将其所有财产交给家庭信托,并指定配偶为唯一受益人。随后,被继承人逝于美国加利福尼亚州,被继承人有配偶和6个子女,其中3个子女系本案申请人。考虑到遗嘱信托认定配偶系唯一受益人,申请人向法院提起了继承权诉讼,要求“行使继承遗产中为继承人保留的权利”,并且反对适用法国冲突规则援引的“被继承人死亡时最后住所地法”——加利福尼亚法律,因为该法不承认遗产保留,不符合法国的国际公共秩序。该案经过一审和二审之后上诉到法国最高上诉法院。

法国最高上诉法院最终拒绝了申请人的上诉,理由在于:首先,遗嘱人应当享有遗嘱自由,在国际形势下,法国法官不能仅以不承认遗产保留的理由拒绝适用外国法。其次,对公共秩序保留的适用应当采取结果标准,加利福尼亚州法律作为冲突

① See Cour de cassation-Première chambrecivile-ECLI:FR:CCASS:2017:C101004, Arrêt n° 1004 du 27 Septembre 2017 (16 - 13.151).

规则指定的准据法虽然忽视了遗产保留,但其规定本身并不违反法国国际公共秩序,不能被驳回。最后,法国涉外继承事项的法律适用《继承条例》第35条规定,只有在"明显"的情况下才可以排除冲突规则指定的外国法律。

(4)西班牙

2018年2月19日,西班牙最高法院作出第242/2018号判决,确认西班牙向非欧盟居民征收遗产税的法律制度违反资本自由流动原则,外国公民可以就遗产税歧视起诉西班牙政府并请求退款。① 西班牙的遗产税制使各地区的减免标准差异很大,欧洲委员会很早就注意到这种不公平的遗产税收歧视待遇,并将案件提交给了欧盟法院。欧盟法院裁定西班牙非法行事,但并未明确提及其对第三国居民的适用,西班牙理解该裁判仅涉及欧洲经济区内的情况而进行了法律变更。因此,非欧洲经济区居民在接受西班牙继承或赠与时受到的不平等税收待遇仍未得到改变,遗产税歧视问题并未在西班牙得到真正解决。

最高法院在判决中指出,西班牙向第三国居民征收高额遗产税的历史做法是非法的,即使第三国不在欧洲,政府有责任退还过去四年所支付的所有歧视性税款。② 这项判决将对目前的西班牙继承和赠与税规则产生巨大影响。

(5)奥地利

2018年5月15日,奥地利最高法院判决"在ECS中没有指定财产的数量和范围并不妨碍纳入指定继承人的财产权"。③ 本案申请人是德国公民,是在奥地利土地登记处登记为(共同)所有者的继承人,其在接受继承后申请在德国地区法院签发的ECS的核证副本中纳入他们约占遗产1/4的财产权。下级法院驳回了该申请,认为根据奥地利法律评估所有权的条件,ECS要求根据相关规定指定每个继承人各自的财产数量和地域范围,而此类信息并未包含在其中。最高法院支持了申请人的上诉申请。奥地利《土地登记法》将ECS作为继承成立基础的证书,其评估完全基于《继承条例》,因此应当根据该条例的措辞和目标解释ECS。据此,最高法院认为,ECS不仅构成将遗产记入会员国相关登记册的有效文件,而且也没有必要具体指定继承人登记请求所涉及的财产数量与地域范围,故即使没有这一指定,也应当以维护继承人的利益而纳入的财产为基础。

---

① See Tribunal Supremo. Sala de lo Contencioso, Roj: STS 550/2018 - ECLI: ES: TS: 2018: 550, Sentencia núm. 242/2018.

② *Yvon Welte v Finanzamt Velbert*, CJEU - C - 181/12.

③ OGH, 5 Ob 35/18k, 15.05.2018.

（二）国际立法

1.《中华人民共和国和埃塞俄比亚联邦民主共和国关于民事和商事司法协助的条约》正式生效

2017 年 11 月 4 日第十二届全国人大常委会第三十次会议决定批准《中华人民共和国和埃塞俄比亚联邦民主共和国关于民事和商事司法协助的条约》。① 条约第 25 条明确规定了两国关于涉外继承案件的管辖权，即如果被继承人死亡时的住所地或居所地或主要遗产所在地位于该方境内，则作出裁决一方的法院即被视为有管辖权，并且前述规定不应影响双方法律关于专属管辖权的规定。

相较于之前我国与其他国家签订的双边民商事司法协助，该条约关于涉外继承管辖权的规定不仅延续了对“被继承人死亡时住所地或主要遗产所在地”这两项连结因素和“不影响专属管辖权”原则的重视，还增加了“被继承人死亡时居所地”这一连结点，进一步加强了两国在涉外继承案件司法协助领域的合作，有利于协调两国在涉外继承案件的管辖权以及其他司法协助方面的法律冲突。

2. 欧洲议会发布关于《继承条例》自生效以来的实施情况的报告

2017 年 11 月 20 日，欧洲议会公民权利和宪法事务政策司发布了《继承条例》自 2015 年 8 月 17 日生效以来实施情况的两份评估报告，分别从不同的角度考察并确定《继承条例》是否实现了确保法律确定性的目标。

第一份报告有三个重点：一是《继承条例》具有普遍性，无论被确定的准据法是否为成员国的法律，均应依照条例的规定予以适用；二是《继承条例》采用了国际私法的传统机制，如公共秩序和反致，在特定情况下改变了冲突规则依据继承法的统一性和普遍性原则原本可能产生的结果；三是为方便协助跨境继承人员的工作，《继承条例》提供了获取和使用内部公共登记系统的适当资源 ECS，也确定了成员国对所有权和记录所有权的公共登记册拥有唯一管辖权。②

第二份报告也可归纳为三个关键点：一是《继承条例》自生效以来已经开始管辖继承问题，其法律确定性、可预见性和简化的目标在很大程度上已经实现。二是从国际私法的角度来看，继承准据法的统一适用是向前迈出的重要一步。绝大多数情

---

① 载中央人民政府网：http://www.gov.cn/xinwen/2017-11/05/content_5237313.htm，最后访问日期：2019 年 11 月 10 日。

② See Isidoro Antonio Calvo Vidal, *The state of implementation of the EU Succession Regulation's provisions on public policy's exception, universal application and renvoi, the European Certificate of Succession and access to registers*, European Parliament: Policy Department for Citizens' Rights and Constitutional Affairs, PE 596.821, 20 October 2017.

况下,根据该条例确定的单一法律可以适用于整个继承事项。三是要求能准确获悉成员国其国内法关于继承事由的规定。①

3. 欧洲法学院成功举办“规划跨境继承”的会议

2018年5月17~18日,欧洲法学院组织了一次主题为“规划跨境继承”的会议。② 会议主要关注了四个问题:第一,跨境继承的连结点。有学者强调死者的惯常居所而非国籍作为跨境继承冲突规则的连结因素,标志着多数成员国的“范式转变”。但确定惯常居所地可能是一项艰巨的任务,尤其是还具有第22条的法律选择条款与第21条第3款的逃避条款两项适用例外。第二,关于跨境继承税问题,各国应当积极寻求避免双重征税的办法。第三,对ECS与各国国内土地登记程序、私人信息保护与共享以及国家继承证书自由流动等问题的协调进行讨论。第四,强调数字遗产的重要性,有学者提出应当关注并重视德国最高法院Facebook案件的影响。③

(三)学术研究

1. 国内学术研究

国内学者的研究偏向于分析探讨涉外继承的法律适用和继承公证等问题。

(1)当事人意思自治以及最密切原则的借鉴

近两年来,更多学者将研究重点置于“我国涉外继承是否应当借鉴当事人意思自治原则以及最密切联系原则”的讨论之下。

从目前的研究趋势来看,虽然也有反对者表示在涉外继承领域引入意思自治原则很可能损害遗产债权人或享有特留份继承人的合法利益,不利于相关国家重大利益之保护,④但绝大多数学者还是支持“引入说”。有学者认为,《法律适用法》第32条、第33条采用的无条件选择适用的冲突规范虽使遗嘱尽量有效,却给实践操作带来极大不便,不仅难以解决多个连结点所指引的法律规定不同甚至相反的实践问题,还会导致法官因难以抉择连结点而最终选择适用法院地法,同时也忽视了遗嘱

---

① François Trémosa, *The state of implementation of the EU Succession Regulation's provisions on its scope, applicable law, freedom of choice, and parallelism between the law and the courts*, European Parliament: Policy Department for Citizens' Rights and Constitutional Affairs, PE 596.822, 20 October 2017.

② See VassilisDafnomilis, *Report on the ERA conference* "Planning Cross-Border Succession", EC TAXREVIEW 2018/5.

③ 德国最高法院(BGH)于2018年7月12日在Facebook案件中作出了一项具有里程碑意义的裁决,裁定根据德国继承法的一般规则与普遍继承原则,无形货物和高度个人数据,可以由继承人继承。参见BGH, 12.7.2018, Case III ZR 183/17. Cf。

④ 参见杜焕芳:《跨国代孕与涉外继承的法律适用》,载伍晓梅主编:《中国法律年鉴》,中国法律年鉴社2018年版。

的撤销与变更以及遗嘱解释的法律适用问题。[①] 至于"引入"的方式,相关意见大致可以分为三类:一是仅分析了引入理由而未说明具体方式;二是明确意思自治原则的优先适用但必须加以适当限制;三是建立独立的继承合同制度,引入有限的意思自治原则以最大限度保障当事人的合法利益,并以订立合同时被继承人惯常居所地为其连结点,以确保继承合同尽可能生效。[②]

值得注意的是,学者对最密切联系原则的引入基本达成了一致意见,即将该原则作为意思自治原则的补充,只有当事人未选择法律时才可考虑该原则。

(2)跨境与区际继承公证有关问题

我国现行与公证有关的法律都制定得较早,受理范围狭窄,且没有针对跨境继承公证的专门规定。有学者注意到《继承条例》创设的 ECS 极大简化了跨国继承公证的程序,增强了欧洲跨境继承的统一化和各成员国之间的司法信任。作为有益经验,"一国两制三法系四法域"的中国有必要考虑通过创设"区际继承证书或类似证书"来协调涉外继承公证法律冲突,做到"一证通行",以适应日益频繁的民商事交往需要。[③]

2. 国外学术研究

国外学者的研究集中在对《继承条例》的重新审视上,主要包括以下五方面:

(1)继承法与其他关联法律制度的界限与协调

第一,继承法与物权法的关系。相关文章结合了欧盟法院对库比卡案的判决来讨论《继承条例》第 1 条第 2 款 k 项、l 项。有学者认为,该判决作为第一个解释性决定,具有典型意义,同时表现了欧盟法院对公民提前组织和规划继承事项的肯定态度,[④]包括遗嘱人可在立遗嘱时指定其国籍国法作为管理整个继承的法律。也有学者指出,该案的背后是继承准据法与物之所在地法之间的兼容性问题,必须明确根据条例确定的继承准据法管辖整个继承事项,无论被继承人的资产、权益的性质与所处位置,原则上都应当视为受到单一法律规制的单一事项。从目的性解释来看,

---

① 参见张思懿:《我国涉外遗嘱继承法律适用——现状、问题及对策》,载《黑龙江政法管理干部学院学报》2018 年第 3 期。

② 参见杜焕芳:《涉外婚姻继承的法律适用》,载诸葛平平总编:《中国法律年鉴》,中国法律年鉴社 2017 年版。

③ 参见周强:《〈欧盟涉外继承条例〉对完善我国〈涉外民事关系法律适用法〉关于确定遗产继承准据法相应规定的启示》,载《中国公证》2017 年第 12 期。

④ See Fernando Pedro Meinero, *First Interpretation of the European Regulation on Succession: Comments on theJudgment of the Decision CJEU C* 218/16 – *Second Chamber*, RevistaBrasileira de Direito Civil-RBDCivil 1 Belo Horizonte, abr. jun. 2018, Vol. 16, pp. 127 – 136.

《继承条例》不仅希望避免继承根据遗产的不同性质适用不同法律的“领土分裂”,也要避免不同法律适用于单一或不同继承问题的“实质或功能分裂”。①

就婚姻财产与继承的关系而言,学者们主要通过“曼科夫案”发表看法。有学者认为,欧盟法院虽然明确指出幸存配偶继承的法律适用受到继承法而非婚姻法的影响,但从实质性角度来看,执行两项虽有相关性却又缺乏协调的不同法律,可能导致某种混乱或不一致。对此,可以考虑由配偶选择适用的法律,没有选择时由法院遵循公平的标准,尽可能地使幸存配偶从继承权中受益。② 也有学者指出,将幸存配偶增加的1/4遗产份额列为继承法事项仍有较大争议,不同成员国的法院在审查过程中必然会得出不同结果,并认为《德国民法典》第1371条第1款的目的是实现婚姻或伴侣关系结束时应计收益的固定比率均等化,因此有充分理由支持将其识别为夫妻关系问题而非继承法问题。③

就继承法与税法的关系而言,重点在于如何取消跨境遗产的双重征税。欧盟就该问题进行公众咨询,并发布了一份专家组报告。有学者将专家组提出的建议总结为“一个继承一个税”规则:如果是跨境继承,适用的税收制度应由死者死亡时惯常居所地法决定。该建议虽未开辟新方法,还排除了当事人选择国籍国法管理其遗产继承的可行性,但是专家组是基于双重考虑而选择以惯常居所确定遗产税的法律适用,具有合理性和现实可操作性,有利于避免双重征税,减轻行政税收负担。欧盟应当遵循专家组的提案并尽快通过一项条例。④

(2)跨境继承管辖权的范围界定

在跨境继承管辖权方面,有学者通过对《继承条例》与相关国家国际管辖权以及内部法律制度模式的不同法系和规定进行比较研究,认为根据《继承条例》,虽然任何成员国的国内管辖规则显然不能适用,但并不意味着条例的管辖权范围仅限于欧盟成员国领域内的情况,其也适用于在法律和政治上与欧盟及其成员国有密切联系

---

① See Esperanza Castellanos Ruiz, “Scope of the lexsuccessionis and ITS coordination with the lexreisitae-lexregistrationis: A Purpose of the Legacies by Vindication”, 1 *Cuadernos de DerechoTransnacional* 10, 2018, pp. 70-93.

② See Isabel Anton Juarez, “Matrimonial Property Regimen, Succession Rights of the Surviving Spouse and European Certificate of Succession: An Explosive Combination”, *Cuadernos de DerechoTransnacional* 10, 2018, pp. 769-780.

③ See Lukas Rademacher, “Changing the Past: Retroactive Choice of Law and the Protection of Third Parties in the European Regulations on Patrimonial Consequences of Marriages and Registered Partnerships”, *Cuadernos de DerechoTransnacional* 10, 2018, pp. 7-18.

④ See Inge JFA van Vijfeijken, *One Inheritance*, *One Tax*. EC TAX REVIEW 2017-4.

的非成员国，例如，挪威和瑞士；也同样不意味着成员国的国际私法规则可适用于本条例不适用的情况。①

(3)涉外继承法律适用

国外学者对这一问题的研究可以分为两类：

一类是惯常居所地的影响。有学者认为，英国法"住所"为连结点，也不存在选择适用继承法律的概念。如果《继承条例》导致对位于欧洲大陆国家的不动产继承适用英国法，将引起实际问题。由此，对于原本居住在英国的死者，英国立法可以颁发一种类似于ESC或创建一种规定英国法律适用的标准形式的文件，同时保持英国的"不选择加入"。② 另有学者指出，乌克兰"死者最后居住地"这一连结点存在问题，而"惯常居所地"更为恰当，后者将根据案件所有情况确定，是死者及其家人切身利益的中心、以永久生活为目的的居住地与主要资产所在地。③

另一类是遗嘱效力问题。罗马尼亚学者认为，公证人应当根据《罗马尼亚民法典》或《继承条例》对遗嘱的效力和形式进行调查，公证人亦可取得遗嘱登记册提供的死者国籍国或居留国证明书，以及知晓欧洲国家使用的遗嘱形式以及登记簿。④ 也有学者讨论了《继承条例》对共同遗嘱的定性与有效性的影响，认为虽然《西班牙民法典》禁止共同遗嘱和继承协议，但也不能援引公共秩序排除本应适用的外国法律。⑤ 有学者建议，为避免因共同遗嘱的定性问题而产生的不确定性，立遗嘱人最好根据《继承条例》第22条选择法律。⑥

(4)反致制度和公共秩序的作用与价值

反致制度和公共秩序都具有排除适用外国法的功能。有学者认为，在欧盟法律普遍排除反致的背景下，《继承条例》例外地肯定了反致在跨境继承中的作用，这可

---

① See Jose Manuel Velasco Retamosa, "International Jurisdiction Rules in Matters of Succession in the European Context", *Swiss Review of International and European Law* 28, 2018, pp. 317 –336.

② See James A. McLean, "The UK and the European Succession Regulation: Fog over the Channel-Potential Pitfalls for the Unwary", 1 *The Edinburgh Law Review* 22, 2018, pp. 86 –93.

③ See Iryna A. Dikovska, "Collision Regulation of Succession Relations with a Foreign Element in Ukraine: Current State and Future Development", *the Journal of Eastern European Law*, 2017, pp. 13 –20.

④ See Gabriela Dumitrache, "Practical Reflection on the Will in Terms of EU Regulation No. 650/2012", 2 *AGORA International Journal of Juridical Sciences* 12, 2018, pp. 23.

⑤ See Juliana Rodríguez Rodrigo, " Application Problems Regulated by The EU Succession Regulation", 1 *Cuadernos de DerechoTransnacional* 11, 2019, pp. 509 –510.

⑥ See Laura Nasse, "The Temporal Scope of the European Succession Regulation and the (in-) Validity of JointWills Under Polish Law: Commentary on the Judgement of the Schleswig Higher Regional Court of 25 April 2016", 2 *Cuadernos de DerechoTransnacional* 10, 2018, pp. 896 –905.

能标志着欧盟法进入了一个新阶段,重新考虑了反致对保障现有法律制度平衡性和一致性的重要作用。此外,《继承条例》第34条的做法也应当被肯定。[①]

《继承条例》第35条虽然规定只有明显地与成员国国内公共秩序不相符才能排除外国法的适用,但没有提供解释和说明"明显"的标准,这有可能导致各国实践中适用上的不统一。有学者通过分析公共秩序无法被接受和可以接受的假设以及其他相关因素,强调应当重视各国主管法院作出的公共秩序的定义。[②]

(5)ECS涉及的相关法律问题

国外学者关于ECS的研究大致可以分为三类:

第一,保障ECS发挥应有作用的问题。有学者认为,ESC作为《继承条例》的最大创新之处,不仅是国家继承的程序性认证,还是具有实质性法律效力的自主欧洲文书,明确了继承人和受遗赠人的身份,以及遗嘱执行人或管理人进入到另一成员国的权利义务。[③] 另有学者指出,ECS提到了解决跨境继承问题的可能简化办法,有助于克服执行过程中可能出现的差距,但是ECS的新颖性使其在解释和执行方面确实存在困难,[④]法律也没有具体和准确地作出规定,这可能导致实践适用不统一。[⑤] 对此,有学者认为可以采取以下行动:在必要时向欧洲国家当局提供统一欧洲的公证和司法实践;加强对公民的法律保障;节约成本。

第二,ECS的任择适用问题。《继承条例》规定,ECS的适用不是强制性的,且不会取代成员国内部用于类似目的的证书。有学者认为,这表明了公证人可以根据继承人的申请按照成员国国内法签发国家证书或其他类似文件,以及按照《继承条例》签发ECS。[⑥] 有学者提出,国家证书与ECS的等价性意味着,除其他情形外,

---

① See Serban-AlexandruStanescu, "The Decline and Upswing of Renvoi in the Private International Law of the European Union", *ConferintaInternationala de Drept*, *StudiiEuropenesi-RelatiiInternationale*, 2017, pp. 180 – 185.

② See Juliana Rodríguez Rodrigo, "Application Problems Regulated by The EU Succession Regulation", *Cuadernos de DerechoTransnacional* 11, 2019, p. 506.

③ See Elise Goosens, "A Model for the Use of the European Certificate of Succession for Property Registration", 3 *The Netherlands*: *European Review of Private Law*, 2017, pp. 524 – 525.

④ See Veronica Stoica, Gabriela Dumitrache, "Short Legal Foray on the European Certificate of Succession", 2 *AGORA International Journal of Juridical Sciences* 11, 2017, p. 105.

⑤ See Isabel Anton Juarez, "The Proof of the Condition of Heir in the European Succession Law: The European Certificate of Succesion", Cuadernos de DerechoTransnacional Vol. 10, 2018, pp. 179 – 210.

⑥ See Veronica Stoica, Gabriela Dumitrache, "Short Legal Foray on the European Certificate of Succession", 2 *AGORA International Journal of Juridical Sciences* 11, 2017, p. 100.

ECS 已签发并不表明不能签发国家证书。[①] 然而,学者们注意到《继承条例》没有充分提供协调 ECS 与国家证书之间关系的解决方法,尤其在发生冲突时哪种程序应当优先考虑等问题可能导致法律的不确定性。[②] 有学者通过分析 ECS 与国家证书之间相互矛盾和冲突的三种类型,明确指出使 ECS 真正成为欧洲继承证明的决定因素在于成员国是否愿意在其国内法律体系中完全接受。[③]

第三,ECS 与财产登记之间的协调问题。《继承条例》第 1 条第 2 款 k 项、l 项明确将在国家登记册内记录财产的情况排除在条例适用范围外,而第 69 条第 5 款又规定适用 ECS 必须与第 1 条第 2 款 k 项、l 项所述的规则相符合。有学者认为,这是《继承条例》最具争议的内容之一,实际上是基于谈判阶段利益冲突而产生的悖论,特别是关于不动产登记的问题,必须重新对这两条规定作出解释,为 ECS 进行财产登记确立有效的使用模式。[④]

(四)小结

综观过去两年涉外继承法律制度的发展,国际立法的统一发展虽然稍显不足,但是部分国家的立法和判决发展仍为消除涉外继承法律冲突做出了贡献。

在学术研究方面,国内外学者对于涉外继承问题的研究既有区别又有联系。从整体上看,无论是国内还是国外,都集中讨论了涉外继承法律适用与继承公证问题。国内学者主要致力于探索新的法律适用方式以完善现有立法的不足;国外学者则主要围绕《继承条例》的适用规则和 ECS 的影响展开分析,以促进其与各国国内立法的协调,而对涉外继承的管辖权、承认与执行外国法院判决的理论成果较少。从具体内容来看,国外学者讨论涉外继承法律适用问题时更倾向于分析具体规则产生的不同后果及其对有关国家的影响,例如,"惯常居所地"这一连结点对英国和乌克兰的影响。国内学者则更关注我国涉外继承制度是否应当引入当事人意思自治原则以及最密切联系原则。

---

① See Mariusz Załucki, *BOOK REVIEW-Alfonso-Luis CalvoCaravaca, Angelo Davì & Heinz-Peter Mansel (eds), The EU Succession Regulation. A Commentary*. European Review of Private Law 1 – 2019, pp. 159 – 164.

② See Veronica Stoica, Gabriela Dumitrache, "Short Legal Foray on the European Certificate of Succession", 2 *AGORA International Journal of Juridical Sciences* 11,2017, p. 100.

③ See Elise Goosens, "A Model for the Use of the European Certificate of Succession for Property Registration", 3 *The Netherlands: European Review of Private Law* 25,2017, p. 551.

④ Ibid., pp. 549 – 550.

中国法院适用动产物权冲突规范的实证研究

张新新*

我国《涉外民事关系法律适用法》首次规定了动产物权冲突规范，并开创性地引入了当事人意思自治原则。本文采用实证研究方法，对我国法院适用动产物权冲突规范的70个案例进行研究，发现我国法院在适用动产物权冲突规范过程中存在扩大适用范围、错误援用连结点等问题。对此，应从规范识别准据法、限制当事人意思自治适用范围及明确界定“法律事实发生时”三个方面，补充完善动产物权冲突规范并在司法实践中加强裁判文书说理，使我国法院正确适用动产物权冲突规范。

我国2010年通过的《涉外民事关系法律适用法》(以下简称《法律适用法》)首次规定了动产物权冲突规范，填补了涉外动产物权法律适用的立法空白。我国学者对这一冲突规范的讨论集中于不加限制地引入当事人意思自治原则是否适当。一些学者认为，传统的物之所在地法难以适应现代生活需要，允许当事人协议选择法律符合国际私法的价值追求。① 但也有一些学者认为，不加限制地引入当事人意思自治违背物权法定原则，与大多数国家通行做法不符，且这一过于激进的做法会在实践中产生一些问题。② 从我国现有研究来看，对动产物权冲突规范的研究多集中

* 武汉大学国际法研究所2018级国际私法专业硕士研究生。

① 参见齐湘泉：《〈涉外民事关系法律适用法〉原理与精要》，法律出版社2011年版，第289～292页；黄进、姜茹娇主编：《〈中华人民共和国涉外民事关系法律适用法〉释义与分析》，法律出版社2011年版，第207～209页；王胜明：《涉外民事关系法律适用法若干争议问题》，载《法学研究》2012年第2期。

② 参见杜涛：《涉外民事关系法律适用法释评》，中国法制出版社2011年版，第246～248页；宋晓：《意思自治与物权冲突法》，载《环球法律评论》2012年第1期；杜涛：《论物权国际私法中当事人意思自治原则的限度——兼评〈涉外民事关系法律适用法〉第37条》，载《上海财经大学学报》2012年第5期；杜焕芳：《论我国涉外动产物权法律适用的完善》，载《当代法学》2013年第2期；周后春：《物权冲突法中的意思自治与第三人利益保护——兼评〈涉外民事关系法律适用法〉第三十七条、第三十八条》，载《河南财经政法大学学报》2014年第6期；陈国军：《论意思自治原则在动产物权法律适用中的限制》，载《政治与法律》2017年第5期。

于理论层面而较少关注司法实践。① 本文从我国司法实践出发，以我国法院适用动产物权冲突规范的70个案例为样本，分析我国法院适用动产物权冲突规范的司法实践现状及存在的问题，为我国法院更好地适用动产物权冲突规范提出相应建议。

一、案例样本来源及其基本情况

(一)案例样本来源

笔者以“涉外动产物权”“涉外动产物权法律适用”“《中华人民共和国涉外民事关系法律适用法》第三十七条”为全文关键词，在中国裁判文书网、北大法宝、威科先行法律数据库进行检索(时间限制为2011年4月11日至2019年8月31日)，共检索到案例1341件。除去内容无关、重复、系列案件和援引法条错误②案例，共有70件相关案例。笔者通过查阅裁判文书发现，案涉动产大多为船舶、车辆、机器设备等，但裁判文书中并未出现“动产”“动产物权法律适用”等关键词，由于检索方式限制，本文所涉案例未能穷尽所有样本，尤其是法院应当适用动产物权冲突规范而未适用的案例。

(二)案例收集情况

1. 案件数量

从图1案例年份分布来看，每年有10件案例左右，总体上我国法院适用动产物权冲突规范的案例较少，与其他冲突规范相比适用率不高。笔者认为，出现这种现象有两方面原因：一方面，是由于检索方式的限制，本文所涉案例均为法院裁判文书中提到“动产”或援引“《法律适用法》第三十七条”的案例，而应适用动产物权冲突规范却未适用的案例本文未能穷尽；另一方面，是因为物权关系往往伴随着债权、侵权、继承以及夫妻财产关系一同出现，法院在确定准据法时并未适用动产物权冲突规范而适用其他冲突规范。虽然所涉案例数量较少，但从案例分布来看，近年来，我国法院受理涉外动产物权案件数量不断增多，正确适用动产物权冲突规范将在实践中发挥重要作用。

① 对动产物权冲突规范的实证研究仅见于郭一君、焦蕾：《〈涉外民事关系法律适用法〉第37条司法裁判分析——以15份公开裁判文书为切入点》，载《武汉交通职业学院学报》2018年第4期。

② 虽然有些裁判文书中援引了《法律适用法》第37条，但法条内容错误，实际涉及的是《法律适用法》第36条有关不动产物权的法律适用。

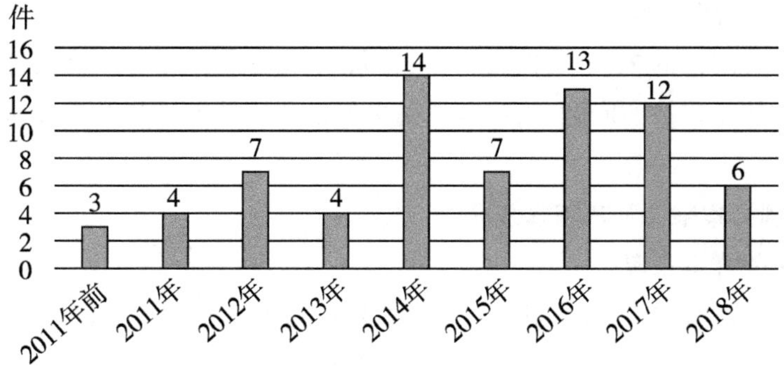

图1　案件年份分布

2. 案由分布

从案由来看,涉及物权、债权、公司、继承、夫妻财产关系与执行等各个方面,可见在涉外民商事法律关系中,动产物权冲突规范在确定动产物权归属、处理物权法律纠纷、妥善解决争议方面具有十分重要的意义。在所涉案由中,以物权纠纷为主,所占比例为38.57%。(见表1)在涉及债权、侵权、执行异议案例中,动产权属往往被视为解决纠纷的前提,如在迪恩与南通市爱斯派克家具制造有限公司财产损害赔偿纠纷①中,法院认为本案为侵权纠纷,判断爱斯派克公司是否应承担侵权责任,前提是明确涉案车辆归属。同时,在一些纠纷中是否需要适用动产物权冲突规范是存在疑问的,如涉外动产继承和夫妻财产关系是否需要适用动产物权冲突规范。

表1　案由分布

案　　由		数量(件)	比例(%)	
物权纠纷	共有物分割纠纷	2	2.86	38.57
	物权确认纠纷	5	7.14	
	返还原物纠纷	15	21.43	
	船舶权属纠纷	4	5.71	
	物权保护纠纷	1	1.43	

① 参见江苏省南通市南通区人民法院(2014)通民初字第00528号民事判决书。

续表

案　　由		数量(件)	比例(%)	
债权纠纷	赠与合同纠纷	1	1.43	28.57
	合伙协议纠纷	1	1.43	
	委托合同纠纷	1	1.43	
	买卖合同纠纷	6	8.57	
	借款合同纠纷	6	8.57	
	(融资)租赁合同纠纷	5	7.14	
与公司有关的纠纷	证照返还纠纷	3	4.29	8.58
	财产损害纠纷	3	4.29	
(遗嘱)法定继承纠纷		4	5.71	
离婚(同居)财产纠纷		2	2.86	
执行异议纠纷		11	15.71	

3. 准据法分布

在70件案例中,仅有1件[①]案例以香港特别行政区法律为准据法,98%以上案例以中国内地法律为准据法。(见图2)在大部分案例中,中国内地是动产所在地,且当事人在庭审中往往选择中国内地法律。法院也倾向以中国内地法律为准据法,即使当事人未选择中国内地法律,涉案动产也未在中国内地,法院通过对“法律事实发生时动产所在地”进行解释,最终也以中国内地法律为准据法。

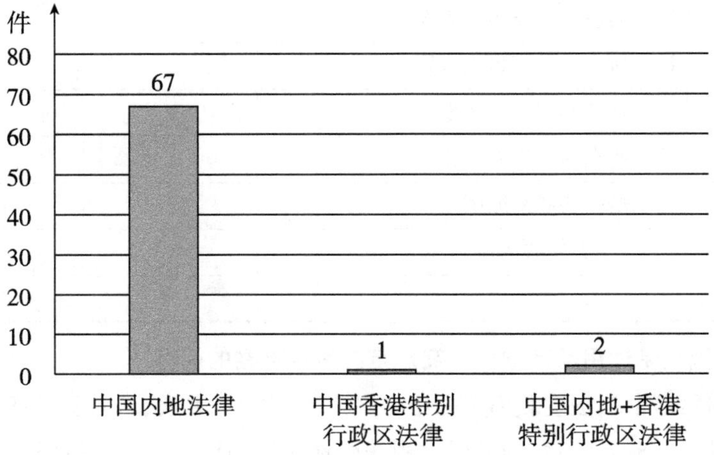

图2　准据法分布

① 参见北海海事法院(2016)桂72民初443号民事判决书。

4. 确定准据法的连结因素

在大部分案件中,法院确定准据法时仅列举法条而未说理,一般模式为"根据《法律适用法》第 37 条之规定(或者第 37 条 + XX 条规定)……本案纠纷解决应适用 XX 法律"。虽然当事人意思自治为动产物权冲突规范的首要原则,但在 70 件案例中仅有 13 件以当事人意思自治确定准据法,还有 6 件重叠适用当事人意思自治和其他连结因素确定准据法。由此可以看出,我国法院在司法实践中并未优先适用当事人意思自治原则,而仍以适用动产所在地法为主。(见表 2)《法律适用法》第 37 条仅规定了当事人意思自治和法律事实发生时动产所在地两个连结点,但法院确定准据法的连结因素有多种,如法律行为地、当事人住所地和动产登记地、最密切联系原则等。可见,我国法院在理解和适用动产物权冲突规范过程中还存在很多问题。

表 2　确定准据法的连结因素

确定准据法的连结因素	数量(件)	比例(%)
当事人合意	13	18.57
法律事实发生时动产所在地	10	14.29
动产所在地	14	20.00
法律事实发生地	2	2.86
法律事实发生时动产所在地与当事人合意	3	4.29
法律事实发生地与当事人合意	1	1.43
动产所在地与当事人合意	2	2.86
动产所在地和法律行为发生地	2	2.86
动产所在地和当事人住所	1	1.43
最密切联系原则	7	10.00
无法查明	1	1.43
未说明理由	14	20.00

二、中国法院适用动产物权冲突规范实践中存在的问题

在 70 件案例中,法院裁判文书中存在未界定涉外因素、未对管辖权进行说明、单纯援引法条不进行说理、倾向于适用法院地法等问题,这些问题在法院适用其他冲突规范时也会出现,笔者在此不再赘述,本文仅对我国法院适用动产物权冲突规范过程中存在的特殊问题进行总结和分析。

（一）冲突规范适用范围扩大化

动产物权冲突规范的案由涉及债权、夫妻财产关系等各个领域，物权与债权、侵权等法律关系密切是产生这种现象的部分原因，但也反映了我国法院在司法实践中不当地扩大了动产物权冲突规范的适用范围，具体表现为：一是适用动产物权冲突规范调整《法律适用法》框架内其他法律关系；二是适用动产物权冲突规范调整特殊动产法律关系。

1. 混淆动产物权冲突规范与其他冲突规范

涉外夫妻财产关系、动产继承中也会涉及动产物权问题，法院在确定准据法时，存在适用动产物权冲突规范确定其他法律关系准据法及将动产物权冲突规范与其他冲突规范混用的问题，忽略了不同冲突规范连结点的冲突，不当地扩大了动产物权冲突规范的适用范围。如在涉外夫妻财产关系中，出现了两种错误适用情形，一种是法院直接适用动产物权冲突规范确定夫妻财产关系准据法，如在“邓某与莫某离婚财产纠纷”中，法院直接适用《法律适用法》第 37 条确定夫妻财产归属准据法；①还有一种是法院混用动产物权和夫妻财产关系冲突规范确定准据法，如在“符某娇与甘某同居关系纠纷”中，法院认为，根据《法律适用法》第 21 条、第 25 条、第 29 条、第 30 条、第 36 条、第 37 条，本案纠纷解决应适用中国内地法律。② 此种情形同样出现在涉外动产继承纠纷中，如在“李某等与陈某 2 等遗嘱继承纠纷”中，法院认为根据《法律适用法》第 33 条、第 36 条及第 37 条，遗嘱人死亡时的经常居所地及不动产、动产所在地均位于中国境内，因此应适用中国内地法律。③

笔者认为，涉外动产继承及夫妻财产关系中的动产物权应适用其自身冲突规范确定准据法，而非动产物权冲突规范。首先，我国《法律适用法》分别为涉外动产物权、夫妻财产关系④和动产继承规定了冲突规范，⑤从连结因素来看，三种冲突规范的连结因素并非完全相容，夫妻财产关系、动产继承与人身关系联系紧密，其以当事

---

① 参见广东省江门市新会区人民法院（2016）粤 0705 民初 1607 号民事判决书。

② 参见海南省第一中级人民法院（2012）海南一中民初字第 24 号民事判决书。

③ 参见浙江省杭州市西湖区人民法院（2015）杭西民初字第 1428 号民事判决书。

④ 《法律适用法》第 24 条规定：“夫妻财产关系，当事人可以协议选择适用一方当事人经常居所地法律、国籍国法律或者主要财产所在地法律。当事人没有选择的，适用共同经常居所地法律；没有共同经常居所地的，适用共同国籍国法律。”

⑤ 《法律适用法》第 31 条规定：“法定继承，适用被继承人死亡时经常居所地法律，但不动产法定继承，适用不动产所在地法律。”第 32 条规定：“遗嘱方式，符合遗嘱人立遗嘱时或者死亡时经常居所地法律、国籍国法律或者遗嘱行为地法律的，遗嘱均为成立。”第 33 条规定：“遗嘱效力，适用遗嘱人立遗嘱时或者死亡时经常居所地法律或者国籍国法律。”

人经常居所地、国籍国等作为连结因素,而动产物权冲突规范中并未规定这两种连结因素,而且在夫妻财产关系和动产继承中,准据法与财产所在地几乎没有联系。其次,从当事人意思自治的程度来看,涉外动产继承中不允许当事人选择法律,涉外夫妻财产关系中只允许当事人在经常居所地法、国籍国法或主要财产所在地法律中选择法律,而动产物权冲突规范中未对当事人意思自治施加任何限制。最后,"夫妻财产关系和继承关系准据法调整的是作为一个整体的物权,确定法律关系集体中的物权问题",①物权准据法调整的是个体物的物权问题。通常认为,集体物准据法应优先于个体物准据法得到适用,因为如果对构成集体物的每一个个体物适用各自的准据法,将使集体物准据法的冲突规范失去价值,②实践中无法得到适用。因此一般与人身关系密切的财产应被排除在动产物权冲突规范范围外。

2. 混淆动产物权法律适用的一般法与特别法

《法律适用法》第 2 条第 1 款规定:"涉外民事关系适用的法律,依照本法确定。其他法律对涉外民事关系法律适用另有特别规定的,依照其规定。"最高人民法院《关于适用〈中华人民共和国涉外民事关系法律适用法〉若干问题的解释(一)》第 3 条第 1 款明确了特别规定的范围:"涉外民事关系法律适用法与其他法律对同一涉外民事关系法律适用规定不一致的,适用涉外民事关系法律适用法的规定,但《中华人民共和国票据法》《中华人民共和国海商法》《中华人民共和国民用航空法》等商事领域法律的特别规定以及知识产权领域法律的特别规定除外。"因此,《海商法》《民用航空法》中关于船舶、民用航空器所有权变动、抵押权和优先权的冲突规范③属于特别规定,在适用上应优先于《法律适用法》第 37 条。

在 70 件案例中,有 4 件与船舶物权有关,④其中 3 件与船舶权属有关,1 件与船舶抵押权有关,法院无一例外地适用了《法律适用法》第 37 条。然而无论是船舶权

① 参见秦瑞亭:《冲突法的理论与实务》,对外经济贸易大学出版社 2007 年版,第 299 页。

② 参见秦瑞亭主编:《国际私法》(第 2 版),南开大学出版社 2014 年版,第 292 页。

③ 《海商法》第 270 条规定:"船舶所有权的取得、转让和消灭,适用船旗国法律。"第 271 条规定:"船舶抵押权适用船旗国法律。船舶在光船租赁以前或者光船租赁期间,设立船舶抵押权的,适用原船舶登记国的法律。"第 272 条规定:"船舶优先权,适用受理案件的法院所在地法律。"《民用航空法》第 185 条规定:"民用航空器所有权的取得、转让和消灭,适用民用航空器国籍登记国法律。"第 186 条规定:"民用航空器抵押权适用民用航空器国籍登记国法律。"第 187 条规定:"民用航空器优先权适用受理案件的法院所在地法律。"

④ 4 件案例参见广州海事法院(2012)广海法初字第 272 号民事判决书;广州海事法院(2014)广海法初字第 74 号民事判决书;青岛海事法院(2014)青海法海商初字第 294 号民事判决书;北海海事法院(2016)桂 72 民初 366 号民事判决书。

属纠纷还是船舶抵押权纠纷，均应适用《海商法》中关于船舶物权或抵押权的冲突规范，而非适用《法律适用法》第 37 条，法院忽略了特别法应优先于一般法，下面以船舶抵押权为例说明法院法律适用的错误之处。

在"交通银行股份有限公司香港分行（以下简称交行香港分行）与五星福建船务有限公司（以下简称五星船务公司）、郑某和金融借款合同纠纷"①中，交行香港分行向五星船务公司提供定期贷款，同时五星船务公司将涉案船舶抵押给交行，并依法在香港船舶登记处办理了抵押权登记手续，后交行香港分行向法院主张实现抵押权，涉案相关协议均明示约定适用香港法律。法院认为，根据《法律适用法》第 3 条、第 37 条、第 41 条规定，本案授信函、银行授信总协议、两份补充授信协议、船舶抵押契据和各担保契据均应根据协议约定，适用香港法律。本案争点在于交行香港分行能否对五星船务公司的船舶享有抵押权，只有既认定船舶抵押合同合法有效，又认定船舶抵押权有效设立，才能确认交行香港分行对涉案船舶享有抵押权。对于船舶抵押合同是否合法有效，法院可以适用当事人协议选择的法律；但对于船舶抵押权是否成立，法院依据《法律适用法》第 37 条适用当事人协议选择的法律存在错误，因为我国《海商法》第 271 条规定船舶抵押权适用船旗国法律，不允许当事人协议选择法律。《海商法》属于特别法应优先于《法律适用法》第 37 条适用，法院只能根据《海商法》第 271 条规定的船旗国法律确定，而不能由当事人协议选择法律。

（二）错误适用法律

《法律适用法》第 37 条规定了当事人意思自治与法律事实发生时动产所在地两个连结点，但法院在依据这两个连结点进行准据法确定时，存在说理错误。主要表现为不当适用当事人意思自治原则、错误理解法律事实发生时动产所在地、重叠适用冲突规范以及依据未规定的连结点确定准据法四个方面。

1. 适用当事人意思自治原则不当

《法律适用法》第 37 条将当事人意思自治规定为首要原则，但法院未正确运用该原则，主要表现为错误理解当事人合意选法，将部分当事人的法律选择作为选法合意；将合同选法合意等同于动产物权选法合意两个方面。

（1）错误理解当事人合意选法

《法律适用法》第 37 条所指的当事人协议选择法律应是所有争议当事人就准据

① 参见北海海事法院（2016）桂 72 民初 443 号民事判决书。

法达成合意,而在司法实践中,法院仅以部分到庭当事人或者一方当事人的法律选择为选法合意,或法院当庭征询当事人就适用法院地法是否存在异议,这些情形均不是法律规定意义上的“当事人协议选择法律”。

如在“洪某元、洪某石等与洪某瑞等共有物分割纠纷”①中,法院认为,原被告均同意选择适用中国法律处理本案纠纷,遂以中国法律为准据法,但该案被告洪某谋、洪某敏并未到庭参加诉讼,法院所指的当事人同意选择中国法律仅是部分当事人的选法意愿,并非所有当事人的选法合意。还有在“温州国彩包装公司与三井住友金融租赁株式会社返还原物纠纷”②中,法院以三井株式会社一方主张即以中国法为准据法。笔者认为,法院以单方或者部分当事人的法律选择作为选法合意不符合我国法律规定,对其他当事人不公平,未体现尊重当事人意思自治。首先,到庭当事人的选法主张仅是个别当事人的法律选择,所有争议当事人没有就准据法达成合意,不是法律规定上所说的“当事人协议选择法律”。其次,不能将未到庭当事人未作法律选择的意思表示视为对到庭当事人法律选择的默示同意,这一理由过于牵强,而且《法律适用法》第3条明确规定当事人选择法律的方式必须以明示的方式作出,我国不承认以默示方式作出的法律选择。最后,当事人未参加诉讼不代表对选择法律权利的放弃,在部分当事人未到庭的情况下法院并非不能确定准据法,法院并非无计可施,仍然有其他的法律选择方法可供选择,法院不必以损害当事人的正当程序权利来达到“选法合意”。

在“本杰明·库克与东方天明机械制造公司等返还原物纠纷”③中,法院于庭审中征求双方当事人意见,当事人对以中国法为准据法没有异议,法院以中国法为准据法。法院当庭征询当事人是否就适用法院地法有异议,此时难免会令人质疑是当事人选法还是法官选法?选择外国法和选择法院地法不仅对当事人的诉讼实体结果有影响,也会影响法官适用法律,为了避免外国法查明的繁重任务,减轻法律适用困难,而且法官对法院地法更为熟悉,往往倾向于适用法院地法。由此,法院征询当事人选择法律的这种做法难免会产生法官选法之嫌,可能未体现当事人选法的真实意愿。

---

① 参见福建省泉州市中级人民法院(2011)泉民初字第391号民事判决书。

② 参见浙江省高级人民法院(2018)浙民终878号民事判决书。

③ 山东省德州市中级人民法院(2017)鲁14民初104号民事判决书。

(2)将合同选法合意与动产物权选法合意等同

在笔者搜集到的20件涉外合同纠纷中,有6件案例[①]中的法院将当事人为合同选择准据法等同于为动产物权选择准据法。以李某东与朱某花、金某焕买卖合同纠纷[②]为例,法院认为,"李某东与金某焕的买卖合同中,未对解决纠纷所应适用的法律作出选择,又因本案买卖合同所涉标的物及买卖行为发生在中国境内,根据《法律适用法》第36条、第37条之规定,本案应适用中国法律进行调整"。法院说理错误,如果将此案定性为涉外合同纠纷,则应根据《法律适用法》第41条合同冲突规范确定准据法,而非依据物权冲突规范。即使此案可以定性为涉外物权纠纷,也不能将当事人为合同选择准据法等同于为物权选择准据法。因为合同是债权关系,债权是对人权,是特定当事人之间的权利义务关系,当事人可以协议选择准据法,且只能约束债权关系当事人,不能对抗第三人;而物权是对世权,其表现为物权实现时权利人可以排除任何他人的意思,产生的法律后果也不局限于合同当事人双方,以合同当事人选择的法律作为物权准据法就可能对第三人利益造成影响。

从具体案情来看,本案合同当事人为李某东与金某焕,而对涉案动产权属产生争议的朱某花为合同第三人,按照法院的裁判思路,若合同当事人李某东与金某焕在合同中约定了准据法,则根据意思自治原则适用当事人协议选择的法律。在动产物权纠纷有第三人参与的情况下,法院的说理存在几点错误。首先,突破了合同相对性原理,以合同约定约束合同第三人,不符合合同的基本理论。其次,不符合国际私法中当事人意思自治的要求,当事人协议选择法律是所有当事人就准据法达成一致的意思表示,而合同中的选法合意仅是部分当事人的选法合意,并非所有争议当事人的选法合意,当事人无共同意思自治。最后,物权具有公示性,物权的具体种类和每种物权的具体内容都应具有预见性,能为第三人所了解,以合同当事人选择的法律约束第三人,与物权法定、物权公示原则不符,不利于现实生活中第三人合法权益的保护。

笔者认为,对于当事人合同中约定的法律能否适用于动产物权,应当分情况作出界定。对于同一交易关系的合同当事人,其间产生的合同、物权、侵权争议适用合

---

① 广东省高级人民法院(2013)深中法涉外终字第102号民事判决书;广东省佛山市南海区人民法院(2014)佛南法民二初字第474号民事判决书;吉林省高级人民法院(2016)吉民终276号民事判决书;江苏省连云港中级人民法院(2016)苏07民初173号民事判决书;广东省珠海市中级人民法院(2017)粤04民初79号民事判决书;广东省广州市荔湾区人民法院(2018)粤0103民初2451号民事判决书。

② 吉林省高级人民法院(2016)吉民终276号民事判决书。

同中约定的法律有一定的合理性,也有利于增强法律适用的准确性和可预见性,但不能突破合同相对性,即不能以合同当事人选择的法律约束第三人。即使是支持在动产物权领域当事人可以协议选择法律的学者,也并不认为对所有动产物权争议均允许当事人意思自治,而是认为双方之间的物权争议可以由当事人协议选择法律,而三方物权争议不能由当事人协议选择法律。[①] 因此,在涉外动产物权纠纷中,若当事人为第三人,不应以合同当事人选择的法律约束第三人。

2. 错误理解法律事实发生时动产所在地

物之所在地法是解决物权法律冲突的基本原则,对于物权适用物之所在地法有主权说、法律关系本座说、利益需要说等学说,[②]也是多数国家立法的通行做法,我国《法律适用法》亦规定在当事人未协议选择法律的情形下,适用物之所在地法。又因动产实际位置经常发生变动而导致确定动产所在地十分困难,为增强法律适用的确定性和准确性,《法律适用法》以"法律事实发生时"对动产所在地进行了限定。但"法律事实发生时"这一概念过于模糊和抽象,没有具体标准,导致法院在适用过程中存在很多错误,将其等同于法律事实发生地或单纯的动产所在地,而且现实纠纷中往往涉及多个法律事实,法院也并未对具体指向哪一法律事实进行界定,司法实践中适用这一连结因素还有许多亟待完善的地方。

如在喻某华、黎某海等与尹某等返还原物纠纷[③]中,法院认为,当事人没有选择适用的法律,法律事实发生自中国境内,应适用中国法律。还有在广州番禺励业漂染公司与广州南沙东涌经济发展公司等公司证照返还纠纷[④]中,法院认为,涉案公司证照均位于中国内地,因此应以中国内地法律为准据法。法官将法律事实发生时动产所在地错误理解为法律事实发生地或动产所在地,法律事实指向的是当事人的法律行为,依此确定的法律应为当事人法律行为准据法而非动产物权准据法,而且从文义解释来看,法律事实发生时仅是动产所在地的限定语,并非以此确定准据分,而以单纯的动产所在地确定准据法未实现《法律适用法》提高法律适用确定性的立法

---

① 参见宋晓:《中国国际私法的制度生成》,北京大学出版社2018年版,第140~141页。在其动产物权一章,将物权争议分为双方之间的物权争议和三方之间的物权争议:"物权争议可以区分为双方之间的物权争议和三方之间的物权争议,物权的双方争议仅限于交易主体之间,不涉及第三人;物权的三方争议是指交易主体之外,还有第三人主张物权权益。"

② 参见韩德培主编:《国际私法》(第3版),高等教育出版社、北京大学出版社2014年版,第185页。

③ 云南省瑞丽市人民法院(2014)瑞民一初字第099号民事判决书。

④ 广东省广州市南沙区人民法院 (2014)穗南法民二初字第109号民事判决书。

目的。

虽然《法律适用法》对动产所在地以“法律事实发生时”进行限定，但在司法实践中，涉及的纠纷往往非常复杂，法院往往未对“法律事实”进行界定即确定准据法。如在佛山某某厂与李某某所有权确认纠纷[①]中，佛山某某厂与海娜睿厂约定佛山某某厂向海娜睿厂交付3台数控机床，同时对付款方式和当事人的权利义务进行约定。后针对涉案机床所欠余款，当事人达成一份《分期付款协议》，约定在协议中款项尚未付清前，机床所有权暂由佛山某某厂保留。该案涉及的法律事实包括当事人签订购销合同、佛山某某厂向海娜睿厂交付涉案机床、当事人签订分期付款协议、约定所有权保留等，法院并未对具体哪一“法律事实发生时”的动产所在地，而是认为“原、被告双方并未选择合同争议应适用的法律，参照《法律适用法》第37条规定，适用中国内地法律”。

《法律适用法》第37条所指的“法律事实发生时”，应是与当事人之间争议密切相关的法律事实即当事人争议的动产物权据以产生、变更或者消灭的法律事实。根据该规则，“当某一物权成立、变更或消灭后，该标的物被转移到另一国家时，所适用的是原来的物之所在地法；如果引起物权产生或变动的事实发生前或正在持续而尚未终止期间，标的物被转移到另一国，此时适用后来的物之所在地国法律”。[②] 上述案件中，当事人对涉案设备权属产生争议，当事人约定在协议款项尚未付清之前机床所有权暂由佛山某某厂保留，涉案设备所有权保留的权利依据当事人之间《分期付款协议》产生，当事人约定所有权保留前，佛山某某厂即向海娜睿厂交付涉案设备，因此应适用后来的物之所在地法，即中国内地法律。

3. 重叠适用冲突规范

《法律适用法》第37条属于有条件选择适用冲突规范，即“系属中有两个或两个以上的连结点，必须依顺序或条件选择系属中的连结点来确定准据法的冲突规范”。[③] 必须优先适用当事人意思自治原则，只有当事人未协议选择法律时，才能选择适用法律事实发生时动产所在地法。[④] 但法院在确定准据法时，或许是出于增强法律适用说服力的考虑，或许是对单一适用当事人自治原则的忧虑，往往对准据法

① 广东省东莞市第二人民法院(2011)东二法民四初字第85号民事判决书。

② 杜涛：《涉外民事关系法律适用法释评》，中国法制出版社2011年版，第249页。

③ 肖永平：《国际私法原理》(第2版)，法律出版社2007年版，第84页。

④ 参见宋晓：《当代国际私法的实体取向》，中国财政经济出版社2004年版，第151页。

同时满足两个连结点进行说明,有学者称之为"补强说理"。[①] 法院重叠适用当事人意思自治原则和法律事实发生时动产所在地法作为确定准据法的理由,忽略了《法律适用法》第37条的性质,未对其连结点之间的关系进行正确理解,造成了实践中的错误适用。

比如,上海曼通光电科技有限公司与前视红光光电科技(上海)有限公司返还原物纠纷[②]中,法院先确定涉案设备位于中国内地,又以当事人均同意适用中国内地法律确定准据法。在原告、被告均同意适用中国内地法律的情况下,法院即可依据当事人意思自治原则确定准据法,而不必考虑法律事实发生时动产所在地,这是《法律适用法》第37条题中应有之义。而且根据我国法律规定,法官没有权利在动产所在地法律和当事人选择的法律二者中任意选择或者将二者重叠适用。法院重叠适用当事人意思自治原则和动产所在地来论证中国法律作为准据法的做法违背我国冲突规范规定。

4. 依据未规定的连结点确定准据法

《法律适用法》第37条仅规定当事人意思自治和法律事实发生时动产所在地两个连结点,但法官在确定准据法时对连结点的范围进行了扩大解释,依据动产登记地、法律行为发生地等确定准据法,虽然法院确定准据法的连结点多种多样,但其本质是依据最密切联系原则确定准据法。

《法律适用法》第2条第2款规定:"本法和其他法律对涉外民事关系法律适用没有规定的,适用与该涉外民事关系有最密切联系的法律。"通过立法参与者对我国最密切联系原则的解读[③]可以发现,只有法律对涉外民事法律适用问题没有规定时,才适用与该涉外民事关系有最密切联系的法律。[④] 也就是说,只有在《法律适用法》无明确规定的情况下,最密切联系原则才有适用空间,最密切联系原则仅是一项补

① 参见秦瑞亭:《中国国际私法实证研究》,南开大学出版社2017年版,第310页。将判决书、裁定书中应当如何适用何国法律作为准据法的问题综合运用多种理由、进行叠床架屋式的说理,称为"补强说理"。

② 上海市普陀区人民法院(2017)沪0107民初26482号民事判决书。

③ 《法律适用法》的起草者认为最密切联系应当包括三方面含义:一是确定适用的法律应当与该涉外民事关系具有最密切联系;二是确定适用的法律与该涉外民事关系不具有最密切联系的,则适用与该涉外民事关系具有最密切联系的法律;三是法律对涉外民事关系法律适用问题没有规定的,适用与该涉外民事关系有最密切联系的法律。经历几次修改,仅保留了最密切联系的第三层含义,而删去了第一层和第二层含义。

④ 参见王胜明:《涉外民事关系法律适用法若干争议问题》,载《法学研究》2012年第2期。

充性原则,起到补缺作用。[①] 在《法律适用法》对动产物权冲突规范有明确规定的情况下,法院不应适用最密切联系原则确定准据法,但我国法院仍适用最密切联系原则确定涉外动产物权准据法。

在李某德、佘某松所有权确认纠纷[②]中,一审法院认为,"由于双方当事人没有约定适用法律,根据最密切联系原则,应适用与本案有最密切联系地的法律。鉴于双方之间的民事法律关系发生在我国内地,故可认定内地法律为解决双方当事人争议的准据法"。法院说理错误,法院已经将该案定性为涉港动产所有权确认纠纷,应当参照《法律适用法》第 37 条确定准据法,但法院却适用了最密切联系原则,最密切联系原则只有在《法律适用法》和其他法律均没有规定的情况下才适用,而且法院认为由于双方当事人没有约定适用的法律,应适用与本案有最密切联系地的法律,与《法律适用法》第 37 条规定也不符。在二审中,法院虽然援引《法律适用法》第 37 条确定准据法,但却并未否认一审法院依据最密切联系原则适用中国内地法律的理由。[③] 还有在山本琴美与张 × 强、× × 合伙协议纠纷[④]中,法院认为:"山本琴美与张 × 强在订立《投资协议书》、《借款结算协议》之时及发生争议之后,并未协议选择解决争议所适用的法律,本案诉争车辆登记地以及张 × 强、× × 住所地均在中国境内,依照《法律适用法》第 3 条、第 37 条、第 41 条规定,应当适用中国法律。"法院虽然援用《法律适用法》第 37 条,裁判文书中也并未提及最密切联系原则,但其根据涉案动产登记地、当事人住所地确定准据法,其本质也是依据最密切联系原则确定准据法。

三、完善我国法院适用动产物权冲突规范的建议

综观我国法院适用动产物权冲突规范的 70 件案例,法院在适用过程中出现了扩大适用范围、错误援用连结点等问题。究其原因,笔者认为在于以下两个方面:一方面,我国动产物权冲突规范不完善,仅有《法律适用法》第 37 条规范,没有其他法律规定或司法解释进行补充,更没有指导案例或典型案例可供参考,造成了法院在实践中的误用和错用;另一方面,法官不注重说理,对冲突规范的适用仅限于援引法律条文,未对冲突规范本身进行解读,援用冲突规范错误。

---

① 参见许庆坤:《涉外民事关系法律适用法的司法解释问题研究》,法律出版社 2019 年版,第 147 页。

② 广东省广州市珠海区人民法院(2017)粤 0105 民初 10690 号民事判决书。

③ 广东省广州市中级人民法院(2018)粤 01 民终 21543 号民事判决书。

④ 江苏省高级人民法院(2017)苏民终 586 号民事判决书。

(一)进一步完善动产物权冲突规范

动产物权冲突规范仅见于《法律适用法》第37条,且立法语言较为模糊,适用范围不明,也没有任何补充规定或适用解释,应通过制定司法解释、发布指导案例的方式补充完善动产物权冲突规范。

1. 明确识别准据法

我国《法律适用法》对动产与不动产采取分别立法形式,并分别为其规定了不同的连结点,因此将诉争之物明确定性为动产或不动产,是适用《法律适用法》第36~38条的重要前提。① 对于识别动产与不动产的准据法,我国法院在司法实践中适用法院地法,也有学者主张《法律适用法》第8条并未将动产与不动产的区分排除在外,②因此动产与不动产的识别应适用法院地法。笔者认为,我国《法律适用法》第8条的识别对象③仅限于事实构成,而不包括对冲突规范使用的法律术语的理解,④而且对于动产与不动产的识别,适用物之所在地法符合大多数国家做法,甚至具有某种国际习惯法地位。在学者《法律适用法(建议稿)》中也建议,不动产和动产的识别不适用法院地法,而应依物之所在地法律。⑤《法律适用法》未明确规定这一问题,应通过司法解释的方式明确识别动产与不动产的准据法。

2. 限制当事人意思自治适用范围

动产物权准据法的适用范围为动产物权的种类的内容,物权的设立、变更、转让和消灭,以及物权的保护方法,等等。⑥ 允许当事人选择动产物权准据法是为了适应频繁的国际贸易,改变传统的物之所在地法的弊端,但不应忽视物权对世性及对第三人的影响,而且从各国立法和司法实践来看,当事人意思自治主要用于确定特定当事人之间权利义务关系的准据法。⑦ 我国法院在适用当事人意思自治时未充分考虑保护第三人的利益,应当对《法律适用法》第37条中当事人意思自治的范围进行

① 参见秦瑞亭主编:《国际私法》,南开大学出版社2014年版,第284~285页。

② 参见秦瑞亭:《中国国际私法实证研究》,南开大学出版社2017年版,第271页。

③ 对于识别对象,国内外学者对此有不同认识,主要可以分为三种观点:(1)事实构成;(2)事实和冲突规范使用的法律术语;(3)冲突规范。

④ 参见齐湘泉:《〈涉外民事关系法律适用法〉起草过程中的若干争议及解决》,载《法学杂志》2010年第2期。

⑤ 参见黄进主编:《中华人民共和国涉外民事关系法律适用法建议稿及说明》,中国人民大学出版社2011年版,第18页。

⑥ 参见万鄂湘主编:《〈中华人民共和国涉外民事关系法律适用法〉条文理解与适用》,中国法制出版社2011年版,第271~272页。

⑦ 参见朱江:《动产物权冲突规范中的意思自治原则》,载《国际法研究》2016年第5期。

限制：当事人协议选择法律仅限于合同纠纷，且不得损害第三人的合法权益。

3. 明确界定“法律事实发生时”

在当事人未协议选择法律时，应当适用法律事实发生时动产所在地法律，但“法律事实发生时”这一概念具有模糊性和不确定性，难以为法院在实践中适用这一规则提供指导。为此应通过司法解释或指导案例的形式对“法律事实发生时”进行解释和完善，考虑当事人争议的动产物权据以产生、变更或者消灭的法律事实，根据所涉法律事实与当事人之间争议的联系程度确定准据法。

(二)加强裁判文书说理

在涉外案件中，法官对冲突规范的援用大多仅列举法条或对连结因素进行列举，而并不说明连结因素及法律适用理由，法律的生命在于实施，实施的关键在于法官对法律条文的准确理解和援引，①应加强法官对冲突规范的理解并将其体现在法院裁判文书的说理中。

1. 正确处理动产物权冲突规范适用范围

我国法院在司法实践中不当地扩大了动产物权冲突规范适用范围，其本质在于未正确处理好冲突规范的适用顺序问题。根据《法律适用法》及其司法解释，海商、民用航空等商事领域法律适用的规定属于另有特别规定的范围，②应优先于动产物权冲突规范。而在其他涉外民商事关系中，是否需要适用动产物权冲突规范，应当根据其涉及的法律关系进行判断。以涉外夫妻财产关系为例，当事人就系争动产权属发生争议，从形式上看是对动产权属的确认之诉，但当事人是基于身份关系而要求确认动产物权归属，其实质是因身份关系所产生的财产争议。当事人之间的争议基于确认当事人之间具有身份关系，具有更强的身份特征或属人特性，应适用《法律适用法》夫妻财产关系冲突规范而非动产物权冲突规范。因此，应当根据案涉动产所涉及的法律关系确定究竟依照哪一冲突规范确定涉外民事关系的准据法。

2. 正确理解连结点的含义及适用顺序

司法实践中，法官未对动产物权冲突规范的连结点及其含义进行正确理解，造成实践中对连结点的错误援用。法官对动产物权冲突规范的正确援用顺序应当是：首先，法院受理涉外民商事纠纷并将其定性为涉外动产物权纠纷后，应当依据《法律适用法》第37条规定的连结点及适用顺序确定准据法，没有最密切联系原则的适用

---

① 参见林燕萍、娄卫阳：《意思自治原则在上海涉外审判中的运用》，载《法学》2015年第12期。

② 参见万鄂湘主编：《〈中华人民共和国涉外民事关系法律适用法〉条文理解与适用》，中国法制出版社2011年版，第18页。

空间。其次,根据《法律适用法》第37条,法院应当主动审查当事人是否存在选法合意,选法合意应是所有争议当事人就法律选择达成合意,且满足《法律适用法》及其司法解释中对法律选择的时间、方式、可选择的法律规定等方面的要求。如果当事人就准据法达成合意且满足协议选择法律的其他要求,法官应当适用当事人协议选择的法律,而不必考虑其他连结点。最后,若当事人没有协议选择法律或法律选择无效,此时应当援用法律事实发生时动产所在地确定准据法,法官应根据案件的具体情况,分析案件中涉及的法律事实,根据法律事实与当事人之间争议的联系程度确定准据法。法院裁判文书绝不仅是一个简单的结论,如"依据《法律适用法》第37条,本案纠纷应适用××法律"或"当事人未选择法律,应当适用法律事实发生时动产所在地法律,即××法律",法官应当注重裁判文书说理,将援引的冲突规范、连结因素、适用顺序、依据事实等阐述清楚明白。

四、结语

《法律适用法》第37条填补了我国动产物权冲突规范的立法空白,以当事人意思自治为首要原则,以法律事实发生时动产所在地法为补充的动产物权冲突规范,既符合国际化立法趋势也有利于增强法律适用的确定性和准确性。但是,从我国法院适用动产物权冲突规范的70件案例可以看出,在我国法院对动产物权冲突规范的理解和适用并不到位,未能处理好特别法与一般法、不同冲突规范之间的关系,不当扩大了动产物权冲突规范的适用范围;未能正确理解当事人意思自治和法律事实发生时两个连结点的含义及冲突规范的性质,错误适用法律。笔者认为,原因在于我国动产物权冲突规范立法语言具有不确定性和模糊性,缺乏补充规定及参考案例,法官在涉外案件中亦不注重说理等。因此,应通过司法解释补充完善动产物权冲突规范,发布典型或指导案例,为适用动产物权冲突规范提供标准,同时注重裁判文书说理,促进我国法院正确适用动产物权冲突规范。

国际民商事争议解决机制

外国判决承认执行中互惠关系认定标准的重构*

杜　涛**　王洪根***

互惠原则是国家之间通过条约等途径或形式在进行司法协助时相互给予的便利待遇或给予便利的保证，对于全球法院判决的自由流动具有重要影响。《承认与执行外国民商事判决公约》的出台并不意味着互惠原则的湮灭或消逝，互惠原则仍将是外国判决承认执行的重要条件。各国在实践中，多采用条约互惠、事实互惠、法律互惠、推定互惠等标准来认定互惠关系，每种认定标准都各有其利弊，若仅单独采用其中某一标准，不利于发挥互惠关系的激励作用。“一带一路”是我国为构建人类命运共同体而提出的重要倡议。为了促进“一带一路”倡议的深入发展并为其建设提供司法保障，我国应在涉外司法协助中坚持人类命运共同体理念的指引，坚持对话协商、合作共赢、交流互鉴，采用合理可能性标准认定互惠关系，打破国家之间判决承认执行上无互惠的僵局，促进国际民商事纠纷的有效解决，促进国际司法合作，进而为构建人类命运共同体贡献中国力量。

一、问题的提出

2019年6月18日至7月2日，海牙国际私法会议在荷兰海牙召开第二十二届外交大会，谈判通过了《承认与执行外国民商事判决公约》(以下简称《海牙判决公约》)，首次全面确立了民商事判决跨境流通的统一规则，对承认和执行外国民商事判决的范围、条件及拒绝理由作出了系统规定，将国际民商事领域的司法合作推向新高度，有利于促进民商事判决在全球范围内的自由流通并弱化互惠原则的阻碍作用。然而，《海牙判决公约》的出台及生效，并不意味着互惠原则将在民商事判决承

* 本文系国家社科基金重点项目“中美贸易争端背景下我国应对美国长臂管辖权的法律机制研究”(批准号:19AFX025)的阶段性成果之一。

** 华东政法大学国际法学院教授，法学博士。

*** 华东政法大学国际法学院博士研究生。

认执行领域失去用武之地。相反,由于该公约将各国分歧较大的隐私权、知识产权、遗嘱与继承、破产等事项排除适用,互惠原则仍将是涉及公约排除事项的法院判决承认和执行的重要条件。

习近平主席在2013年提出了“丝绸之路经济带”的概念以及共建21世纪“海上丝绸之路”的主张,形成了“一带一路”倡议。该倡议是我国构建人类命运共同体的重要实践,自提出之后引发许多国家的热烈响应和支持。截至2019年6月,与中国签订共建“一带一路”合作文件的国家(以下统称“一带一路”国家)已达137个。① 于众多“一带一路”国家中,仅波兰、委内瑞拉等7个国家在关于外国判决承认和执行的立法中废除了互惠要求,多米尼加、厄瓜多尔等14个国家的法律没有规定互惠要求,除此之外,多数国家都将互惠作为承认和执行外国判决的法律依据或条件。② 我国《民事诉讼法》也将互惠原则作为国际条约缺失时外国判决承认与执行的法律依据。

随着我国改革开放的深入推进,“一带一路”倡议的朋友圈日益扩大,我国与相关国家的经贸往来迅猛发展,私人之间的民商事交往越来越密切,涉外民商事纠纷日益繁杂,使国际民商事纠纷的解决愈加重要,尤其是外国法院判决的承认和执行。我国法律和相关司法解释仅规定互惠原则是承认和执行外国判决的法律依据之一,对于何为“互惠原则”、如何判断是否存在互惠关系以及互惠关系的证明责任等事项没有作出具体规定和明确解释。在实践中,我国学界对《民事诉讼法》规定的互惠原则的理解存在误区,我国法院常以保守谨慎的态度适用互惠,且认定互惠的标准过于单一严格,不同地域法院对单一的认定标准也存在不同的理解,经常忽视互惠在

① “一带一路”合作国家概览,参见中国一带一路网:https://www.yidaiyilu.gov.cn/info/iList.jsp?cat_id=10037,最后访问日期:2019年6月23日。

② 笔者参考了Jürgen Basedow et al., *Encyclopedia of Private International Law*, Cheltenham, Edward Elgar Publishing Limited, 2017; Béligh Elbalti, “Reciprocity and the Recognition and Enforcement of Foreign Judgments: A Lot of Bark but Not Much Bite”, *Journal of Private International Law* 13, 2017; Adeline Chong ed., *Recognition and Enforcement of Foreign Judgments in Asia*, Singapore, Asian Business Law Institute, 2017等英文资料,汇总了瑞士、阿尔巴尼亚、委内瑞拉、立陶宛、保加利亚、马其顿、波兰、黑山、西班牙、奥地利、亚美尼亚、埃塞俄比亚、白俄罗斯、波斯尼亚和黑塞哥维那、柬埔寨、智利、哥伦比亚、克罗地亚、古巴、捷克、丹麦、芬兰、格鲁吉亚、德国、匈牙利、印度尼西亚、伊朗、以色列、日本、哈萨克斯坦、韩国、老挝、列支敦士登、墨西哥、荷兰、挪威、朝鲜、秘鲁、罗马尼亚、俄罗斯、沙特阿拉伯、塞尔维亚、斯洛文尼亚、瑞典、突尼斯、土耳其、乌克兰、乌兹别克斯坦、越南、巴拿马、安哥拉、阿根廷、比利时、巴西、多米尼加、厄瓜多尔、埃及、爱沙尼亚、法国、希腊、冰岛、爱尔兰、意大利、拉脱维亚、卢森堡、马耳他、莫桑比克、巴拉圭、葡萄牙、斯洛伐克、乌拉圭等70多个国家有关外国判决承认和执行立法中的互惠要求,其中“一带一路”国家有50多个。

外国判决承认和执行中的重要地位。由此导致互惠在我国法院的司法实践中存在诸如裁判文书中缺少互惠适用的论证说理、同一实例在不同地域的法院有着截然相反的结论、互惠成为单纯的报复工具等问题。这既违背《民事诉讼法》设置互惠原则的初衷,又不利于保障中外当事人的合法权益,损害法律程序的确定性和可预期性,对我国司法制度的国际公信力造成不良影响,甚至不利于构建良好的国际化法治化的营商环境。

为了改善互惠原则的适用现状,促进法院判决的自由流动,推进和保障"一带一路"建设,本文以互惠关系的认定标准为中心,评析各国实践中不同认定标准的利弊,在厘清我国《民事诉讼法》中互惠原则的应有之义的同时,探索如何在人类命运共同体理念的指引下重构我国认定互惠关系的标准。

二、互惠关系在各国实践中不同认定标准的评析

互惠是国家之间相互承认和执行法院判决的重要因素。根据不同国家的法律规定,互惠或是一国法院承认和执行另一国法院所作判决的基础和根据,或是判定是否予以承认和执行的基本条件之一。因此,各国有关互惠的认定和适用对于全球法院判决的自由流动具有重要影响。综观各国认定和适用互惠的实践,互惠的认定标准在学理上可分为条约互惠、事实互惠、法律互惠和推定互惠四种。

(一)条约互惠

条约互惠是广义上的互惠,是指一国与其他国家签订双边或者多边国际条约,从而因条约对缔约国的效力而在各缔约国中所形成的互惠关系。① 采用此种标准的国家大多将互惠作为承认和执行外国判决的基础或前提条件。在司法实践中,承认执行国法院必须首先确定本国与判决作出国之间存在互惠关系,之后才会审查是否符合其他的条件。对于采用条约互惠的国家,其判决在另一个国家实际上得到承认和执行的事实,或者其判决有在另一个国家得到承认和执行的可能性,都不足以证明存在互惠关系。② 因此,必须通过条约或政府声明正式确定互惠关系。例如,在奥地利,来自非欧盟成员国的法院判决的承认和执行由《执行判决法案》管辖,该法案第79条第2款规定了一个严格的相互关系原则(互惠)作为一项承认和执行外国判决的前提条件。若要符合这一条件,外国实际上承认并执行奥地利判决的事实本身

---

① 参见王吉文:《互惠原则在判决承认与执行上的缺陷》,载《云南大学学报》(法学版)2008年第3期。

② See Béligh Elbalti, "Reciprocity and the Recognition and Enforcement of Foreign Judgments: A Lot of Bark but Not Much Bite", *Journal of Private International Law* 13, 2017, p. 196.

并不足以证明,必须存在正式的相互关系凭证,如国际条约等。① 荷兰、挪威、瑞典、丹麦、列支敦士登、印度尼西亚等国家都采用此标准。

条约互惠可以为承认执行国法院提供客观明确的判定标准,保证互惠原则的顺畅运作,便利缔约国之间法院判决的自由流通。只要承认执行国与判决作出国缔结或共同加入了涉及民商事法院判决承认和执行的国际条约,两国之间就存在法院判决承认和执行上的互惠关系或相互保证。然而,仅采用条约互惠将缩小可在承认执行国法院申请承认和执行的外国判决的范围,进而引发重复诉讼问题,既增加当事人的诉累,又浪费承认执行国和判决作出国的司法资源。

(二)事实互惠

事实互惠,是指判决作出国已经承认和执行承认执行国法院判决的实例可以证明两国之间存在互惠关系。我国是采用事实互惠的典型国家,对于我国采用事实互惠产生的问题,笔者将在下一部分予以详述。

事实互惠看似为承认执行国法院提供了简单、明确且客观的判定标准,即只要判决作出国已经有承认和执行承认执行国判决的实例就可认定存在互惠,在实践中却极易产生问题。一个实例能否证明两国之间存在互惠关系?一个实例能证明同类或类似判决还是所有种类判决中存在互惠关系?当判决作出国是多法域国家时,A 法域存在的实例能够证明承认执行国与判决作出国之间存在互惠关系,还是仅能够证明 A 法域和承认执行国之间存在互惠关系?若外国既存在承认和执行本国法院判决的实例,又存在拒绝承认和执行本国法院判决的实例,外国与本国的互惠关系该如何认定?针对这些问题,承认执行国法院如果没有统一的答案,就极易导致不同法院对同一实例得出截然相反的结论,损害法律的确定性和可预期性。

此外,事实互惠是一种被动的防守型标准,它要求其他国家"先走一步",只有其他国家率先承认和执行内国判决,该内国才能认定存在互惠关系并承认和执行对方国家的判决。如果一国法院一味地追求事实互惠,而对方国家也是如此,彼此之间都要求对方必须有承认和执行本国判决的实例,那么事实互惠将不可能真正实现,条约之外的互惠原则也将失去存在意义。② 此外,由于各国法律制度存在较大差异,加之语言使用情况复杂,很难查明其他国家是否存在承认和执行内国法院判决的实例,因此单一的事实互惠标准不利于发挥互惠激励其他国家承认和执行内国判决的

---

① See Jürgen Basedow et al., *Encyclopedia of Private International Law*, Cheltenham, Edward Elgar Publishing Limited, 2017, p.1893.

② 参见李旺:《外国法院判决的承认和执行条件中的互惠原则》,载《政法论坛》1999 年第 2 期。

功能,也不利于促进全球判决的自由流通。

(三)法律互惠

关于法律互惠,我国学者之间的理解存在分歧。第一种观点认为,法律互惠是外国法律上承认我国的判决或按其法定条件不拒绝我国判决。① 易言之,法律的互惠就是法律中规定的外国判决承认和执行制度。② 有学者认为如果法律规定不得给予承认,是不会有事实的承认的,是以,没有法律互惠是不大可能有事实互惠的。③ 第二种观点认为,法律互惠是指判决作出国和承认执行国均在国内立法中明确了互惠原则是承认与执行外国判决的条件之一。④ 该种观点认为在认定法律互惠时,又存在事实互惠与推定互惠之分。第三种观点认为,法律互惠是在内国法中将互惠列为承认和执行的条件之一,在解释互惠原则时,将本国承认和执行条件与判决作出国的条件进行比较,要求该外国法院会在同等条件下承认与执行本国判决,或至少判决作出国的条件不比承认执行国规定的更严格。⑤ 还有一种观点将法律互惠理解为外国对内国判决的承认与执行并无先例发生,只要预计日后内国判决有望获得该外国的承认与执行,也视为内外国间存在互惠关系。⑥ 简言之,这些观点的主要分歧在于内国法是否将互惠作为承认和执行外国判决的条件。因此,对于法律互惠的理解主要分两种:其一,只要内国法中规定了外国判决承认和执行制度就视为存在法律上的互惠关系,而无论其是否将互惠作为承认和执行的条件;其二,在内国法中规定互惠是承认和执行外国判决的条件的视为存在法律互惠。

大部分国家对法律互惠的理解是第一种,即判决作出国的国内法(包括成文法和判例法)中规定了外国判决承认和执行制度,无论其是否将互惠作为承认和执行的条件。例如,以色列《外国判决执行法》第4条a款规定,若根据一国的法律规定,以色列的法院判决不能在该国得到执行,那么该国的判决也不能在以色列得到执行。在 Double Kay v. Gazprom 案中,以色列法院确立了认定互惠的标准,即只要该

---

① 参见李旺:《外国法院判决的承认和执行条件中的互惠原则》,载《政法论坛》1999年第2期。

② 类似观点,参见徐崇利:《经济全球化与外国判决承认和执行的互惠原则》,载《厦门大学法律评论》2004年第8期。

③ 参见李旺:《外国法院判决的承认和执行条件中的互惠原则》,载《政法论坛》1999年第2期。

④ 参见刘力:《"一带一路"国家间法院判决承认与执行的理据与规则》,载《法律适用》2018年第5期。

⑤ 参见陈洁、肖冰:《"一带一路"背景下承认与执行外国判决中互惠原则适用的变革及建议——以以色列最高法院首次承认和执行我国民商事判决为视角》,载《江苏社会科学》2018年第2期。

⑥ 参见陈亮、姜欣:《承认和执行外国法院判决中互惠原则的现状、影响和改进——以以色列承认和执行南通中院判决案出发》,载《法律适用》2018年第5期。

外国存在承认以色列法院判决的合理可能性,无论该外国法律是否将互惠作为承认和执行的条件、该外国是否存在执行以色列法院判决的事实,都视为满足互惠要求。[①] 韩国、德国、日本等在国内法中将互惠作为承认和执行条件的国家在认定互惠关系时都采用类似解释。

采用法律互惠标准可以减轻当事人举证的困难程度,增加我国与其他国家之间承认和执行判决的可预测性和确定性,也无须担心我国率先承认和执行外国判决,但该外国却否认存在互惠关系。[②] 但是,在采用法律互惠时应该明确此种互惠是仅适用于同类或类似判决,还是适用于所有的民商事判决。此外,对于来自非统一法律制度国家的判决,尤其是该国家某一领土单位的法院依据仅适用于该领土单位的法律作出的判决,在采用法律互惠时还应明确是否仅审查适用于全部领土的法律规定。

(四)推定互惠

推定互惠,是指只要外国没有以缺乏互惠为由拒绝承认和执行本国判决的实例,就认定存在互惠关系。这是一种更为开放的、宽松的认定互惠关系的标准。通常,本国法院先假定与判决作出国之间存在互惠关系,若一方当事人提供证据证明判决作出国曾经以不存在互惠为由拒绝承认和执行本国判决,则本国可以认定双方之间不存在互惠关系。是以,推定互惠又可称为反向互惠。采用推定互惠可以避免要求事实互惠或法律互惠(正向互惠)带来的囚徒困境,可以使本国法院在对外国判决的承认和执行中具有主动性和灵活性。[③] 当然,采用推定互惠还能消解请求方为证明互惠关系所需承担的举证责任,增强了互惠关系存在的可能性,有利于提高民商事判决相互承认和执行的实效。[④] 但是,在外国存在拒绝承认和执行本国法院判决的实例的情况下,推定互惠将无法适用,亦即无法突破无互惠的困境。

罗马尼亚、斯洛文尼亚、克罗地亚、塞尔维亚等"一带一路"国家陆续采用推定互惠标准,除非存在判决作出国曾以不存在互惠关系为由拒绝承认和执行本国法院判

① 参见陈洁、肖冰:《"一带一路"背景下承认与执行外国判决中互惠原则适用的变革及建议——以以色列最高法院首次承认和执行我国民商事判决为视角》,载《江苏社会科学》2018年第2期。

② 参见陈亮、姜欣:《承认和执行外国法院判决中互惠原则的现状、影响和改进——以以色列承认和执行南通中院判决案出发》,载《法律适用》2018年第5期。

③ 参见朱伟东:《试论我国承认与执行外国判决的反向互惠制度的构建》,载《河北法学》2017年第4期。

④ 参见张勇健:《"一带一路"背景下互惠原则实践发展的新动向》,载《人民法院报》2017年6月20日,第2版。

决的实例，否则认定双方之间存在互惠关系。

三、我国适用互惠原则实践中存在的问题

自我国《民事诉讼法》规定互惠原则是外国判决承认和执行的依据之一以来，我国法院先后适用互惠原则处理了来自日本、德国、英国、澳大利亚、韩国、乍得、马来西亚、美国、以色列和新加坡等国家法院作出的约16份民商事判决。其中，“五味晃案”是我国法院适用互惠原则处理外国判决承认和执行请求的第一案。在该案中，我国法院所作裁定书仅写明“我国与日本国之间没有缔结或者参加相互承认和执行法院判决、裁定的国际条约，亦未建立相应的互惠关系”，至于如何认定中日之间是否存在互惠关系，无法从此裁定书中推知。[①] 此后，我国各法院所作关于外国判决承认和执行案件的裁定书都沿用了这一表述，缺乏适用互惠原则的论证说理，且大多认定判决作出国与我国不存在互惠关系。

2012年，湖北省武汉市中级人民法院首次依据互惠原则承认和执行了德国法院判决，[②]改变了我国法院先前认定的中德之间不存在互惠关系的境况，[③]并使互惠作为我国法院承认和执行外国法院判决的法律依据之一，开始发挥它应有的作用。武汉市中级人民法院所作该案的裁定书写明“鉴于德国柏林高等法院在之前已经判决承认无锡高新技术产业开发区人民法院民事裁定，可按互惠原则承认德国Montabaur地方法院破产裁定的效力”，由此可知，我国一贯采用事实互惠标准认定是否存在互惠关系。若判决作出国存在承认与执行中国法院判决的实例，则认定存在互惠，进而依据互惠原则进行审查，对符合条件的外国民商事判决予以承认和执行。若判决作出国不存在此种实例，则认定不存在互惠关系，直接裁定驳回当事人的申请，对该外国法院判决不予承认和执行。之后，我国法院陆续基于互惠原则承认了美国、[④]新加坡[⑤]和韩国[⑥]的法院判决。

---

① 详情参见《日本公民五味晃申请中国法院承认和执行日本法院判决案》，载《中华人民共和国最高人民法院公报》1996年第1期；最高人民法院《关于我国人民法院应否承认和执行日本国法院具有债权债务内容裁判的复函》（〔1995〕民他字第17号）。

② Sascha Rudolf Seehaus申请承认德国法院裁定案，（2012）鄂武汉中民商外初字第00016号。

③ 我国法院曾在2003年以不存在互惠关系为由拒绝承认和执行德国法兰克福地方法院作出的民事判决，详情参见马琳：《析德国法院承认中国法院民商事判决第一案》，载《法商研究》2007年第4期。

④ 刘某与陶某等申请承认和执行外国法院民事判决案，（2015）鄂武汉中民商外初字第00026号；纳尔科公司申请承认和执行外国法院民事判决案，（2017）沪01协外认16号。

⑤ Kolmar Group AG与江苏省纺织工业（集团）进出口有限公司申请承认和执行外国法院民事判决、裁定案，（2016）苏01协外认3号。

⑥ 崔某申请承认和执行韩国法院民事判决案，（2018）鲁02协外认6号。

尽管我国法院出现了基于互惠原则承认和执行外国判决的实例,但这些实例都是在判决作出国曾经承认和执行我国判决这一事实的情况下认定其与我国存在互惠关系。我国法院采取的认定互惠关系的标准依然是单一严格的事实互惠。然而,我国学术界和实务界对于互惠原则的理解存在误区,各法院对互惠原则的适用也存在不同理解,对于证明互惠关系存在的实例以及实例所涉判决是否应与请求承认的判决相类似等问题的认识也存在分歧,这不仅危害了私人主体的权益,也损害了司法裁判的确定性和可预见性,甚而危及司法公正,降低了我国法院的国际信誉和国际竞争力。

(一)对互惠原则的理解存在误区

首先,对互惠原则与对等原则关系的理解有失偏颇。我国学界对互惠原则和对等原则的关系认定存在两种观点:一种是互惠原则就是对等原则;另一种是互惠原则与对等原则虽有联系但二者是不同的。多数学者赞成第一种观点,即互惠原则又称对等原则,是指在本国公民在某外国享有某种民事诉讼权利的条件下,本国也给予在国内的该外国的公民以对等的民事诉讼权利;如果该外国在其境内限制本国公民的某项民事诉讼权利,本国对该外国公民在本国的民事诉讼权利作对等的限制。[①] 因此,互惠兼具"投桃报李"的激励作用和"以牙还牙"的报复功能。这一主流观点影响了司法实践中互惠原则的适用,使互惠原则沦为国家之间相互报复的合法工具,亦即无互惠成为拒绝承认执行外国法院判决常用的有效理由,甚或纯粹成为拒绝承认和执行外国法院判决的理由。

例如,2011 年一位韩国债权人针对其债务人在我国境内的财产向我国法院提出了承认和执行韩国法院判决的请求,并提供 1999 年韩国法院承认中国法院判决的裁决书副本作为中韩之间存在互惠关系的证据。[②] 但是,我国法院既未审查申请人提供的 1999 年韩国裁决书[③]副本的真实性,也没有审查韩国承认和执行外国法院判决的条件与我国法律规定的条件有没有实质性区别,简单地以"中韩之间不存在条约和互惠"为由,拒绝承认和执行该韩国法院判决。将互惠原则理解为对等原则,弱

---

① 参见刘振江:《国际民事诉讼法原理》,法律出版社 1985 年版,第 34 页;李浩培编著:《国际民事程序法概论》,法律出版社 1996 年版,第 140 页;李旺:《外国法院判决的承认和执行条件中的互惠原则》,载《政法论坛》1999 年第 2 期;杜涛主编:《国际私法原理》(第 2 版),复旦大学出版社 2018 年版,第 317 页;徐崇利:《经济全球化与外国判决承认和执行的互惠原则》,载《厦门大学法律评论》2004 年第 8 期。

② See Béligh Elbalti, "Reciprocity and the Recognition and Enforcement of Foreign Judgments: A Lot of Bark but Not Much Bite", *Journal of Private International Law* 13, 2017, p. 204.

③ *Korea Export Insurance Corporation v. Industrial Bank of China Docket* No 99 kahap 26523.

化了互惠的激励作用而突出了对等的报复功能，偏离了互惠原则设置的初衷——扩大可在我国请求承认和执行的外国法院判决的窗口，反而成为拒绝承认和执行外国法院判决的首要理由，成为阻碍法院判决自由流动的主要障碍。

其次，对互惠原则与国际条约关系的理解存在错误。有些法官将互惠原则和国际条约等同，认为没有国际条约就没有互惠原则，国际条约就是基于互惠原则签订的双边司法协助条约。[①] 这一错误认知进一步缩小了可在我国请求承认执行的外国法院判决的范围，使申请人不得不在我国就同一事项重新提起诉讼，既增加了申请人的诉累，也增加了我国法院的案件负担，造成我国司法资源的浪费。

（二）对事实互惠标准适用不一致

我国各法院对于事实互惠标准存在不同理解，对于"是否存在一个实例就能证明存在互惠关系，一个实例是证明同类型案件中存在互惠关系还是所有类型案件中存在互惠关系"等问题，也存在不同甚至相互矛盾的答案。这种分歧不仅会导致互惠原则适用上的混乱，影响司法裁判的确定性和可预期性，而且会导致司法裁判与事实不符，引发重复诉讼，增加申请人的诉累，严重损害申请人的合法利益，进而损害我国司法制度的国际公信力。

例如，2006 年德国柏林高等法院承认和执行了中国法院关于仲裁协议效力的判决，那么这一实例确立的互惠关系是仅存在于仲裁协议效力类判决，还是存在于所有民商事法院判决。湖北省武汉市中级人民法院的观点是这一实例所确立的互惠关系存在于所有民商事法院判决。[②] 然而，其他法院对此存在不同意见。对于 2014 年新加坡高等法院承认和执行江苏省苏州市中级人民法院关于买卖合同纠纷的金钱判决这一实例，山东省德州市中级人民法院认为我国与新加坡的互惠关系仅存在经济领域，而不存在于涉及身份关系的民事判决领域。[③]

另外，对于多法域国家的法院判决，根据事实互惠标准认定互惠关系时是否应审查实例是由哪一法院作出或实例适用的法律，一个实例能否证明我国与该国所有法域存在互惠关系，各地方法院也存在截然不同的观点。以中美之间法院判决的承认与执行为例。早在 2009 年，美国加利福尼亚州联邦上诉法院就承认和执行了中

① 赛门铁克有限公司诉张某青等侵害计算机软件著作权纠纷案，(2009)沪一中民五(知)初字第 146 号。

② Sascha Rudolf Seehaus 申请承认德国法院裁定案，(2012)鄂武汉中民商外初字第 00016 号。

③ 李某、丁某静申请承认和执行外国法院民事判决案，(2018)鲁 14 协外认 1 号。

国法院一项有关产品侵权责任的判决。[①] 这一实例能否证明中美之间在所有民商事法院判决领域存在互惠关系。有学者认为，由于事实互惠本身的封闭性与严苛性，单纯凭借加利福尼亚州地区法院执行中国判决的个案，还很难跨越中美之间的互惠障碍。[②] 因此，在"赫伯特·楚西案"中，所涉美国宾夕法尼亚州费城法院判决为产品侵权责任的金钱给付判决，申请人提供上述实例作为中美之间存在互惠关系的证据，江西省南昌市中级人民法院认为中美之间未建立相应的互惠关系，驳回了申请人的请求。[③] 而在"刘利案"中，所涉美国加利福尼亚州洛杉矶高等法院判决为股权转让协议纠纷的金钱给付判决，申请人同样提供了上述实例作为中美之间存在互惠关系的证据，湖北省武汉市中级人民法院经审查认为申请人提交的证据已证实美国有承认和执行我国法院民事判决的实例，认定中美之间存在相互承认与执行民事判决的互惠关系。[④] 此外，在"纳尔科公司案"中，上海市第一中级人民法院将美国法院视为一个整体，并考虑到美国法院曾多次承认和执行我国法院作出的民商事判决，最终认定中美之间存在互惠关系。[⑤]

同一实例，武汉市中级人民法院和上海市第一中级人民法院都认为可以证明中美之间在民事判决领域存在互惠关系，南昌市中级人民法院则认为不存在。对事实互惠理解的不一致使我国法院作出完全相反的裁决，影响了司法裁判的确定性和可预期性，也影响了我国法院的司法权威和司法公信力。

(三)互惠沦为国家间的报复工具

我国法院在国际司法协助中，主要考虑司法的主权性质，更加强调外国法院判决承认和执行中的国家利益，也担心承认和执行外国法院判决之后，外国法院可能因对我国司法制度存在偏见而拒绝承认和执行中国法院判决，因此，中国法院在适用互惠时常坚持保守谨慎的立场，严格采用事实互惠标准，罕有主动迈出一步先行给予互惠的情况。[⑥] 当判决作出国不存在承认和执行我国法院判决的实例时，我国

---

① 参见雷磊：《中国判决首次被美国执行》，载《南方周末》2011年9月29日，第A03版。

② 参见谢新胜：《条约与互惠缺失时中国判决的域外执行——以美国法院执行中国民商事判决第一案为视角》，载《环球法律评论》2010年第4期。

③ 赫伯特·楚西、玛丽艾伦·楚西申请承认和执行外国法院民事判决、裁定案，(2016)赣01民初354号。

④ 申请人刘某与被申请人陶某、童某申请承认和执行外国法院民事判决案，(2015)鄂武汉中民商外初字第00026号。

⑤ 纳尔科公司申请承认和执行外国法院民事判决案，(2017)沪01协外认16号。

⑥ 陈亮、姜欣：《承认和执行外国法院判决中互惠原则的现状、影响和改进——以以色列承认和执行南通中院判决案出发》，载《法律适用》2018年第5期。

法院根据事实互惠认定其与中国没有互惠关系，进而拒绝承认和执行其法院判决，可能会导致其也以相同的理由拒绝承认和执行我国法院判决，使两国之间判决的承认和执行陷入"相互报复"的恶性循环，阻碍判决在全球范围内的自由流动，导致重复诉讼案件的增加，严重浪费司法资源。例如，我国法院在1994年"五味晃案"中，以中日之间没有互惠关系为由拒绝承认与执行日本法院判决，致使日本法院多次以相同理由拒绝承认与执行我国法院判决（离婚判决除外）。[①] 而我国法院也多次以同等理由拒绝承认与执行日本法院判决。[②] 我国法院采用的严格事实互惠使中日两国在承认和执行对方法院判决上陷入了近乎"相互报复"的恶性循环，使两国至今尚未有承认和执行彼此法院判决（离婚判决除外）的实例，既增加了当事人的诉累又浪费了大量司法资源。[③]

综上所述，互惠原则在我国法院的司法实践中存在诸多问题，不仅会引发重复诉讼造成司法资源的浪费、损害当事人的合法权益，而且会影响司法裁判的确定性和可预期性，减损我国司法制度的国际公信力，降低我国法院对域外当事人的吸引力，也不利于构建我国国际化法治化的营商环境，更甚者会妨碍国际经贸合作的迅速发展。

四、互惠原则含义的再认识与认定标准的重构

鉴于单一严格的事实互惠在实践中存在诸多问题，不利于促进我国与其他国家在法院判决承认和执行上的合作，也不利于为"一带一路"倡议下国际民商事争议的解决提供司法保障，更不利于构建我国国际化法治化的营商环境。因此，我国有必要改变互惠原则适用的现状，厘清《民事诉讼法》规定的互惠原则的含义，在人类命运共同体理念的指引下重构互惠关系的认定标准。

（一）人类命运共同体理念是国际民商事司法协助的指导思想

2013年3月，国家主席习近平在俄罗斯莫斯科国际关系学院发表演讲时首次提

① 例如，在中国公民申请承认和执行青岛中级人民法院判决案中，日本大阪高等法院以中日之间不存在关于承认判决的相互保证（互惠）为由，不予承认中国判决。在夏某琴案中，日本法院援引了五味案中认定的中日间不存在互惠关系，认为中国和日本之间不存在相互的保证，因而不支持执行判决的诉讼请求。参见冯茜：《日本法院对我国财产关系判决的承认执行问题研究》，载《武大国际法评论》2017年第3期。

② 例如，在圆谷制作株式会社与北京燕莎友谊商城有限公司侵犯署名权纠纷案中，北京市第二中级人民法院再次以中日之间不存在互惠为由拒绝承认日本法院作出的判决。参见圆谷制作株式会社诉北京燕莎友谊商城有限公司侵犯署名权纠纷案，(2004)二中民初字第12687号。

③ 连俊雅：《"一带一路"战略下互惠原则在承认和执行外国法院判决中的适用现状、困境与变革》，载《河南财经政法大学学报》2016年第6期。

出“命运共同体”概念,指出“这个世界,各国相互联系、相互依存的程度空前加深,人类生活在同一个地球村里,生活在历史和现实交汇的同一个时空里,越来越成为你中有我、我中有你的命运共同体”,“和平、发展、合作、共赢成为时代潮流”。① 2017年1月18日,习近平总书记在联合国日内瓦总部发表演讲时,全面阐述了人类命运共同体理念的动因、愿景与实施路径。我们必须坚持对话协商、共建共享、合作共赢、交流互鉴、绿色低碳以建设一个持久和平、普遍安全、共同繁荣、开放包容、清洁美丽的世界。② 人类命运共同体理念是关于全球治理和国际法治的中国方案,也是新时期我国对外关系的指导思想。2018年3月,“构建人类命运共同体”被载入宪法,以国家根本法的形式为“建设持久和平、普遍安全、共同繁荣、开放包容、清洁美丽世界”提供了法律保障,也为我国新时代的立法和司法工作提供了指导思想。

国际民商事司法协助是国家间司法合作的形式之一,特指各国在司法程序中相互提供协助的行为,包括送达文书、调查取证和判决的承认执行。它是诸多国际合作措施的一个重要方面,是国际交往发展到一定阶段的必然产物,是构建良好国际秩序的需要,是实现司法公正的需要,是国际社会共同利益的需要。③ 人类命运共同体理念是新时代我国外交和对外关系的重要指导思想,对国际司法协助具有重要的指引作用。因此,我国作为构建人类命运共同体的首倡者和拥护者,不仅要在国际政治经济关系上践行人类命运共同体理念,还应在国际司法合作上贯彻人类命运共同体理念。

人类命运共同体理念包含和平共处、普遍安全、共同繁荣、开放包容和可持续发展的原则。其中,共同繁荣是人类命运共同体的经济基础,也是持久和平与普遍安全的物质保障。坚持合作共赢,建设一个共同繁荣的世界,是构建人类命运共同体的题中应有之意。开放包容是人类命运共同体的社会基础,也是人类进步的源泉。将开放包容作为构建人类命运共同体的国际法原则,是对联合国宪章“发展国际间以尊重人民平等权利及自决原则为根据之友好关系”及“不分种族、性别、语言或宗

---

① 习近平:《顺应时代前进潮流 促进世界和平发展——在莫斯科国际关系学院的演讲》,载中华人民共和国中央人民政府网:http://www.gov.cn/ldhd/2013-03/24/content_2360829.htm,最后访问日期:2019年5月27日。

② 参见习近平:《共同构建人类命运共同体——在联合国日内瓦总部的演讲》,载人民网:http://world.people.com.cn/n1/2018/0119/c416882-29775965.html,最后访问日期:2019年5月27日。

③ 参见徐宏:《国际民事司法协助》(第2版),武汉大学出版社2006年版,第1页。

教，增进并激励对于全体人类之人权及基本自由之尊重”宗旨的弘扬和发展。[①] 在国际司法合作尤其是国际民商事司法协助上贯彻人类命运共同体理念，要求我国坚持对话协商、合作共赢、交流互鉴，贯彻共同繁荣、开放包容的命运共同体理念，改变我国司法工作中一贯坚持的保守立场，积极促进司法协助的国际合作，在维护国家利益的同时，兼顾保护私人利益。“一带一路”是我国为构建人类命运共同体提出的重要倡议，我国法院在为“一带一路”建设提供司法服务和保障时也应以人类命运共同体理念为指引。

具体而言，我国应坚持对话协商，与其他国家就民商事司法协助事项进行谈判，积极促进双边民商事司法协助条约的订立；我国应坚持合作共赢，采用更加灵活、开放的互惠关系认定标准，改变一贯遵循的保守立场，以积极心态适用互惠原则，打破国家间判决承认和执行上的死循环；我国应坚持交流互鉴，鼓励“一带一路”国家法官、法学学者、法律服务工作者之间的交流沟通，了解彼此的法律制度和司法实践经验，相互借鉴优势经验，求同存异，实现法治的共同发展。

（二）我国民事诉讼法中互惠原则含义的再认识

互惠源于英文 reciprocity 的翻译。reciprocity 在英文中为多义词，既可以指优势相等（对等），也可以指利益的相互性（互惠），在不同语境下所表达的含义是不同的。我国《民事诉讼法》既规定了对等原则，又规定了互惠原则。早期的民事诉讼法即 1982 年《民事诉讼法（试行）》（已失效）将对等原则作为涉外程序的一般原则，将互惠原则作为司法协助的具体原则。1991 年颁布的《民事诉讼法》（现行有效）则将对等原则作为所有民事诉讼程序的基本原则，将互惠原则作为司法协助的具体原则。既然 reciprocity 既可指对等又可指互惠，那么我国《民事诉讼法》中“互惠”的具体含义是什么？它与“对等”能否等同？

首先，从词义来看，对等意为相互之间等级或程度相等，蕴含相互性和平等性两个意思。对等原则即指若外国对其境内的我国公民赋予某种待遇或施加某种限制，则我国对我国境内的对方国家公民给予同等的待遇或限制。就外国判决承认和执行而言，若外国承认和执行我国判决的条件宽松，则我国在相等或相当的条件下承认和执行外国判决；若外国对我国判决进行实质审查，则我国将拒绝承认和执行其判决。互惠则意为互施恩惠、互相给予好处，内含相互性和优惠性两个意思。换言之，互惠原则就是两国之间在承认和执行法院判决时互相给予便利、利益。因此，互

---

① 参见“人类命运共同体与国际法”课题组等：《人类命运共同体的国际法构建》，载《武大国际法评论》2019 年第 1 期。

惠原则和对等原则都包括相互性的内涵,但平等性和优惠性的内涵却大不相同。平等性既有形式上的平等又有实质上的平等,而优惠性则仅是一种形式上的平等。①

其次,从二者所处位置来看,对等原则规定在《民事诉讼法》总则之中,属于所有民事诉讼程序应该遵循的基本原则,而互惠原则规定在涉外编部分,是国家之间进行司法协助的一种依据或基础。因此,互惠原则是对等原则的具体化形式之一,对等原则的内涵和外延要大于互惠原则。

最后,《民事诉讼法》中含有互惠原则的条文都规定"依照中华人民共和国缔结或者参加的国际条约,或者按照互惠原则"。根据全国人大法工委《立法技术规范(试行)(一)》的解释,"或者"表示一种选择关系,一般只指其所连接的成分中的某一部分。因此,在民事诉讼法中,互惠原则是与国际条约并列平行的,其地位、作用应与国际条约类似。国际条约是一种具体化的互惠,它为两国或多国之间互相给予的便利提供了固定的、正式的凭证。

我国民事诉讼法中的互惠原则应是国家之间通过条约之外的其他途径或形式,在进行司法协助时相互给予的便利待遇或给予便利的保证,它既强调相互性,又注重给予便利的相等性,而非对等报复。互惠原则的主要作用是在国际条约缺失时,为国家之间进行司法协助提供基础和依据。它发挥的应是激励其他国家积极促进司法协助的国际合作的作用,而不是报复功能。

(三)将合理可能性作为互惠关系的认定标准

如上所述,我国民事诉讼法中的互惠原则是国家之间通过条约之外的其他途径或形式在进行司法协助时相互给予的便利待遇或给予便利的保证。其发挥的功能主要是激励存在互惠要求的国家承认和执行我国法院判决,而不是作为拒绝承认和执行外国判决的理由,更不是对外国拒绝承认和执行我国判决的报复工具。出于保护国家的尊严和荣誉、保护国家主权免受外国司法机构干涉、保护主权国家之间的国际平等或保护参与跨境活动的公民等原因,②仍有多数"一带一路"国家在涉及外国法院判决承认和执行的立法中保留了互惠要求。基于保留互惠原则可以增加有关司法协助的外交谈判的砝码,③避免法院探讨外国司法制度的独立性和公正性等

① 参见张亚非:《浅论对等和互惠原则及其作用》,载《社会科学》1984 年第 10 期。

② See Béligh Elbalti, "Reciprocity and the Recognition and Enforcement of Foreign Judgments: A Lot of Bark but Not Much Bite", *Journal of Private International Law* 13, 2017, p. 215.

③ 参见杜涛:《互惠原则与外国法院判决的承认与执行》,载《环球法律评论》2007 年第 1 期。

敏感问题,[①]弥补国际条约缺失或不适用造成的漏洞等考量,我国民事诉讼法应继续保留互惠原则作为外国法院判决承认和执行的先决条件。

然而,由于"一带一路"国家语言环境复杂、相互之间信息沟通不畅等原因,查明判决作出国是否存在承认与执行我国法院判决的实例比较困难。加之我国法院在外国法院判决承认和执行中适用互惠时所产生的问题及不良后果,我国亟须改变事实互惠这一单一的认定标准。因此,可由最高人民法院作出司法解释,将"合理可能性"作为判断互惠关系的标准。

尽管最高人民法院在2015年发布的《关于人民法院为"一带一路"建设提供司法服务和保障的若干意见》(以下简称《若干意见》)首次提出"根据国际司法合作交流意向、对方国家承诺将给予我国司法互惠等情况,可以考虑由我国法院先行给予对方国家当事人司法协助,积极促成形成互惠关系"。但在司法实践中,我国尚未出现适用《若干意见》先行给予"一带一路"国家互惠的实例,外国法院判决若想在我国申请承认和执行,仍需查明判决作出国是否存在承认和执行我国法院判决的实例。[②] 换言之,事实互惠仍然是我国法院认定互惠关系的唯一标准。此外,第二届中国—东盟大法官论坛发布的《南宁声明》标志着中国与东盟国家在"推定存在互惠关系"上达成了共识。但是,《南宁声明》仅是原则性宣言,不能被我国法院直接适用且对东盟国家以外的"一带一路"国家也不具有约束力。而且,我国曾在2015年以缺乏互惠为由拒绝承认和执行马来西亚的法院判决,[③]因此在马来西亚和中国之间适用《南宁声明》可能会存在障碍,不利于两国之间法院判决的承认和执行。[④]

---

① See Béligh Elbalti, "Reciprocity and the Recognition and Enforcement of Foreign Judgments: A Lot of Bark but Not Much Bite", *Journal of Private International Law* 13, 2017, p. 216.

② 例如,2016年江苏省南京市中级人民法院根据"新加坡高等法院曾于2014年对我国江苏省苏州市中院的民事判决予以执行"这一实例,认定新加坡与我国存在互惠关系并承认和执行了新加坡法院的民事判决。参见Kolmar Group AG与江苏省纺织工业(集团)进出口有限公司申请承认和执行外国法院民事判决、裁定案,(2016)苏01协外认3号。此外,2018年3月16日,山东省德州市中级人民法院在一起案件中认为:"案涉判决系新加坡共和国作出的离婚民事判决,我国与新加坡共和国之间并未缔结或者共同参加关于相互承认和执行生效民事判决文书的国际条约。李某提交的江苏省南京市中级人民法院作出的承认和执行新加坡共和国民事判决的案例仅能证明两国间为了促进'一带一路'沿线国家间实现贸易和投资的便利化,在经济领域存在认可民事判决的互惠先例,但不能证明两国在涉及身份关系的民事判决领域亦存在互惠原则。"参见李某、丁某静申请承认和执行外国法院民事判决案,(2018)鲁14协外认1号。

③ 参见简某明申请承认和执行外国民事判决案,(2014)宁民认字第13号。

④ 参见杜涛:《推定互惠关系 促进"一带一路"诉讼纠纷解决》,载《人民法院报》2017年6月15日,第2版。

因此,最高人民法院在制定相关司法解释时,应兼顾《若干意见》和《南宁声明》,采用一种既能包含《若干意见》规定的"根据国际司法合作交流意向、对方国家承诺等由中国先行给予互惠",又能容纳《南宁声明》通过的"推定互惠"的认定标准。亦即采用"合理可能性"标准来认定互惠关系是否存在,只要判决作出国存在承认和执行我国法院判决的合理的潜在的可能性,无论其实践中是否存在承认和执行我国法院判决的实例,都认定存在互惠。换言之,"合理可能性"标准是一种混合式标准,既可以是事实互惠和法律互惠这种可从正向认定互惠关系的标准,又可以是推定互惠这类可逆向推定互惠关系的标准。"合理可能性"标准是一种更加开放、更加灵活的互惠关系认定标准,采用此标准符合人类命运共同体理念,有利于打破国家之间以缺乏互惠为由互相拒绝承认和执行法院判决的僵局,促进法院判决承认和执行上的国际合作,更有效地发挥互惠原则的激励功能。虽然"合理可能性"标准会赋予法官更大的自由裁量权,在实践中可能会出现适用不一致情形,但最高人民法院可在司法解释中规定若干指导性规则或发布指导性案例,将易引起不一致之处一一释明。

具体而言,我国法院可以通过审查其他国家的法律法规、习惯法、法院裁决或通行做法等多种方式判断是否有在该国承认和执行我国判决的合理的潜在可能性。只要外国存在承认和执行我国法院判决的合理的潜在可能性,无论其立法中是否规定了互惠要求,也无论其实践中是否存在给予我国法院判决互惠待遇的实例,都可视为存在互惠关系。相反,若其法律法规中规定了互惠,但实践中却没有实际运用互惠的实例,则不能证明存在我国判决在该国获得互惠待遇的合理可能性,亦即不存在互惠关系。此外,即使外国曾经有拒绝承认和执行我国法院判决的实例,我国法院也不应直接否定互惠,应进行个案分析,以免出现理解偏差,对互惠关系产生消极影响。① 至于中日之间不存在互惠关系的僵局,因日本拒绝承认和执行我国判决系由我国率先认定双方不存在互惠关系并拒绝承认和执行其法院判决引起,所以,须由我国法院在适宜之时先行一步,认定双方之间存在互惠关系,并在承认和执行日本判决不会违反我国法律的基本原则或者国家主权、安全、社会公共利益之时认可并执行对方判决。

鉴于破产判决、涉及财产分割和子女抚养的离婚判决等的特殊性,在采用事实互惠时,应明确实例确立的互惠关系仅存在于类似判决领域;采用法律互惠时,审查

① 参见连俊雅:《"一带一路"战略下互惠原则在承认和执行外国法院判决中的适用现状、困境与变革》,载《河南财经政法大学学报》2016年第6期。

判决作出国有关外国法院判决承认和执行的条件与我国法律规定是否存在实质性差别,而非请求国法律是否规定了互惠要求。对于多法域国家,采用事实互惠时,实例确立的互惠关系仅存在于相关法域而非所有法域;采用法律互惠时,若该国存在各州均通过的统一的外国法院判决承认与执行程序立法,则仅审查该国立法,若不存在此类立法,则审查判决作出法院所属州的相关法律等。

五、结论

人类命运共同体是我国及世界各国的共同愿景和追求,我国将"构建人类命运共同体"载入宪法为实现这一愿景提供了根本法律保障,也为我国的法治工作提供了指导思想。我国法院在涉外司法工作中应贯彻人类命运共同体理念,放弃单一的事实互惠标准,采用"合理可能性"标准。最高人民法院可制定司法解释阐明"合理可能性"标准易引发不一致之处,并由被申请人承担证明责任,统一各法院对互惠的认识和适用。

此外,我国应适时加入《海牙判决公约》,缩减互惠原则的适用范围,对标国际规则完善我国承认和执行外国判决的程序,保障法律程序的确定性与可预测性。

最后,为了避免我国各法院对互惠原则出现诸如将互惠原则和国际条约等同视之,将互惠原则作为拒绝承认和执行外国判决的理由等认知错误,弥补裁判文书中空缺的适用互惠原则的论证说理,各法院应做好对涉外案件审理法官的培训工作。要增加其对国际私法相关知识的了解,加强其对互惠原则真实含义的认识,统一法官对外国法院判决承认与执行程序、条件的理解,提高其专业素养,还要完善裁判文书中互惠原则的论证程序,避免出现因不同理解造成的错误裁判,保障当事人的合法权益,减少重复诉讼并节约司法资源,维护我国司法权威,提升司法公信力,进而为改革开放和"一带一路"建设提供司法服务与保障,并营造国际化、市场化、法治化的营商环境,最终促进国际经贸合作的和谐发展,为构建人类命运共同体做出贡献。

中国企业投资非洲争议解决

——以 OHADA 最新立法改革为视角*

周 园**

近年来,中国企业在非洲投资力度不断加大,投资方式日趋多样,相关的法律争议也随之增多。受历史因素影响,非洲大陆并存习惯法、宗教法和西方法,这使非洲各国投资法律制度缺乏协调性,不仅阻碍了非洲大陆一体化进程,也为中企投资非洲带来法律风险和挑战。本文围绕非洲商法协调组织近年来为了推动成员国商法的统一化而实施的举措,重点分析了2017年该组织修订的《仲裁统一法》和《CCJA仲裁规则》中的亮点和变化,阐述了2017年该组织首次颁布的《调解统一法》的主要内容和特色。中企投资该组织成员国产生投资争议时,可积极利用其仲裁和调解机制有效维护自身权益。

一、引言

联合国贸易和发展会议最新发布的《2019年世界投资报告》显示,在2018年全球外国直接投资(Foreign Direct Investment, FDI)继续下降,尽管如此,非洲地区对外资依然具有强大的吸引力,2018年流入非洲的外国直接投资依然增长到460亿美元,此外该地区正在积极推动区域性国际投资协定的谈判,未来非洲的经济会更加有活力。①

2018年,中国对非洲贸易涨幅全球最高,进口涨幅也为全球最高,且高出中国同

* 本文受中央高校基本科研业务经费(1301031135)及陕西省社科基金(2017F002)资助。

** 陕西师范大学法学系讲师,法学博士。

① 参见联合国贸易与发展会议:《2019年世界投资报告》,第34页,载联合国贸易与发展会议网:https://unctad.org/en/PublicationsLibrary/wir2019_en.pdf,最后访问日期:2019年9月9日。

期外贸进口涨幅 15 个百分点。[①] 中国已连续 9 年成为非洲第一大贸易伙伴国，中非在工业、农业和基础设施建设等领域开展广泛深入的合作，在非洲现有国家和地区中，中企覆盖率高达 86.7%。由于受历史因素影响，非洲法律呈现多元化的格局，非洲大陆并存习惯法、宗教法和西方法，这使得非洲各国投资法律制度缺乏协调性，为中企投资非洲带来了诸多法律风险和挑战。非洲有许多区域化组织在积极推动本地区法律的统一协调，其中成效最为显著的是非洲商法协调组织。1993 年 10 月 17 日，14 个非洲国家在毛里求斯签订了《非洲商法协调条约》，随之成立了非洲商法协调组织（Organization pour l'harmonisation du Droit des Affairs en Afrique，OHADA）。OHADA 成立的目的是对其成员国（该组织目前有 17 个成员国[②]）的商法进行统一，并推动仲裁成为解决商事争议的手段，为成员国的商业发展提供良好的法律环境。目前，OHADA 已批准并实施了 10 部统一法，分别是《一般商法统一法》《商业公司和经济利益集团统一法》《破产统一法》《担保统一法》《公路货物运输合同统一法》《会计统一法》《债务清偿简易程序和执行措施统一法》《合作社统一法》《仲裁统一法》《调解统一法》。统一法在所有成员国内直接适用，对所有成员国有约束力且不允许作出保留。了解该组织的运作和相关法律，尤其是仲裁和调解制度，有利于中国企业在 OHADA 成员国开展投资和贸易，进一步拓展非洲市场。

二、OHADA 仲裁概述

（一）非洲的法律

基于地理环境、传统文化和殖民历史因素，非洲国家的法律呈现多元化的特色。非洲本土的习惯法源于非洲人民的社会生活经验，被称为“铭记在法官心中的法律”。早在公元前 6 世纪印度教法已传入非洲，后来基督教法和伊斯兰教法也开始在非洲大陆传播。[③] 15 世纪以后，欧洲殖民者在非洲开展殖民统治的同时也给非洲带来了欧洲的法律。从 20 世纪五六十年代开始，独立后的非洲国家一方面吸收了西方的法律；另一方面又保留了传统的习惯法和宗教法，具有混合型的特点，加上各国之间错综复杂的政治关系，法律的冲突问题较为严峻，法律的不统一逐渐成为各国开展合作并吸引外国投资的重大障碍。

---

① 参见驻非盟使团经济商务处：《2018 年全年我与非洲贸易数据》，载商务部网：http://www.mofcom.gov.cn/article/i/jyjl/k/201901/20190102830225.shtml，最后访问日期：2019 年 9 月 9 日。

② 分别是贝宁、布基纳法索、喀麦隆、中非共和国、乍得、科摩罗伊斯兰联邦共和国、刚果（布）、科特迪瓦、赤道几内亚、加蓬、几内亚、几内亚比绍、马里、尼日尔、塞内加尔、多哥和刚果（金）。

③ 参见夏新华：《非洲法律文化之变迁》，载《比较法研究》1999 年第 2 期。

(二)非洲的仲裁

非洲国家的仲裁法体系是一种新旧法律的混合体系,几乎每个非洲国家的仲裁法都具有融合特色。有学者将非洲国家的仲裁法分为三代,第一代非洲仲裁法系1898年至20世纪60年代由殖民当局颁行,与传统争议解决方式共存,不区分国际仲裁、国内仲裁,若以后来的联合国示范法为标准的话,第一代仲裁法并不合适。20世纪50年代末至整个60年代,非洲开始了仲裁法改革,自20世纪60年代到1984年诞生的仲裁法是非洲的第二代仲裁法,其修法主要借鉴了英国《1950年仲裁法》及《法国民事诉讼法典》,但仍然不能适应国际仲裁的需要。1984年以后,非洲第三代仲裁法搭上示范法的列车,开始了现代化的里程。①

虽然非洲国家的现代仲裁立法处于起步阶段,但该区域仲裁机构的发展较为迅速。非洲目前已经拥有一些较为成熟的仲裁机构,例如,1979年成立的开罗国际商业仲裁区域中心(Cairo Regional Centre for International Commercial Arbitration,CRCICA),1989年成立的拉各斯区域仲裁中心(RCICAL),2001年OHADA成立的司法与仲裁共同法院(Common Court of Justice and Arbitration,CCJA),2012年先后成立了基加利国际仲裁中心(Kigali International Arbitration Centre,KIAC)、拉各斯仲裁法院和LCIA-MIAC仲裁中心(London Count of International Arbitration - The Mauritius Intentional Arbitration Centre, LCIA-MIAC,伦敦国际仲裁院与毛里求斯政府、毛里求斯国际仲裁中心三者之间的合作联盟),2015年12月由中非合作论坛成员国召集成立了中非联合仲裁中心(China - Africa Joinl Arbitration Centre,CAJAC),②等等。这些仲裁机构通过不断革新,如引入紧急仲裁制度等,成功地引起了国际社会的关注和认可。这些活跃在非洲大陆上的仲裁机构凭借其逐年增长的受案量与标的金额、成功管理仲裁纠纷的良好实践和较高的工作效率等因素不断吸引外国投资者选择非洲仲裁机构。

OHADA的组织机构包括:第一,国家和政府元首大会,由成员国的国家和政府元首组成,主要负责《非洲商法协调条约》的修正以及协调成员国之间的关系等一些重大事项;第二,部长委员会,由成员国的司法部长和财政部长组成,主要发挥行政职能和立法职能;第三,司法与仲裁共同法院,主要行使司法职能和仲裁职能;第四,

① 参见宋连斌:《国际商事仲裁协议及其效力认定》,载石家庄仲裁委员会网:http://www.sohu.com/a/85812910_398113,最后访问日期:2019年9月9日。

② 中非联合仲裁中心专门解决中国和非洲大陆国家之间的经贸和投资争议。在投资争议解决领域,相对于当地法院和国际投资仲裁而言,联合仲裁是创新性的机制,对中国和非洲都具有重大意义。

常设秘书处和地区高等司法培训学校,常设秘书处是 OHADA 的日常行政管理机构,也为部长委员会提供各类协助,地区高等司法培训学校隶属常设秘书处,主要负责对成员国的司法人员进行培训,并开展有关研究工作。其中 CCJA 是 OHADA 的一大创新,CCJA 既是超国家的司法机关,又是常设性的仲裁机构,创新性体现在两方面:一是司法职能,为成员国和 OHADA 机构提供咨询意见,解释条约和统一法,受理成员国上诉案件作出终审判决。二是仲裁职能,CCJA 不解决争议,仅负责组织和监管仲裁程序的运行,任命仲裁员,对仲裁裁决进行审查,对裁决形式问题提出建议。为区分这两种职能,在文本表达上采用不同称呼,如仲裁法院使用“仲裁庭”和“仲裁员”,司法法院使用“法院”和“法官”。

三、OHADA 仲裁立法改革

1999 年 3 月 OHADA 颁布了第一部《仲裁统一法》,该法吸收了国际商事仲裁立法中的许多先进理念和经验,以当事人意思自治为核心,明确规定了仲裁中的重要原则,如仲裁庭自裁管辖权原则、合意仲裁原则和仲裁条款独立性原则等,通过严格限制撤销仲裁裁决的法定理由来支持仲裁。该法虽然是一部现代商事仲裁立法,却存在一个明显的立法瑕疵:缺乏体系性,具体表现在该法没有拟定段落标题和序号,例如,该法第 14 条含有 13 款内容,分布在两个页面当中,然而每一款都没有标明序号,看起来较为混乱,不利于阅读和查找。如果说这种形式上的瑕疵可以忽略的话,那么这部法律与同年颁布的《CCJA 仲裁规则》之间的一些矛盾之处则急需协调解决。例如,《CCJA 仲裁规则》规定仲裁庭有权采取临时保全措施,而《仲裁统一法》却没有对此作出相应规定;《CCJA 仲裁规则》规定撤销仲裁裁决需要依据 4 项理由,而《仲裁统一法》则规定了 6 项理由。因此,2017 年 OHADA 对 1999 年颁布的《仲裁统一法》和《CCJA 仲裁规则》进行了较大的修改,不仅使二者的实质内容彼此统一,也进一步提升了 OHADA 仲裁的效率和透明度,以便更好地吸引本土和外国投资者选择 OHADA 仲裁。

(一)2017 年《仲裁统一法》的变革

1. 2017 年《仲裁统一法》的适用范围

2017 年《仲裁统一法》(以下简称新法)第 1 条规定只要仲裁地位于 OHADA 成员国境内就可以适用该法;如果仲裁地在 OHADA 地区以外,也可以适用其中的一些规定。新法第 1 条借鉴了联合国国际贸易法委员会(United Nations Commission on International Trade Law,UNCITRAL)《国际商事仲裁示范法》,不仅扩大了该法的适用范围,当实践中存在有效的仲裁条款时还可以明确排除 OHADA 成员国法院的司法管辖权。同时,新法第13条规定,如果当事人之间存在有效的仲裁协议时,法院的司法管辖权将在下列情况下受到限制:第一,仲裁庭组成前后;第二,一方当事人向仲裁庭申请临时保全措施;第三,在OHADA地区之外进行的仲裁。值得注意的是,根据新法第31条规定,OHADA地区之外作出的仲裁裁决也可能会得到OHADA成员国的承认和执行。在参与仲裁的主体类型上,新法第2条第2款规定即包括自然人和法人,也包括主权国家或其他公共机构。在可受理的法律争议的类型上,新法第3条规定即包括商事争议,又包括投资争议。由于新法明确规定了私主体投资者与主权国家之间的投资争议的可仲裁性,当OHADA成员国通过立法、双边和多边投资协定规定投资争议可以诉诸仲裁解决时,投资者就可以发起OHADA投资仲裁。

2. 仲裁庭对强制性前置程序的判断权

新法第8条第1款也是新增规定,解决了国际仲裁中的常见问题,即为仲裁的开始设置前置程序。例如,有些仲裁协议中约定了多种争议解决途径,这类规定一般要求当事人先行调解或和解,调解或和解失败后才能诉诸仲裁。这类规定本质上是对仲裁庭行使管辖权设置了前提条件,也使仲裁实践产生很多棘手的问题,譬如所附条件是否具有强制性,违反所附条件的法律后果等。新法第8条第1款对此作出特别规定,仲裁庭有权判断前置程序是否属于强制性程序,以及该前置程序是否已经顺利完成。当仲裁庭发现存在未完成的强制性前置程序时,仲裁庭有权立即停止正在进行中的仲裁程序,告知当事人在规定的时间内完成该前置程序。如果争议在前置程序中已经得到解决,该仲裁程序即告终止。

3. 提高仲裁效率

因为OHADA成员国法院的工作效率普遍较低,案件审理延期是常见的情况,所以外国投资者更青睐诉诸仲裁解决纠纷。OHADA一直致力于推动仲裁解决纠纷,以此改善成员国的法治营商环境,这使提高仲裁效率成为非常重要的评价因素。新法特别对仲裁过程中需要法院予以协助配合采取的措施作出了严格的时间限制。例如,在临时仲裁中,新法规定成员国有权法官需在15天内为当事人指定仲裁员,如果当事人对仲裁员提出异议,有权法官需在30天内对此作出裁定;如果超出30天依旧没有作出裁定,任何一方当事人有权直接将该问题提交CCJA。与1999年《统一仲裁法》相比,新法中明确规定的时间限制旨在避免OHADA仲裁因为当地法官的工作拖延而停滞不前。同时,如果法官否定了当事人提出的仲裁员异议,当事人也可将该决定提交CCJA作出最终判断。此外,1999年《统一仲裁法》对当事人提出仲裁员异议的时间也缺乏清晰规定，仅规定当事人发现仲裁员“不适格”后应尽快提出，当事人可以借此漏洞采取措施故意拖延解决纠纷，新法中则明确规定当事人在发现仲裁员不适格的30天内应当提出异议。①

在法院判断仲裁协议是否存在所需时间方面，新法规定法院必须在收到当事人的申请后15天内作出决定，这表明仲裁程序一旦开始，法院对仲裁的干涉就应当停止。与之相比，1999年《统一仲裁法》规定必须到仲裁庭正式组成以后，法院才会退出对仲裁的干涉，在此之前法院可以仲裁协议明显无效为由对争议行使管辖权，除非一方当事人请求法院停止行使管辖权。如果当事人均没有对法院的管辖权提出异议，就可以视为当事人默示同意采用法院诉讼的方式解决纠纷。在裁决撤销方面，新法规定法院必须在3个月内作出结论，一旦超过3个月的时限，当事人可以直接向CCJA申请撤销该裁决。在执行裁决方面，新法也规定了明确的时限，例如，法院必须在受理当事人提出的承认和执行仲裁裁决的请求后15天内作出决定，反之则视为该法院承认并同意执行该裁决。②

4. 当事人的忠诚勤勉义务

新法参考了法国于2011年1月13日发布的第2011－48号《仲裁改革法令》的内容，③规定仲裁双方当事人必须在仲裁进行中遵守勤勉忠诚的义务，并避免采取任何导致仲裁程序遭到拖延的行动。但是，OHADA与法国的做法不同之处在于，法国《仲裁改革法令》中的忠诚勤勉义务是仲裁员和当事人的共同义务；新法中只规定了当事人应履行忠诚勤勉义务，没有规定仲裁员的忠诚勤勉义务，这也反映了OHADA仲裁中对仲裁员和仲裁当事人的不同态度。

（二）2017年《CCJA仲裁规则》的变革

虽然CCJA机构仲裁的受案量逐年增长，但是大多数外国投资者仍倾向于选择诸如巴黎国际商会仲裁院（International Chamber of Commerce，ICC）这样的国际知名仲裁机构。同时，与非洲其他仲裁机构相比，CCJA受案量相对较低，不为外国投资者所熟知。

为了进一步增加CCJA的吸引力，2017年新的《CCJA仲裁规则》（以下简称新规则）予以颁布并作出了一些创新。例如，在1999年《CCJA仲裁规则》中，CCJA对

---

① 参见新法第13条第1款。

② 参见新法第31条第5款。

③ 对于法国《仲裁改革法令》的借鉴还体现在新法第29(2)条中，该条内容规定当事人可以通过书面协议规定放弃申请撤销仲裁裁决的权利，这也可以看作当事人意思自治的体现。

是否受理仲裁请求的决定在收到仲裁请求的45天内作出,新规则将答复时间缩短至30天,与国际通行的做法相一致。根据新规则第2条第1款的规定,CCJA也有权受理投资争议。如果需要CCJA介入指定仲裁员,则无论是独任仲裁员还是首席仲裁员,CCJA秘书处都会为当事人提供3位仲裁员候选人名单以供其选择,在当事人无法达成一致意见的情况下,CCJA可以代为指定仲裁员。① 1999年《CCJA仲裁规则》中没有规定多方当事人仲裁的情形,新规则第8条对此作出了规定。② 多方当事人仲裁具有提高仲裁效率、避免仲裁裁决之间的冲突、实现仲裁程序的参与主体与涉案实体权利义务主体在范围上的功能平衡,以及间接扩大可仲裁事项范围的制度意义。③ 第8条第2款还特别规定了有关第三方当事人自愿参与仲裁的内容,即获得仲裁双方当事人和仲裁庭的同意,这为"法庭之友"(Amicas Curiae)参与仲裁提供了可能性。第10条第4款规定了仲裁庭有权对其管辖权和争议事项的可仲裁性作出决定。第14条规定了CCJA仲裁的保密规则。为了提高CCJA仲裁的透明度并让客户了解CCJA仲裁的运作程序,第14条还特别规定秘书长可以获得授权公布经过适当编辑并隐去当事人信息的CCJA仲裁裁决。④ 1999年《CCJA仲裁规则》中没有规定仲裁庭享有听取专家和证人证言的权力,新规则第19条第2款则确立了仲裁庭的这项权力。此外,对于仲裁庭对强制性前置程序的判断权也作出了与2017年《仲裁统一法》第8条第1款相似的规定。⑤ 第23条第2款不仅强调了CCJA对仲裁裁决草案的审查权,还增加了审查时限——1个月,以提高CCJA的工作效率,避免出现广受诟病的审查拖延情形。

四、OHADA调解机制

(一)《调解统一法》的主要内容

以调解为代表的替代性纠纷解决方式(Alternative Dispute Resolution, ADR)机制越来越受到国际社会的青睐,UNCITRAL于2018年6月通过了《新加坡调解公约》,2019年8月7日,包括中国在内的46个国家在新加坡了签署该公约。⑥ OHADA成员国大多没有针对调解解决商事争议的专门立法,⑦为了与国际接轨并

① 参见2017年《CCJA仲裁规则》第3.3.(2)(a)~(c)条。

② 该规定参考了2012年《ICC仲裁规则》中关于多方当事人仲裁的规定。

③ 参见傅攀峰:《论"多方当事人仲裁"的制度建构及其实践困境》,载《北京仲裁》2014年第1期。

④ 这些裁决将在OHADA官方网站中予以公布。

⑤ 参见2017年《CCJA仲裁规则》第21(1)条。

⑥ 另有24个国家的代表出席了签署仪式和相关会议。

⑦ 布基纳法索、科特迪瓦和塞内加尔制定了国内调解法案。

实现纠纷解决的多元化，OHADA 参照 UNCITRAL《2002 年国际商事调解示范法》，于 2017 年 11 月颁布了《调解统一法》，这也是 OHADA 颁布的第十部统一法案。该法以当事人意思自治原则为核心，规定除司法或仲裁程序中的和解争议以外的其他争议均可依照该法进行调解，调解协议可以采用书面或口头形式。可调解的争议类型广泛，包括商事争议和投资争议；可选择调解的主体类型宽泛，包括自然人、法人和主权国家及其政府。同时，调解也是保密进行的，费用由双方当事人平均分担。值得注意的是，该法第 16 条对调解协议的承认和执行进行了详细规定，其特色体现在以下五个方面：第一，调解协议对当事人具有法律约束力和强制执行力；第二，调解协议可以公证，当事人可以要求公证人制作执行协议；第三，如果一方当事人拒绝执行，另一方可以向有管辖权的法院申请执行，但是不能更改调解协议的内容；第四，明确规定了调解协议的司法审查时间，即必须在受理调解申请之日起 7 日内作出决定，拒绝执行调解协议的理由仅限于该调解协议违反成员国公共政策；第五，对法院作出的有关执行调解协议的决定不可上诉，对于法院作出的拒绝执行的决定只能向 CCJA 提起上诉。

（二）调解保密义务

在调解过程中，当事人通常会担心其为促进调解成功达成所作的陈述可能在调解失败后成为对其不利的证据，立法者由此意识到调解的保密性至关重要。于是，《调解统一法》第 10 条特别规定需对调解过程中所涉的一切信息予以保密，[①]还规定了三种例外情形：第一，双方另有规定；第二，依法要求披露相关信息；第三，为执行调解协议所作必要的披露。虽然第 10 条没有规定调解参与人的保密义务，但根据该条规定可以推出具有此种内涵。第 11 条特别规定，调解中所使用的证据在后续的其他程序中是不可接受的，即明确禁止当事人在后续的仲裁或诉讼程序中继续使用这些证据，该条规定也可视为对调解保密义务的延伸。此外，第 11 条还规定了调解保密义务保护的范围，排除了在调解之前存在的证据或者与调解程序无关的证据。

（三）调解协议

调解协议达成后，调解程序理论上即告终止。《调解统一法》第 12 条第 1 款规定调解协议的达成是调解程序得以终止的首要理由，调解协议由双方当事人签字。调解人也可以应当事人的要求在调解协议上签字，但其不是调解协议的当事人，通常不承担调解协议里的任何义务，调解人签字的意义仅限于见证双方达成调解协

① 在 UNCITRAL《2002 年国际商事调解示范法》第 9 条中也有同样的规定。

议。其他导致调解程序终止的理由分别如下:第一,调解人关于调解尝试失败的书面声明;第二,任何一方当事人不再参加调解程序;第三,双方或任何一方当事人向调解人提交的关于终止调解程序的书面声明;第四,调解期限届满,当事人可以预见其调解协议的达成或调解人任意延长调解期限。①

五、中国企业与OHADA成员国间的投资争议解决路径

截至2017年年底,中国对非洲各类投资存量超过1000亿美元,几乎遍布非洲各国,其中排在前五位的行业有建筑业、采矿业、金融业、租赁和商务服务业及批发和零售业。仅2017年一年流向非洲的投资达到41亿美元,同比增长70.8%。② 在非洲设立的境外企业超过3400家,占8.7%。③ 由此可见,非洲国家是中国投资者的热门投资区域,覆盖率高达86.7%。④

(一)OHADA成员国的投资环境

OHADA成员国多为中部和西部非洲国家,这些国家自然资源和矿产资源丰富,天然矿物包括金、钻石、铜、铁、钴、石油、天然气等。一些国家的资源供应在世界市场上占据着重要份额,如科特迪瓦拥有世界2/3的可可产量;几内亚拥有世界3/4的铝矾土储量;加蓬有丰富的林业资源,号称"绿金之国"。中国与这些成员国的经济互补性强,双方的经贸合作与相互投资具有广阔的空间和巨大的潜力。近年来,中国与这些国家的进出口贸易持续保持快速增长的趋势,在中非贸易中占据重要地位。根据商务部西亚非洲司的统计数据,从2007年至今,中国同非洲商法协调组织成员国刚果(布)、加蓬、贝宁、几内亚、赤道几内亚、喀麦隆、多哥的贸易一直在中非贸易中名列前茅。此外,这些国家在交通、能源、电信、环保等基础设施建设和产业升级换代方面,具有巨大的投资空间。⑤ 各成员国在进行本国的投资立法时基本遵循OHADA倡导的理念:第一,规定了明确的外商投资目的,即以促进本国经济发展、扶持就业以及推动科技进步为主;第二,对外商投资设立了严格的审批程序;第三,设立了一些投资的优惠政策,包括税收减免、给予国民待遇等;第四,为投资者的

---

① 《调解统一法》没有对调解程序的开展时间予以规定,交由当事人自由协商,这点也是当事人意思自治的体现。

② 商务部、国家统计局、国家外汇管理局《2017年度中国对外直接投资统计公报》,载中国投资指南网:http://img.project.fdi.gov.cn//21/1800000121/File/201810/201810301102234656885.pdf,最后访问日期:2019年9月12日。

③ 主要分布在赞比亚、尼日利亚、埃塞俄比亚、南非、肯尼亚、坦桑尼亚、加纳、安哥拉、乌干达等。

④ 中国境内投资者未涉及的国家和地区有:加那利群岛、塞卜泰、留尼汪、索马里、梅利利亚、斯威士兰、马约特、西撒哈拉。

⑤ 参见朱伟东:《OHADA——拓展非洲市场的新据点》,载《海外投资与出口信贷》2009年第5期。

财产安全提供保障。可以看出,OHADA 的成员国正在努力为投资者提供较为良好的投资环境,以积极的态度欢迎世界各国的投资者前来投资。尽管如此,赴 OHADA 成员国开展投资依旧具有较高的风险。在政治风险方面,虽然该组织中的成员国与非洲其他国家相比,国内政治局面还算稳定,但仍有面临较大的政策波动风险。就中国企业而言,政府政策的制定就是投资的风向标,一旦这些政策发生变化,就有可能给投资者造成损失。在经济风险方面,作为世界经济发展相对落后的地区,该区域经济形势波动较大,贸易风险和汇率风险并存。法律风险则主要是中国投资者缺乏法律风险管理的意识以及对 OHADA 颁布的法律了解不足引起的。

(二)中非双边投资条约的签订和投资争议解决现状

目前非洲一共有 61 个国家和地区,其中包括 54 个国家、7 个地区。根据笔者在 ICSID 官网的统计,截至 2019 年 5 月 1 日,ICSID 仲裁中非洲国家作为被申请人的案例共有 172 起,其中 OHADA 有 12 个成员国被卷入 ICSID 仲裁中(见表 1)。OHADA 成员国对外共签署双边投资条约(Bilateral Investment Treaty,BIT)240 个,其中已经生效的只有 113 个,中国仅与其中 8 个成员国签署了双边投资条约,其中已经生效的仅有 4 个(见表 2)。由此可见,中国企业一旦与 OHADA 成员国间产生投资争议,几乎无法得到双边投资条约的保护,诉诸 ICSID 仲裁则需要得到东道国的同意。

表 1　OHADA 成员国涉 ICSID 仲裁情况统计

国家名称	涉 ICSID 案件数量(件)
马里(Mali)	2
赤道几内亚(Equatorial Guinea)	2
尼日尔(Niger)	2
塞内加尔(Senegal)	5
多哥(Togo)	3
刚果民主共和国(Democratic Republic of the Congo)	9
布基纳法索(Burkina Faso)	1
喀麦隆(Cameroon)	5
中非共和国(Central African Republic)	3
刚果共和国(The Republic of Congo)	4
加蓬(Gabon)	5
几内亚(Guinea)	7

表 2　OHADA 成员国签署的双边投资条约现状

国家名称	签署 BIT 数量(件)	已生效 BIT 数量(件)	与中国签署的 BIT 生效情况
马里(Mali)	22	8	已生效
赤道几内亚(Equatorial Guinea)	10	4	已生效
尼日尔(Niger)	5	2	0
塞内加尔(Senegal)	29	18	0
多哥(Togo)	4	3	0
刚果民主共和国(Democratic Republic of the Congo)	17	4	已签订未生效
布基纳法索(Burkina Faso)	17	15	0
喀麦隆(Cameroon)	18	11	已生效
中非共和国(Central African Republic)	4	2	0
刚果共和国(The Republic of Congo)	16	8	0
加蓬(Gabon)	18	8	已生效
几内亚(Guinea)	25	8	0
科特迪瓦(Cote d'Ivoire)	14	7	已签订未生效
贝宁(Benni)	18	8	已签订未生效
乍得共和国(Tchad)	14	3	已签订未生效
几内亚比绍(Guinea_Bissau)	2	1	0
科摩罗(Comores)	7	3	0

目前中国企业与 OHADA 成员国间解决投资争议的渠道主要包括在东道国国内法院诉讼、提交 ICSID 仲裁、选择 OHADA 仲裁或调解等方式。OHADA 成员国国内法院的诉讼审限过长、效率不高,ICSID 仲裁近年来合法性危机凸显,且东道国经常以主权豁免为由拒绝承认和执行 ICSID 仲裁裁决。与之相比,OHADA 仲裁具有公正、灵活和高效的特点,OHADA 仲裁裁决具有较强的执行力,原因如下:首先,根据《非法商法协调条约》的规定,OHADA 仲裁裁决具有和成员国国内法院作出的判决一样的终局效力,且条约不允许成员国作出任何保留,成员国一旦加入 OHADA 就必须全面接受 OHADA 的法律;其次,采用临时仲裁作出的仲裁裁决由裁决执行地 OHADA 成员国的有权法官签发执行令,法官在拒绝承认和执行方面的权力很小,唯一可援用的理由是该裁决违反了 OHADA 成员国的国际公共政策,采用机构

仲裁作出的仲裁裁决由 CCJA 进行程序性审查后签发执行令,该执行令在所有 OHADA 成员国都具有执行力。除了仲裁以外,中国企业也可与东道国选择 OHADA 调解机制解决争议,调解已被纳入投资者——国家争端解决机制中,与仲裁相比成本更低且更为灵活。2017 年新颁布的《调解统一法》较为妥善地解决了调解中常见的问题,调解的保密性和调解协议的可执行性都能成为吸引投资者选择 OHADA 调解机制的因素。

六、结语

OHADA 非常重视通过仲裁来解决投资争议和商事争议。OHADA 对 1999 年《仲裁统一法》和《CCJA 仲裁规则》的大幅度修改,显示了该组织进一步支持仲裁的决心,同时效仿 UNCITRAL 制定了《调解统一法》,积极推动以调解为代表的多元化纠纷解决机制的运行。这些革新举措,一方面,是为了促进 OHADA 区域的仲裁发展,为当事人提供便捷、高效和透明的仲裁程序及更易被执行的裁决;另一方面,通过借鉴国际知名仲裁机构的做法,提升 CCJA 在非洲大陆仲裁机构中的吸引力和竞争力,这些都是外国投资者来 OHADA 成员国开展贸易和投资的重要考量因素。对于有意在该地区进行投资的中国企业而言,应首先了解 OHADA 目前已通过的 10 部统一法,充分利用这 10 部统一法的法律规定,选择合适的投资方式和经营类型,在出现争议时,积极通过 CCJA 以仲裁或调解的方式保护自己的合法权益,降低在非洲 OHADA 国家投资的风险。

不对称仲裁条款的效力研究*

桑远棵**

不对称仲裁条款,是指规定国际商事合同中特定的一方当事人在争议发生后,有权选择将争议提交仲裁机构的管辖条款。现实情形表明,这类特殊条款的大量使用不仅是商事理性在实践之中的有力反映,也很大程度上在于其内在的灵活性。尽管少数国家的法院以不同的理由否定其效力,但不对称仲裁条款在本质上是跨国商事主体双边合意的真实产物,其表面上的非相互性不会对非受益方的权利造成根本性不利影响,也不会违反公共政策,故应积极地肯定其效力。同时需要指出,不对称仲裁条款实质上构成有效的仲裁协议,以及不对称仲裁条款的受益方在享有优先权的同时也应当受到必要的限制。为促使这类条款获得更广泛的认可,在条款的设计上应当更加突出当事人的双边合意以及进一步完善这类条款的运行机制。

一、问题的缘起

2017年4月,新加坡法院在“威尔森案”(Wilson)①中认定不对称仲裁条款(asymmetric arbitration clause)有效,并对相关联的法律问题作出具体的阐释。该案中,双方当事人签订了一份安装合同,争议解决条款是“如果双方当事人未能通过友好协商的方式解决争议,戴那耶特(Dyna-Jet)可以选择将争议提交于仲裁程序”。争议发生之后,双方当事人未能通过协商解决,戴那耶特向法院提起诉讼,而没有选择将争议提交仲裁,威尔森则以存在仲裁协议为由请求法院中止诉讼程序。上诉法院最终判定,不对称仲裁条款构成有效的仲裁协议,但其并未强制要求戴那耶特将

* 本文系教育部人文社会科学重点研究基地重大研究课题“一带一路倡议与法律合作研究”(项目编号:16JJD820009)的阶段性研究成果,本文同时获得2018年中国仲裁法学研究会年会暨第十一届仲裁与司法论坛二等奖。

** 武汉大学国际法研究所2018级国际私法博士研究生。

① See Wilson Taylor Asia Pacific Pte Ltd v. Dyna-Jet Pte Ltd, [2017] SGCA 32.

争议提交仲裁,威尔森也就无权要求法院中止诉讼。新加坡法院的这一判决引起了国际仲裁实践参与者的广泛关注,为深入研究不对称仲裁条款提供了参考路径。

不对称仲裁条款是指规定国际商事合同中特定的一方当事人在争议发生后,有权选择将争议提交仲裁机构的管辖条款。① 这类条款在国际商事实践中的具体形式主要有两种:一是当事人 A 和 B 约定 C 国法院对产生于合同的任何争议具有管辖权,但不妨碍当事人 A 将争议提交于 D 仲裁机构解决;二是当事人 A 可以选择将争议提交 D 仲裁机构解决,而以法院作为当事人 A 和 B 的默认争议解决机制。

新加坡之外的英国、印度、澳大利亚、美国、葡萄牙、土耳其、德国、保加利亚、中国和中国香港特别行政区的司法实践中也已经发生多个案件,不同的法院对不对称仲裁条款的效力各持不同立场。然而,不对称仲裁条款的效力直接关系仲裁裁决的承认与执行,对当事人的利益势必产生实质性影响。本文以上述国家和地区的司法案例为基础,同时结合相关的法律规范,具体分析这类条款的产生背景、效力认定、关联事项,并提出促进这类条款的效力在更大范围内获得认可的建议。

二、不对称仲裁条款的产生背景

不对称仲裁条款赋予国际商事合同中特定的一方当事人以优先权或选择权,即在争议发生后,受益方有权根据个案的性质和实际利益的需要,选择适用其认为"合适的"争议解决机制,而非受益方只能受制于受益方的决定。从表面上看,不对称仲裁条款是不对称或失衡的,因为受益方享有额外的选择权,而间接剥夺了非受益方的同等程序性权利。② 然而,在国际经贸交往的现实背景下,不对称仲裁条款实际上不仅是商事主体真实合意的产物,也是商事理性在实践中的主要体现。而且,因其具有很大程度的灵活性,可以有效防止个案与单一争议解决机制的不兼容性。

(一)商事理性的实践反映

在国际商事实践中,单边的非排他条款在金融市场上广为流行,因其能保证债权人总是可以诉之债务人于其本国法院或其财产所在地。③ 银行和金融机构倾向于

---

① 不对称仲裁条款也可以称为单边(one-way)、选择性(optional)、混合(hybrid)、非相互(non-mutual)仲裁条款。值得注意的是,不对称仲裁条款的核心特征是只有特定的一方当事人在争议发生后可以选择将争议提交仲裁机构或法院解决,另一方当事人只能将争议提交法院解决。

② See Laurent Niddam, "Unilateral Arbitration Clauses in Commercial Arbitration", *Dispute Resolution Journal* 5, 1996, p. 147.

③ See Richard Fentiman, "Unilateral Jurisdiction Agreement in Europe", *Cambridge Law Journal* 72, 2013, p. 24.

在贷款合同中约定不对称仲裁条款,[①]即借款方只能将争议提交于特定的法院,而出借方有权根据具体案情选择适用诉讼或仲裁程序。一方面,可以充分地维护出借方的利益,便于其在借款方不履行债务的情形下追索欠款,赋予出借方在争议解决机制上的选择权,可以适当地平衡双方当事人的利益关系;另一方面,借款方为获得贷款而同意使用不对称仲裁条款,应当认为是其真实意思的外在反映。

除此之外,商事主体具有相对对等的经济实力,议价实力强的当事人可能间接地要求弱势方缔结此"不平等"条款,但弱势方出于自身商业利益的考虑,或在其他的方面获得更有利地位的需要,而在争议解决条款上赋予对方选择权或者作出一定的让步,有力地反映了国际经贸交往中的商业理性。其他类型的商事合同,如租赁合同、承租合同、雇佣合同、建设合同,同样存在使用不对称仲裁条款的普遍现象,[②]这也间接地表明这类条款具有广泛的现实基础。

(二)不对称仲裁条款的灵活性

不对称仲裁条款的最明显特征是灵活性,即受益方有权在争议出现后,根据已有案件的性质和双方当事人的现实地位,可以选择将争议提交予仲裁或诉讼解决。一般认为,诉讼和仲裁具有不同的程序性优势。一些情形下,诉讼更加适合于争议的解决,如法院可以通过缺席判决的方式有效地对抗第三人,或争议金额相对较小,或诉讼程序中有更广泛的证据开示。[③] 另一些情形下,仲裁则更适于争议的解决,如可以获得快速的救济措施,或不公开涉及公司机密的案件信息,或对公司商业信誉的维护。[④] 因此,当受益方作为申请人时,其可能选择以快速的、非正式的仲裁程序解决争议;当受益方作为被申请人时,则可能倾向于诉讼

---

① See Deyan Draguiev, "Unilateral Jurisdiction Clauses: The Case for Invalidity, Severability or Enforceability", *Journal of International Arbitration* 31, 2014, p. 21.

② Ibid.; Adam M. Nahmias, "The Enforceability of Contract Clauses Giving One Party the Unilateral Right to Choose between Arbitration and Litigation", *Construction Lawyer* 21, 2001, p. 36; Emmanuel Gaillard and John Savage, "Fouchard Gaillard Goldman on International Commercial Arbitration", *The Hague*, *Kluwer Law International*, 1999, p. 268.

③ See Judita Pereyiova, "Unilateral Option Clauses in Commercial Arbitration". Accessed September 2, 2018. http://www.etd.ceu.hu/2014/perenyiova_judita.pdf.

④ See Philip Clifford and Oliver Browne, "Avoiding Pitfalls in Drafting and Using Unilateral Option Clauses". Accessed August 2, 2018. https://www.lexology.com/library/detail.aspx?g=08a00aa3-3241-4ddc-9369-e8edfa75620e.

程序。[①]

不对称仲裁条款能够有效地避免当事人将争议提交于非方便的程序性机制，这是商事主体倾向于使用这类条款的主要原因。而且，选择仲裁作为解决争议机制的最大优势体现于裁决的较高执行率，1958 年的《纽约公约》[②]是仲裁裁决在世界范围内流通的根本性文件，现在已经有 160 余个国家加入《纽约公约》，因而仲裁裁决实际上能够在相当广泛的范围内获得承认或执行。事实上，不对称仲裁条款为国际商事主体提供了更加多元化的选择，从而可以更加有效地保障其合法权益。

三、司法实践中否定不对称仲裁条款效力的事由

不对称仲裁条款在商事实践中被越来越多地使用，但不同国家和地区的法院对其效力持不同的立场，不仅有碍于这类条款在实践中的大量使用，还可能有损于商事主体的正当利益。司法实践中，仍有多个国家的法院倾向于否定这类条款的效力，所依据的理由主要是违反公共政策、缺乏相互性或双边性、缺乏合理性、缺乏明确性。

（一）不对称仲裁条款违反公共政策

在印度“艾蒙森斯案”（Emmsons）[③]中，法院认为，不对称仲裁条款对原告的权利已经构成绝对的限制，明显地违反印度《合同法》第 28 条的规定（限制诉讼程序的协议无效）而与公共政策相悖。然而，法院并未具体地阐明公共政策的内在含义以及不对称仲裁条款与公共政策的内在关联性，便径直地判定其无效。

（二）不对称仲裁条款缺乏双边性

在印度“巴提亚案”（Bhartia）[④]和“艾蒙森斯案”（Emmsons），英国“巴伦案”（Baron）[⑤]和“托特 · 布特梅克案”（Tote Bookmaker）[⑥]以及保加利亚的一起案件[⑦]中，法院主要认为，不对称仲裁条款缺乏相互性、双边性、对称性而不具有法律效力。原因在于，不对称仲裁条款的本质特征是特定的一方当事人单方面地享有选择权，另一方当事人只能诉诸单一的争议解决机制。而事实上，必须存在无任何附加条件

① See B. van Zelst, “Unilateral Option Arbitration Clauses in the EU: A Comparative Assessment of the Operation of Unilateral Option Arbitration Clauses in the European Context”, *Journal of International Arbitration* 33, 2016, p. 368.

② 即《联合国关于承认及执行外国仲裁裁决的公约》。

③ See Emmsons International Ltd. vs. Metal Distributors (UK) and Anr., 2005 (80) DRJ 256.

④ See Bhartia Cutler Hammer Ltd. vs. Avn Tubes Ltd., 1995 (33) DRJ 672.

⑤ Baron v. Sunderland Corp, [1966] 2 Q. B. 56.

⑥ Tote Bookmaker Ltd. v. Development & Property Holding Co. Ltd, [1985] 2 WLR 603.

⑦ Judgment No. 71 in Commercial Case No. 1193/2010.

的协议,以支持所有当事人都有权提交争议于仲裁或诉讼。一份有效的仲裁协议必须具有双边性,即使当事人在先同意这类条款,也不会使其具有双边性。

(三)不对称仲裁条款缺乏明确性

在印度"卡斯特案"(Castrol)①以及土耳其的一起案件②中,法院以缺乏明确性为由而否认不对称仲裁条款的效力。印度马德拉斯法院认为,不对称仲裁条款仅仅赋予一方当事人选择仲裁的权利,也就不存在明确的仲裁意图,除非合同约定争议仅仅交由仲裁解决;土耳其法院也认为,仲裁这一程序机制具有特殊的性质,不对称仲裁条款中包含诉讼和仲裁两种程序机制,也就直接表明双方当事人并未形成明确的、清晰的仲裁合意。

(四)不对称仲裁条款缺乏合理性

在美国"伊文案"(Iwen)、③"诺伊案"(Noohi)、④"格罗拜案"(Global)⑤以及"特伊斯案"(Choice)⑥中,法院认为,首先,不对称仲裁条款因缺乏双边性义务而不具有合理性,因其仅仅有利于一方当事人,而另一方当事人只能选择接受,产生了不合理的待遇;其次,不对称仲裁条款不符合当事人的合理期待,即使当事人对其具有可预见性,这类条款也还有不当的压迫性和不合理性;最后,不对称仲裁条款缺乏对价,不能为了满足对价的要求而援引主合同的条款。同样,在中国的一起案件⑦中,法院认为,不对称仲裁条款是显失公平的,因其仅仅单方地赋予卖方选择权而违反仲裁法;德国联邦最高法院在一起案件⑧中也认为,格式合同中的不对称仲裁条款是不公平的,而且如果因受益方行使选择权而将争议提交仲裁,非受益方将产生不必要的程序性费用。

四、应当肯定不对称仲裁条款效力的理由

多个国家和地区的法院判定不对称仲裁条款无效,其理由实际上都不具有充分

---

① M/S. Castrol India Limited vs M/S. Apex Tooling Solution, [2015] 1 LW 961 (DB).

② In Decision No. 2013/16901 of the Turkish 11th Civil Division.

③ Iwen v. U.S. West District, 977 p.2d 989 (Mont. 1999).

④ Noohi v. Toll Bros., Inc. 708 F.3d 599 (4th Cir. 2013).

⑤ Global Client Solutions, LLC v. Susan M. Ossello, 367 P. 3d 361 (Mont. 2016).

⑥ Choice Hotels Intern., Inc. v. Ticknor, 275 F.3d 1164 (2002).

⑦ 参见吴星奎、韩立强:《单方仲裁选择权条款效力探析》,载《重庆工商大学学报》(社会科学版)2006年第5期。

⑧ See BGH, 24 Sept. 1998, Ⅲ ZR 133/97, NJW 1999, 282, 283. See B. van Zelst, "Unilateral Option Arbitration Clauses in the EU: A Comparative Assessment of the Operation of Unilateral Option Arbitration Clauses in the European Context", *Journal of International Arbitration* 33, 2016, p.376.

的合理性基础。主要原因是法院并未从实体方面分析双方当事人的利益关系,以及这类条款可能产生的实际效果。相反,法院仅仅以表面上当事人程序性权利的不对称性,便当然地推定非受益方将遭受实质性不利后果,这一说理不符合商事理性和当事人的真实意思。尤其在双方当事人同为惯常的国际商事主体的情形下,实际上应当优先考量当事人的自主意思,再进一步分析这类条款可能产生的实质影响。因此,本文认为司法实践中应积极地肯定不对称仲裁条款的效力。

(一)不对称仲裁未违反公共政策

不对称仲裁条款是否与公共政策具有直接关联性,以及在何种程度上违反公共政策,实践中还未形成统一的观点。一般而言,公共政策是一国的根本政策、道德观念、善良风俗、法律的基本原则,只有在产生严重后果的情形下才能适用。而且,公共政策的适用条件也越来越严,适用的限制越来越多、越来越明确,适用的机会实质上越来越少。[①] 究其本质,不对称仲裁条款属于管辖条款,其并未不当地课加义务于他方或剥夺他方获得司法救济的权利,也不会绝对地剥夺他方在任何一个程序机制中享有的法定权利,仅仅以其表面上的非相互性而认定其违反公共政策实质上是对公共政策的滥用。

在印度"艾蒙森斯案"中,法院根据印度合同法认定不对称仲裁条款违反公共政策,实际上是对印度《合同法》的不当解释,因为这类条款只有在对诉讼程序予以绝对的限制而非部分的限制的情形下才能适用。[②] 具体而言,只有在协议对一方当事人的权利构成绝对限制的情形下才构成对公共政策的违反,该案中的不对称仲裁条款并未排除一方当事人的程序性或实体性权利,也就不会违反公共政策。2015 年,印度在其《仲裁与调解法》的修正案中明确界定了公共政策的范围,印度法院在以公共政策为由判定不对称仲裁条款的效力时,有义务重新评估其是否属于公共政策的范畴。[③] 为此,公共政策不应当成为否认不对称仲裁条款效力的事由。

(二)不对称仲裁条款具有相互性

相互性或双边性是否作为认定不对称仲裁条款效力的必要条件,即这类条款表

---

① 参见肖永平:《法理学视野下的冲突法》,高等教育出版社 2008 年版,第 224 页。

② See Nishanth Vasanth and Rishabh Raheja, "Examining the Validity of Unilateral Option Clauses in India: A Brief Overview". Accessed May 18, 2018. http://arbitrationblog.kluwerarbitration.com/2017/10/20/examining-validity-unilateral-option-clauses-india-brief-overview/.

③ Ibid.

面上的非相互性是否可以作为否定其效力的依据,实践中还存有分歧。相互性通常被视为任何合同对价的核心要求,不过在合同法上并没有统一的定义。在一些情形下,合同的有效性取决于双方当事人作出的相互承诺。[①] 而且,"相互性"本身并不完全等同于实质的公平或正义,对于后者的认定应立足于个案的具体情形,当事人的权利在表面上的不对等无法直接地表明其违反公平或正义原则。从当事人的角度观之,缔结合同之时,弱势方为避免遭受此明显"不对等"的待遇而完全可以拒绝缔结合同,但其出于商业利益或其他利益的需要而自愿接受此条款,故仍应视为其内心真意的外在表达。可以认为,双方当事人在合同中约定使用不对称仲裁条款,就已经暗含了双边的合意。

在印度"福斯特案"(Fuerst)[②],英国"三船案"(Three Shipping)[③]和"德意志银行案"[④]以及新加坡高等法院在"威尔森案"(Wilson)[⑤]中,法院主要认为,不对称仲裁条款完全是具有双边性质的协议,因为双方当事人已经共同接受了协议的安排,并对这类条款的性质、效力和效果具有预见性,这不仅符合商业理性和当事人的商业意图,还与当事人意思自治原则相一致。

因此,不对称仲裁条款实际上具有双边性或相互性。而且,对双边性或相互性的认定不应过度地强调双方当事人在争议解决机制选择权上的完全对等性,而应更加注重双方当事人在缔结这一条款时意思表示的真实性。一种观点还认为,仲裁法及其实践的根本理念在于当事人有权共同约定符合个案情形的争议解决机制的范围或程序。[⑥]

(三)不对称仲裁条款具有明确性

不对称仲裁条款,主要表现为当事人约定争议应当提交于某个国家的法院,但特定的一方当事人可以选择将争议提交仲裁机构。法院认定这一条款缺乏明确性的主要理由是,双方当事人并未协议将争议专属地交由仲裁机构解决。换言之,这类条款同时包含仲裁和诉讼两种程序机制,仲裁就不属于排他的争议解决机制,这

---

① See Arthur M. Kaufman, Ross M. Babbitt, "The Mutuality Doctrine in the Arbitration Agreements: The Elephant in the Road", *Fall-Franchise Law Journal* 22, 2002, p. 103.

② See Fuerst Day Lawson Ltd vs Jindal Exports Ltd., 2001(2) RAJ 1 (SC).

③ See NB Three Shipping Ltd. v. Harebell Shipping Ltd., [2004] EWHC 2001.

④ See Deutsche Bank AG v. Tungkum Limited, [2011] EWHC 2251 (Comm).

⑤ See Dyna-Jet Pte Ltd v. Wilson Taylor Asia Pacific Pte Ltd., [2016] SGHC 23.

⑥ See Carol Mulcahy, "Unilateral Arbitration Agreements: A Contradiction Terms?", *Arbitration* 70, 2004, 176.

类条款也就缺少明确、清晰的仲裁合意。然而,这一说理实际上是对仲裁合意的不当理解,因为法院并未考虑到仲裁合意的核心要素在于共同的仲裁意思,也就不排除适用其他程序机制的可能性。联合国国际贸易法委员会制定的《国际商事仲裁示范法》对仲裁协议所作的释义,①其核心要件是当事人提交争议于仲裁的合意,但并未要求仲裁必须是排他的争议解决机制。

2001 年以前,西班牙法律要求管辖条款必须满足严格的形式要件,即必须约定明确、清晰的争议解决机制,不过后来废除了这一形式要件。② 从文义的角度观之,双方当事人约定特定的一方在争议解决机制上具有选择权,直接就体现了双方当事人真实的、明确的仲裁合意,而额外地要求双方只能将争议提交仲裁,不属于仲裁协议的应有之义。

(四)不对称仲裁条款具有合理性

在美国"理查德案"(Richard)③中,法院认为,本案中的不对称仲裁条款并未不正当地有利于卖方或超出一般人的合理期待,因而不存在不合理性和压迫性。法院还认为,合同中的其他事项也应予考虑,如非相互性的程度、诉请的性质,从合同的整体考虑仲裁协议的单边性,只要具有充分的对价,仲裁条款的相互性就不是绝对的。同样,在美国"威利斯案"(Willis)④中,法院认为,不对称仲裁条款是自愿缔结的,不存在不公平和胁迫的情形。从对等性的角度判断这一条款是否具有合理性,不应注重于在争议解决条款上当事人权利的完全对等,而应立足于合同的整体情形。有一种观点甚至认为,美国法院不应适用不合理性原则审查仲裁条款,原因在于不合理性原则是不明确的,联邦仲裁法的根本意图是减少适用裁量性原则,如不合理性。⑤

在葡萄牙"锡兰案"(Xilam)⑥中,法院认为,尽管不对称仲裁条款对一方当事人

---

① See Art. 7 of the UNCITRAL Model Law on International Commercial Arbitration 1985, with Amendments Adopted in 2006.

② See Lauren D. Miller, "Is the Unilateral Jurisdiction Clause No Longer an Option? Examining Court's Justifications for Upholding or Invalidating Asymmetric or Unilateral Jurisdiction Clauses", *Texas International Law Journal* 51, 2016, pp. 334 – 335.

③ See Berent v. CMH Homes, Inc., 466 S. W. 3d 740, 750 (Tenn. 2015).

④ See Willis Flooring Inc. v. Howard S. Lease Constr Co., 656 P. 2d 1184 (Alaska 1983).

⑤ See Stephen Friedman, "Arbitration Provisions: Little Darlings and Little Monsters", *Fordham Law Review* 79, 2011, p. 2018.

⑥ See Decision of Tribunal da Relacao de Lisboa (Court of Appeal of Lisbon) as of July 12, 2012. See Master's Thesis, "Unilateral Arbitration Clauses: Legal Validity". Accessed May 18, 2018. http://arno.uvt.nl/show.cgi? fid = 142526.

的权利构成特定的限制,但只有达到严重不方便(gross inconvenience)的程度时才是无效的,而该案中双方当事人都未遭受严重的不方便。而且,不合理性是指合同条款是极度不公平的,或者单方面地偏向于议价实力强的一方当事人,不对称仲裁条款明显不会产生此类效果。因此,对合理性的阐释不应当从争议解决条款形式上加以认定,而应当从个案的实际情形出发,分析不对称仲裁条款是否对非受益方造成严重的不方便或根本地损害非受益方的实体权利,以其表面上的不完全对等性而否认其效力是不合理的。

五、与不对称仲裁条款的效力相关联的事项

不对称仲裁条款在实际适用过程中,与其效力相关联的问题是不对称仲裁条款是否构成有效的仲裁协议?不对称仲裁条款的受益方是否享有优先权及其必要的限制?以上两个问题关系不对称仲裁条款的实际适用,在理论上应当作出明确的阐述。

(一)不对称仲裁条款构成有效的仲裁协议

在司法实践中,当事人经常以不对称仲裁条款未赋予双方当事人提起仲裁的权利为由而否定仲裁协议的有效性。在印度"巴提亚案"(Bhartia)中,法院认为,根据印度的仲裁法,必须存在无条件的协议,以支持所有的当事人都有权选择将争议提交于仲裁,不对称仲裁条款中只有一方当事人有权提起仲裁,而一份有效的仲裁协议必须是双边的。然而,在印度"福斯特案"中,法院却认为,根据英国法的规定,不对称仲裁条款完全具有双边性,而不存在缺少相互性的问题,一旦当事人行使选择权,仲裁程序便具有强制性。在中国香港特别行政区"中国商人重工案"(China Merchants Heavy Industry)①中,法院认为,根据《国际商事仲裁示范法》的规定,不对称仲裁条款构成有效的仲裁协议,当事人未行使选择权并不会使其丧失可执行性。

同样地,在澳大利亚"帕特纳案"(Partner)②中,法院认定该案中存在有效的仲裁协议,并否定上诉法院以缺乏相互性为由而否认仲裁协议效力的观点。法院认为,相互性的要求是指双方当事人合意将争议提交仲裁,而不是双方都必须有权提起仲裁;根据一般的、自然的意义,仲裁协议可以扩展至因选择的作出、特定事件的发生、程序步骤的完成、条件的满足,当事人就应将争议提交仲裁的协议。而且,因当事人的选择而提交仲裁也符合仲裁协议的内在含义,单方面的选择权并不会减损

---

① See China Merchants Heavy Industry Co. Ltd v. JGC Corporation, CACV 112/2001.

② See PMT Partner Pty Ltd (In Liquidation) v. Australian National Parks and Wildlife Service, [1995] 184 CLR 301.

仲裁协议的核心特征。

对仲裁协议的认定,国际上主要采用更加广义的解释方法,如《国际商事仲裁示范法》、[①]《纽约公约》、[②]大多数国家的仲裁法所规定的仲裁协议的定义,其基本要素是仲裁合意,缺少双方的同意,就不存在有效的仲裁协议。[③] 以选择权的对等性为由否定仲裁协议的有效性,实际上有悖于商事主体的真实意思。而且,根据一国的法律规定,这类不对称协议一般都被认定为有效的仲裁协议。[④] 在新加坡高等法院审理的"威尔森案"中,新加坡高等法院对仲裁协议的定义作了深入的阐释,即仲裁协议的核心要件是在合同意义上,双方当事人受制于仲裁的共同意思,法院从三个方面予以论证:一是无须双方都有权选择仲裁,唯一的相互性要求是必须存在相互的同意;二是仲裁法并未要求将所有争议都必须提交于仲裁,或者不附任何条件地提交争议于仲裁;三是一方当事人行使选择权,即构成有效的仲裁协议。新加坡上诉法院同样认为该案中存在有效的仲裁协议,主要理由是权利的相互性和可选择性不属于仲裁协议的实质因素。[⑤]

(二)不对称仲裁条款的受益方的优先权及其限制

不对称仲裁条款的性质决定其受益方享有优先权,即在争议发生后,受益方有权选择将争议提交于法院或仲裁机构。这一优先权仅属于受益方而不构成一项强制性义务,[⑥]即非受益方无权要求受益方行使此项权利,受益方也不会因非受益方的在先行为而完全丧失优先权。具体而言,如果受益方作为申请人,非受益方则应当服从于受益方的选择;如果非受益方作为申请人,如果其违反约定而向法院提起诉讼,在受益方未实质性地参与诉讼程序的情形下,受益方则有权请求法院中止诉讼程序。

在英国"三船案"中,法院就优先权问题作了具体阐述,其认为,不对称仲裁条款

---

① See Art. 7 of the UNCITRAL Model Law on International Commercial Arbitration 1985, with Amendments Adopted in 2006.

② See Art. 2. 1 of the United Nations on the Recognition and Enforcement of Foreign Arbitral Awards.

③ 参见[英]艾伦雷德芬等:《国际商事仲裁法律与实践》(第 4 版),林一飞、宋连斌译,北京大学出版社 2005 年版,第 8 页。

④ See Gary B. Born, *International Commercial Arbitration*, Netherlands, Kluwer Law International, 2014, p. 793; Nigel Blackaby et al., *Redfern and Hunter on International Arbitration*, Oxford University Press, 2015, p. 103.

⑤ See Wilson Taylor Asia Pacific Pte Ltd v. Dyna-Jet Pte Ltd, [2017] SGCA 32.

⑥ See Gary B. Born, *International Commercial Arbitration*, Netherlands, Kluwer Law International, 2014, p. 789.

的目的是赋予本案中的所有人比承租人更优的权利,所有人可以根据自身的选择请求中止诉讼程序,这一条款才能产生实际效果,否则在承租人已经提起诉讼程序的情形下,所有人就丧失选择权,这一观点整体上有悖于商业理性。依此逻辑,不对称仲裁条款在实际适用过程中,受益方在争议解决机制上享有选择权,非受益方有义务服从于受益方的选择,否则非受益方将不得不承担因平行诉讼而产生的不必要费用。而且,受益方的优先权并不要求其在时间上必须先于非受益方提起仲裁程序,在非受益方违反这一条款的情形下,受益方的优先权仍然存在,否则这一条款的效力将会受到实质性减损。

然而,也有观点认为,不应完全忽视非受益方的权利,除非受益方明示地放弃此项权利,或在非受益方已作要求的情形下,受益方具有使他方免于诉之法院的义务。① 为此,如何对不对称仲裁条款的受益方的优先权设定必要的限制成为实践中的主要关注点,在英国"三船案"中,法院在判定不对称仲裁条款的受益方享有优先权的同时,也强调对受益方的权利进行合理限制的必要性,即如果受益方已经在诉讼程序中履行了程序性步骤,或使非受益方合理地相信其已经放弃选择权,则不对称仲裁条款不再具有实际效力。

对受益方的权利设定必要限制是平衡双方当事人权利义务的有效途径。在受益方已经明确地放弃选择权,或受益方已实质性地参与诉讼程序而未提出任何实质性抗辩,使非受益方合理地相信其已默示地放弃选择权的情形下,②在同一争议事项上,受益方所享有的优先权则不复存在,这是对非受益方的权利予以必要保障的重要体现。过度地保护受益方的优先权,不仅会增加不对称仲裁条款的非相互性程度,以致达到严重不合理或不方便的程度,还可能导致非受益方频繁地以此为由异议其法律效力。

---

① See Anthony Mrad, "International Overview of Hybrid Arbitration Clauses in Financial Transactions: Challenges and Practical Solutions". Accessed May 18, 2018. http://www.eptalex.com/wp-content/uploads/2016/12/Hybrid-Arbitration-Clauses-by-Anthony-Mrad.pdf.

② 也有一种观点认为,非受益方已告知受益方,或受益方实质上不作为,或受益方在程序开始前已参与争议解决机制问题的讨论,可以认为受益方已放弃选择权。参见 Simon Nesbitt, Henry Quinlan, "The Status and Operation of Unilateral or Optional Arbitration Clauses", *Arbitration International* 22, 2006, 148。

六、结语

实践表明,一些国家对不对称仲裁条款的效力予以否认,①一些国家的立场经历了从否定到肯定的转变历程,②也有印度、美国等一些国家的立场摇摆不定。然而,不对称仲裁条款的使用由来已久,在特定的法域和行业中更是具有坚实的基础。当事人可以根据具体案情选择适用于争议解决的程序机制,而不限于单一争议解决机制与个案的不相容性,从而更加有效地适应日益复杂的商事关系。而且,现在的总体趋势是多数国家的法院倾向于认定不对称仲裁条款有效或具有可执行性。③

不对称仲裁条款的产生和使用具有合理的现实基础,对其效力的认定应当立足于商事交易的现实背景,更多地从当事人意思自治的角度考量。有一种观点还认为,不对称仲裁条款是当事人意思自治的最高体现,反过来也应视当事人的意思自治为国际商事仲裁的根本性原则。④ 首先,经济地位相对平等的商事主体为达到特定的商业目的,在缔约过程中使用这类条款,非受益方对其潜在风险具有可预见性,故其仍是双方合意的产物。由于缔约时无法确定最终的实质受益者,其本质只是一种潜在的优先权。其次,在单一的争议解决机制的实施过程中,非受益方的程序性或实体性权利并不因选择权的存在而受到实质性减损,选择权对双方当事人权利义务的分配也就不具有决定性作用。最后,不对称仲裁条款在实践中并不会对双方当事人的权利造成严重的不平衡,也不会违反公共政策。

为促进不对称仲裁条款的效力在更大范围内获得认可,可以从以下三个方面予以完善:一是为明确当事人合意的双边性,可在该条款后增加“以上条款不得作为非受益方抗辩仲裁协议效力的事由”的规定。二是为完善不对称仲裁条款的运行机制,可以设定必要的前置条件,即争议发生后,如果非受益方作为申请人,应与受益方协商争议解决的程序机制,受益方应当在一定期限内以明示或默示的方式行使选

---

① 中国《涉外商事海事审判实务问题解答一》第80问,涉外合同中约定的提请仲裁的权利不平等的,仲裁协议效力怎样?答:当事人在涉外合同中约定提请仲裁的权利不平等,违背了公平与合理的法律原则,应认定该仲裁协议无效。与此同时,1999年北京市高级人民法院《关于执行“关于审理请求裁定仲裁协议效力、申请撤销仲裁裁决案件的‘暂行规定’和‘若干问题的意见’”的说明》第5条第3项是仲裁协议无效的情形之一,即仲裁协议显失公平,如“发生争议,由卖方选择其认为适当的仲裁机构进行仲裁”。这一协议直接剥夺了一方当事人寻求解决纠纷途径的权利。

② 英国在1986年Pittalis v. Sherefettin案后,一直对不对称仲裁条款的效力持肯定立场。

③ See Deyan Draguiev, “Unilateral Jurisdiction Clauses: The Case for Invalidity, Severability, Enforceability”, *Journal of International Arbitration* 31, 2014, p. 20.

④ See Master's Thesis (Tilburg University), “Unilateral Arbitration Clauses: Legal Validity”. Accessed May 18, 2018. http://arno.uvt.nl/show.cgi?fid=142526.

择权,否则视为放弃此项权利;如果受益方作为申请人,其有义务及时告知非受益方其选择的程序机制,否则可能导致其丧失优先权。三是注重于对仲裁协议的准据法、主合同的准据法、仲裁地的选择,并适当考虑可能涉及的当事人的国籍、住所地、财产所在地等影响不对称仲裁条款效力的因素。

即便如此,为在更大程度上保证国际商事主体的正当利益,避免因使用不对称仲裁条款而产生平行诉讼、时间的拖延、额外的费用、法律上的不确定性等不利影响,商事主体仍应根据不同国家和地区的法律规定或司法态度,提前预估其潜在的风险,并有选择地使用不对称仲裁条款。

比较法研究

论法国承认与执行外国惩罚性赔偿判决之发展*

陈丽平**

惩罚性赔偿在法国的引入和发展,改变了法国对域外惩罚性赔偿判决的立场。法国传统上以惩罚性赔偿判决的非民事性、高额性和违背损害填补界限为由对其进行完全抵制。近年来,法国肯定惩罚性赔偿判决的民事性,明确惩罚性赔偿的威慑和吓阻性不抵触法国公共秩序,符合比例的惩罚性赔偿判决可以得到有限认可。该转变激励其他大陆法系国家反思对外国惩罚性赔偿判决的态度。我国过去恪守损害填补原则,在此背景下引入的惩罚性赔偿与法国类似。为此,我国司法系统可借鉴法国有限认可惩罚性赔偿判决的技术与能力,但也需要结合本国制度与实践予以改进。一方面在内容构成层面可以作抽象化分割的判决,可予先行分割,认可与实际损失相符合的部分;另一方面在内容构成层面无法分割的惩罚性赔偿判决,采用比例原则在我国实体法可以容忍的范围内承认与执行。

外国惩罚性赔偿判决的承认与执行,是国际私法理论及实践中广泛关注的一个经典且富争议性问题。惩罚性赔偿制度最早源于英国,其后为英美法系国家如爱尔兰、美国、加拿大、澳大利亚、新西兰等继受。惩罚性赔偿,是指由法庭所作出的赔偿数额超出实际损害数额的赔偿,它具有补偿受害人遭受的损失、惩罚和遏制不法行为等多重功能。① 长期以来,过错责任制度是大陆法系侵权法的主要支柱,大陆法系民法一直较为排斥惩罚性因素的介入。因此,在此种不同损害赔偿制度结构下,大陆法系传统上既不允许判决惩罚性赔偿,也不允许承认和执行外国惩罚性赔偿判

* 本文系广西哲学社会科学规划课题(17CFX001)"一带一路"背景下中国—东盟国家民商事判决承认与执行合作机制研究和2017年广西师范大学博士科研启动基金(师政科技[2017]10号)"一带一路"倡议下外国惩罚性赔偿判决承认与执行问题研究的阶段性成果。

** 广西师范大学讲师,法学博士,主要研究国际私法。

① 参见王利明:《惩罚性赔偿研究》,载《中国社会科学》2000年第4期。

决,欧洲学界甚至形象地称其为“特洛伊木马”。①

随着跨国交往的不断扩大和法律文化的相互传播,惩罚性赔偿开始为包括中国在内的大陆法系国家所接受。法国法院在一起具有里程碑意义的“枫丹帆艇案”②中表明“惩罚性赔偿判决本身并不违反公共秩序”,这无疑为法国甚至为大陆法系国家打开了一扇门。③ 英美法系国家是中国最重要的贸易伙伴,未来不可避免会产生惩罚性赔偿诉讼,此类判决的承认与执行也将成为我国不得不面临的现实问题。鉴于此,实有必要在此情势下,通过借鉴法国经验,探寻我国承认与执行外国惩罚性赔偿判决的立场与路径。

一、法国承认与执行外国法院判决制度的产生与发展

法国既没有针对外国惩罚性赔偿判决承认与执行的专门规定,也没有相关的双边或多边条约,对于此类特殊判决,适用的是外国判决承认与执行的一般规则。然而,法国不同于其他成文法国家,外国判决承认与执行规则是根据法国法院尤其是最高法院日复一日的判例所形成的。④ 近几十年,这一规则几经修正,了解这一变革过程有着重要意义。

(一)外国判决承认与执行之五条件

19 世纪初,法国司法实务上产生所谓“实质再审查原则”。依据此原则,法国法院有权就外国判决的事实认定和法律适用进行重新审查,当其认为外国法院在事实认定和法律适用的方式和结果上与本国类似判决不同时,就可拒绝承认该外国判决的效力。由于该原则过于严格,1964 年法国法院在“闵采尔案”⑤中明确表示放弃实质再审查原则,并确定外国判决承认与执行的五大条件:(1)外国法院必须有适当的管辖权;(2)外国法院必须遵守其自身的诉讼规则;(3)外国法院适用的法律必须是适当的;(4)外国法院判决不得违反法国国际公共政策理念;(5)判决的作出不存在法律规避或欺诈性地挑选法院。

---

① See Cedric Vanleenhove, “A Normative Framework for the Enforcement of U. S. Punitive Damages in the European Union: Transforming the Traditional No Pasaran”, *Vermont Law Review* 41, 2016, p. 348.

② See Schlenzka & Langhorne v. Fountaine Pajot S. A., Cass. Civ. 1st, Dec. 1, 2010.

③ See Benjamin West Janke & Francois-Xavier Licari, “Enforcing Punitive Damage Awards in France after Fountain Pajot”, *The American Journal of Comparative Law* 60, 2012, p. 776.

④ See Nathalis Meyer Fabre, “Recognition and Enforcement of U. S. Judgments in France—Recent Developments”, *The International Dispute Resolution News* 6, 2012, p. 6.

⑤ Munzer v. Munzer, Cass. Civ. 1st, Jan. 7, 1964. See Kurt Nadelmann, “French Courts Recognize Foreign Money-Judgments: One Down and More to Go”, *American Journal of Comparative Law* 13, 1964, pp. 75 – 79.

（二）外国判决承认与执行之四条件

法国上诉法院在1967年的“贝希尔案”①中撤销了第二个条件，至此外国判决承认与执行规则减少为四个。但与此同时，又对公共秩序审查和管辖权条件增加了限制。

第一，在公共秩序审查中增加了程序性要求。法国法院在“贝希尔案”中指出，执行法院必须审查该案在外国法院的诉讼程序是否合法，尤其要审查法院是否尊重了被告的程序性权利。该项权利一般包括：(1)被告应受适当送达；(2)原审法院必须为被告提供充分合理的准备时间；(3)被告及其诉讼代理人享有出庭的权利及依法陈述的机会；(4)被告对违法判决享有适当的程序救济途径等。如果被告在外国判决形成过程中，存在严重被剥夺程序性权利的情形，法国法院则可以违背程序性公共秩序为由拒绝承认与执行该判决。

第二，对管辖权条件新增三项限制。1985年，法国法院在“施米特案”②中继续坚持“贝希尔案”确立的四条件，但进一步改变了“闵采尔案”确立的五条件，强化了管辖权规则。根据“闵采尔案”确立的五条件，法国法院在涉外案件中是基于法国法的管辖权标准对外国法院是否有管辖权进行审查，而在“施米特案”中，上诉法院改变了这一规则，对管辖权条件增加以下三个限制：(1)法国法院对案件没有专属管辖权；(2)诉争案件与原审法院有“明显连结关系”；(3)原告对外国法院的选择不存在欺诈。③ 法国公民和法人长期利用《法国民法典》第14条、④第15条⑤确立的法国“专属管辖权”条款为借口，不合理地抵制外国判决的承认与执行。

（三）外国判决承认与执行之三条件

法国上诉法院在2006年的“普里厄案”⑥中推翻了以前的判例，放弃使用《法国民法典》第15条，表明法国法院不再寻求对被告为法国公民案件的专属管辖权，被法国不当扩张适用近80年的《法国民法典》第15条，恢复为非专属管辖条款，法国

---

① See Bachir v. Bachir, Cass. civ. 1st, Oct. 4, 1967.

② See Simitch v. Fairhusrt, Cass. civ. 1st, Feb. 6, 1985.

③ See Nathalis Meyer Fabre, “Recognition and Enforcement of U. S. Judgments in France—Recent Developments”, *The International Dispute Resolution News* 6, 2012, p. 6.

④ 《法国民法典》第14条规定：“不居住于法国的外国人，曾在法国与法国人订立契约者，因此契约所产生债务的履行问题，得由法国法院受理；其曾在外国订约对法国人负有债务者，亦得由法国法院受理。”

⑤ 《法国民法典》第15条规定：“法国人在外国订约所负的债务，即使对方为外国人的情形，得由法国法院受理。”

⑥ See Prieur v. de Montenach, Cass. civ. 1st, May 23, 2006.

被告在外国判决承认与执行程序中失去了一个易于使用的"金属防护罩"。随后,对法国当事人有利的另一个武器也被取消。法国上诉法院 2007 年在"阿尔及利亚地方发展银行案"①中裁定:"《法国民法典》第 14 条不能作为法国法院的专属管辖规则。"至此,法国当事人再也不可以以被告拥有法国国籍为由轻易阻碍外国判决在法国的承认与执行。

法国上诉法院 2007 年在"科尔内利桑案"②中,对"施米特案"确立的管辖规则进行了修正,并将"贝希尔案"确立的外国判决承认与执行的四条件减少为三个:(1)外国法院有管辖权。(2)符合法国的公共秩序。"不抵触专属管辖权"条件被废除后,对公共政策审查就成为请求执行人面临的最大障碍。(3)不存在欺诈。③ 当事人利用各种投机取巧的方法,通过改变案件中影响准据法适用或管辖法院判决的连结因素,如当事人的国籍、住所、居所、事务所、营业所、行为地等,达到案件适用某国法律或案件由某国法院审理,以获得对其有利判决之目的。

二、法国承认与执行外国惩罚性赔偿判决实践之发展

法国民法在传统上一直抵制惩罚性赔偿制度,对外国惩罚性赔偿判决亦持完全否定的态度。随着英美法系惩罚性赔偿理念不断向大陆法系渗透,大陆法系国家开始逐步软化对惩罚性赔偿的抵制立场。实体法上的积极变化推动了外国惩罚性赔偿判决在法国得到渐进的承认与执行。

(一)完全拒绝承认与执行

2004 年"查吉尔夫人案"④是法国最早有关外国惩罚性赔偿判决承认与执行的案件。在该案中,法国法院拒绝承认与执行的理由包括以下两方面:(1)惩罚性赔偿判决不具有民事性。法国法院在裁判书中载明:"惩罚性赔偿判决的惩罚和威慑功能,更接近刑事制裁,而刑事制裁应受国家公权力垄断。"⑤(2)惩罚性赔偿判决违背了法国的全部损害赔偿原则。法国坚持全部损害赔偿原则之目的在于保障被害人,使其所遭受的各种损害可以全部获得实质性赔偿。

---

① See Banque de developpement local BDL v. Fercometal SARL, Cass. civ. 1st, May 22, 2007.

② See Cornelissen v. Avianca Inc., Cass. civ. 2st, Feb. 20, 2007.

③ See Benjamin West Janke & Francois-Xavier Licari, "Enforcing Punitive Damage Awards in France After Fountaine Pajot", *American Journal of Comparative Law* 60, 2012, p.789.

④ See Consorts Chapgier v. Taitbout Prevoyance & B. Mesqui, Tribunal de Grande Instance [TGI] de Paris, July 15, 2004.

⑤ Nathalis Meyer Fabre, "Recognition and Enforcement of U.S. Judgments in France—Recent Developments", *The International Dispute Resolution News* 6, 2012, p.6.

(二)从完全拒绝到有限认可

法国最高法院2010年对"枫丹帆艇案"的判决,引起欧陆社会的普遍关注,也让持续发酵的外国惩罚性赔偿判决域外执行问题再次处于风口浪尖。① 该案推翻了法国乃至大陆法系国家长期坚持的非民事判决说以及惩罚威慑功能违反公序说,这种立场的转变无疑对大陆法系国家都产生了重要的影响。

1."枫丹帆艇案"简述

美国加利福尼亚州(以下简称加州)一对夫妇于1999年与美国代理商罗德·吉本斯巡航猫公司签订了购买双体船合同,总价为80万美元,约定由法国枫丹帆艇公司制造,与本案有关的争议由美国加州法院管辖。因制造商隐瞒该船曾在罗谢尔港飓风中被撞重修的事实,导致卖方交付的双体船系非全新产品。事后,该夫妇在加州法院对制造商提起诉讼,加州法院判决被告赔偿3,252,734.45美元,其中包括实际损失补偿1,391,650.12美元、律师费402,084.33美元和惩罚性损害赔偿146万美元。2004年美国原告向法国罗什福尔地方法院申请承认与执行,并根据《法国民法典》第700条的"私法执行"规定请求支付额外的律师费1万美元。②

一审、二审法院均以该判决抵触专属管辖权为由拒绝承认与执行。三审法院法国最高法院认为,二审法院所依据的《法国民法典》第15条之解释业已过时,以适用法律不当为由发回重审。2009年普瓦捷上诉法院重审该案,上诉人看似越过了"专属管辖"这道最严厉的门槛,但最后却难以跨越惩罚性赔偿制度这道硬坎。2010年法国最高法院审理后认为:"惩罚性赔偿判决本身并没有违反公共秩序,但是原告获得的损害赔偿金额与因被告违约给原告造成的实际损失不成比例,这种不相称的判决违背了国际公共秩序,从而拒绝承认与执行全部判决。"

2."枫丹帆艇案"中的公共秩序冲突及其后果

本案美国当事人为实现判决域外正义锲而不舍,法国法院则固守传统立场坚持己见,折射出两国在惩罚性损害赔偿抵触公共秩序的理解方面针锋相对。美国加州法院坚持作成惩罚性赔偿判决,主要基于以下三方面的理由:(1)被告隐瞒双体船被撞重修的事实构成欺诈并且退出庭审试图逃避责任;(2)被告存在掩盖其资产的事实;(3)惩罚性赔偿是适当的。调查发现,被告在庭审时的净资产约为730万美元,该惩罚性赔偿金额146万美元约为其净资产的20%,并不会带来被告经济上破产的

① 德国、意大利、瑞士、西班牙、波兰、日本均发生过与"枫丹帆艇案"类似案件。

② See Benjamin West Janke & Francois-Xavier Licari, "Enforcing Punitive Damage Awards in France After Fountaine Pajot", *The American Journal of Comparative Law* 60, 2012, p. 775.

后果,但能起到惩罚和威慑作用,因而是适当的。① 正是由于上述关涉美国公共秩序的多重考量,加州法院才对被告作出了惩罚性赔偿判决。

而法国最高法院之所以拒绝承认外国惩罚性赔偿判决,同样是出于对本国公共秩序的捍卫。《法国民法典》明言,加害人所应赔偿的损害,必须有一个合理适度的范围。据此观点,法国最高法院特别提出了以下两点考虑:(1)除了应审查惩罚性赔偿判决的功能之外,还应考虑惩罚性赔偿判决的数额。外国惩罚性赔偿判决在惩罚、吓阻、报复或诱导私人执行法律等法律目的支配下,如果是在被害人全部损害之外所额外附加的一笔赔偿金,应认定其存在重复赔偿或超额赔偿的情形,违背了法国的公共秩序。(2)外国惩罚性赔偿判决的数额必须适度合理。外国惩罚性赔偿判决在"填补受害人非财产上损害""不能证明或难以证明的损害"或提起诉讼主张权利所支出的"律师费或诉讼费"等为主要目的时,其损害赔偿数额仍必须适度合理才能承认该判决的效力。所谓"适度合理"应尽可能尊重外国的司法制度及外国法院的裁量权,虽然不一定必须与法国法院审理同一个案件可能判定的赔偿数额相同或相当,但必须与该数额维持某种相当合理的关联或比例惯性,不得存在过度偏高情形。②

三、法国对外国惩罚性赔偿判决从抵制到有限认可的原因

大陆法系国家各法院一再否定外国惩罚性赔偿判决,无不以惩罚性赔偿制度本身违背公共秩序作为抵制盾牌。③ 而法国最高法院却一反传统,明确表示惩罚性赔偿判决本身并不违反公共秩序,④此举打破了大陆法系国家长期对惩罚性赔偿制度的抵制态度。

(一)法国实体法对惩罚性赔偿制度的隐秘接受

惩罚性赔偿制度并没有明显地确立于《法国民法典》以及法国的一般立法之中,

---

① See Schlenzka v. Pajot, No. 837722 – 1, Final Judgment (California Superior Court, Feb. 26, 2003).

② 参见陈忠五:《美国惩罚性赔偿金判决在法国之承认及执行》,载《台湾本土法杂志》2001 年第 25 期。

③ 德国 1992 年在 John Doe v. Eckhard Schmitz 案、日本 1993 年在 Nortgcon I v. Mansei Kogyo 案、意大利 2007 年在 Kurt Parrott v. Fimez S. p. A 案、2011 年波兰在一起诽谤侵权案中均以惩罚性赔偿制度违背公共秩序为由拒绝承认与执行。参见 Cedric Vanleenhove, "A Normative Framework for the Enforcement of U. S. Punitive Damages in the European Union: Transforming the Traditional No Pasaran", *Vermont Law Review* 41, 2016, pp. 353 – 362。

④ See Veronique Wester-Ouisse, Thomas Thiede, "Punitive Damages in France: A New Deal", *Journal of European Tort Law* 3, 2012, p. 119.

但是,受害人在特殊领域仍然可以主张被告赔付超过实际损害的赔偿金。学者们普遍认为,法国法院时常隐秘授予惩罚性赔偿金。①

1. 合同法中的惩罚性赔偿元素

《法国民法典》中的合同法部分虽没有直接规定惩罚性赔偿,但违约金条款和逾期罚款都被认为是一种带有惩罚性因素的代表性赔偿规则。

违约金条款是另一种形式的私人惩罚。② 最初的《法国民法典》第1152条规定违约金条款明确遵循损害填补原则。③ 但1975年该条增加了第2款,即"在原约定的数额明显过高或过低时,法官可以减少或增加此种违约金的数额,任何与之相反条款的规定均视为无效"。1985年该条又增加了法官"甚至得依职权"进行调整,此项修正意味着对违约金额的调整不仅限于当事人的申请,法官在必要的时候可以行使司法职权主动介入。这表明违约金并非等同于受害人的实际损失,在加害人存在恶意违约的情况下,通过违约金予以惩罚恶意违约的一方是被鼓励的,如果双方没有违约金的约定,法官可依职权采用扩大补偿性赔偿数额等方法以惩戒恶意违约方。④ 就惩罚性这一目的而言,违约金条款与惩罚性赔偿是类似的。

逾期罚款也是法国民法中一种带有惩罚性元素的赔偿制度。该赔偿是指法院对于不履行义务的债务人所施加的一种定期性的金钱支付。债务人除了支付原始债务以及受害人的实际损失之外,法院判决债务人必须支付额外的罚款,通常按天计算,直到其履行义务为止。罚款能够达到相当大的数额,一旦支付了,罚款就与惩罚性赔偿相类似,因为债务人支付给债权人的钱超过了后者遭受的实际损失。然而,二者之间仍然有一些区别,逾期罚款多数用于违约之中,很难看到其适用于违约责任之外的领域。

2. 精神损害赔偿中的惩罚性赔偿元素

精神损害为惩罚性赔偿提供了滋生土壤。精神损害不能通过货币形式进行客观地量化,因为很难衡量疼痛和痛苦的金钱价值。法官有权对原告所遭受的损害进

---

① 参见[奥]赫尔穆特·考茨欧、瓦内萨·威尔科克斯主编:《惩罚性赔偿金——普通法与大陆法的视角》,窦海阳译,中国法制出版社2012年版,第64页。

② See Cedric Vanleenhove, "A Normative Framework for the Enforcement of U. S. Punitive Damages in the European Union: Transforming the Traditional No Pasaran", *Vermont Law Review* 41, 2016, p. 376.

③ 《法国民法典》第1152条规定:"在契约规定不履行契约的人应支付一定数额的款项作为损害赔偿时,给予另一方当事人的款项数额不得高于规定的数额,也不得低于该数额。"参见《法国民法典》,罗结珍译,北京大学出版社2010年版,第291页。

④ 参见黄娅琴:《惩罚性赔偿研究——国家制定法和民族习惯法双重视角下的考察》,法律出版社2016年,第86~87页。

行评估,这使法官能够考虑到受害者所受伤害以外的其他因素,比如,被告侵权行为的严重程度。法国在一起诽谤和侮辱案中授予原告损害赔偿金 40 万法郎,超过法国在侵犯隐私案中赔偿 1 万 ~2 万法郎的标准。① 在另一案件中,一家报纸无端指责某法国皇族继承人挥霍家族财产,最终被判决承担 20 万法郎赔偿。由于赔偿数额大大超过了此案原告可能遭受的损害,此类赔偿实际上隐含了惩罚性赔偿元素。

法国学者帕特里斯·约丹认为:"部分精神损害赔偿是事实上的惩罚性赔偿,因为法国法官有时并不完全依赖原告所遭受的损害来计算赔偿金。"法国学者玛蒂娜·布瑞德·昆莱特研究了法国尼姆、蒙彼利埃、雷恩和巴黎上诉法院的 536 项判决,这些案件共涉及 1765 名家庭成员。研究表明,有些案例中死者亲属获得的精神损害赔偿金取决于被告过错程度的大小,而不是基于受害人的实际损失;这种以过错为基础衡量的精神损害赔偿金平均高于以严格责任为基础作出的赔偿金额。② 这项工作指出了精神损害赔偿中隐含的惩罚性赔偿元素。

3. 知识产权法中的惩罚性赔偿元素

法国 2007 年通过第 2007 - 1544 号法律在《法国知识产权法典》中引入新规定,③尽管这个已被法国转换为知识产权执行规范的欧盟指令并未正式确立惩罚性赔偿制度,但其中涉及赔偿规定的条款在性质上已相当接近。如其第 L. 3331 - 1 - 4 条规定:"法院可命令没收通过伪造版权或者相关数据所得收入的全部或者部分,这些将送交给受害方。"这意味着受害方获得的赔偿可超出其实际损失,因而该条款被学者称为"引入了一种具有强烈惩罚性赔偿金气息的处罚"。④

其第 L. 331 - 1 - 3 条第 1 款规定损害赔偿金不仅可以通过考虑原告的实际损失来确定,还可以通过考虑侵害人所获得的利益来确定。如依此法,则原告所获赔偿可远超其实际所损。进而推知,法国立法业已突破知识产权领域的完全赔偿原则。

4. 其他法律制度中的惩罚性赔偿元素

法国法中加倍损害赔偿金制度类似于惩罚性赔偿制度。法国《保险法》第211 -

---

① See Volker Behr, "Private Law, Punishment, And Disgorgement: Punitive Damages in American and German Law-Tendencies Towards Approximation of Apparently Irreconcilable Concepts", *Chicago-Kent Law Review* 78, 2003, p. 105.

② See Cedric Vanleenhove, "A Normative Framework for the Enforcement of U. S. Punitive Damages in the European Union: Transforming the Traditional No Pasaran", *Vermont Law Review* 41, 2016, p. 375.

③ 该法将 2004 年 4 月 29 日《欧盟 2004/48 号指令》转换为法国知识产权的执行规范。

④ [奥]赫尔穆特·考茨欧、瓦内萨·威尔科克斯主编:《惩罚性赔偿金——普通法与大陆法的视角》,窦海阳译,中国法制出版社 2012 年版,第 67 页。

13 条规定,在强制责任保险框架下保险公司应当及时赔付交通事故的受害人,如果没有在规定的期限内赔付,保险人所提供的赔偿数额或者法院对受害人所判付的赔偿数额应当从赔偿期限截止或者最终判决之日起算双倍法定利息。法国民事罚金制度是一种由民事法律规定的并且可以由民事法院判决的罚金。如法国《建筑与房屋法》第 L. 651 –2 条规定,擅自改变用地性质将被处以罚金。因为在此种情况下,不法行为可能会导致竞争者利益受损,因此民事罚金就与惩罚性赔偿金具有类似的效果,唯一的区别就是该罚金向国库支付,而不向受到违法行为侵害的企业支付。

(二)《法国债权法改革草案》对惩罚性赔偿制度的正式引入

借助《法国民法典》重修的契机,由 34 名法国著名的民法学者和法官组成的债权法起草委员会完成了《法国债权法改革建议稿》(以下简称《建议稿》),提交给法国司法部。《建议稿》第 1371 条规定:"持有明显故意的人,且具有明显的营利动机,除了损害赔偿金之外,还应当被判处支付惩罚性赔偿金,法院可以责令将这种惩罚性赔偿金的一部分归入国库。法院必须说明判决惩罚性赔偿的理由并将其数额与其他损害赔偿数额进行区分。另外,惩罚性赔偿不可被保险。"①虽然最终该建议没有被立法者所采纳,但足以表明将惩罚性赔偿制度正式纳入法国民法体系的呼声越来越强。

该条款在规则设计上体现出对传统英惩罚性赔偿制度的适度改良,具体表现为:(1)并非所有的过错都属于惩罚性赔偿制度之适用范围。《建议稿》明确该制度仅适用于有明显过错的责任人,强调加害人行为动机的预谋性。而营利性动机则指加害人在被正常追究责任后,通过实施过错行为而获得的利益在填补损害后仍有剩余。(2)惩罚性赔偿并非法官必须科处的义务。如果在具体个案中,普通的补偿性赔偿已足以惩戒加害人的过错,法官则可选择不处以惩罚性赔偿。(3)法官可以将惩罚性赔偿金的一部分判归国库。(4)法官在作出惩罚性赔偿判决时须说明理由。(5)法官分别确定惩罚性赔偿和补偿性赔偿之数额。(6)惩罚性赔偿不可投保。这样规定的意义在于,侵权人只有对其所实施的营利性不法行为进行完全赔付,且不可以将这种惩罚转嫁给保险公司,这样就可达到惩戒加害人以及威慑其将来不再犯的目的。

法国民法上对惩罚性赔偿制度隐秘而又微妙的态度变化,导致法国法院对外国惩罚性赔偿判决从抵制到有限认可的转变。

---

① 姜影:《惩罚赔偿制度在法国之发展及其对中国的启示》,载《厦门大学法律评论》2014 年第 1 期。

(三)比例原则在法国国际私法上的适用及衡量

18世纪末期发源于德国警察法的比例原则,[①]如今已被英国、西班牙、日本、法国等诸多国家和地区以成文法的形式采纳,越来越多的国家开始运用比例原则进行裁判。[②] 比例原则在法国的适用为我们解决新形势下的外国惩罚性赔偿判决承认与执行难题提供了有益的借鉴。

第一,比例原则为确定惩罚性赔偿判决的执行范围提供了指引。在确定外国惩罚性赔偿判决本身不违背公共秩序之后,还需要解决下一个问题,即如何确定该判决的具体执行范围。法国最高法院虽并未在"枫丹帆艇案"中确定惩罚性赔偿与实际损害之间的具体比例,但结合该案惩罚性赔偿与实际损害之比仅为1.05这一事实,就不难推断出法国法院所能容忍的二者之间最大比例应为1∶1,这与德国法院1992年在"约翰·多伊案"[③]中所采用的上限相同。[④] 事实上,比例原则的适用并非个例。在2001年"米勒进口公司案"[⑤]中,西班牙最高法院认为,美国法院作出的3倍惩罚性赔偿并未超越合理的比例,因此执行了该项判决。[⑥] 这说明,德国、法国和西班牙均放宽了全部损害赔偿原则的绝对标准,只要外国惩罚性赔偿判决未违反法院地国家之比例原则,此类判决原则上具有可执行性。

第二,比例原则可以限制高额惩罚性赔偿判决的执行。以美国为代表的英美法系国家法院作出的惩罚性赔偿判决,因其具有适用范围广、赔偿额度高的特点,大陆法系国家往往需要借助比例原则防范其对本国法律体系的过度冲击。[⑦] 法国1∶1上限与美国法院1996年在"北美宝马汽车公司案"[⑧]中所确立的9∶1上限形成鲜明的对

---

① See Eric Engle, "The History of the General Principle of Proportionality: An Overview", *Dartmouth Law Journal* 10, 2012, pp. 3-4.

② 参见刘权:《行政判决中比例原则的适用》,载《中国法学》2019年第3期。

③ John Doe v. Eckhard Schmitz, Bundesgerichtshof [BGH] [Federal Court of Justice] June 4, 1992. See Gleiss Lutz Hootz Hirsch and Stuttgart, "Recognition and Enforcement of US Punitive Damages Judgments in Germany—A Recent Decision of the German Federal Court of Justice", *International Business Lawyer* 21, 1993, p. 485.

④ See Cedric Vanleenhove, "A Normative Framework for the Enforcement of U. S. Punitive Damages in the European Union: Transforming the Traditional No Pasaran", *Vermont Law Review* 41, 2016, p. 368.

⑤ See Miller Import Corp. v. Alabastres Alfredo, S. L., S. T. S., Nov. 13, 2001.

⑥ See Scott R. Jablonski, "Translation and Comment: Enforcing U. S. Punitive Damages Awards in Foreign Courts-A Recent Case in the Supreme Court of Spain", *Journal of Law and Commerce* 24, 2005, p. 225.

⑦ 参见许凯:《惩罚性赔偿的国际私法问题研究》,法律出版社2018年版,第157页。

⑧ See BMW of North America, Inc. v. Gore, 517 U. S. 559 (1996).

比。这也表明,美国法院对惩罚性赔偿判决最大的限制比例远远超过了法国法院所能支持的范围,未来美国超过1倍的惩罚性赔偿判决在法国得到执行的可能性微乎其微。

四、对我国承认与执行外国惩罚性赔偿判决的建议

法国“枫丹帆艇案”虽肯定惩罚性赔偿判决本身不违背公共秩序,但最后以比例原则为由拒绝执行整个判决,被告苦苦追求10年的正义,终究是“竹篮打水一场空”,这又不得不引起我们的反思。高额惩罚性赔偿判决攸关中小企业的生死,故而我国如何处理这一问题就变得既现实又紧迫。

(一)对外国惩罚性赔偿判决的界定

虽然我国《消费者权益保护法》《食品安全法》《侵权责任法》《民法总则》《商标法》等规定了惩罚性赔偿制度,但无论是立法理念、适用范围,还是计算金额均与英美法系国家存在较大区别。因而被请求国是否承认与执行惩罚性赔偿判决的前提,是如何解决国内外对此类判决性质界定的冲突。

一是惩罚性赔偿判决的民事性认定。如果惩罚性赔偿判决并非属于民事判决,则不具有执行的适格性,更无须进入中国法上的公共秩序实质审查。相较而言,中国实体法对该制度的接受程度远远高于法国,民事责任的主要目的不仅在于填补,有时还会基于私法制裁,在实际损失之外判处给受害人一笔赔偿金额,旨在惩罚和威慑加害人。如在(2018)京03民终3192号案中,由于被告将二手劳斯莱斯车的里程表篡改,隐瞒车辆已经行驶5000公里的事实,把旧车当新车卖给原告,构成欺诈,法院判决原告退还二手车,被告退还购车款,使原告的损害完全恢复到此前未受损失的状态。此外,法院还根据《消费者权益保护法》第55条另行判决被告赔偿3倍惩罚性赔偿金,总金额高达13,815,085.74元。据此,我国民事责任制度除了损害填补功能之外,尚有威吓预防和惩罚制裁功能,因而我国法院不会因为判决的惩罚威慑性而否认其民事性。

二是惩罚性赔偿判决的范围认定问题。惩罚性赔偿是通过民事诉讼程序判处的一种金钱损害赔偿。法院的作出方式通常有两种:(1)法院将补偿性赔偿与惩罚性赔偿分开判决。如在法国“枫丹帆艇案”中,加州法院明确将判决区分为实际损失补偿金、律师费和惩罚性赔偿金。对于此种情形,惩罚性赔偿的范围较易确定。(2)法院不作区分地笼统作出判决。如在“库尔特·帕罗特案”①中,美国法院判决

① Kurt Parrott v. Fimez S. p. A., Parrott v. Fimez S. p. A., App. sez. trez, 15 Jan. 1995. See Quarta, Francesco, “Recognition and Enforcement of U. S. Punitive Damages Awards in Continental Europe: The Italian Supreme Court's Veto”, *Hastings International and Comparative Law Review* 31, 2008, p. 776.

被告一次性支付给受害人母亲100万美元,该判决没有对赔偿内容进行细分。对于此种情形,惩罚性赔偿的范围究竟如何确定呢？这是司法实践中的难题。囿于禁止实质审查原则的限制,意大利法院拒绝承认与执行了整个判决。对我国而言,未来如果面临同样的情形,应该如何处理呢？意大利的完全否定说的弊端在于原告因被告的过失造成其儿子死亡却得不到任何赔偿,这显然违背了正义原则。笔者认为,在此种情形下,我们可以借鉴韩国的做法,①以本国实体法为导向考虑本国在同类案件中可能会判决的实际损害赔偿和惩罚性赔偿。或者也可借鉴法国法院曾采取的申请告知权,②即由申请人向原判法院提出申请,请求对判决中的赔偿数额予以说明,通过这种方式认定惩罚性赔偿的范围。

(二)对外国惩罚性赔偿判决的有限承认与执行

反观我国实体法对惩罚性赔偿制度的接受程度已远超法国,不仅在实体法中明确规定了惩罚性赔偿制度,而且在国内司法实践中也出现了判处惩罚性赔偿的实例。

1. 运用分割方法有限承认与执行惩罚性赔偿判决

"分割方法"源自法语,其本意为"切开、割开、划分"。分割方法最初主要运用在法律适用领域,即分别采用不同的连结点对同一法律关系之不同方面予以分割,最终对不同方面适用不同法律,③目前分割方法也拓展到外国判决承认与执行领域。④ 出于对商事交易主体利益的保护,《法院选择协议公约》第11条对惩罚性赔偿判决亦是采取有限认可态度,运用分割承认方法,以确保缔约国不因判决涉及惩罚性或惩戒性功能就加以拒绝。⑤ 采用此方法能很好地平衡双方当事人之间的利

---

① 韩国在Ga Hap19069案中,对美国法院作出的50万美元的损害赔偿判决,法院考虑到国家关系和比例性原则,承认和执行了25万损害赔偿,认为该数额是韩国在同类案件中可能会判处的损害赔偿数额。参见Sung Hoon lee, "Foreign Judgment Recognition and Enforcement System of Korea", *Journal of Korean Law* 6, 2006, p. 124。

② 原告塞拉(Sierra)于2007年向法国法院提出承认与执行一项美国法院判决的申请,2009年法国法院拒绝了该判决的承认与执行申请,原因主要是该判决缺乏解释说明,在该判决存在多被告的情况下,无法从判决中看出该判决内容的基础,并且法院还怀疑该赔偿中部分内容具有惩罚性赔偿的性质。2010年原告向原判决法院提出申请,并获得受理,在未改变判决最终赔偿数额的情况下,对判决中的数额进行了说明和解释,并确认该判决中不含有惩罚性赔偿。后原告对该补充判决再次向法国提出承认与执行申请,并于2011年获得法国法院的承认与执行。

③ 参见李双元主编:《中国与国际私法统一化进程》,武汉大学出版社1993年版,第163页。

④ 《选择法院协议公约》第15条规定:"一项判决可分割的部分应予承认或者执行,只要申请该部分的承认或者执行,或者根据本公约只有部分判决能够予以承认或者执行。"

⑤ 参见刘仁山:《我国批准〈选择法院协议公约〉的问题与对策》,载《法学研究》2018年第4期。

益,彰显追求实质正义的现代国际私法之价值取向。

对于外国法院已经作了形式上分割的判决,需要以本国实体法为导向,分别审查损害赔偿判决的各项内容是否能被我国承认与执行。

一是实际损失补偿部分,通常是最无争议的,因为这项是受害人所遭受的实际损失,符合我国民法传统所坚持的损害填补原则,可准予承认与执行。

二是对于律师费是否违背公共秩序的问题需要法官结合我国实体法自由裁量决定。对律师胜诉酬金执行问题主要有两种观点:第一种是否认说,理由是执行国律师费由当事人各自承担;第二种是肯定说,如在"约翰·多伊案"中,德国最高法院对原审法院判处的损害赔偿的40%予以全部承认。① 我国司法实践中约定俗成的做法是由当事人各自承担,当事人约定除外。但鉴于若干特殊类型案件之专业性与复杂性,我国司法机关规定在法律援助、著作权侵权、专利权侵权、商标权侵权、不正当竞争、合同纠纷中债权人行使撤销权诉讼等案件以及在最高人民法院《关于进一步推进案件繁简分流优化司法资源配置的若干意见》(法发〔2016〕21号)中,法院可以支持原告主张败诉的被告承担律师费的诉讼请求。在"陆某诉美国联合航空公司国际航空旅客运输损害赔偿纠纷案"②中,上海市静安区人民法院判决被告赔偿原告所支出的律师代理费、律师差旅费合计28,397.6元;在"杨某伟诉上海宝钢二十冶公司人身损害赔偿案"③中,上海市第二中级人民法院判处被告赔偿原告支出的律师代理费人民币3000元。据此可知,我国理论和实务上对被告承担原告所支出的律师费并不是完全否定,在特殊情况下也予以支持。故而对于外国判决中包含的律师费,我国不宜完全否定,对于我国实体法明确支持被告支付律师费的领域予以支持,而对于实体法未明确规定的领域,法院可以实体法为导向根据个案自由裁量。

三是对于惩罚性赔偿部分是否违背公共秩序的问题,需要以实体法为参考综合确定。惩罚性赔偿制度在我国的发展仅30年,其适用范围仅限于消费者权益保护、食品安全、产品责任、商标侵权等领域。我国这种有限度引入惩罚性赔偿的立法思路,也引发了学者们对惩罚性赔偿判决承认与执行范围的争论。一种观点认为,应该采取镜像主义,④认为既然本国已经在特别法中规定了惩罚性赔偿的内容,那么对

① See Peter Hay, "The Recognition and Enforcement of American Money Judgments in Germany the 1992 Decision of the German Supreme Court", *American Journal of Comparative Law* 40, 1992, p. 731.

② 参见《中华人民共和国最高人民法院公报》2002年第4期。

③ 参见(2005)沪二中民一(民)终字第1799号。

④ 参见许凯:《论有限承认与执行外国惩罚性赔偿判决的理论基础与实施路径》,载《江海学刊》2015年第4期。

于外国相同事项的判决就不能认为其违反了公共秩序,这种观点为多数国家的实践所支持。另一种观点,则走得更远,认为既然国内损害赔偿立法已经吸纳了惩罚性赔偿制度的惩罚和威慑功能,那么在涉及此类判决的承认与执行问题时就应该采取原则性肯定立场,而不必细分具体的适用范围。[①] 虽然该观点极大地突破了此前大陆法系国家一贯固守的完全补偿立场,但过分拔高了惩罚性赔偿的立法地位,因而未被各国司法实践完全接受。笔者认为,我国现阶段更适合采取第一种观点。

2. 运用比例原则有限承认与执行惩罚性赔偿判决

上述两个方面虽然解决了惩罚性赔偿判决的识别以及分割问题,但这仅可视为突破了头两道防线,其后仍有法律障碍难以跨越。假如外国法院与我国在同类案件中的判决标准不一致,甚至判决金额远远超过我国立法或判例,此时又当如何处理呢?

一是参照我国立法明确规定的惩罚性赔偿倍数或数额确定比例。《消费者权益保护法》第 55 条对欺诈消费者的行为科处 3 倍赔偿金,并规定了最低限额为 500 元;对经营者明知商品或服务存在缺陷仍提供,并造成受害人死亡或健康严重损害的行为规定的赔偿金额为实际损失 2 倍以下的惩罚性赔偿。《食品安全法》第 148 条对制裁不良生产者和销售者的行为规定的赔偿金额为支付价款 10 倍或损失 3 倍的赔偿金,并规定了最低限额为 500 元。最高人民法院《关于审理商品房买卖合同纠纷案件适用法律若干问题的解释》对"先买卖后抵押""一房数卖""无证销售""先抵后卖""房屋面积差异"等行为规定的赔偿金为不超过已付房款的 1 倍。2019 年修订的《商标法》第 63 条将惩罚性赔偿标准"一倍以上三倍以下"提高为"一倍以上五倍以下"。对于以上我国立法已明确规定的领域,未来我国法院在处理这些领域内的案件时,可以在赔偿实际损害之外,另行按照我国立法规定的倍数或数额确定承认与执行惩罚性赔偿判决的标准。对于外国法院已经作了形式上分割的判决中的惩罚性赔偿部分可以参照以上标准予以承认与执行。对于外国法院未作形式上分割的判决,法院可以根据我国法律规定的赔偿标准为基础,计算出实际损失,然后在实际损失之外,参照以上的比例标准计算出可准予承认与执行的惩罚性赔偿数额。

二是对立法未明确规定惩罚性赔偿范围的情形,法院可以参照相关法律,根据自由裁量权确定比例。《民法典》第 179 条规定了承担民事责任的方式,除了列举的停止侵害、排除妨碍、消除危险等 11 项外,还规定了"法律规定惩罚性赔偿的,依照

① 参见沈冠伶:《美国惩罚性赔偿判决在德国之承认及执行》,载陈聪富、沈冠伶、许宜士编:《美国惩罚性赔偿金判决之承认及执行》,学林出版社 2004 年版,第 160 页。

其规定”。该条没有对惩罚性赔偿的范围规定倍数赔偿或具体数额,而是要求参照其他法律规定确定。《民法典》第 1185 条规定“故意侵害他人知识产权,情节严重的,被侵权人有权请求相应的惩罚性赔偿”。该条首次在民法中将知识产权侵权案件中的惩罚性赔偿列为一般性规定,将知识产权惩罚性赔偿适用条件中的主观要件限定为“故意”而非“恶意”,但也没有对惩罚性赔偿责任的具体范围进行细化规定。《民法典》第 1207 条与《侵权责任法》第 47 条相比,增加了惩罚性赔偿的适用范围,即“没有依据前条规定采取有效补救措施”也要承担惩罚性赔偿。有效的补救措施通常包括两种:一是存在一般合理危险时给予警示;二是存在不合理危险时召回。如果没有采取有效的补救措施,造成死亡和健康严重损害的,须承担惩罚性赔偿。但是,该条对于惩罚性赔偿的计算方式也没有作出具体规定,中国人民大学杨立新教授在解读《民法典》“侵权责任编”时认为,应当仍然是按《消费者权益保护法》和《食品安全法》有关赔偿标准确定惩罚性赔偿的范围。《民法典》第 1232 条规定“侵权人违反法律规定故意污染环境、破坏生态造成严重后果的,被侵权人有权请求相应的惩罚性赔偿”。这也是我国首次在法律位阶规定故意污染环境、破坏生态应承担惩罚性赔偿责任,但是也没有对惩罚性赔偿的适用范围作出具体规定。《民法典》对惩罚性赔偿范围的规定不再以倍数的方式确定,而只是宽泛地规定了“相应的惩罚性赔偿”,这就留给法院较大的自由裁量空间。对于以上我国立法未明确规定惩罚性赔偿范围的领域,未来我国法院在处理该领域的惩罚性赔偿承认与执行案件时,法官可以参照我国其他相关法律规定,结合个案的具体情况,根据自由裁量权确定可以承认与执行的惩罚性赔偿范围。

五、结语

鉴于国际贸易往来和人员交流越趋频繁,外国判决承认与执行或可牵涉国家关系之维持乃至牵动国家之主权。惩罚性赔偿作为一种特殊类型的外国判决,其域外承认与执行因涉及多方利益冲突,而逐渐引起国际社会的广泛关注。英美法系国家坚持惩罚性赔偿与补偿性赔偿并存的二元论,而大陆法系国家传统上秉持损害填补的一元论,两大法系实体法上的冲突,致使大陆法系诸多国家或质疑惩罚性赔偿的民事性,或以其惩罚和威慑功能违背内国公共秩序为由完全拒绝承认与执行惩罚性赔偿判决。随着英美惩罚性赔偿制度逐渐向大陆法系国家渗透,部分大陆法系国家如法国在知识产权保护、不正当竞争、人格权保护等领域逐步引入惩罚性赔偿元素,甚至部分法国法院在司法实践中也会作出超过实际损失的具有惩罚性的损害赔偿判决,这种实体法上对惩罚性赔偿从抵制到有限接受的转变,也影响了法国对外国惩罚性赔偿判决的态度。法国法院在“枫丹帆艇案”中明确表明惩罚性赔偿判决本身并不违背公共秩序,只因外国判决损害赔偿金与被告违约行为所造成的实际损失不成比例才予以拒绝。反之,如符合比例原则之衡量,法国法院将会承认与执行,这一案例在法国历史上具有里程碑式的意义,这一立场无疑对大陆法系国家具有一定的指导作用。在我国目前的司法实践中,虽然没出现过承认与执行的先例,但未来不可避免将会面对这一问题。我国实体法对惩罚性赔偿制度的认可程度远远超过法国,在这种情形下,现阶段可以借鉴法国有限承认与执行的立场。以我国实体法为参照,识别惩罚性赔偿判决的范围,对可以从形式上分割的外国判决中的实际损失与我国相符合的部分予以承认与执行,对超过实际损失的惩罚性赔偿部分以及对形式上不可分割的外国判决,可以运用比例原则予以承认与执行。

总之,在经济全球化和法律趋同化发展的当下,需要树立开放型的外国惩罚性赔偿判决承认与执行立场,以促进判决在国际范围内的自由流动。我国在尊重外国法院判决的前提下,应不断完善相关国内法,在本国实体法可接纳的范围内,有限承认与执行外国惩罚性赔偿判决。

论美国对跨境公司管辖标准的变革

章　晶*

美国对跨境公司的传统管辖体系以横向联邦主义为背景，以最低联系标准叠加不合理性检验标准为架构，一般管辖与特殊管辖皆以被告与法院地的纵向关系为逻辑起点，构成要件仅有程度之别，并无性质之分，不仅功能混同，且皆维系于灵活多变的司法裁量标准。该体系长期被批评为灵活有余、复杂过度，确定性和可预见性不足。美国联邦最高法院自2011年开启变革，一般管辖抛弃裁量性标准，固定于跨境公司的设立地和主营业地。但特殊管辖同步收缩，形成对外国公司的管辖真空，后续改革方案仍在讨论之中。对中国企业而言，美变革过渡期内对外国公司的管辖真空为短期利好局面；长期而言，应重点防御特殊管辖风险。

一、引言

流动性日益增强的现代社会，跨境公司①多法域经营，如何对其境外行为或机构确立管辖，对传统以主权地域疆界为基础的管辖体系提出挑战。因美国的横向联邦主义架构，跨境公司管辖难题在美国出现的时点远早于其他国家。也正因受限于横向联邦主义，美国对跨境公司管辖标准的演变一直围绕被告与法院地州的纵向关系展开，兼顾平衡法院地州与其他州主权、法院地州管制权与跨境公司经营自由、法院地州居民利益与商业利益等多重目标。该管辖体系长期依赖司法裁量的灵活性，缺乏确定性和可预见性。20世纪末海牙判决公约谈判失利，美国学界开始反思美国对跨境公司传统管辖体系的缺陷。2010年海牙判决项目再度重启，美国联邦最高法院(Supreme Court of the Vnited States)一年后突然转变裁判立场，收紧一般管辖与特殊管辖标准。突如其来的变革引发下级法院的不适乃至反抗，联邦最高法院随后几

* 南京大学法学院，特任助理研究员(专职科研岗)，法学博士。

① 包括跨国公司和美国跨州公司。

年一再重申立场。当下一般管辖改革已基本定型,但因特殊管辖同步收缩形成对跨境公司(尤其外国公司)的巨大管辖真空。美国各界皆在探索后续改革方案,未来走向仍是未知。美国是中国企业最重要的目标市场之一,近年越来越多的中国企业在美国被诉。在美国诉讼,管辖既是兵家必争之地,更是决定成败之举,故设计周密的管辖抗辩策略对中国企业至关重要。面对此轮美国跨境公司管辖标准的变革,中国企业应如何积极调整商业安排和诉讼策略?针对后续改革的不确定性,中国企业又应作出哪些防范?本文将首先回顾美国对跨境公司传统管辖体系的演变,分析其缺陷及深层原因;其次介绍美国此轮对跨境公司管辖标准的变革、变革负产品及后续改革趋势;最后分析此轮变革对中国企业的影响及中国企业未来应如何防范在美国被诉风险。

二、美国对跨境公司的传统管辖体系

美国对跨境公司确立管辖的难题可追溯至工业革命早期,以 1945 年"国际鞋业公司诉华盛顿州案"(以下简称"国际鞋业公司案")①为分水岭,之前仅有标准的演变,难谓体系的建立。"国际鞋业公司案"以最低联系(minimum contact)标准奠定了美国当代管辖理论的基础,并逐步酝酿出由一般管辖、特殊管辖构成的体系。

(一)概念的澄清

因美国管辖领域所使用的概念与我国相去甚远,常引发误解,有必要先行澄清。

首先,美国地域管辖(territorial jurisdiction)的功能为界定各州司法主权的地理边界,我国或其他大陆法系国家并无此种意义的管辖,但我们所说的一国在国际层面的管辖与之具有可比性。美国在确定地域管辖之后,需以审判地(venue)将案件分配给法域内具体司法辖区,与我国民事诉讼法上的地域管辖非常接近。美国地域管辖与审判地分离全因联邦宪政体制,地域管辖集中体现正当程序等宪法性原则对州权的控制;审判地则以诉讼便利与司法效率为目标在州内分配案件。② 美国向来重地域管辖轻审判地。

其次,地域管辖与对人管辖(personal jurisdiction)的逻辑关系在美国学界与司法实践中最为混乱。各方对地域管辖(territorial jurisdiction) = 对人管辖(jurisdiction *in personam*) + 对物管辖(jurisdiction *in rem*) + 准对物管辖(jurisdiction *quasi in rem*)皆无异议。也都认可 personal jurisdiction = jurisdiction *in personam*,前者为后者的

① See International Shoe Co. v. Washington, 326 U. S. 310 (1945).

② See Kevin M. Clermont, *Principles of Civil Procedure*, 5th ed., St. Paul, West Academic Publishing, 2018, pp. 272 – 273.

拉丁文英译。但在实际运用中却出现两种立场:(1)territorial jurisdiction = personal jurisdiction = jurisdiction *in personam* + jurisdiction *in rem* + jurisdiction *quasi in rem*;[①](2)territorial jurisdiction = personal jurisdiction(jurisdiction *in personam*) + non-personal jurisdiction(jurisdiction *in rem* + jurisdiction *quasi in rem*)。[②] 第一种立场的运用十分普遍,导致中译很难区分 personal jurisdiction 与 jurisdiction *in personam*,有学者主张将 personal jurisdiction 译为州域管辖权,将 jurisdiction *in personam* 译为对人管辖权,体现上下位概念的区别。[③] 但第一种立场的逻辑并不如第二种立场顺畅,其更有可能是一种习惯性用法。一则或许是因适用对人管辖的情形远较适用对物管辖及准对物管辖的情形普遍;二则对人管辖更能彰显美国传统地域管辖理论的核心——法院与被告之间的纵向关系。近年来,有更多的学者开始采纳第二种立场,其更能反映美国未来改革趋势,也便于与其他管辖体系对话,本文亦采之。

(二)"国际鞋业公司案"以前美国对跨境公司管辖标准的演进

美国对跨州公司的管辖需求远早于跨国公司。工业革命前州权强于联邦,公司经营以州特许为前提,业务范围多限于当地。管辖标准要求被告或其财产出现于法院地州,以州对被告的绝对权力为核心价值。故对公司的对人管辖以设立地为原则;偶有针对外州公司的诉讼则辅之以扣押管辖,扣押外州公司在本州的财产迫使其到庭或径直作出缺席判决。工业革命后跨州经营激增,大型跨州公司的业务范围覆盖多州却并非在每州都有财产,单靠扣押管辖难以满足对外州公司行使管辖权的需求,需以对人管辖为突破口。因外州公司的设立地不在本州,只能拟制其出现创设默示同意(implied consent)标准,凡被告在法院地州开展业务,即推定其接受该州管辖。以上标准仍以州准入为公司跨州经营之前提,表征州权之间的相互制衡,彰显绝对权力属性。美国南北战争后联邦势力上升,国家资本主义兴起,宪法贸易条款及自由主义的监管理念都反对州权过度干预州际贸易,公司跨州经营不再以州准入为前提。自"彭诺耶诉聂夫案"(以下简称"Pennoyer

① See Jack H. Friedenthal et al., *Civil Procedure*, 5th ed., St. Paul, West Academic Publishing, 2015, p.97.

② See Kevin M. Clermont, *Principles of Civil Procedure*, 5th ed., St. Paul, West Academic Publishing, 2018, pp.272, 278, 342-357.

③ 参见王学棉:《美国民事诉讼管辖权探究——兼论对 Personal Jurisdiction 的翻译》,载《比较法研究》2012 年第 5 期。

案”)①起正当程序原则开始调控地域管辖,价值取向从州的绝对权力及州权间的制衡,走向州权与被告权利的平衡。为保护州际贸易限制州权不当干预,从事业务(doing business)标准于19世纪末20世纪初产生。首先,各州不得禁止跨州公司进入;其次,从事业务标准的管辖门槛相较默示同意标准更高,有且仅有被告公司在法院地州的实质性业务足够充分且在此应诉不至负担过重时,该州法院方可对其确立管辖权。②

(三)“国际鞋业公司案”之后美国对跨境公司管辖体系的建立

“国际鞋业公司案”奠定了当代美国跨境公司管辖体系的基础。第二次世界大战后福利国家兴起,偏重国家对企业的管制及经济弱势群体的保护;交通和通信技术的革新促进跨境交易并降低跨境诉讼困难。“国际鞋业公司案”将对跨境公司管辖的重心由企业经营自由保障转移至对本州经济弱势群体保护。该案提出最低联系标准表征被告与法院地州的纵向关系,并纳入横向公平考量平衡原被告的诉讼地位、诉讼便利及公共利益。最低联系标准最初实则降低了对跨境公司的管辖门槛,以方便本州原告就近获取救济。后来为避免外国(州)原告“搭便车”,加之商业利益再次占据优势,管辖标准又渐趋严格,发展出不合理性检验标准(unreasonableness test)。③ 最低联系标准叠加不合理性检验标准成为美国当代对跨境公司确立管辖的基本架构,分别体现法院地州对被告的权力及各方利益平衡。

此外,“国际鞋业公司案”还奠定了一般管辖与特殊管辖两分体系的雏形,后“哥伦比亚民用航空直升机公司诉霍尔案”(以下简称“Helicopteros 案”)正式使用此二概念。④ 美国语境下这两个概念的内涵与外延不同于我国或其他大陆法国家,二者隶属最低联系标准,可用两组联系描述:被告与法院地的联系(联系A);诉求与联系A的联系(联系B)。当联系A足够持续且系统,则在联系B中诉求无须与联系A相关,此即一般管辖还是全能管辖。若联系A仅为单次或偶然时,则在联系B中诉求必须与联系A相关,是为特殊管辖或个案管辖。一般管辖与特殊管辖的构成要件并无性质之分,仅有程度之别,一旦越过临界点,法效果则产生质变。临界点的位置全凭司法裁量,随意性较大。无论一般管辖还是特殊管辖,满足最低联系标准

---

① See Pennoyer v. Neff, 95 U. S. 714 (1877).

② See Joseph J. Kalo, “Jurisdiction as an Evolutionary Process: The Development of Quasi in Rem and in Personam Principles”, *Duke Law Journal* 1978, pp. 1162 – 1163, 1169, 1176 – 1182.

③ Ibid., pp. 1182 – 1190.

④ See Helicopteros Nacionales de Colombia, S. A. v. Hall, 466 U. S. 408 (1984).

后还需通过不合理性检验标准,即衡量多重利益,检视对被告行使管辖权是否会产生不合理后果。常需考量以下要素:为本州居民提供救济的迫切性,管制被告行为的需求,是否存在替代法院,证据获取便利、避免多地诉讼及矛盾判决等。① 美国对跨境公司的传统管辖体系可概括如表1所示。

表1　美国对跨境公司的传统管辖体系

管辖类型		一般管辖	特殊管辖
第一步:最低联系	联系A	持续且系统	单次或偶然
	联系B	无要求	与联系A相关
第二步:不合理性			

三、美国对跨境公司传统管辖体系的缺陷

美国对跨境公司传统管辖体系的特殊性、缺陷皆在宪政化,须以法院地州与被告的纵向关系为出发点,背后横亘着横向联邦主义架构,此为美国管辖变革困难之症结。欲呈现美国体系之缺陷,需先确立一个相对理想的参照体系。美国学界自我批判时多会提及欧洲的布鲁塞尔体系(前身为《布鲁塞尔公约》,现为《布鲁塞尔条例Ⅰ》),其以确定性高可预见性强见长。本部分先简要介绍布鲁塞尔体系,再以其为参照分析美国体系的缺陷及原因。

(一)参照体系:布鲁塞尔体系

布鲁塞尔体系亦分为一般管辖与特殊管辖。一般管辖以被告住所为连结点,跨境公司的住所为设立地、管理中心所在地或主营业地。② 外国公司的住所显然不在本国,若求诸一般管辖只能让本国原告到外国公司住所所在国起诉,对很多本国原告既不现实亦不经济。但该体系下一般管辖并非应对跨境纠纷的主力,其作为一般规则的功能在于坚持原告就被告的基本原则,确保对被告的任何行为确立管辖皆具正当性,不至于使两造诉讼地位失衡,从而保持一般规则高度抽象、概括的形式特征。

特殊管辖作为例外规则不仅为应对跨境纠纷的主力,还可巩固一般管辖的稳定性,具体可分三类:(1)普通特殊管辖,如合同特殊管辖,关注特定类型纠纷与法院地的联系。先以法律关系为标准使纠纷类型化,理想的规则设计应是一条规

---

① See Jack H. Friedenthal et al., *Civil Procedure*, 5th ed., St. Paul, West Academic Publishing, 2015, pp. 129 - 130.

② 参见《布鲁塞尔条例Ⅰ》第4条第1款、第63条第1款。

则对应一类纠纷,尽量避免规则竞合。[①] 再选取与法院地联系密切(甚至最密切)的连结点。[②] 如最能体现合同纠纷与法院地之间联系的是合同履行地,而非合同签订地,后者偶然性很大。控制连结点的数量与品质,不仅保障了特殊管辖偏离一般管辖的正当性——与纠纷联系最密切,便于获取证据证人,且理论上不偏袒任何一方当事人,降低了管辖冲突的概率。(2)专为跨境公司设计的分支机构管辖,[③]力求平衡其多国经营自由与接受司法管辖的义务。分支机构管辖虽被归入特殊管辖,实为有限一般管辖:其规制对象并非针对纠纷类型而是分支机构,涵盖分支机构的任何行为,意图通过分支机构的行为对其境外母公司确立管辖;但调整范围又是有限的,案件须与分支机构有关。(3)保护性管辖,关注保险合同、消费者合同、个人雇佣合同中投保人(被保险人)、消费者、劳动者相较跨境公司的经济弱势地位,意图矫正失衡关系,平衡弱者保护与跨境经营自由。当弱势方作原告时选取对其有利的连结点,如原告住所地、劳动者惯常劳动地等,便于其就近对跨境公司提起诉讼;当弱势方作被告时则限制跨境公司仅能在被告住所地起诉。[④]

综上所述,布鲁塞尔体系下一般管辖、普通特殊管辖、分支机构管辖、保护性管辖,共同构成应对跨境公司纠纷的混合体系。主要价值取向在诉讼两造间的横向公平,并不强调纵向法院地国对被告的权力。全部管辖类型皆以成文法规则的形式呈现,可批量适用,无须个案判断,有很高的确定性和可预见性。

(二)美国传统体系的缺陷及原因

布鲁塞尔体系之成、美国体系之失,皆在特殊管辖。布鲁塞尔体系下特殊管辖规则的抽取聚焦纠纷类型,完全独立于被告利益,构成要件与一般管辖有本质区别,法效果相应不同,功能各司其职:一般管辖坚守体系稳定性,特殊管辖应对新型纠纷。美国因管辖宪政化,一般管辖、特殊管辖皆以保障被告的正当程序权利为中心。特殊管辖不独立于被告利益,便致跨境纠纷管辖困难,须迂回地将争议与法院地的联系拆分为被告与法院地的联系(联系 A),争议与联系 A 的联系(联系 B)。布鲁塞尔体系下的合同履行地、侵权行为地、损害发生地、消费者住所地等特殊管辖规则皆因关注点不在被告与法院地的联系,无法直接满足正当程序原则,仅可转化为"联

① See Ulrich Magnus and Peter Mankowski ed., *Brussels Ibis Regulation*, revised ed., Munich, Sellier-European Law Publishers, 2015, p. 158.

② See Ralf Michaels, "Two Paradigms of Jurisdiction", *Michigan Journal of International Law* 27, 2007, p. 1046.

③ 参见《布鲁塞尔条例 I》第 7(5)条。

④ 参见《布鲁塞尔条例 I》第 11 条、第 14 条、第 18 条、第 21 条、第 22 条。

系 A—联系 B”模式,如被告在法院地州履行合同,或实施侵权行为(联系 A),与该等行为相关的争议(联系 B)自可由该州管辖,该州此时即为合同履行地、侵权行为地。但损害发生地、消费者住所地等以跨境交易的弱者为中心的管辖规则,很难由“联系 A—联系 B”模式转化。

为弥补特殊管辖的功能缺陷,一般管辖需长期冲锋在前,导致二者功能混同且皆不稳定。为应对跨境公司纠纷、保护本州原告,一般管辖不得不保持灵活性,长期采用从事业务标准。① 该标准仅要求联系 A 持续且系统,对联系 B 不作要求,可管辖被告的任何行为。但持续且系统联系本身很难量化,只能个案判断,且易随法政策变动。若法政策偏向本州弱者保护便降低持续且系统联系的要求,若亲商业利益则在持续且系统联系之上叠加实质性要求。从事业务标准长期被批评为过度管辖,根本原因在于特殊管辖缺陷。冯·梅伦很早就指出从事业务标准属历史遗留,尚难即刻废除,应大力发展特殊管辖逐步代之。②

美国后期的确发展出指向州行为(state-directed acts)、商业流转(stream of commerce)等特殊管辖标准,此时被告与法院地的最低联系更似臆构。指向州行为标准是对境外行为的普通特殊管辖,跨境公司故意将行为指向法院地州,获取该州法律保护和利益,便须接受该州法院对与其行为相关诉求的管辖。商业流转标准为针对产品责任的特殊管辖,只要跨境公司将其产品置于国际分销网络且经商业流转进入法院地州便可在该州被诉。该标准下被告主观上无须故意追求,放任即可;且不要求流入法院地州的产品数量,单次购买即可。一般管辖与特殊管辖理应此消彼长,特殊管辖扩张一般管辖便应后撤。实践中却不乏州法院将商业流转标准作为一般管辖适用。但凡在法院地州发现跨境公司的产品,便可在该地就全球任何地方发生的产品责任事故对其提起诉讼,无限放大了诉讼风险。

此外,横向联邦主义导致美国没有统一管辖立法,所有全国性调控皆源自联邦最高法院对正当程序原则的解释,间接且有限,很难真正统一各州裁判标准,横向竞争更使各州天然倾向扩张自身管辖权。几乎每州都有长臂管辖立法,伊利诺伊州等多数州长臂管辖立法最初与布鲁塞尔体系很像,都呈现为具体管辖规则;加利福尼亚州(以下简称加州)等少数州则仅概括声明州管辖幅度等同联邦宪法所许,远比第

① See Mary Twichell, “Why We Keep Doing Business with Doing-Business Jurisdiction”, *University of Chicago Legal Forum*, 2001, pp. 194 – 197.

② See Arthur T. von Mehren, Donald T. Trautman, “Jurisdiction to Adjudicate: A Suggested Analysis”, *Harvard Law Review* 79, 1966, p. 1164.

一类宽泛。州际竞争终致采第一类立法的州或以补充立法或以司法解释将管辖范围扩张至与第二类无异,①使管辖标准规则化的努力落空。

综上所述,美国管辖体系长于个案灵活性,但灵活有余复杂过度,确定性和可预见性不足,被嘲讽"唯一不变的就是变化"。② 这是由判例法渐进性的传统、横向分权的宪政架构,以及管辖宪政化等多重因素所致。繁复多变的裁判规则使管辖成为决定案件成败的关键,变相鼓励当事人择地诉讼,过度消耗司法资源,饱受学界批评。

四、近期美国对跨境公司管辖标准的变革

2011 年的"固特异轮胎诉布朗案"(以下简称"Goodyear 案")③和"麦金太尔机械公司诉尼加斯托案"(以下简称"Nicastro 案")④,美国联邦最高法院突然同时收紧一般管辖与特殊管辖。面对各方疑虑,2014 年"戴姆勒股份公司诉鲍曼案"(以下简称"Daimler 案")⑤、2017 年"伯灵顿北方圣太菲铁路公司诉泰瑞尔案"(以下简称"BNSF 案")⑥和"百时美施贵宝公司诉加利福尼亚州旧金山高等法院案"等案(以下简称"BMS 案")⑦两次重申改革立场。从外部看,2010 年海牙判决公约谈判重启对此次改革具有刺激作用,若不主动变革美国将再次陷入被动。从内部看,此次改革既是美国学界长期批判的成果,更是联邦最高法院回归保守主义及亲商倾向的体现。这是"国际鞋业公司案"之后美国跨境公司管辖体系的最大变革。

(一)一般管辖标准的欧陆化

尽管州法院有扩张适用从事业务标准的倾向,联邦最高法院对此一直很谨慎。从"国际鞋业公司案"到"Goodyear 案",联邦最高法院仅裁两例一般管辖案件:"帕金斯诉本格特省康索尔矿业公司案"(以下简称"Perkins 案")⑧、"Helicopteros 案",对从事业务标准中持续且系统联系的认定皆很严格。"Goodyear 案"之前联邦最高法院是以提高适用门槛限制从事业务标准的过度性,自"Goodyear 案"起分三步将该标准从一般管辖剔除。

① See Douglas D. McFarland, "Dictum Run Wild: How Long-Arm Statutes Extended to the Limits of Due Process", *Boston University Law Review* 84, 2004, pp. 493 – 497.

② See Kevin M. Clermont, *Principles of Civil Procedure*, 5th ed., St. Paul, West Academic Publishing, 2018, p. 274.

③ See Goodyear Dunlop Tires Operations, S. A. v. Brown, 564 U. S. 915 (2011).

④ See J. McIntyre Machinery, Ltd. v. Nicastro, 564 U. S. 873 (2011).

⑤ See Daimler AG v. Bauman, 571 U. S. – 117 (2014).

⑥ See BNSF Ry. Co. v. Tyrrell, 137 S. Ct. 1549 (2017).

⑦ See Bristol-Myers Squibb Co. v. Superior Court, 137 S. Ct. 1773 (2017).

⑧ See Perkins v. Benguet Consol. Mining Co., 342 U. S. 437 (1952).

第一步,“Goodyear 案”延续传统路径考察被告与法院地联系,但有且仅有达到以法院地为“家”的程度才满足持续与系统联系。公司设立地、主营业地为家的典型示例,但并未排除裁量空间。① 仍允许在两地之外寻找跨境公司的家,从事业务标准尚未被排除出一般管辖。

第二步,“Daimler 案”彻底与传统路径决裂,使一般管辖欧陆化。首先,不再局限被告与法院地的联系,比较其与全国(全球)各地的联系,以最密切者为家,避免同时出现多个家,使家泛化为从事业务的同义词。其次,原则上家只可为公司设立地或主营业地,裁量空间严格受限,仅例外情形下可以他地作为公司的家。再次,一般管辖收紧至被告的家之后覆盖被告的任何行为皆属正当,无须再检验不合理性。最后,从事业务标准被降级为特殊管辖,除联系 A 须达到持续且系统程度外,还须满足联系 B。② 至此,从事业务标准被剔除出一般管辖,一般管辖固定于公司设立地、主营业地这两个连结点,基本告别最低联系标准叠加不合理性检验标准的裁量性标准,无须通过对正当程序原则的解释来对个案作出判断,可径直适用具体规则。这便与布鲁塞尔体系下跨境公司一般管辖颇为相近。

第三步,面对下级法院对“Daimler 案”的不适与反击,“BNSF 案”与“BMS 案”联手捍卫了改革成果。“Daimler 案”判决作出不久,学界便预测下级法院会利用该案的例外情形以判例法技术逃避严格的一般管辖。在“BNSF 案”中,蒙大拿州最高法院试图多管齐下绕开“Daimler 案”:首先,被告 BNSF 公司为铁路公司应适用《联邦雇主责任法》,该法允许州法院以从事业务标准对铁路公司确立管辖;其次,根据《蒙大拿州民事诉讼法》只要被告出现于该州便可行使一般管辖。BNSF 公司在蒙大拿州拥有其全部劳动力的 5% 和全部铁道里程的 6%,既符合从事业务的标准也符合出现标准,故蒙大拿州对其享有一般管辖。若任其发展,下级法院很快会以区分技术让一般管辖退回老路。联邦最高法院推翻蒙大拿州最高法院的判决,指出 BNSF 公司在蒙大拿州的联系仅可建立特殊管辖而非一般管辖。并重申“Daimler 案”的普适性,其适用范围不受诉求或被告公司类型的影响,将例外情形限定在“Perkins 案”这种极端情形。③ 这使例外规则形同虚设,跨境公司一般管辖被钉死在设立地、主营业地,无任何裁量空间。

“BMS 案”中,加州初审法院以从事业务标准对 BMS 公司确立一般管辖,

---

① See Goodyear Dunlop Tires Operations, S. A. v. Brown, 564 U. S. 915 (2011).

② See Daimler AG v. Bauman, 571 U. S. 117 (2014).

③ See BNSF Ry. Co. v. Tyrrell, 137 S. Ct. 1549 (2017).

"Daimler 案"后,上诉法院和加州最高法院将管辖依据变更为滑尺式特殊管辖,即被告与加州的联系足够密切,且 500 余名非加州原告的诉求与 86 名加州原告的诉求极为相似,纵非加州原告的诉求与加州无直接关联,加州法院亦可一并确立特殊管辖。即随着联系 A 趋强,联系 B 中诉求与联系 A 的关联可趋弱。联邦最高法院指出滑尺式特殊管辖实与从事业务一般管辖无异,否认了加州法院对非加州原告诉求的管辖权。[①] 该案虽针对特殊管辖,实际却封死了从事业务标准借壳重生的可能性。

通过以上案件,联邦最高法院已将跨境公司一般管辖限定为设立地、主营业地,与布鲁塞尔体系极为接近。从事业务标准被降级为特殊管辖,与布鲁塞尔体系下的分支机构管辖的功能近似。目前美国对跨境公司的管辖体系如表 2 所示。

表 2　美国对跨境公司的管辖体系

一般管辖	设立地、主营业地
特殊管辖	第一步:最低联系 = 联系 A + 联系 B
	第二步:不合理性

(二)特殊管辖标准的收缩

按照常理一般管辖之退必伴之以特殊管辖之进,但"Nicastro 案"和"BMS 案"中对特殊管辖的态度却不进反退。"Nicastro 案"原告因在新泽西州使用被告生产的机器受伤。被告设立于英国,分销商在俄亥俄州,由分销商将产品销往美国。被告主张其仅将机器运往分销商所在地,并不知致害机器会销往新泽西州。被告在美国多地参加过贸易展,其高级职员在展会上表明有意进军美国市场。最终销往新泽西州的产品数量,一说为 4 台,一说为 1 台。新泽西州最高法院以商业流转标准对被告确立管辖,被告与新泽西州虽无直接联系,但其未以合理方式阻止产品流入该州。扩张商业流转标准是各州法院拓展自身管辖权的普遍做法。但该标准过于偏向本州原告,不仅使跨境公司危机四伏,对被卷入全球化进程的中小企业更不利。为扭转该局面,联邦最高法院的复数意见认为仅知晓或理应知晓商品经商业流转抵达法院地州并不满足最低联系,有且仅有被告为享受该州法律保护之益,实际以该州为目标市场,该州方有权力管辖被告。[②] 如此,商业流转标准便与指向州行为标准无

① See Bristol-Myers Squibb Co. v. Superior Court of California, 137 S. Ct. 1773 (2017).

② See J. McIntyre Machinery, Ltd. v. Nicastro, 564 U. S. 873 (2011).

异,被告须主观上有将行为指向法院地州之故意。① 若说商业流转标准一边倒地偏向本州原告利益,指向州行为标准又整体倒向商业利益。布鲁塞尔体系下的侵权损害结果发生地、弱势方原告住所地等连结点皆可被囊括进商业流转标准,后者的范围甚至更宽,指向州行为标准却很难涵盖以上两种连结点。“Nicastro 案”中因无法证明被告公司以新泽西州为目标市场,即便该州为损害结果发生地和弱势方原告住所地,依然不满足指向州行为标准。这便阻碍了产品责任、消费者合同案件中弱势方对跨境公司提起诉讼。亦暴露美国以抽象标准充任特殊管辖的弊端,调节参数单一,要么俱进要么同退。

2017 年的“BMS 案”意图阻止原告“抱团取暖”式的择地诉讼及各州为吸引诉讼资源而恶性竞争。联邦制下各州法律制度诉讼程序各异,针对跨境公司诉讼大体可划分两大阵营:第一阵营是跨境公司设立地、主营业地所在州,法律对跨境公司极友好(如特拉华州),在此很难对跨境公司提起集团诉讼或群体诉讼。第二阵营为对原告方较友好的州(如加州)。联邦层面并不鼓励各州为争夺集团诉讼资源而恶性竞争,2005 年通过美国《集团诉讼公平法》允许被告将集团诉讼从州法院移除转移至联邦法院,因联邦法院系统近年的亲商保守主义倾向,这些案件很难成功。“BMS 案”原被告的选购法院大战便在此种背景下展开。被告 BMS 公司设立地在特拉华州,总部在纽约州,在纽约州和新泽西州皆有实质性业务,在加州有部分业务。特拉华州、纽约州对 BMS 公司有一般管辖,必对其有利,原告的诉讼策略须避开两地。原告选择加州,为避免被告将案件从州法院移除移送至联邦法院,原告放弃集团诉讼采取诉讼合并的方式,主张在 600 余名成员中,86 名为加州居民,其他成员虽来自 33 个州,但他们的诉求与加州原告的诉求极为相似,可合并审理。加州法院以滑尺式特殊管辖受理案件。被告上诉至联邦最高法院,该院多数意见否定了滑尺式特殊管辖,认为只要法院与待裁争议无关便无特殊管辖,无论被告与法院地的其他联系程度如何,故加州法院对非加州原告的诉求无管辖权,原告既可一起到对被告有一般管辖的州起诉,又可分别在各自州以特殊管辖起诉。② 然而,对跨境公司有一般管辖的州的法律必对其友好,对产品责任受害者不利;若让受害者分别在本州起诉跨

① See Jack H. Friedenthal et al., *Civil Procedure*, 5th ed., St. Paul, West Academic Publishing, 2015, p. 143.

② See Andrew D. Bradt and D. Theodore Rave, “Aggregation on Defendants' Terms: Bristol-Myers Squibb and the Federalization of Mass-Tort Litigation”, *Boston College Law Review* 59, 2018, pp. 1264 – 1268, 1274 – 1281.

境公司便失去联合力量优势,很多诉讼会因顾虑成本收益而被消解。商业流转标准被否定后,跨境公司极易通过商业安排规避指向州行为标准,故即便不考虑诉讼经济,受害者本州法院也很难对跨境公司确立特殊管辖。这客观反映出若将商业流转、滑尺式特殊管辖这些宽泛的标准去掉,美国目前特殊管辖的发展水平还不能完全独立应对对跨境公司的管辖需求。

五、变革的负产品及未来发展趋势

一般管辖与特殊管辖理应此消彼长,但美国联邦最高法院却同步收缩两种管辖标准,短期内必致更大的管辖真空。长期而言这或许是倒逼更彻底改革的契机。

(一)变革的负产品

变革后,美国法院对跨境公司确立管辖远比变革前困难,具体程度又因境内公司、外国公司而异。针对境内公司,变革后有且仅有设立地、主营业地所在州对其享有一般管辖。特殊管辖可分两类:一类是该公司从事业务的州,可依从事业务标准行使特殊管辖;另一类是该公司虽未直接从事业务但明确以之为目标市场的州,可依指向州行为标准行使特殊管辖。若该公司通过第三方代理、分销商将产品销往某州,又与该州无其他联系,则该州对其无管辖权。变革后管辖制度整体更有利于跨州公司,其可以选择设立地、营业地、第三方代理、分销商等商业安排,规避对其不利的州的管辖。

因外国公司的设立地、主营业地皆不在美国境内,一般管辖对其完全不适用,对其确立管辖的唯一途径是特殊管辖。"Nicastro 案"复数意见坚持指向州行为标准中的目标市场不可为美国整体,仅可为特定州。但外国公司通常只在少数州设立分支机构或营业地,以此为据点将产品扩散至美国全境,与大多数州并不直接发生商业联系,有且仅有分支机构或营业地所在州可依从事业务标准对其确立特殊管辖。外国公司甚至可通过独立第三方代理、分销商等商业安排,不与任何州产生直接商业联系,从而规避美国任何法院的管辖。任由外国公司在美赚取商业利益却不受司法管辖显然既非联邦最高法院的改革初衷,亦不能为学界、下级法院所接受。联邦最高法院收缩一般管辖、特殊管辖的初衷都在于降低美国境内公司的跨州诉讼风险,碍于对内外公司适用同一套管辖标准,产生了对外国公司管辖真空这个负产品。美国学界、下级法院自然不会任由外国公司逍遥法外,针对跨境公司特殊管辖更为彻底的改革已在酝酿之中。

(二)未来可能的发展趋势

美国学界已在讨论针对外国公司管辖真空的补救措施,总体可分两派:一派主张在维持现有管辖体系的前提下对内外公司区别对待;另一派则力主对管辖体系全盘欧陆化。改革不可能一蹴而就,但对外国公司的管辖需求刻不容缓,下级法院已采取了一些权宜策略。

1. 司法实践中的权宜策略

司法实践中,下级法院会通过判例法技术、程序性技巧绕开联邦最高法院判例对特殊管辖的限制。首先,尽管"Nicastro 案"复数意见明确否定商业流转标准,但因其不构成多数意见,判例效力非常有限。司法实践中不乏复活商业流转标准,对非本州公司确立特殊管辖的案件。这类案件多为本州原告对外州企业提起,布鲁塞尔体系下完全可以消费者住所地、损害结果发生地确立管辖,但美国现行体系下除了商业流转标准,找不到更好的解决方案。其次,极少数州的法院认为若非本州公司在本州登记机关进行从业登记,便视同接受本州法院的一般管辖。但绝大多数州未采纳该立场。最后,目前原告律师、州法院对非本州公司确立管辖的更普遍做法是利用程序性技巧。地域管辖是可放弃的程序性权利,一旦被告未提出或未及时提出管辖抗辩,甚至提出管辖抗辩后又积极参与后续诉讼程序,都可能被视为放弃权利。①

2. 内外公司区别对待

实证研究表明,司法实践中不乏将内外公司区别对待的倾向。② 司法实践虽已先行,但理论层面难以突破的关键在管辖宪政化。无论当代管辖理论如何强调当事人公平、诉讼便利,横向联邦主义项下各州的地域边界仍有决定意义。截至目前,联邦最高法院对跨境公司管辖的调控主要以州际案件为模型,调控重点在如何确保一州法院在行使管辖权时不侵犯姊妹州的主权。"Nicastro 案"的被告虽为外国公司,复数意见仍拒绝采用全国联系标准,正是虑及该标准对境内公司的潜在负面影响,以及对横向联邦主义格局的破坏。③

美国学界长期呼吁对内外公司区别对待,"Nicastro 案""BMS 案"后呼声更高。有学者认为,外国公司并未参与各州的民主政治进程,也不以任何州为家,对其行使特殊管辖时适用全国联系标准,不会冒犯任何州的司法主权,也不会违反正当程序

---

① See Mary Anee Mellow et al., "Supreme Court Strikes Another Blow to Litigation Tourism in Bristol-Myers Squibb", *Defense Counsel Journal* 85, 2018, pp. 8 - 11.

② See Gary B. Born, "Reflections on Judicial Jurisdiction in International Cases", *Georgia Journal of International and Comparative Law* 17(1), 1987, pp. 8 - 9.

③ See William S. Dodge, Scott Dodson, "Personal Jurisdiction and Aliens", *Michigan Law Review* 116, 2018, pp. 1216, 1308 - 1314.

原则。[①] 不同学者所主张的改革程度不同:最保守的观点仅主张对联邦法院管辖事项中的联邦法事项适用全国联系标准。[②] 一种中间派观点主张在联邦法院全面适用全国联系标准,并扩大联邦法院的事项管辖范围,使联邦法院成为管辖外国公司的主力。[③] 另一种中间派观点为"Nicastro 案"的反对意见,即联邦法院和州法院皆可对外国公司适用全国联系标准,但具体管辖法院仍需有其他合理联系,如该案中新泽西州是产品责任的损害发生地。[④] 最激进的观点主张凡外国公司以美国为目标市场即可在美国任何法院被诉,外国公司仅能以不合理性、非方便法院原则抗辩。[⑤]

对内外公司区别对待的优势为既可填补对外国公司的管辖真空,又可保持州际案件的管辖现状,不触及横向联邦主义格局,改革阻力较小。劣势是会使外国公司陷入非常不利的局面且改革程度不够彻底。

3. 特殊管辖的欧陆化

对特殊管辖欧陆化并非针对此次变革负产品的应急策略,而是部分美国学者主张彻底变革管辖体系方案的一环。他们认为,美国对跨境公司的传统管辖体系过于复杂不确定。未来应去宪政化,放弃权力理论,减少司法裁量,更多以规则化的成文立法来分配法院间的管辖权,平衡当事人间的公平。[⑥] 该方案其实就是全面借鉴布鲁塞尔体系。"Daimler 案"后,跨境公司一般管辖已经欧陆化,进一步将特殊管辖欧陆化,不仅可填补目前的管辖真空,亦无须对内外公司区别对待。但该项改革面临两大挑战。首先,对特殊管辖的规则化需国会立法推动。联邦最高法院由正当程序原则衍生的特殊管辖标准(商业流转、指向州行为)很难细化,以单一标准应对所有纠纷类型,难免顾此失彼。下级法院的个案裁量导致裁判立场不一,可预见性低。州际横向竞争又使州长臂管辖立法效果不佳。因此,联邦立法是特殊管辖规则化唯一可行路径,但未来国会是否愿意介入仍不确定。其次,特殊管辖的欧陆化还需颠

① See William S. Dodge, Scott Dodson, "Personal Jurisdiction and Aliens", *Michigan Law Review* 116, 2018, p. 1230.

② See Gary B. Born, "Reflections on Judicial Jurisdiction in International Cases", *Georgia Journal of International and Comparative Law* 17(1), 1987, pp. 36 – 40.

③ See Stephen E. Sachs, "How Congress Should Fix Personal Jurisdiction", *Northwestern University Law Review* 108, 2014, pp. 1315 – 1318, 1347.

④ See J. McIntyre Machinery, Ltd. v. Nicastro, 564 U. S. 873 (2011).

⑤ See William S. Dodge, Scott Dodson, "Personal Jurisdiction and Aliens", *Michigan Law Review* 116, 2018, pp. 1239, 1247.

⑥ See Kevin M. Clermont, *Principles of Civil Procedure*, 5th ed., St. Paul, West Academic Publishing, 2018, pp. 334 – 348.

覆“联系A—联系B”的传统逻辑,使特殊管辖彻底摆脱正当程序原则。布鲁塞尔体系下特殊管辖的逻辑正当性在争议与法院地的密切联系,但美国传统特殊管辖需将之转化为被告与法院地联系(联系A)和诉求与联系A的联系(联系B),很难明确承认弱势原告方连结点(损害发生地、消费者住所地)的正当性。如“Nicastro案”反对意见虽承认根据《布鲁塞尔条例Ⅰ》损害发生地当然具有管辖权;但美国语境下其却不能单独主张损害发生地有管辖权,还需以被告行为指向美国整体市场为前提。若特殊管辖欧陆化,便无须讨论应对外国公司适用全国联系标准或指向州行为标准,可直接以弱势原告方的连结点确立管辖。

六、美国对跨境公司管辖标准变革对中国企业的影响

近年来,我国企业在美被诉情况越发受学界关注,如何防范、控制中国企业在美国诉讼风险,成为国内学界新的研究热点。美国此轮对跨境公司管辖标准的变革对中国企业影响如何?长期而言中国企业又应如何防控诉讼风险?

(一)变革期内对中企确立管辖的情况

1. 一般管辖

从“Goodyear案”到“Daimler案”是一般管辖改革的过渡期,尚未完全摆脱裁量性标准。这一时期原告通常会同时对中国企业主张一般管辖和特殊管辖。[①] 反映出美国传统体系中两种管辖界限不明,司法裁判随意性较大。但“Goodyear案”后法院明显趋于谨慎,皆未支持对中国企业的一般管辖。“Daimler案”将一般管辖限定在设立地、主营业地之后,基本没有原告再对中国企业主张一般管辖。

2. 特殊管辖

对中国企业确定特殊管辖的情况相对复杂,不乏抗辩成功的案例。多数法院仍延续最低联系标准、不合理性检验标准两步走的方式。中国企业管辖抗辩的重点在联系A和联系B,鲜有成功提起的不合理性抗辩。

(1)对联系A的抗辩

对联系A的抗辩结果会因法院对目标市场范围的限定而异。反垄断、专利侵权、证券欺诈等联邦法事项中,法院会适用全国联系标准,中国企业很难抗辩与美国无联系。例如,阴极射线管反垄断案中法院认为中国企业之间固定价格的共谋行为指向整个美国市场,且与本案诉求具有因果关系,驳回了管辖抗辩。[②] 又如,“先正

---

① Such as Powell v. Profile Design LLC, 838 F. Supp. 2d 535 (S. D. T. X. 2012); Jacobs Trading, LLC v. Ningbo Hicon Intern. Industry Co., Ltd., 872 F. Supp. 2d 838 (D. M. N. 2012).

② See In re Cathode Ray Tube (CRT) Antitrust Litigation, 27 F. Supp. 3d 1002 (N. D. C. A. 2014).

达植物保护公司诉 Willowood 公司案”中,原告诉中国企业侵犯专利,法院认为中国企业在美设立关联机构是以指向全体美国居民、扩大在美销量为目的,亦驳回了管辖抗辩。① 但也有成功例证,在“Tarsavage 诉中信信托公司案”中,中国企业证明其未将行为指向美国市场,且原告未能证明其是在美发生的证券诈骗案的共谋者,故不能依效果原则对其确立管辖。②

针对中国企业的非联邦法事项诉讼以产品责任诉讼居多,多数法院采纳“Nicastro 案”复数意见,以法院地州为目标市场。这是中国企业管辖抗辩成功率最高的情形,无论其在美国有否商业行为,只要抗辩其行为非针对法院地州,即可证明联系 A 不成立。③ 中国企业只需将产品卖给独立第三方分销商,再由分销商将产品销往美国各州,便可避免与大多数州产生直接联系。理论上原告可到分销商所在州起诉中国企业,但对个体原告来说,跨州诉讼成本太高。故只要能成功抗辩原告本州的管辖权,便可在很大程度上消解后续被诉可能。

也有中国企业百密一疏,被驳回管辖抗辩。“布克诉双星东风轮胎公司案”中,中国企业虽设有分销商,但销往法院地州的轮胎中,有 12,000 条是从中国直接运输到法院地州,且中国企业员工已知晓该批货物的目的地。中国企业提出管辖抗辩,并称服从分销商所在州管辖。但法院认为中国企业明知产品销往法院地州,且该州为事故发生地、证人证据所在地,让消费者到分销商所在州起诉负担过重。④

少数法院在产品责任诉讼中采用全国联系标准,中国企业便很难抗辩管辖。例如,“史普罗诉罗布和查理公司案”中,中国企业抗辩其在新墨西哥州既无分销商也无客户,更不知安装了其产品的自行车会销往该州。该抗辩获初审法院支持,但被上诉法院推翻。上诉法院认为,中国企业将产品售给全球自行车制造商,并通过佛罗里达州的分销商销往新墨西哥州,且在加州派驻代表,处理全美售后事宜,便包括新墨西哥州。故即便中国企业未将行为指向新墨西哥州,但该州法院依然可以全国联系标准对其确立管辖。⑤

---

① See Syngenta Crop Protection, LLC v. Willowood, LLC, 139 F. Supp. 3d 722 (M. D. N. C. 2015).

② See Tarsavage v. Citic Trust Co., Ltd., 3 F. Supp. 3d 137 (S. D. N. Y. 2014).

③ Such as Hawes v. Koch Industries, Inc., 2017 WL 5054653 (S. D. I. N. 2017); Boyce v. Cycle Spectrum, Inc., 148 F. Supp. 3d 256 (E. D. N. Y. 2015); Young v. Rord Motor Co., 90 N. E. 3d 647 (Ill. App. 4 Dist. 2017).

④ See Book v. Doublestar Dongfeng Tyre Co., Ltd., 860 N. W. 2d 576 (Ia. Supreme 2015).

⑤ See Sproul v. Rob & Charlies, Inc., 304 P. 3d 18 (N. M. App. 2012).

一些法院仍坚持宽泛的商业流转标准也令中国企业棘手。例如,“UTC 消防安全美洲公司诉 NCS 动力公司案”中,法院指出“Nicastro 案”并未形成多数意见,复数意见并不具有先例约束力,中国企业以全球市场为目标,并从北美市场获益颇丰,鉴于纽约州在北美市场的分量,其应合理预见到其产品会被销往纽约州并在该州产生后果。[①] 又如,“里贝罗诉 Baby Trend 公司案”中,原告起诉一家瑞典公司和五家中国公司,法院支持了瑞典公司的管辖抗辩,却驳回所有中国公司的管辖抗辩,理由是瑞典公司的产品只在最终成品中占很小部分,且造成事故的缺陷产品是由中国公司置于商业流转之中。[②]

(2)对联系 B 的抗辩

直接抗辩联系 A 无疑为最佳方案;若不可行,次选方案为抗辩联系 B,即与法院地州虽有联系,但该联系与原告诉求无关。例如,在“托雷斯诉帝国制造有限公司案”中,中国企业抗辩联系 A,主张与得克萨斯州(以下简称得州)无联系,也未在美从事进口或分销业务;法院却以联系 B 支持管辖抗辩,认为原告虽证明中国企业在达拉斯市(得州)有仓库和展厅,但未能证明它们与本案的关联。[③] 又如,在“国际能源投资管理公司诉联合能源集团公司案”中,中国石油公司在得州雇佣代理,包括原告咨询公司,并与原告签订选择得州法律的协议。法院认为,本案诉由系中国石油公司向原告咨询购买另一家石油公司在巴基斯坦资产的咨询合同的付款问题,与前述中国石油公司在得州的行为无关。[④] 即便采用全国联系标准,也有成功抗辩联系 B 的例证。例如,“Triple Up 有限公司诉优酷土豆公司案”中,原告诉优酷侵犯知识产权,因优酷所获视频内容的授权不含美国境内,但其未用封锁措施防止从美国境内访问这些内容。优酷在美上市发行股票,与多家美企订有合同,且通过第三方广告公司根据观众的地理区位投放相关美国产品的广告。联系 A 显然无法抗辩,但法院认为优酷与美国的这些联系与本案诉求无关,否认了联系 B。[⑤]

(二)对在美被诉风险的长期防控

短期而言,美国对跨境公司管辖标准的变革对中国企业利好。相较之前大量运

---

① See UTC Fire & Sec. Americas Corp., Inc. v. NCS Power, Inc., 844 F. Supp. 2d 366 (S. D. N. Y. 2012).

② See Ribeiro v. Baby Trend, Inc., 2016 WL 3093439 (D. Ne. 2016).

③ See Torres v. Imperial Manufactory Limited, 2016 WL 10770828 (S. D. T. X. 2016).

④ See International Energy Ventures Management, L. L. C. v. United energy Group, Ltd., 818 F. 3d 193 (5th Cir. 2016).

⑤ See Triple Up Limited v. Youku Tudou Inc., 235 F. Supp. 3d 15 (D. D. C. 2017).

用宽泛的从事业务、商业流转标准的时期,"Goodyear 案""Nicastro 案"之后,中国企业管辖抗辩的成功率明显提高。因此,现阶段中国企业务必及时提出管辖抗辩,避免原告律师利用诉讼程序技巧主张中国企业弃权。长期而言,只要中国企业的设立地、主营业地不在美国,基本不会被确立一般管辖;重点应防范特殊管辖风险。

最难的是反垄断诉讼,此类诉讼采用全国联系标准和效果原则,即便中国企业避免与美国任何州发生直接联系,只要中国企业之间限制贸易行为或协议对美国境内的商业具有实质性效果,美国法院便可行使管辖权。中国企业唯一可抗辩的是不合理性,但当原告为本国企业,被告为外国企业时,法院很少支持不合理性抗辩。美国联邦最高法院对"维生素 C 案"①作出不利于中国企业的判决后,更多的中国企业或将面临在美的反垄断诉讼风险,但这已超出管辖抗辩可防范的范畴。证券、专利诉讼等其他联邦法事项虽也适用全国联系标准,但仍有抗辩空间。中国企业可主张从未将行为指向美国市场,切断联系 A;亦可主张虽有行为指向美国市场,但原告诉求与该等行为无关,阻截联系 B;若原告为外国当事人,中国企业还可抗辩不合理性或非方便法院。

现阶段产品责任诉讼等州法事项以指向州行为标准为主流,以法院地州为目标市场。中国企业管辖抗辩成功率很高,首选切断联系 A,否认与法院地州的联系;其次阻击联系 B,即诉求与联系 A 无关。但须清醒认识到此种利好局面仅为过渡阶段,若未来美国特殊管辖变革响应学界呼吁,对内外企业区别对待,对外国企业适用全国联系标准,则对中国企业极为不利。届时中国企业可采取的措施只有以下几种:(1)避免与美国任何州发生直接联系;(2)事前通过管辖协议选择对自己相对有利的法院;(3)抗辩不合理性,或主张非方便法院;(4)避免在美国有可供执行的财产,消解原告的诉讼动机;(5)缺席审判过程,之后当美国原告到中国法院申请承认与执行美国判决之时提起抗辩,如间接管辖不合格、赔偿标准过高等。一旦美国将特殊管辖欧陆化,采用保护性管辖规则,如损害结果发生地、消费者住所地,中国企业将面临更重的诉讼负担。

此外,美国法院还可因中国母公司与其附属机构之间存在人格混同,将附属机构与法院地州的联系推及中国母公司。中国制造石膏板产品责任集团诉讼中,法院认为,中国母公司与其子公司人格混同,将子公司与法院地州的联系推及中国母公

---

① See Animal Science Products, Inc. v. Hebei Welcome Pharmaceutical Co., 138 S. Ct. 1865 (2018).

司,驳回了中国母公司的管辖抗辩。① 因此,中国企业在设计商业架构之时,最好选择人格完全独立的第三方代理、分销商,避免被原告主张人格混同。

七、结语

美国联邦最高法院主导的此轮变革堪称"国际鞋业公司案"以来美国对跨境公司管辖体系的最大变革,改变了一般管辖的构成要件,使一般管辖与特殊管辖的关系变得泾渭分明,并将一般管辖从应对跨境公司纠纷的前线撤回。自此,美国对跨境公司的一般管辖不再特立独行,亦无过度之嫌,形式、功能皆与我国、布鲁塞尔体系下对跨境公司的一般管辖接近。但一般管辖后撤之后,特殊管辖不进反退带来了严重的负产品——巨大的管辖真空,尤其难以对外国公司确立管辖权。针对该负产品的进一步改革方案正在酝酿之中,无论对内外企业区别对待,还是将特殊管辖彻底欧陆化,可以预见,美国学界、法院皆不会任由外国公司长期逍遥法外。对中国企业而言,既然要从美国市场获取收益,不可避免地会产生纠纷,甚至面临诉讼风险。从目前案例报告情况来看,变革过渡期内中国企业在美管辖抗辩的成功率相对较高。因此,短期之内,中国企业应积极利用美国当前对外国公司存在管辖真空的利好局面,设计好商业架构,并及时进行管辖抗辩。长期而言,美国对跨境公司的一般管辖已不足为虑,中国企业的防御重点仍在特殊管辖,一旦美国针对特殊管辖的后续改革措施跟进,中国企业或将面临更重的诉讼负担。

① See In re Chinese-Manufactured Drywall Products Liability Litigation, 2018 WL 3972041 (E. D. La.).

全球环境治理视角下的《世界环境公约(草案)》*

彭亚媛**

《世界环境公约(草案)》是促成全球环境治理走向公平合理、合作共赢多边体系的关键步骤,意在构建综合性、统领性和有法律约束力的全球性环境公约。目前,国际环境规范“碎片化”过多难以协同、法律约束力不高,无法有效防止国家“退群”。为此,《世界环境公约(草案)》创设了“本源—衍生”原则等级,采用了“环境人权”的新方法,引入了“不倒退”等新原则,推动了“环境权”法律解释的新实践。但其提取法律公因式方式欠妥,存在法律冲突条款缺乏、责任分配不均、履约机制虚弱等问题,甚至存在引起“环境贸易战”的风险。中国可建议公约增加法律冲突或支持条款,设置独立的代内公平条款,扩展全球盘点等履约方式,呼吁在多边框架下进行“碳关税”的协商与合作。

一、引言

人类的过去、现在和未来,都依赖于健康和可持续的全球环境。但现实却是人类滥用环境资源,全球持续变暖,冰川融化加剧,大气海洋污染严重,环境退化,生物多样性逐渐消失……鉴于全球范围内对环境的威胁与日俱增,而国际社会在全球环境治理方面的政治行动缓慢无力,2017 年 9 月在联合国第七十二届大会上,法国总统马克龙提出《世界环境公约(草案)》(以下简称《公约(草案)》),希望形成具有法律约束力、综合性和统领性的国际环境条约,促成公平合理、合作共赢的国际环境治理多边体系。联合国大会以 143 : 6 通过了起草《世界环境公约》的议案,并指派“实

* 本文是国家社会科学基金重点项目“人类命运共同体”国际法理论与实践研究(项目编号:18AFX025)及国家社会科学基金重大项目“‘构建人类命运共同体’国际法治创新研究”(项目编号:18ZDA153)、上海市教育委员会人文社科重大项目“创新驱动发展战略下知识产权公共领域问题研究”(2019 - 01 - 07—00 - 07 - E00077)阶段性成果。

** 复旦大学法学院 2017 级国际法博士研究生。

现全球环境公约特设工作组”对《公约(草案)》的相关问题进行实质性审议。

现有的学术研究主要讨论了《公约(草案)》的必要性、①内容恰当性②及其政治影响,③主要探讨《公约(草案)》文本兼容性和可行性问题,将《公约(草案)》等同于一般的国际法编纂行为,却忽略了其在全球环境治理进程中的意义。故而本文将从全球环境治理历史发展的角度出发,研究《公约(草案)》对于全球环境治理的贡献,分析其在提取“法律公因式”方面的不足,并为中国提供完善公约的可行方案。

二、全球环境治理法制化进程及其困境

人类对于环境问题的认知经历了从局部到整体的过程,从刚开始的防治污染、保护生物资源与自然环境,逐渐演变为对地球整体环境的关怀,追求人类的可持续发展。在这个过程中,国际社会形成了一系列富有雄心的国际性文件和公约,并创设相应的环境机制以维护全球环境治理成果。④ 为全面理解《世界环境公约(草案)》,有必要回顾全球环境治理法制化进程。

(一)全球环境治理法制化进程

1. 形成共识:1972 年斯德哥尔摩会议

1972 年在斯德哥尔摩召开的联合国人类环境大会,开启了全球环境治理的新篇章,构建了规范、制度、纲领和财政四个层面的国际体系。其一,通过了《联合国人类环境会议宣言》(又称《斯德哥尔摩宣言》),旨在促进和指引人们保护和改善环境,指出人类既是环境的创造物也是环境的塑造者;其二,在联合国内部建立了一个新的国际机制——联合国环境规划署(United Nations Environment Programme, UNEP);其三,通过了环境发展政策的行动纲领,并由 UNEP 负责管理;其四,设立了一项环境基金。《斯德哥尔摩宣言》包含了 7 项原则和 26 项信念,总结了人类与环境的关系,主张保护自然资源和野生动物,防治污染,管控跨边境环境损害,并特别关注了主权问题和发展问题,呼吁人类为全体福利和子孙后代的利益共同合作。

---

① See Teresa Parejo Navajas; Nathan Lobel, “Framing the Global Pact for the Environment: Why It's Needed, What It Does, and How It Does It”, *Fordham Environmental Law Review* Vol. 30, 2018, pp. 32 – 61.

② See Géraud de Lassus Saint-Geniès, “Not All that Glitters Is Gold: An Analysis of the Global Pact for the Environment Project”, *Center for international governance innovation Papers* No. 215, 2019, pp. 1 – 16.

③ 参见赵子君、俞海、刘越、林昀:《关于〈世界环境公约〉的影响分析与应对策略》,载《环境与可持续发展》2018 年第 5 期。

④ See International Institute for Sustainable Development, “Global Environmental Governance: A Reform agenda”. Accessed September 20, 2019. https://www.iisd.org/sites/default/files/publications/geg.pdf.

《斯德哥尔摩宣言》反映了当时国际经济新秩序的成果,重申了自然资源永久主权原则,并对人类利用自然形成了普遍共识,其开创性的人权视角对各国环境法的发展产生了深远的影响。但是也同样存在一些问题,如缺乏法律约束力、功利主义式的环境保护,并没有脱离人类为中心的窠臼。

2. 初步发展:1982 年《世界自然宪章》

《世界自然宪章》主要阐述了人与自然之间一系列行为准则,其虽然名为宪章,但是并无法律约束力,属于国际软法性文件。《世界自然宪章》是由扎伊尔总统于1975 年提出,国际自然及自然资源保护联盟(International Union for Conservation of Nature,IUCN)起草,1980 年递交给联合国大会审议,经由秘书长报告,最后于 1982 年联合国大会通过。从制定程序上说,《世界自然宪章》和《公约(草案)》最为相近。《世界自然宪章》包含 24 条规则,分为四个部分:前言、一般原则、功能和实施。前言阐述了人与自然关系;一般原则有 5 项,分别为尊重和不损害自然、不得损害地球遗传活力、养护原则、人类利用和生产不得危及生态和物种完整性、免于战争或其他敌对活动的退化;功能部分有 7 项,主要涵盖有计划的规划和使用自然资源以及相应的预防工作;实施部分有 11 条,侧重于政府在环境保护中的角色。《世界自然宪章》建立了一项全球环境保护的伦理框架,但限于宪章性质,其无法解决相应的资金、人员和技术援助等难题。

3. 中间道路:1992 年里约会议

1992 年在里约热内卢召开的联合国环境与发展大会,最大的贡献是采纳了可持续发展的理念,以促进南北合作。在此之前,发展中国家和发达国家就环境议题产生了巨大的分歧。1987 年的《布兰特报告》呼吁采取一种“可持续发展”的新方法,在分化的世界中寻找共同解决办法。因而,1992 年的里约会议并没有致力于达成雄心勃勃的目标,而是在环境和发展之间寻求“中间道路”,强调休戚与共、可持续发展的全球伙伴关系。里约会议共通过了 4 项文件,创造了一种框架式、软法化的规范。第一项是各国在协商同意的基础上达成了《里约环境和发展宣言》,27 项原则较好地平衡了各方利益;第二项是《21 世纪议程》,这是一份包含了 40 章内容的行动纲领,涵盖了经济、环境、贫困和发展的议题,并为发达国家的国际援助设定了时间和数额双重标准;第三项是通过了《气候变化框架公约》和《生物多样性公约》,在这两个重大议题上建立了全新的框架性的国际机制;第四项是达成了有关森林保护的文件《关于森林问题的政府声明》。该会议同样存在很多遗憾:气候和生物公约的效力被大大削弱;许多议题被排除在议程之外,或者被《21 世纪议程》所淡化;在财政和技术转让方面,发达国家只给出了模糊的承诺。

4. 气候雄心:2015 年《巴黎协定》和《2030 可持续发展议程》

《巴黎协定》是为了落实《气候变化框架公约》的第二期减排目标,而达成的具有法律约束力的国际条约,为 2020 年后全球气候治理作出了总体性的安排。其主要贡献在于确定了"控温 2℃"的减排目标,并采用了自下而上的"国家自主贡献"的履约方案,允许成员国根据自身发展情况确定气候变化的行动目标。[①] 但《巴黎协定》仅限于气候变化,对其他环境领域参考价值有限。

《2030 可持续发展议程》(以下简称《2030 议程》)是继《21 世纪议程》《千年发展目标》之后具有变革意义的国际发展框架,为全球未来 15 年设定了减贫、环境、健康、教育等 17 项可持续发展目标。《2030 议程》将全球环境治理提升到非常重要的地位,形成了以社会、经济与环境保护为三大支柱的格局。[②] 在该议程的 17 项发展目标中,有 4 项直接涉及环境领域:目标 6(确保为所有人提供和可持续管理水和环境卫生);目标 13(应对气候变化);目标 14(养护和可持续利用海洋资源);目标 15(保护绿地生态系统)。此外还有多项目标也与环境目标密切相关。《2030 议程》用语较为宽泛,且并无法律约束力。

(二)全球环境治理法制化的困境

1. 碎片化过多难以协同

国际环境法过多的碎片化,产生了许多空白、重叠与不一致,影响了环境条约履约实效。国际环境法规范业已有 500 多项环境条约,数以万计的国际性文件,而其中得到普遍认同的规范较少。国际环境法的主要法律渊源是多边协定的国际条约,但很多均为特定的环境问题。习惯国际环境法较少,各国关于环境方面既定的惯例和法律意见彼此之间有很大的差异,只有在国际性法院的少数跨境环境侵权中可以看到零星的习惯法。

2. 法律约束力弱

国际环境法的成果大部分为国际性文件而非有法律约束力的国际性条约,但由于国际环境问题的严峻性,软法并非解决之道。国际软法固然可以促进各缔约方慢慢向实质性的行动发展。但在目前严峻的形式下,这种在法律效力上妥协的方式并未达成预想的效果,反而由于相关措施的成本巨大,各利益攸关方不断地争吵和拖

① 参见郝敏:《〈巴黎协定〉后气候有益技术的知识产权前景探析》,载《知识产权》2017 年第 3 期。

② 参见董亮、张海滨:《2030 年可持续发展议程对全球及中国环境治理的影响》,载《中国人口·资源与环境》2016 年第 1 期。

延,陷入了停滞或僵局。

3. 国家“退群”问题

在国际环境法上,国家“退群”问题日益严重。首先,在司法方面,有些国家为避免国际法院的不利裁决而选择撤回强制管辖权。1973 年的“核试验案”后,法国撤回了对国际法院强制管辖的承认,而此次试验对公海造成的放射性微粒回降污染问题则不了了之。① 其次,在条约方面,美国拒绝加入 1997 年《京都议定书》,退出 2015 年的《巴黎协定》;2018 年日本退出《国际管制捕鲸公约》恢复商业捕鲸。一些国家的自利行为在一定程度上减损了各国在环境问题上共同行动的效力。

三、《世界环境公约(草案)》在全球环境治理中的贡献

(一)构建环境原则的新等级,改善“碎片化”

在结构上,《公约(草案)》一改以往国际环境公约罗列的模式,创新性地提出了本源性原则(source principles)和衍生性原则(derived principles)的公约架构。《公约(草案)》确立了两项本源性原则和一系列的衍生性原则。这两项本源性原则,一为权利,即第 1 条“享受健康生态环境的权利”。二为义务,即第 2 条“养护环境的义务”。二者构成了整个公约的基石。第 3 ~ 20 条是衍生性原则,包括了以下内容:可持续发展纳入政策、代际公平、预防、谨慎原则、对环境的损害、谁污染谁付费、公众知情权、公众参与、获得环境司法保障的权利、教育和培训、研究和创新、非国家行为主体和国际内部机构的角色、环境标准的有效性、复原能力、国际合作、武装冲突、国情多样性。这一新颖的结构设计,突出了环境权和养护义务的重要性,使条约整体更有条理性。

这种“本源—衍生”的原则架构,创造了国际环境法各项原则之间的等级,有助于缓解碎片化问题。碎片化在国际环境法中普遍存在,包括协作碎片化、合作碎片化和冲突碎片化。② 即使在一些局部体系化的环境部门中,也存在很多空白和模糊。《公约(草案)》等级性原则架构可以一定程度上改善此类不一致和不安定的状况。以《联合国气候变化框架公约》(United Nations Framework Convention on Climate Change,UNCFCCC)和《巴黎协定》之间关系为例,在“巴黎协定”谈判期间,发展中国家和发达国家对于《巴黎协定》和 UNCFCCC 之间的关系持有不同立场。发展中国家认为,UNCFCCC 是《巴黎协定》的母法,因此发展中国家可以利用 UNCFCCC

---

① See Franck, Thomas M, Word Made Law, “The Decision of the ICJ in the Nuclear Test Cases”, *American Journal of International Law* 69, 1975, pp. 612 – 620.

② 参见于宏源:《全球环境治理内涵及趋势研究》,上海人民出版社 2018 年版,第 65 ~ 69 页。

一般原则约束发达国家。比如,利用“共同但有区别的责任和能力”条款主张,发展中国家减排义务的达成,取决于发达国家是否完全履行技术转移和资金支持义务。相反,发达国家希望《巴黎协定》能够代表 UNCFCCC 的范式转变,主张两者独立。由于意见分歧,《巴黎协定》故意回避该问题。如果采用《公约(草案)》的等级性原则架构,UNCFCCC 可以视为反映气候变化环境权和养护义务的条约,体现的是本源性原则。而《巴黎协定》仅为达成控温 2 摄氏度的国际合作,属于衍生性原则的一部分。由此,UNCFCCC 所载的原则应优先适用于《巴黎协定》的缔约方。

(二)创设“环境人权”的新方法,抑制国家“退群”

《公约(草案)》第 1 条“享受健康生态环境的权利”,首次在国际公约层面肯定了独立的环境人权,创造性地将人权法和环境法结合起来,使国际环境法本身得以借助环境人权整合起来。

内容上,《公约(草案)》中的环境权跨越了三类人权领域。① 第一类,作为公民政治权利的环境权,即由于各种环境破坏而受其影响的基本人权,包括生命权、健康权、食物权和饮用水权等人类固有的实体权利,也包括获取环境信息、环境诉讼的司法救济和公众参与政治决策等程序权利。在此处,环境权是保障基本的生命和财产免受环境侵害的最低标准。第二类,作为经济社会权利的环境权,即将“享有适宜、健康和可持续的环境”作为 1996 年《经济、社会及文化权利国际公约》中的经济社会权利。确立环境权,表明环境权和其他有名的经济社会权利具有同等的重要性,并具有优先于无名的经济社会权利。第三类,作为集体人权的环境权。第三代人权或者集体人权一般被认为包括和平、发展和良好的环境。环境权作为一项群体性权利,是人类社会整体福祉不可或缺的一部分,可促使政府或国际组织投入必要资源、采取相关措施以实现环境目标。

效果上,《公约(草案)》试图克服国家“退群”问题,开创“经由人权”倒逼国家采取环境行动的新局面。传统的国际环境法建立在国家同意基础上,而现有的国际机制很难克服国家中心主义。比如,1997 年美国拒绝加入《京都议定书》并退出 2015 年的《巴黎协定》,2018 年日本退出《国际管制捕鲸公约》恢复商业捕鲸,这些国家的自利“退群”行为在一定程度上减损了各国在环境问题上共同行动的效力。虽然理论上存在“经由人权实现环境保护”的路径,但仅在个别法域内有效。例如,《欧盟人权公约》允许个人诉诸欧洲人权法院,起诉相关国家侵犯其基本人权从而实现其

① 参见[英]帕特莎·波尼、埃伦·波义尔:《国际法与环境》,那力等译,高等教育出版社 2007 年版,第 7 页。

环境权利。[①]《公约(草案)》希望借鉴和推广欧盟的经验,将享受健康生态环境的权利作为基本人权。一方面,借由国际习惯法扩大享受健康生态环境的权利在国际性法院的适用,用以绕开"国家同意"的限制。该做法试图效仿1948年《世界人权公约》,即经由长期的国家实践,形成有约束力的国际习惯法。即使一些国家基于自利而拒绝加入或退出某些环境公约,但由于其需要遵守国际习惯法,因此某些环境公约中的重要原则和内容依然适用于该国。另一方面,扩展国内法中环境权的内容,为国内法院提供合法性依据。2015年"荷兰诉乌干达基金会案",公民团体乌干达基金会代表900多位公民,依据基本人权条款要求政府承担气候减排义务。[②] 该案是通过对《欧盟人权公约》相关条款进行扩大解释胜诉的。而《公约(草案)》则克服了这个问题,"享受健康生态环境的权利"条款无须进行扩大解释或者额外立法。

(三)融入"不倒退"的新原则,形成棘轮效应

《公约(草案)》第17条规定的不倒退原则(principle of non-regression)是近期国际环境法的最新发展成果。在国际法中,不倒退原则常见于人权法。几乎主要国际人权条约和文件都认为,人权一旦得到承认,就不能被限制、破坏或废止,比如,《世界人权宣言》第30条就规定"不得破坏宣言所载的任何权利和自由"。就环境法而言,不倒退原则相对较新,不倒退意味着不降低对环境的保护。[③] 以往的国际性和区域性环境法都致力于将改善环境(improving the environment)作为目标,只有少数条约的正文中暗含了这种"不倒退"的意思,如1994年《北美环境合作协定》中就规定"禁止降低环境保护标准"。2011年,欧盟开始呼吁"在保护环境和基本权利的背景下承认不倒退原则"。[④] 此后,人们开始审视"不倒退"条款在国际环境法中的作用,"不倒退"作为一种共识被纳入2012年里约"20+会议"的最终成果《我们想要的未

---

① See ECHR, "Environment and the European Convention on Human Right", 2019. Accassed September 26, 2019. https://www.echr.coe.int/Documents/FS_Environment_ENG.pdf.

② See Lin J, "The First Successful Climate Negligence Case: A Comment on Urgenda Foundation v. The State of the Netherlands (Ministry of Infrastructure and the Environment)", *Climate Law* 1, 2015, pp. 65-81.

③ See Michel Prieur, "Non-regression in environmental law", *Surveys And Perspectives Integrating Environment & Society*, 2012 Vol. 8/N °1. Accassed September 20, 2019. https://journals.openedition.org/sapiens/1405.

④ See The European Parliament, "European Parliament resolution of 29 September 2011 on developing a common EU position ahead of the United Nations Conference on Sustainable Development (RIO + 20)", Para 20-21, 2011.09.29 (No. P7_TA-PROV0430). Accassed September 20, 2019. http://www.europarl.europa.eu/sides/getDoc.do? pubRef=-//EP//TEXT+TA+P7-TA-2011-0430+0+DOC+XML+V0//EN.

来》中。与“不倒退”相对应的概念是“前进原则”，前进是为了改进环境立法，包括根据最新科学知识提高保护环境程度。前进原则业已出现在一些国际环境条约之中，如《巴黎协定》第4条就明确规定了前进原则，即各国在每下一轮的“国家自主贡献”中“将比缔约方正在履行的国家自主贡献有所进步，并反映尽其最大可能的力度”。[①]“不倒退”条款反映了《公约（草案）》将保护环境落实到各国法律和政策方面的决心。

但“不倒退”是否能作为法律冲突条款，还有待时间检验。与环境相关的“不倒退”条款目前来说仅是一项理念，而非明确的法律原则。许多条约中的内容体现了“不倒退”理念（如“提高”“前进”等），但并未直接使用“不倒退原则”的文义表述。如国际投资条约中《欧盟—韩国双边投资协定》第13.7款，《欧盟—日本双边投资协定》第16.2款，以及欧盟起草的《跨太平洋贸易及伙伴投资协定》第Ⅳ节“贸易与可持续发展”中，这些文本中的“不倒退”条款只要求当事方不得为了鼓励贸易或者投资，而减损或不实施其环境法。[②]“不倒退”也不构成国际习惯。国际习惯是作为通例之证明而经接受为法律者。“不倒退”的正式用语最早出现于2011年欧盟为里约“20+会议”提出的倡议之中，而里约“20+会议”最终成果《我们希望的未来》也仅在第19段和第20段提及“前进”（progress）和“不要后退”（not back track）等语句。[③]该原则也并未被各国普遍承认或者接受为国内法，因此也很难说可以构成一般原则或者国际习惯法。所以，目前的“不倒退”条款只意味着不降低现行法律法规标准，起到维持现状的作用，不具备作为法律冲突条款的解释空间；从效力上，其既不是习惯国际法，也不是一般法律原则，与此相关的国际条约也为数不多，其是否具有法律约束力还有待商榷。

（四）发展《世界环境公约（草案）》解释的新实践，推动原则落地实施

2017年，英国“海洋之友”诉英国政府的案子是世界上第一起运用《公约（草案）》审理的案件。法官将《公约（草案）》第8条“谁污染谁付费”原则作为法律解释中的重要参考依据。在该案件中，非政府组织“海洋之友”起诉英国政府，认为2001年《水污染费（修订）条例》不符合“谁污染谁付费”原则。该法要求所有污染者，无

---

① See Paris Agreement, Art 4.

② See Nesbit M, Baldock D, "Non-regression and environmental legislation in the future EU-UK relationship", *Institute for European Environmental Policy*, London, 2018, pp. 1 – 15.

③ See UN, "RIO + 20 The Future We Want", Para19 – 20, 2012. Accassed September 20, 2019. https://sustainabledevelopment.un.org/content/documents/733FutureWeWant.pdf.

论其污染配额大小、污染程度如何,发放水污染许可证时都收取相同的“固定费用”。该法规本质上体现的是“付费污染”的思维。“海洋之友”认为,这与污染者付费的原则是不一致的,向一个普通养殖农场主收取与石化公司相同的费用是不公平且非法的。法官将《公约(草案)》第8条“谁污染谁付费”条款作为整个裁决的讨论起点,认为虽然该地区并不能直接适用该项法律,但可以用来说明“该原则现已成为国际和国内环境法的基本原则”。法官进一步说明该条款:“必须理解为要求造成污染的人承担补救污染的费用……以及实施预防政策所产生的费用。”①

《公约(草案)》通过更为具体、更具灵活性的原则将各项环境事务串联到一起,协调和编纂了主要的国际环境法原则,为各国提供了清晰、简洁和权威的文本。虽然其仍在磋商阶段,不具有法律效力,但其简洁的法律语言可以促进各国法官运用《公约(草案)》中普遍承认的原则去解释相关案件。

四、《世界环境公约(草案)》的不足

(一)责任分配不均衡

1. 平等的代内责任分配

第一,被寄予厚望的《公约(草案)》缺失了代内公平条款。谁为环境制度成本买单,是代内责任核心内容。1992年里约会议上采用了“可持续发展”的理念,在环境和发展之间寻求中间道路,强调休戚与共、可持续发展的全球伙伴关系,但是并未对全球环境保护和生态养护责任分配作出说明。其他多边环境公约,均在该问题上陷入僵局,例如,《气候变化框架公约》《生物多样性公约》强调的“资金机制”、“技术转让”和“惠益共享”,进展都非常缓慢。但《公约(草案)》似乎故意回避了该问题。在文本的设置上,“代内公平”并没有得到与其地位相匹配的重视。“代内公平”和“代际公平”共同出现在序言的第13段,但是在条约正文中却呈现巨大的差异。与“代际公平”专设一条相比,“代内公平”并没有专门的条款,甚至在“可持续发展纳入政策”条款中也未提及“代内公平”,仅在“国情”条款中作为一种考量因素,而非一种法律原则。

第二,《公约(草案)》并未明确发达国家和发展中国家之间的区别责任。其仅仅使用“创新”、“合作”和“国情多样性”等模糊性字词和语句来处理,既没有指明发达国家的具体法律责任,也没有为发展中国家履行相关义务创设例外或者宽限期。

---

① See Fishermen and Friends of the Sea v. Minister of Planning (Trinidad and Tobago) [2017] UKPC37. Accassed September 20, 2019. https://www.jcpc.uk/cases/docs/jcpc-2016-0028-judgment.pdf.

比如,发展中国家所关心的技术转让,在《公约(草案)》中仅仅和“交流科学知识”并列,并没有强调技术转让的特殊意义。对此,乌干达表示不满,认为《公约(草案)》应该着重考虑发展中国家能力不足以及技术转让困难等情况。① 尤其令人注意的是,发展中国家极力主张的“共同但有区别责任”原则,在《公约(草案)》中仅作为国情多样性一种考虑,极大地降低了“共同但有区别责任”的法律约束力。在联合国大会的专家报告里,也承认《公约(草案)》在区别责任方面存在不足:“广泛参与还依赖于具有可行的公平概念,包括公平分担责任……发达国家则有义务为发展中国家和经济转型国家提供资金、技术和能力建设支持……今后的国际环境法编撰可能需要更多而不是更少的区别对待和灵活性。”

2. 片面的代际责任分配

《公约(草案)》的代际责任只面向未来,而没有针对过去的环境责任进行规制。完整的代际公平应涵射这两种公平:指向“未来的”,即当代人必须留给后代人一个健全、优美的适宜人类居住的地球;指向“过去的”,即当代人必须清偿前代人留下的“自然债”。《公约(草案)》忽略了“过去”,会直接导致历史责任得不到应有的重视。未来的一切都生长于它的昨天,历史既对现在的责任分配有助益,也作用于未来。譬如,在气候变化问题上,历史责任是各缔约方承担排放义务的主要依据。1997 年的《京都议定书》根据各国温室气体的历史排放量,来为各国设定减排目标。其中发达国家历史排放量高,需要承担更多的减排义务。此外,历史责任还是资金机制和技术转移机制的重要依据。发达国家为发展中国家提供资金和技术,并非完全出于慈善,更多的是作为对其历史责任的一种补偿,就像印度在加入《关于消耗臭氧层物质的蒙特利尔议定书》时主张的那样:“历史上是西方国家造成了臭氧层空洞,所以西方国家应该支付一定费用。”②不得不说,法国版本的《公约(草案)》在这方面的模糊不清可能有损《公约(草案)》的公允性。

此外,该《公约(草案)》第 4 条“代际公平”无法照顾到“沉默的后代人”的需求。该条指向的对象是“对环境有可能造成影响的决策”。该条隐含着,代际公平指向的是一种积极行为,而没有囊括消极的不作为。如果各缔约方对于太空空间、公海、南北极等问题漠不关心、无所作为,反而并不会受到制约。另外,对后代人至关重要的

---

① See Uganda: “General statement by Uganda”, 2019. Accassed November 6,2019. https://wedocs.unep.org/bitstream/handle/20.500.11822/27261/General%20statement%20by%20Uganda%20at%20first%20substantive%20statement.pdf? sequence = 11&isAllowed = y.

② 参见杨兴:《试论国际环境法的共同但有区别的责任原则》,载《时代法学》2003 年第 1 期。

"共同遗产"或"共同关切事项"在《公约(草案)》中是处于真空地带的。[①]《公约(草案)》除了第4条再没有其他条款涉及后代人权利。《公约(草案)》既没有回应环境公共问题或共同关切事项上的争议,也未纳入"惠益共享""共同利益""对一切人的义务"等既有的原则。基于此,《公约(草案)》并未实际回应后代人的诉讼资格、后代人权利保护等问题。也无怪乎,2018年瑞士少女桑伯格引领青年草根举行的气候罢工示威游行,提出青年人有权享有可持续的未来的诉求,呼吁各国重视代际公平问题。

(二)法律冲突条款缺乏

1. 与其他多边环境公约的冲突

《公约(草案)》与其他多边环境公约的关系,可以适用《维也纳条约法公约》中有关法律冲突条款以及一般法律冲突原则。起草《公约(草案)》的起草者豪尔斯·维尼乌莱斯(Jorge E. Viñuales)和维纳莱斯·豪尔赫(Vinuales Jorge)认为《公约(草案)》是对其他国际环境文件和多边环境公约的继承和发展,是先法和后法的关系。法国前外交部长法比尤斯(Laurent Fabius)则直接指出,根据特别法优于一般法原则,如果《公约(草案)》与具体环境领域的协定发生冲突,后者的约束力超过前者;在尚未被法律覆盖的领域,《公约(草案)》将填补空白。[②]

但在有些情况下,上述的冲突规则将失灵。譬如,《华盛顿濒危野生动植物种国际贸易公约》将某些物种从"附录一禁止贸易"转移到"附录二限制贸易"。从表面上看,确实有一些物种因为附录名单的变更,从受保护的状态变成允许捕杀和买卖,较之前处于更加不利的境地。该情形明显与《公约(草案)》的"不倒退"条款相冲突。如果认定《公约(草案)》优先,则《华盛顿公约》将彻底失去意义,如果认定《华盛顿公约》有效,则《公约(草案)》的"不倒退"原则需要增加例外条款,或者进行权威解释。

2. 与国际贸易法的冲突

《公约(草案)》很可能为"环境关税"大开"方便之门"。《公约(草案)》第5条预防条款规定:"应采取必要措施来预防对环境造成的损害。"欧盟和美国很可能极力主张环境关税属于第5条的"必要措施"而对中国等排放大国征税。环境关税通

---

① See Raith, J, "The 'Global Pact for the environment': A new instrument to protect the planet?", *Journal for European Environmental and Planning Law* 15, 2018, pp. 3 – 23.

② 参见郑青亭:《〈巴黎协定〉之后 法国欲携手中国推〈世界环境公约〉》,载《21世纪经济报道》2018年7月5日,第5版。

常体现为碳关税,即对进口产品中的二氧化碳含量征收特别关税。碳关税的根本目的并非保护环境,而是为了保护本国产业。在经济学上,由于各国减排政策不一导致各国产品价格中碳排放成本高低不等,为保证国内外产品承担碳排放成本,相关国家主张进行征税。碳关税最早源于1997年的《京都协定书》,其要求发达国家承担强制减排义务,而发展中国家暂时不承担减排义务。为了迫使发展中国家也承担减排义务,欧盟主张对不履行《京都议定书》的国家征收碳关税。[①] 而到2015年,《巴黎协定》的"国家自主贡献"机制取代了《京都议定书》中"不对称的减排机制"。[②] 但欧盟和美国认为《巴黎协定》并未彻底解决"搭便车"的问题,主张通过碳关税立法来抑制碳泄漏。美国2009年《清洁能源法》允许美国从2020年开始对未满足排放要求的国家征收碳关税。而欧盟一直主张外国企业需遵守欧盟强制性碳排放政策,2019年新任欧盟委员会主席认为征收碳边境调整税,可能成为欧盟2050年"碳中和"计划的补充措施。作为单边措施的碳关税一直存在合法性争议,其本质上是一种贸易壁垒,但可以通过巧妙的制度设计避免该问题。关税及贸易总协定(General Agreement on Tariffs and Trade,GATT)禁止各国征收过程税,即对于生产过程中二氧化碳的排放征税,然而欧盟、美国可通过间接征收产品税的方式,即对重点碳排放行业产品(钢铝、航空业等)进行征税,以避开世界贸易组织(World Trade Organization,WTO)的审查。即使对不同国别的不同产品征收不同的碳关税,可能违反了WTO的国民待遇和最惠国待遇,相关国家依然可以援引GATT第20条环境例外条款将其正当化。而《公约(草案)》的第5条预防条款,则可能在国际公约层面为碳关税进行合法性背书。缺乏法律冲突条款,很有可能让《公约(草案)》成为"环境贸易战"的导火索。

(三)履约机制虚弱

《公约(草案)》的履约机制,相较于其他多边环境公约更具有特殊性。其选择了基于报告制度的促进机制。该草案规定了一项由独立专家委员会构成的监督机制,专家委员会履行职能的方式和程序由缔约方大会确定。《公约(草案)》中的专家委员会监督机制具有三项明显的特征。第一,非代表性。《公约(草案)》专家委员会中的各位专家并不代表缔约方,而是由政府、学界、企业界以及其他非政府组织的人员组成。第二,运作方式无强制性。《公约(草案)》要求委员会以透明、不指

---

① 参见俞海山:《碳关税:发达国家与发展中国家的博弈》,载《学习与探索》2015年第3期。

② 参见孟国碧:《碳泄漏:发达国家与发展中国家的规则博弈与战略思考》,载《当代法学》2017年第4期。

责、不惩罚的方式运作。第三,非司法性。

《公约(草案)》承载了国际社会对于环境全球治理极高的期望,但履约机制的作用可能非常有限。在具体机制实施上,《公约(草案)》主要依靠以透明、不指责、不惩罚的方式运作的专家委员会。该公约的起草者也承认:"缔约方报告将是该公约主要的控制模式。"①虽然缔约方需要定期向专家委员会汇报各自进展,②但是专家委员会的权利非常有限,其作出的决议也只具有建议或者协助性质。如果仅依赖于报告,缺乏其他协调一致措施的话,公约的履行就很可能流于形式。典型的例子就是《与贸易有关的知识产权协议》(Agreement on Trade-Related Aspects of Intellectual Property Rights,TRIPs)的第66条"发达国家向最不发达国家转让技术"条款。各缔约方从2003年就开始提交履约报告,但迄今为止,依然没有明显进展。③主要原因是,单纯报告制度或许可以促进各国开展行动,但是无法产生足够的压力促使各国采取真正有效的变革措施以达成条约目的。国际上和《公约(草案)》性质类似的人权条约,在实施和履行过程中逐渐建立了"报告—申诉"制度,并且其在联合国的地位上升到了人权理事会的高度。所以,如要真正实现《公约(草案)》目标,仅依靠专家委员会和缔约方报告是远远不够的,还必须扩展其他方式提升规制能力。

五、完善《世界环境公约(草案)》的建议

(一)增加法律冲突条款或者支持条款

《公约(草案)》缺乏法律冲突条款,会严重影响与现有环境条约和国际贸易条约之间的关系。公约起草人也认为:"本公约无意取代这些条约,而是希望与这些条约互相兼容,填补空白之处。"而法律冲突条款可以有效解决潜在的条约冲突。

《公约(草案)》可以采取冲突条款和支持条款,以协调条约之间的关系。第一种路径是使用冲突条款,用以解决与其他国际条约的潜在重叠问题和法律适用顺序的问题。《公约(草案)》与其他国际公约的关系,可以参考《生物多样性公约》第22条,作如下规定:"本公约的规定不得影响任何缔约国在任何现有国际协定下的权利

① See Le club des Juristes: "White Paper Toward A Global Pact For The Environment",2017,p. 43. Accassed September 20,2019. https://www.leclubdesjuristes.com/wp-content/uploads/2017/05/CDJ_Pacte-mondial-pour-lenvironnement_Livre-blanc_UK_web.pdf.

② 参见《公约(草案)》第21条。

③ See Andrew Michaels, "International Technology Transfer and TRIPS Article 66.2: Can Global Administrative Law Help Least-Developed Countries Get What They Bargained For", *Georgetown Journal of International Law* 41, 2009, pp. 223 -262.

和义务,除非行使这些权利和义务将严重破坏或威胁自然环境。”第二种路径是采用支持条款,要求各成员方在制定和实施其他环境相关条约时支持《公约(草案)》,而不是包含与《公约(草案)》目标背道而驰的条款。《公约(草案)》可参照《名古屋议定书》第4.2款,作如下规定:“本公约只任何规定都不妨碍缔约方制定及执行其他国际性条约,但以该等条约支持并且不违背本公约之目标为必要。”

(二)加强代内公平,提高“共同但有区别的责任和能力”条款的地位

“共同但有区别的责任和能力”法律化对于发展中国家具有非常重要的意义。“共同但有区别的责任和能力”,是指各国在保护全球环境上具有共同的责任,但由于各国国情和能力不同,在环境责任的承担上应有所区别。该原则若得以确立,将极大地改善发展中国家的地位,发展中国家可以 依法要求发达国家履行相应的资金或技术转移义务。这是“共同但有区别的责任和能力”条款的深远意义之所在。《公约(草案)》作为未来国际法的标杆,如果放任其这样表述,“共同但有区别的责任和能力”将会沦为一种给发展中国家的特殊和优惠待遇,技术转让和资金要求也会被作为一种国际援助而非国际义务对待。

目前而言,“共同但有区别的责任和能力”条款构成法律渊源意义上的一般法律原则,也不具有国际习惯法的地位。虽然《气候变化框架公约》《关于消耗臭氧层物质的蒙特利尔议定书》等公约中都明确规定了“共同但有区别的责任和能力”条款。但是“共同但有区别的责任和能力”还未发展成为国际习惯法。很多重要的环境公约并未采纳该原则,各国国内法关于此条款的法律实践也非常有限,并不能从该原则有限的适用中推导出该条款已经被各国广泛接受为国际习惯法。《公约(草案)》也并未将“共同但有区别的责任和能力”上升到原则高度。

中国应该坚持“共同但有区别的责任和能力”原则化、法律化的立场。中国可以主张《公约(草案)》专设一条“共同但有区别的责任和能力”原则,规定:“各缔约方在保护环境和生态方面具有共同但有区别的责任。各缔约方应开展合作,发达国家应当向发展中国家提供及时和适当资金和技术,协助他们进行能力建设,促进他们履行本公约规定的各项义务的能力。”该条款作为代内公平的基础原则,位置可置于第3条“可持续发展”和第4条“代际公平”之间。

(三)完善履约机制,补充其他主动性措施

有观点认为,需要在《公约(草案)》项下建立司法机制,确保各个国家履行环境义务。但目前似乎建立新的司法、仲裁机制时机并不成熟。首先,该公约的内容是主要环境法原则的集合,本身并没有具体事项的责任安排,缔约方之间不存在实体

争议的空间。其次,建立独立国际环境法庭的方案也不太可行。国际法院 1933 年曾建立了一个专门的国际环境分庭,但是一直没有案件提交到该庭。在国际环境法的发展过程中,司法的作用比较有限。因为国际环境法原则并不是自动获得国际习惯法或一般法律原则的地位。最后,在《公约(草案)》文本本身规则的地位尚未确定,在其应该包含哪些内容还未形成基本共识的情况下,争端当事国可能更不愿意将争议诉诸裁判解决。《公约(草案)》虽然对主要的环境公约原则进行了编撰并希望赋予其法律约束力,但是各项原则的定义和内涵目前还有很多不清楚的地方,当事国更可能通过协商谈判的方式解决。

但《公约(草案)》可以在其职权范围内采取主动性措施以强化履约监督机制,比如,查明事实、调查研究、核查各缔约方行动、制定标准和指南等。甚至可以效仿《巴黎协定》的全球盘点(global stocktake)计划,以提升各国环境事项上的透明度。2015 年《巴黎协定》使用了全球盘点的核查机制,督促各国"国家自主贡献"减排义务的履行。其规定从 2023 年开始以 5 年为周期,对各国减缓行动和资金承诺等进行比较全面的盘点,以弥合实际气候行动与目标之间的差距。《公约(草案)》可借鉴全球盘点机制,对于各缔约方条约实施的报告进行盘点和评价,并制定相关法律指南和条约适用解释,逐步促进法律的协调性和一致性。中国可以在《公约(草案)》第一次缔约方大会上建议增加专家委员会的权限,允许其采取核查或盘点、解释相关条款、制定法律指南等措施。

六、结语

在全球环境治理进程中,国际环境规范碎片化过多难以协同、法律约束力不高,无法有效防止国家"退群"。一直以来国际社会试图达成一项综合性、统领性和有法律约束力的全球性环境公约。而 2017 年的《公约(草案)》弥补了这个缺憾。其构架了"本源—衍生"的原则等级,有助于改善碎片化;采用了环境人权的新方法,试图克服传统国家中心主义;融入了国际环境法最新发展成果——"不倒退"原则,确保环境政策只进不退。而且,2017 年"海洋之友"诉英国政府开创了《公约(草案)》的新实践,提供了法官运用《公约(草案)》文本作为法律解释参考的先例。《公约(草案)》在提取法律公因式上也存在一些问题:对法律冲突未置可否,未来可能与其他多边环境公约或国际贸易法之间产生矛盾;责任分配厚此薄彼,缺失代内公平条款,代际公平条款既忽视历史责任,也无法照顾后代人实际需求;履约机制单薄无力,仅仅依靠缔约方报告和无实权的专家委员会,在协调各国一致行动上的作用可能较为有限。

中国作为负责任的大国，应在借此商讨《公约（草案）》之际，顺应全球环境治理的新趋势，明确向国际社会表达发展中国家的立场和态度：呼吁国际社会充分考虑各国不同的发展阶段和现实需求，将“共同但有区别的责任和能力”作为代内公平的基础性原则；坚持以公平合理的方式分配全球环境治理责任，尤其应该敦促发达国家切实履行技术转让和资金义务，倡导各国在《公约（草案）》多边平台上协商碳关税问题。

《海牙判决公约》研究

承认与执行外国民商事判决公约

何其生[*] 译 黄 进[**] 校

本公约缔约方，

希望通过司法合作，全面提升司法救济的有效性，促进以规则为基础的多边贸易和投资，以及人员流动；

相信通过在外国民商事判决承认与执行方面制定一套统一的核心规则，能够加强此种合作，从而促进判决的有效承认和执行；

确认加强此种司法合作，特别需要一项国际法律机制，使外国判决的全球流通更具有可预见性和确定性，并与2005年6月30日所订立的《选择法院协议公约》相互补充；

兹决定缔结本公约，并议定条款如下：

第一章 适用范围和术语界定

第一条 范围

一、本公约适用于民商事判决的承认与执行。本公约不得扩展适用于其他事项，特别是税收、关税或者行政事项。

二、本公约适用于一缔约国对另一缔约国法院所作判决的承认和执行。

第二条 被排除事项的范围

一、公约不适用于下列事项：

（一）自然人的身份及法律能力；

（二）扶养义务；

* 北京大学法学院教授。特别感谢中国代表团各位成员的支持，包括徐宏大使、孙劲参赞、奚向阳法官、任端平副司长以及孙笑非、吴琼、胡爽、张熙和胡国磊等。

** 中国国际私法学会会长，中国政法大学教授。

(三)其他家庭法事项,包括婚姻财产制以及由婚姻或者类似关系产生的其他权利或义务;

(四)遗嘱与继承;

(五)破产、破产和解、关于金融机构的解决方案及类似事项;

(六)旅客和货物运输;

(七)跨界海洋污染、非国内管辖区域的海洋污染、源于船舶的海洋污染,海事诉讼的责任限制和共同海损;

(八)核损害的责任;

(九)法人或者自然人与法人合伙的有效、无效或者解散,以及其机关所作决定的效力;

(十)公共登记事项的有效性;

(十一)诽谤;

(十二)隐私;

(十三)知识产权;

(十四)武装部队的活动,包括武装部队人员执行公务的活动;

(十五)执法活动,包括执法人员执行公务的活动;

(十六)反托拉斯(竞争)事项,除了判决是基于现实的或潜在的竞争者之间,以固定价格、串通投标、设置产量限制或配额,或者通过分配客户、供应商、商业地域范围或商业渠道来分割市场的反垄断协议或者协同行为,且该行为和其效果均发生在原审国;

(十七)通过国家单边措施进行的主权债务重组。

二、如果公约所排除的事项仅作为诉讼的先决问题,而并非诉讼的客体,该诉讼所作出判决并不排除在公约适用范围之外。特别是,如果被排除事项并非诉讼的客体,不能仅因为该事项以抗辩的方式提出,则将相关判决排除在本公约适用范围之外。

三、本公约不适用于仲裁及相关程序。

四、不能仅因为诉讼当事人一方是国家包括政府、政府机构或者任何代表国家行事的人这一事实,就将判决排除在本公约的适用范围之外。

五、本公约的任何规定不应影响国家或者国际组织自身及其财产所享有的特权和豁免。

第三条　术语界定

一、在本公约中:

(一)“被告”,是指在原审国本诉或者反诉所针对之人。

(二)“判决”系指法院就实质问题作出的任何决定,无论其如何称谓,包括裁定或者命令,以及法院(包括法院官员)对诉讼费用或者支出的决定,只要此种决定与实质问题有关且可依本公约得到承认或者执行。临时性保护措施不是判决。

二、实体或者自然人以外的其他人被视为在下列国家有惯常居所:

(一)其法定住所所在地;

(二)其成立或者组建时依据的法律所属国;

(三)其管理中心所在地;

(四)其主营业所所在地。

第二章　承认与执行

第四条　一般规定

一、缔约国(原审国)法院作出的判决应当根据本章规定在另一缔约国(被请求国)得到承认和执行。拒绝承认或者执行仅可依据本公约规定的理由。

二、被请求国不得对判决的实体问题进行审查。为适用本公约确有必要时,方可考虑此类审查。

三、判决只有在原审国是有效的才应当得到承认,并且只有在原审国是可执行的,才应当得到执行。

四、如果判决在原审国是再审的对象,或者申请上诉的期限未过,可以推迟或者拒绝承认或者执行。该拒绝并不妨碍此后申请承认或者执行判决。

第五条　承认与执行的基础

一、判决满足下列要求之一才能予以承认与执行:

(一)被申请承认与执行的人,在其成为原审法院诉讼程序一方当事人时,在原审国有惯常居所。

(二)被申请承认与执行判决的自然人,在其成为原审法院诉讼程序的一方当事人时在原审国有主要营业地,且判决所基于的诉讼请求起因于该地的营业活动。

(三)被申请承认与执行判决的人,是判决所基于诉讼请求的提起之人,但不是反请求的提起人。

(四)被告成为原审法院诉讼程序的一方当事人时,其在原审国设有分支机构、代理机构或其他无独立法人资格之机构,且判决所基于的诉讼请求起因于该分支机构、代理机构或其他机构的活动。

(五)在作出判决的诉讼程序中,被告明确同意原审国法院的管辖权。

(六)被告在原审法院就实体问题进行答辩,但在原审国法律所规定的时间期限内没有对法院的管辖权进行抗辩,除非根据原审国法律,管辖权异议或关于法院行使管辖权的异议显然不会成功。

(七)关于合同义务的判决,由根据下列情形所确定的合同义务履行地国或应当履行地国法院作出:

1. 当事人之间的协议;或

2. 当事人未就履行地达成协议时,依合同的准据法确定;

但被告相关的交易活动与该国明显不构成有目的和实质联系的除外。

(八)关于不动产租赁(承租)的判决,由财产所在地国作出。

(九)关于针对合同义务的被告所作出的判决,如果合同义务由位于原审国不动产物权担保,且合同的诉讼请求与针对该同一被告的不动产物权相关的请求一并提起。

(十)关于因死亡、人身伤害、有形财产的损坏或损失所产生的非合同义务的判决,无论损害于何处发生,直接导致该损害的行为或疏忽发生在原审国。

(十一)对于自愿设立且有书面凭证的信托的有效性、解释、法律效力、管理以及变更纠纷所作判决,且——

1. 在诉讼程序发起时,原审国是信托文书指定的解决此类争议法院的所在国;或

2. 在诉讼程序发起时,原审国是信托文书明示或默示指定的作为信托主要管理地的所在国。

上述规定仅适用于针对该信托当事人之间或曾是该信托关系当事人之间的内部方面所作出的判决。

(十二)关于反诉的判决——

1. 在判决有利于反诉人的情况下,反诉与本诉需产生于相同的交易或事件;或

2. 在判决不利于反诉人的情况下,除非原审国法律要求提起反诉,以避免反诉人无权再提起请求。

(十三)判决由非排他性选择法院协议所指定的法院作出,且该协议以书面形式签订或证明,或者能提供可获取的信息供日后查询的其他任何通讯方式所签订或者证明。

为前款目的,“排他性选择法院协议”系指由双方或者多方当事人签订的,为解

决与某一特定法律关系有关的已经发生或者可能发生的争议，而指定某国的法院或者某国的一个或者多个特定法院以排除任何其他法院管辖权的协议。

二、如果承认或执行的判决针对的是自然人，而该人在与消费者合同相关的事项中其行为的主要目的是供私人、家人或家庭使用；或者在事关雇员的雇佣合同事项上针对该雇员，则

1. 第一款第五项仅在通过口头或书面形式向法院作出同意情况下才适用；

2. 第一款第六款、第七款、第十三项不适用。

三、第一款不适用于居住的不动产租赁（承租）的判决，或者不动产登记的判决。只有此类判决由不动产所在地国作出时，方才适格于承认和执行。

第六条　承认与执行的排他性基础

尽管有第五条的规定，对不动产物权所作的判决，当且仅当该不动产位于原审国时，方可获得承认与执行。

第七条　承认与执行的拒绝

一、如果存在下列情形，可以拒绝承认或者执行：

（一）提起诉讼的文书或同等文书，包括诉讼请求的本质要素：

1. 没有在足够的时间内以一定方式通知被告使其能够安排答辩，除非被告在原审法院出庭，且在原审国法律允许就通知提出异议的条件下，被告未就原审法庭的通知问题提出抗辩；或者

2. 在被请求国通知被告的方式与被请求国有关文书送达的基本原则不符。

（二）判决是通过欺诈获得的。

（三）承认或者执行将会与被请求国的公共政策明显相悖，包括作出该判决的具体诉讼程序不符合被请求国程序公正的基本原则，以及侵犯该国主权和安全的情形。

（四）原审国的诉讼与当事人协议或信托文书的指定相悖，根据该文书，争议应该由其他国家法院解决，而并非原审国法院。

（五）该判决与被请求国法院就相同当事人间争议作出的判决相冲突。

（六）该判决与较早前第三国法院就相同当事人间相同标的所作出的判决相冲突，且较早判决满足在被请求国得到承认所必需的条件。

二、如果相同当事人关于相同标的的诉讼在被请求国法院正在进行中，在下述情形下，可以拒绝或者延迟承认或者执行：

（一）被请求国法院先于原审法院受理案件；且

(二)争议和被请求国有紧密的联系。

依本款的拒绝并不阻止之后申请承认或执行判决。

第八条　先决问题

一、如果先决问题的裁决事项是公约不适用的事项,或者针对第六条所指的事项但作出判决的法院不是该条所指的法院,则该先决问题的裁决不应该依本公约予以承认或者执行。

二、如果判决是基于一项裁定但该裁定的事项是本公约不适用的事项,或者基于第六条所指的事项但作出的法院不是该条所指的法院,在此限度范围内,则可以拒绝承认或执行该判决。

第九条　可分割性

如果一项判决可分割的部分被申请承认或者执行,或者依据本公约仅部分判决可以被承认或者执行,则该部分判决应当予以承认或者执行。

第十条　损害赔偿

一、如果判决确定的损害赔偿,包括惩戒性或者惩罚性赔偿,并非赔偿当事人的实际损失或者所受伤害,则可以在此限度范围内拒绝承认或者执行该判决。

二、被请求法院应考虑原审法院判定的赔偿是否以及在何种程度上涵盖诉讼相关的费用和开支。

第十一条　司法和解协议

缔约国法院已经确认的,或者在缔约国法院的诉讼程序中当庭达成的,并且在原审国可以与判决相同的方式执行的司法和解协议,应当根据本公约以与判决相同的方式予以执行。

第十二条　需提供的文件

一、寻求承认或者申请执行的当事人应提供:

(一)经证明无误的完整的判决书副本;

(二)如果判决是缺席作出的,证实提起诉讼的文书或者同等文书已通知缺席当事人的文件原件或经证明无误的副本;

(三)用来证明该判决在原审国具有效力或者如若适用在原审国是可执行的任何必要文件;

(四)在第十一条所指情况下,原审国法院(包括法院官员)出具的司法和解协议或者其一部分在该国可以与判决相同方式予以执行的法院证明。

二、如果判决的内容,无法使被请求法院确认本章是否符合规定的条件,该法院可要求提供任何必要的文件。

三、承认或者执行的申请可以附有原审国法院(包括法院官员)签发的、以海牙国际私法会议推荐和公布的表格样式写成的与判决相关的文件。

四、如果本条所指的文件没有使用被请求国的官方语言,除非被请求国法律另有规定,这些文件应当附有经证明无误的该国官方语言的译文。

第十三条　程序

一、承认判决、宣告判决可予执行或者登记判决以便执行,以及判决的执行程序,适用被请求国的法律,但本公约另有规定的除外。被请求国法院应迅速办理。

二、被请求国法院不应该以判决应在另一国家承认或者执行为理由,依本公约拒绝承认或执行判决。

第十四条　诉讼费用

一、当事人在一缔约国申请执行另一缔约国作出的判决时,不得仅以当事人是一个外国国民,或者在被请求执行国家没有住所或居所为理由,要求其提供担保、保证金或者押金,无论实际称谓如何。

二、针对第一款或根据诉讼地国法律所规定的免于提供担保、保证金或者押金要求的人,在一缔约国作出的由其支付诉讼费用和开支的命令,如果依此命令享有权益的人提出申请,可在任何其他缔约国执行。

三、一缔约国可声明不适用第一款,或者声明指定其某一法院不适用第一款。

第十五条　根据国内法的承认与执行

在不违反第六条的前提下,本公约不阻止依据国内法承认或执行判决。

第三章　一般条款

第十六条　过渡性规定

本公约适用于如下判决的承认和执行,即诉讼在原审国提起之时,公约已在原审国和被请求国生效。

第十七条　限制承认与执行的声明

一国可以声明,如果当事人均居住在该被请求国,并且除原审法院所在地外,当事人的关系及与争议有关的任何其他因素都仅与被请求国相关联,则其法院可以拒绝承认或者执行另一缔约国法院作出的判决。

第十八条　特定事项的声明

一、当一国因有重大利益而在特定事项上不适用公约时,该国可以声明其在该事项上不适用公约。作出声明的国家应确保该项声明不超出必要范围,且所排除的特定事项界定清楚和准确。

二、在该事项上,本公约不适用于:

(一)作出该声明的缔约国;

(二)其他缔约国,如果作出声明的缔约国法院所作判决在该国寻求承认或执行。

第十九条　与国家相关判决的声明

一、一国可以声明,公约不适用于下列主体作为诉讼当事人的相关判决:

(一)该国,或者代表该国行事的自然人,或

(二)该国的政府机构,或者代表此政府机构行事的自然人。

作出声明的国家需确定该项声明不超出必要范围,且所排除的事项界定清楚和准确。无论国家、该国的政府机构或者代表二者之一行事的自然人是原审法院诉讼的原告还是被告,该项声明不得对判决进行区分。

二、如果一国根据第一款作出了声明,而在该国作出判决的诉讼中,无论是作出声明的缔约国还是被请求国、他们的政府机构或者代表二者之一行事的自然人,是一方当事人,且属于声明范围内的主体,则可以拒绝承认或执行该声明国的判决。

第二十条　统一解释

在解释本公约时,应考虑其国际性质以及促进其统一适用的需要。

第二十一条　公约执行情况的审查

海牙国际私法会议秘书长应当定期作出安排,以便审查本公约的运行情况,包括任何声明,并向总务和政策委员会报告。

第二十二条　非单一法律制度

一、对于两个或多个法律制度适用于不同的领土单位的缔约国,就本公约所涉的任何事项——

(一)提及该国的法律或者程序,在适当情况下,应当解释为提及相关领土单位有效的法律或者程序;

(二)提及该国的一个或者多个法院,在适当情况下,应当解释为提及相关领土单位内的一个或者多个法院;

(三)提及与该国的联系,在适当情况下,应当解释为与相关领土单位的联系;

(四)提及与该国有关的连结点,在适当情况下,应当解释为提及相关领土单位的连结点。

二、虽有前款的规定，如果缔约国具有两个或多个领土单位且适用不同法律制度，该缔约国没有义务将本公约适用于仅涉及该国不同领土单位的情形。

三、对于具有两个或多个领土单位且适用不同法律制度的缔约国，其某一领土单位的法院没有义务仅因为另一领土单位依据本公约承认或者执行了其他缔约国的判决，而承认或者执行该判决。

四、本条不适用于区域经济一体化组织。

第二十三条　与其他国际文书的关系

一、本公约应当尽可能解释为与对缔约国生效的其他条约相一致，无论其在本公约之前或者之后缔结。

二、本公约不影响缔约国在本公约之前缔结的其他条约的适用。

三、对于缔约国在本公约之后缔结的其他条约，涉及承认或者执行同是此条约缔约方的另一缔约国法院所作判决，本公约不影响其适用。但是，不得以该条约为理由，影响非该条约缔约方的本公约缔约国根据第六条所承担的义务。

四、作为本公约缔约方的区域经济一体化组织，关于其作为本公约缔约方的成员国法院所作判决承认或者执行的规则，本公约不影响其适用，如果——

（一）该规则在本公约缔结之前通过；

（二）该规则在本公约缔结之后通过，限度是其不得影响非区域经济一体化组织成员国的本公约缔约国依据第六条所承担的义务。

第四章　最后条款

第二十四条　签署、批准、接受、核准或者加入

一、本公约开放供所有国家签署。

二、本公约须经签署国批准、接受或者核准。

三、本公约开放供所有国家加入。

四、批准书、接受书、核准书或者加入书应当交存本公约的保存机关荷兰王国外交部。

第二十五条　关于非单一法律制度的声明

一、如果一国具有两个或多个的领土单位，且这些领土单位在本公约处理的事项上适用不同法律制度，该国可以声明本公约适用于该国所有领土单位，或者其中的一个或多个领土单位。此声明应当明确指出本公约适用的领土单位。

二、如果一国没有依据本条作出声明，则本公约适用于该国所有领土单位。

三、本条不适用于区域经济一体化组织。

第二十六条　区域经济一体化组织

一、完全由主权国家组成的区域经济一体化组织,如果对本公约规范的部分或者全部事项享有权限,亦可签署、接受、核准或者加入本公约。在此情形下,在对本公约规范事项具有权限的范围内,区域经济一体化组织享有缔约国的权利和义务。

二、就本公约所规范事项,区域经济一体化组织在签署、接受、核准或者加入时,应当将其成员国已经让渡给该组织的权限以书面方式通知公约保存机关。对于依据本款所作最近一次通知所述权限发生的任何变更,该组织应当及时以书面方式通知公约保存机关。

三、为本公约生效之目的,区域经济一体化组织交存的文书不应当计数,除非该组织根据第二十七条第一款声明其成员国不会成为本公约缔约方。

四、本公约凡提及"缔约国"或者"国家",在适当情况下,应当同等适用于区域经济一体化组织。

第二十七条　不含成员国作为缔约方的区域经济一体化组织

一、区域经济一体化组织在签署、接受、核准或者加入公约时,可以声明该组织对本公约规范的所有事项均有权限,其成员国不会成为本公约缔约方,但成员国因该组织的签署、接受、核准或者加入而受约束。

二、在区域经济一体化组织根据第一款作出声明的情形下,本公约凡提及"缔约国"或者"国家",在适当情况下,应当同等适用于该组织的成员国。

第二十八条　生效

一、本公约自第二十四条所指的第二份批准书、接受书、核准书或者加入书根据第二十九条第二款交存之后三个月期间届满后的第一个月的第一天起生效。

二、此后,本公约的生效为:

(一)对嗣后批准、接受、核准或者加入的每一国家或者区域经济一体化组织,自其根据第二十九条第二款所作通知期间届满后的第一个月的第一天起生效;

(二)对在本公约对声明国生效后而根据第二十五条延伸适用本公约的领土单位,自该条所指的声明通知后三个月期间届满后的第一个月的第一天起生效。

第二十九条　公约关系的确立

一、公约只在彼此之间未依据第二款和第三款规定通知保存机关的两个缔约国之间有效。若无此通知,自所作通知期间届满后的第一个月的第一天起在两缔约国间生效。

二、缔约国自收到第三十二条第一项所指通知的十二个月内，就另一国的批准、接受、核准或加入，可以通知保存机关依据公约不在两国之间产生条约关系的效力。

三、一个国家可以通知保存机关，一旦依据第二十四条第四款提交文书，该国的批准、接受、核准和加入根据公约将不与缔约国确立条约关系上的效力。

四、缔约国可以随时撤回依据第二款和第三款所作的通知。对通知的撤回应自通知之日起三个月期满后第一个月的第一天起生效。

第三十条　声明

一、对于第十四条、第十七条、第十八条、第十九条和第二十五条所指的声明，可以在签署、批准、接受、核准或加入时或者此后的任何时间作出，并且可以随时修改或者撤销。

二、声明、修改和撤销应当通知公约保存机关。

三、在签署、批准、接受、核准或者加入时作出的声明与本公约对有关国家生效时同时生效。

四、此后作出的声明，以及对声明的修改或者撤销，自公约保存机关收到通知之日起三个月期间届满后的第一个月的第一天起生效。

五、此后作出的声明，以及对声明的修改或者撤销，不适用于此声明生效时在原审国法院已经提起诉讼所作的判决。

第三十一条　退出

一、本公约可以书面通知公约保存机关的方式退出。退出可限于适用本公约的非单一法律制度的特定领土单位。

二、退出自公约保存机关收到退出通知之日起十二个月期间届满后的第一个月的第一天起生效。如通知中指明更长的退出生效期间，退出在公约保存机关收到通知之日起的该更长期间届满后生效。

第三十二条　保存机关的通知

公约保存机关应当向海牙国际私法会议成员国，以及根据第二十四条、第二十六条和第二十七条签署、批准、接受、核准或者加入的其他国家和区域经济一体化组织通知下列事项：

（一）第二十四条、第二十六条和第二十七条所指的签署、批准、接受、核准和加入；

（二）根据第二十八条本公约生效的日期；

（三）第二十六条、第二十七条、第二十八条和第三十条所指的通知、声明及声明

的修改和撤销;

(四)第三十一条所指的退出。

下列签署人经正式授权,签署本公约,以昭信守。

2019年7月2日订于海牙,用英文和法文写成,两种文本同时作准。正本一份,应保存于荷兰王国政府档案馆,其经核准无误的副本应通过外交途径分送海牙国际私法会议第二十二次会议的成员国及参加该次会议的其他国家。

论法院判决全球流通的范围和限制

——2019 年《承认与执行外国民商事判决公约》适用范围评析*

徐国建**

2019 年 7 月 2 日通过的《承认与执行外国民商事判决公约》,是迄今为止国际社会诞生的第一部全球性的多边的外国民商事法院判决承认和执行的国际公约。它被国际社会称为国际司法制度的“规则改变者”,是国际社会迄今实现该领域私法统一所取得的最为可喜的成绩。该公约和 2005 年《选择法院协议公约》一起铺设了一条法院判决全球流通的大道。本文探讨和分析了公约的适用范围,包括其所适用的民商事性质的判决的含义、主体适用范围、地域适用范围、时间适用范围,以及先决问题和公约适用范围的关系。还详细讨论了公约中明确规定被排除出公约适用范围的主要事项。在进行上述讨论时,作者充分利用了其亲自参加本公约谈判的四次特委会会议和第二十二届海牙外交大会所获得的一手资料和信息,不但使读者可以了解公约一些规定的谈判和产生经过,而且可以使读者能够更清晰地理解公约涉及适用范围一些问题的规定的准确含义。

一、概述

2019 年 7 月 2 日在荷兰海牙和平宫召开的海牙国际私法会议第二十二届外交

---

* 本文第一稿于 2019 年 4 月 16 日完成于上海外滩,系基于 2018 年 5 月公约草案所写,2019 年《海牙判决公约》于 2019 年 7 月 2 日通过后,基于该公约最终文本的规定对文章草稿进行了修订,并于 2019 年 11 月 3 日完成了文章第二稿,即本文的定稿内容。

** 作者系中国国际私法学会副会长、上海政法学院国际法学院特聘院长、教授,作为中国代表团成员参加了谈判和制定 2019 年海牙判决公约的海牙国际私法会议判决项目第一次(2016 年 6 月)、第二次(2017 年 2 月)、第三次(2017 年 11 月)、第四次(2018 年 5 月)特委会会议,以及 2019 年 6 月 18 日 ~7 月 2 日海牙国际私法会议第二十二届外交大会。

大会闭幕式上,通过了《承认与执行外国民商事判决公约》(Convention on the Recognition and Enforcement of Foreign Judgments in Civil and Commercial Matters,以下简称2019年《海牙判决公约》)。该公约被国际社会称为国际司法制度的"规则改变者"(game changer)。在此之前,在国际范围内缺乏一个国内法院民商事判决全球流通的国际法律机制。1958年的《承认及执行外国仲裁裁决公约》(the New York Convention on the Recognition and Enforcement of Foreign Arbitral Awards,以下简称《纽约公约》)在过去的60年中使国内仲裁裁决全球流通成为可能。但是,很长时间以来,国际上都没有一部像《纽约公约》一样的创设国内法院判决全球流通机制的全球性的多边国际公约。海牙国际私法会议(Hague Conference on Private International Law,HCCH)组织起草的《承认与执行外国民商事判决公约》业已经过分别于2016年6月、2017年2月、2017年11月和2018年5月先后召开的四次海牙判决项目特别委员会会议讨论产生,并形成了2018年5月的海牙《承认与执行外国民商事判决公约(草案)》。[①] 该公约草案后于2019年6月18日~7月2日在荷兰海牙召开的第二十二届外交大会上讨论通过。至此,一部具有划时代意义的国际私法公约——2019年《海牙判决公约》隆重诞生。[②] 这是迄今为止国际社会就外国民商事判决承认和执行公约制定最受关注、获得最多国家参与的一项国际司法制度建设的项目工程。中国政府也对该国际立法项目予以高度重视,委派规模庞大的代表团参加了上述判决项目特委会的四次会议和第二十二届外交大会。[③]

实际上,海牙国际私法会议在一个世纪之前即20世纪20年代就曾尝试制定有关判决承认和执行的国际公约。这项工作由于第二次世界大战的爆发而中止。第二次世界大战结束后,这项工作重新启动,于1956年诞生了《国际货物买卖合同中选择法院协议的公约》并于1958年签署。在该国际公约成果的鼓励下,一个适用范

---

① See Draft Convention on the recognition and enforcement of foreign judgments in civil and commercial matters distributed on 29 November 2018, Work. Doc. No. 1 E of Twenty-second Session (18 June - 2 July 2019), HCCH.

② Convention of 2 July 2019 on the Recognition and Enforcement of Foreign Judgments in Civil and Commercial Matters concluded 2 July 2019. 公约英语原文,参见海牙国际私法会议网:http://hcch. net/instruments, No. 41, 最后访问日期:2019年11月1日。

③ 参加第二十二届海牙外交大会的中国代表团规模最为庞大,共21位代表,团长为中国驻荷兰大使徐宏,代表有来自香港特别行政区律政司共6位代表,包括司长郑若骅以及黄庆康、丁国荣、陈婉冰、欧阳慧儒和冯奔奔,来自澳门特别行政区政府法务局两位代表费佃娜(Ilda Cristina Fernandes de Sousa Ferreira)和王洋玲,以及最高人民法院、外交部、商务部、国家版权局、国际知识产权局、中国驻荷兰大使馆和学界与律师代表,分别是奚向阳、孙劲、孙笑非、吴琼、胡国磊、胡爽、张熙、孙国顺、赵磊以及何其生与徐国建。但部分香港特别行政区的代表因故未能参加会议。

围更广的海牙《选择法院协议公约》于1964年获得通过，并于1965年签署。但是，该两个海牙公约始终未能生效。1966年海牙国际私法会议通过了《外国民商事判决承认和执行公约》，并于1971年签署。但是，该公约规定外国法院判决的承认和执行以该公约任何两个成员国之间签署双边条约为前提条件，而且，它还附了一个选择性的议定书，将一些所谓的“过度的管辖理由”排除出公约的适用范围。海牙国际私法会议上述三个关于判决承认和执行的国际公约，是1968年《关于民商事案件管辖权和承认与执行判决的公约》（简称《卢加诺公约》）比较成功地实现欧洲区域性法院判决承认和执行制度统一的有力的精神激励，也为后来进一步制定该领域的公约积累了一些初步经验。海牙国际私法会议前秘书长范·鲁先生认为，这些海牙公约促进了欧盟实现共同体内判决全流通制度的成功建设，但欧盟的这一成功却很不幸地进一步导致上述海牙公约的失败。[①] 但是，上述海牙公约的失败并没有阻止海牙国际私法会议在时机成熟时，继续推进制定国际范围内适用的外国民商事法院判决承认和执行公约的愿景和努力。1992年5月美国国务院的法律顾问冯·梅伦（von Mehren）教授向时任海牙国际私法会议秘书长的乔治·德罗兹（Georges Droz）致函，建议海牙会议开始关于法院判决承认和执行的多边公约的谈判。这成为海牙国际私法会议在进入21世纪后重启并重点进行判决承认和执行多边国际公约谈判和制定工作的契机。2005年海牙《选择法院协议公约》获得通过并生效，且赢得包括我国在内的世界上主要贸易大国的接受，这无疑增强了海牙国际私法会议以及国际社会对制定一部广泛性的民商事法院判决承认和执行的国际公约，以此建立一个民商事判决全球流通的崭新国际司法制度的信心。

2018年5月的海牙《承认与执行外国民商事判决公约（草案）》（以下简称“2018年5月公约草案”）是2019年《海牙判决公约》得以在2019年7月2日于海牙国际私法会议第二十二届外交大会上顺利获得全体与会代表一致通过的重要立法基础。第二十二届海牙外交大会上需要攻克的“2018年5月公约草案”中的“五大堡垒”包括：（1）知识产权问题；（2）共同法院问题；（3）公约和其他国际文书的关系问题；（4）国家作为判决一方的声明机制问题；（5）反垄断（竞争）事项排除问题。[②] 毕竟这

---

① See Hans van Loon, “Towards a Global Hague Convention on the Recognition and Enforcement of Judgments in Civil and Commercial Matters”.（该论文由Hans van Loon于2019年2月28日电邮给笔者，他未标明该文在何处发表。）

② 鉴于这些被攻克的问题具有较高的学术研究价值以及私法国际统一的实践意义，本文作者将另文详细探讨和分析公约制定过程中所最终攻克的这些困难问题。

个公约在未来可能会改变国际司法制度,实现国内判决的全球流通,意义非凡。所以,在公约谈判过程中各国均会首先将其自身利益置于首位去评估和考量未来公约对其国家利益的影响。在公约谈判中,经常听到的一个词汇就是其国内所谓的stakeholders(利益相关方)对公约某个问题的关切、态度和立场。知识产权问题不但利害关系大,而且它的地域性(territoriality)也决定了一国国内法院关于知识产权的判决在公约其他成员国的承认和执行,可能会对被请求国的知识产权制度以及相应的利益产生巨大影响。所以,在公约制定的全过程中,公约是否要全部排除知识产权判决的承认和执行,以及如果不全部排除,怎样规定部分排除问题,始终是与会代表讨论得最为激烈的问题。最终,知识产权问题被全部排除出公约的适用范围。反垄断(竞争)事项的排除适用问题也是谈判中争论非常激烈的一个问题。三种观点激烈交锋,即反垄断事项全部纳入公约适用范围、全部排除出公约适用范围以及折中解决方案,即将部分反垄断事项的法院判决纳入公约适用范围。经过各方努力磋商,最后找到解决方案,并最终使外交大会攻克了这一堡垒。这样一部由包括世界最主要国家在内的几十个国家参与的国际公约,不可能在特定问题上,尤其是各国具有重大关切的问题上,仅体现一国意志,最终必然是妥协的结果。这些困难问题的解决,充分体现各国期望制定出这部国际公约的良好愿望,以及在国际公约谈判中灵活与妥协的诚意。

所以,结合"2018 年 5 月公约草案"的背景内容对其后正式获得通过的 2019 年《海牙判决公约》的全面研究具有重要的学术价值和实践意义,本文主要研究该公约及上述草案中的适用范围和限制问题,它是本公约的基石之一。

二、2019 年《海牙判决公约》的适用范围

(一)2019 年《海牙判决公约》适用于法院民、商事性质的判决

1. 法院民、商事性质的判决

本公约的适用范围是民、商事案件法院判决的承认和执行(第 1 条第 1 款,以下援引的条款均系 2019 年《海牙判决公约》条款,除非特别说明系"2018 年 5 月公约草案"条款),具体而言,是公约一个成员国法院作出的判决在另一成员国的承认和执行事宜(第 1 条第 2 款)。公约这里所说的"民、商事"仅指作为判决对象的争议事宜的性质,而不是作出判决的法院的性质。① 也就是说,公约适用于所有的法院,不区分法院本身的性质,无论它们是民事法院、商事法院、刑事法院、行政法院抑或是

① See Special Commission on the Recognition and Enforcement of Foreign Judgments (1 – 9 June 2016), Report of Meeting No. 9 – Meeting of Tuesday 7 June 2016.

劳动法院。① 刑事法院依据其国内诉讼法就所有权争议行使管辖权,受理的民事性质诉请的案件,并最终就此作出的法院判决,也是该公约意义上的民事判决,属于公约的适用范围。至于一个法院判决是否属于民事或商事性质,取决于判决所依据的当事人诉请的性质或者诉讼的性质。该公约使用了历史上海牙公约所常用的英文措辞"civil or commercial"("民事或商事")。② 鉴于公约适用的法院判决的民商事性质,公约明确排除公约不得扩展适用于税收、关税或其他行政法性质的案件的法院判决(第 1 条第 1 款第 2 句)。公约第 1 条第 1 款的规定系以海牙国际私法会议 1999 年起草的"民商事管辖权和法院判决承认和执行公约草案"的第 1 条和 2005 年《选择法院协议公约》的第 1 条第 1 款为蓝本起草的,体现了海牙公约的历史传承。公约关于其适用范围仅限于法院民商事判决的规定有以下几层含义:

第一,法院判决的承认和执行。公约开宗明义其是建立国内法院判决国际流通制度的国际公约。公约并不像《选择法院协议公约》那样包含有对法院管辖权问题的直接规定。③ 至于公约所适用的"法院判决"的含义、性质和形式,公约在第 3 条中专门对"法院判决"(judgment)作出了定义:"判决"指法院对案件实质问题所作的任何决定,而不管该决定的名称,包括裁定、命令以及法院(包括法院的官员)关于费用或开销的裁定,如果此种裁定与依据本公约可以获得承认或执行的对案件实质问题的决定相关。临时保全措施并不是本公约意义上的判决,被排除在公约适用范围之外。

第二,公约所适用的仅限民商事性质的法院判决。如前所述,公约第 1 条第 1 款在作此限定性规定时沿用了海牙国际私法公约中常用的措辞,即"民事或商事"。该措辞中使用了选择性的连接词"或""或者",而不是"和",给人的感觉似乎是"民事""商事"二者其中之一,而不能并行或同时存在。笔者认为,这样的理解是不正确的,公约这里的措辞正如本公约的解释报告以及 2005 年《选择法院协议公约》的

① 参见 Nygh/Pocar Report, para. 27。本公约草案联合报告人以及海牙国际私法会议常设局共同起草的"Note on Article 1(1) of the 2016 preliminary draft Convention and the term 'civil or commercial matters'", Prel. Doc. No. 4 of December 2016 for the attention of the Special Cimmission of February 2017 on the Recognition and Enforcement of Foreign Judgments, para. 6。

② 在海牙公约的历史上第一个使用该措辞的公约是 1896 年 11 月 14 日的《民事诉讼公约》(Convention on Civil Procedure)。该公约第 1 条、第 5 条和第 17 条使用了"civil or commercial"这一表述。后来该表述被海牙几个重要公约所采用:1965 年 11 月 15 日《关于向国外送达民事或商事司法文书和司法外文书公约》、1970 年 3 月 18 日《关于从国外调取民事或商事证据的公约》以及 2005 年 6 月 30 日《选择法院协议公约》等。

③ 《选择法院协议公约》第 2 章共 3 个条文规定法院管辖权问题。

解释报告所持观点,应该被认为和"民事和商事"(civil and commercial matters)或者汉语习惯上更简捷的说法"民商事"具有相同的含义。

第三,行政法性质的法院判决被明确排除在公约适用范围之外。如前所述,公约仅适用于民、商事性质的法院判决的承认和执行,这样的规定已经非常明确;但是,为了避免日后在公约适用过程中可能出现的扩大公约适用范围的情况,它又补充强调,公约"尤其不延伸适用于税收、关税或其他行政事项"(administrative matters)(第1条第1款第2句)。公约在进行这样的排除规定时采用了先列举再统括的规定方式。它所明确列举的只有税收和关税事项。但是,公约所意图排除的是全部行政法性质事项的法院判决。需要正确理解的是,公约这里只是统括性地将行政法性质的法院判决排除出公约的适用范围,公约之所以在该条作出这样的规定,是要突出其仅适用于民商事法院判决的特性。而尽管属于民商事性质,但却也不应受公约管辖的事项,则在公约的第2条逐一明确予以排除。由于各国在哪些事项属于行政法事项定性问题上的规定和理解不一致,公约需要在未来的解释中予以明确,以确保公约在全球范围内的统一适用和解释。

第四,判决涉多个不同性质的诉讼问题。如果一个法院判决涉及一个以上的诉讼,且一个诉讼是民商事性质的诉讼,而其他的诉讼并不是民商事性质的诉讼,在这样的情况下,应该适用分割原则予以处理。公约第9条规定,判决的可分割部分的承认或执行应该获得允许,如果仅就该部分提出承认或执行申请,或者判决仅有该部分依据本公约可以获得承认或执行。根据可分割原则,公约也仅适用于民商事性质的诉讼,而不适用于判决所涉的其他性质的诉讼。在一些情况下,公法性质的事项可能会作为先决问题而不是主要问题产生,例如,基于反垄断当局所作出的侵权决定而产生的索赔请求。公约适用于法院作出的当事人基于该公法性质的事项所提起民事索赔的判决。① 公约第8条第1款和第2款就涉及先决问题的法院判决规定:(1)对于先决问题的裁定不得依据公约获得承认或执行,如果该裁定是对于公约所不予适用的事项作出的,或者它是对于第6条"承认与执行的排他性根据"所规定的事项作出的,而作出该裁定的法院是该条规定的法院之外的法院;(2)如果判决是基于另一裁定作出,而该裁定的对象是被本公约所排除适用的某一事项,或虽然属于第6条规定的某一事项,但作出该裁定的法院是该条规定的法院之外的法院,则

---

① See Francisco Garcimartin and Geneviève Saumier, Judgments Convention: Revised Draft Explanatory Report, Prel. Doc. No 1 of December 2018, para. 32. Accessed on November 1st, 2019. https://assets.hcch.net/docs/7d2ae3f7-e8c6-4ef3-807c-15f112aa483d.pdf.

该判决可予以拒绝承认或执行。

2. 法院民商事性质的判决的自治解释

法院民商事性质的判决的定性对于其是否属于本公约适用范围至关重要。但是,公约并没有规定由哪个法院依据什么准据法所规定的原则、标准或规则进行这样的定性。根据公约的解释报告,为了适用公约而进行的对法院判决是否属于公约意义上的民商事性质判决的定性和决定应该由被请求法院作出。① 被请求法院应该按照国际公约解释的原则和方法,对本公约中的"民商事事项"这一概念予以解释,进而在具体案件中,确定某一法院判决是否是民商事性质的判决。② 在作出这样的决定时,被请求国法院应基于公约的自治原则进行解释。也就是说,它应该考虑促进公约统一适用的要求,遵循公约的目标和目的,坚守公约的国际性质,独立自治地解释"民商事事项"这一概念,确定法院判决是否是本公约所应予以适用的民商事性质判决。被请求国法院不得依据其本国法,或者任何一个国家的国内法进行这样的解释和判断。③ 只有这样才可以确保按照公约第 20 条所规定的对公约进行统一解释,以保证其国际性质以及促进其统一适用的需要的目标的实现。

(二)2019 年《海牙判决公约》的主体适用范围

公约所适用的主体既包括民商法意义上的自然人、法人,也包括公法意义上的政府部门、国家机关和国际组织,具有广泛性特征。这里需要说明的是,尽管公约第 2 条在规定适用范围时并没有明确其是否可以适用于国际组织,但是,一般认为,法院的判决不能仅因为一方当事人为国际组织,且其涉案系基于其作为私法主体的性质,而不予适用。④ 为了明确适用主体的广泛性,公约还在第 2 条第 4 款特别规定:"判决不仅仅因为国家,包括政府、政府机构或代理国家行事的自然人

---

① See Francisco Garcimartin and Geneviève Saumier, Judgments Convention: Revised Draft Explanatory Report, Prel. Doc. No 1 of December 2018, para. 26. Accessed on November 1st, 2019, https://assets.hcch.net/docs/7d2ae3f7-e8c6-4ef3-807c-15f112aa483d.pdf.

② 关于国际私法性质的公约的解释原则和方法,参见徐国建:《国际统一私法总论》,法律出版社 2011 年版,第 296 ~ 337 页。

③ See Francisco Garcimartin and Geneviève Saumier, Judgments Convention: Revised Draft Explanatory Report, P rel. Doc. No. 1 of December 2018, para. 26; Nygh/Pocar Report, para. 43; Prel. Doc. No. 4, para. 27; Hartley/Dogauchi Report, para. 49; Prel. Doc. No. 4, para. 5.

④ See Francisco Garcimartin and Geneviève Saumier, Judgments Convention: Revised Draft Explanatory Report, Prel. Doc. No. 1 of December 2018, para. 72.

是诉讼程序的一方当事人而被排除出本公约的范围。”①该款规定是公约中为其正确施行而订入的一条澄清性质规定,它进一步明确,决定本公约适用范围的是法院判决所确定的争议的性质,而不是争议所涉主体的性质和类型,也不是作出判决的法院的性质和类型。② 但是,鉴于作为公法上的主体的国家,包括政府、政府机构或代理国家行事的人是诉讼程序的一方当事人,毕竟和作为私法主体的自然人和法人之间存在性质差异,公约的立法者在作出这样规定的同时,也通过第 19 条的规定赋予缔约国作出声明的权利,即公约不适用于下列主体作为一方当事人的诉讼的判决:(a)该国国家或者代表该国行事的自然人,或者(b)该国政府机构,或者代表该政府机构行事的自然人。公约由于有第 19 条“关于适用主体的声明”的规定,所以在实践中,除非成员国作出这样的声明,否则公约将适用于国家,包括政府、政府机构或代理国家行事的自然人作为私法主体参与民商事性质的法律关系所产生纠纷的法院判决。判断本公约是否适用于就涉及国家或政府机构的争议所作的法院判决,存在以下三个最核心的标准:第一,产生诉讼请求的行为本身属于私人可以进行的行为;第二,被诉请的侵害可以是对私人的侵害;第三,请求的补救措施是寻求对相同行为造成的相同侵害的私人可以获得的类型的补救措施。③

公约在将国家和其他政府机关作为其可予适用的主体的同时,还对这类特殊主体的适用作了两款特别的解释性规定,即前述第 2 条第 4 款和第 5 款的规定。前者规定判决不仅因为国家,包括政府、政府机构或代理国家行事的自然人是诉讼程序的一方当事人的事实而被排除出本公约的适用范围。也就是说,除了缔约国依据公约第 19 条规定作出声明,本公约将适用于作为民商事主体行事的国家或政府机构,而不是其行使主权权力的行为,而且也不区分国家或政府机构是判决债权人还是判决债务人。④ 鉴于公约适用于国家、政府机构以及公务员,为了避免歧义和公约适用中所可能出现的错误解释,公约用一条所谓的“零效力条款”(nil-effect clause),即其

---

① Art. 4(2): A judgment is not excluded from the scope of this Convention by the mere fact that a State, including a government, a governmental agency or any person acting for a State, was a party to the proceeding.

② See Francisco Garcimartin and Geneviève Saumier, Judgments Convention: Revised Draft Explanatory Report, Prel. Doc. No. 1 of December 2018, para. 70. Accessed on November 1st, 2019. https://assets.hcch.net/docs/7d2ae3f7-e8c6-4ef3-807c-15f112aa483d.pdf.

③ See Nygh/Pocar Report, para. 43; Prel. Doc. No. 4, para. 40.

④ See Francisco Garcimartin and Geneviève Saumier, Judgments Convention: Revised Draft Explanatory Report, Prel. Doc. No. 1 of December 2018, para. 71.

第2条第5款规定本公约的任何条款均不得影响国家或国际组织自身及其财产的特权和豁免。该款也规定了国家代表和政府官员的特权和豁免问题,例如,外交和领事官员的特权与豁免。①

就公约的主体适用范围而言,还有一个特殊问题需要注意,即请求权在不同性质的当事人之间的转移。例如,请求权由于标的的转让、继受或继承而转移,并不会影响诉讼的性质,也不会影响公约对相关法院判决的适用。自然人或法人即使将请求权转让给公法主体,也不会使其民商事的性质发生变化。代位求偿(subrogation),例如,政府机构代位求偿私人的请求权,也同样不会改变请求权的性质,并影响公约对相应法院判决的适用。②

(三)2019年《海牙判决公约》的地域适用范围

公约第1条第2款界定了其地域适用范围:"本公约适用于在一个缔约国承认与执行另一缔约国所作出的判决。"根据这一规定,法院判决原审国和被请求国均必须同时是本公约的成员国。原审国(State of origin,本文中也称为"原始国"或"原判国")是寻求在他国承认和执行的法院判决作出法院所属的国家,而被请求国(requested State)则是法院判决寻求获得其承认和执行的国家(公约第4条第1款)。尽管公约第4条删除了"2018年5月公约草案"第45条第5款、第6款和第7款关于共同法院(common court)的规定,但我们还是有必要予以提及和探讨。该草案第4条第5款规定:"为第1款之目的,两个或两个以上国家的共同法院作出的判决,如果缔约国已经在声明中确定了共同法院具有此效果,并满足下列任一条件,应被视为是缔约国法院作出的判决:(a)共同法院的所有成员均为其有关事项的司法职能由共同法院行使的缔约国,并且该判决适格根据第5条第1款c项、e项、f项、I项或者m项获得承认和执行;或者(b)该判决适格根据第5条第1款、第5条第3款的规定或根据第6条规定获得承认和执行,并且其有关事项的司法职能由共同法院行使的缔约国满足了这些资格要求。"第6款规定:"缔约国可以声明,不承认或执行作为第5款声明对象的涉及该声明涵盖的任何事项的共同法院的判决。"第7款规定:"第5款所述声明仅在作出声明的缔约国与宣布接受声明的其他缔约国之间有效。此类声明应交存荷兰外交部,并由其通过外交途径向每个缔约国提交经认证的副本。"欧盟和其他一些区域组织存在其成员国所共同拥有的法院,并由这些法院对这

① See Francisco Garcimartin and Geneviève Saumier, Judgments Convention: Revised Draft Explanatory Report, Prel. Doc. No. 1 of December 2018, para. 73.

② Ibid., para. 25.

些区域组织国家的一些法律事务行使司法管辖权。这些具有国家法院一定性质和一些特征但又区别于一般国内法院的所谓“共同法院”,究竟是否等同于本公约所规定的“法院”,公约是否应该将它们和缔约国国内法院一视同仁予以对待,曾一度成为公约制定者难以决断的问题。鉴于公约最终全部删除了关于共同法院的规定,本公约所规定的法院便不包括这些共同法院。

在人们理解公约中原审国和被请求国规定的含义时,需要特别注意公约第 22 条关于非单一法律制度国家的规定。公约中所规定的非单一法律制度国家是公约对原审国和被请求国一般法律制度的特别的和例外的规定。

(四)2019 年《海牙判决公约》的时间适用范围

公约在第 16 条“过渡性规定”中确定了其时间适用范围:“本公约应适用于如下判决的承认和执行,即在原审国提起诉讼时,公约已经在该国以及被请求国生效。”也就是说,寻求基于本公约获得承认和执行的法院判决,在原审国法院立案时,原审国以及被请求国必须同时已经是本公约的成员国。需要特别注意的是,公约这里规定的重要的时间点是寻求承认和执行的法院判决所基于的诉讼案件在原审国开始之日(date of institution of the proceedings),而不是原审国法院判决向被请求国申请承认和执行的案件的立案时间。除了第 16 条外,本公约还在其他一些条款中,如公约第 5 条第 1 款 k 项和第 30 条第 5 款,规定了诉讼开始时间(time proceedings were instituted),却没有对这一重要概念和用语进行定义。但是,无论是 Nygh/Pocar 的报告还是本公约的两位报告人贾西马丁(Francisco Garcimartin)和萨乌弥尔(Geneviève Saumier)对本公约的解释报告,均认为“诉讼开始”意味着业已完成在原审国开始诉讼活动的第一步的程序。例如,诉讼文件向法院提交并立案,或者在立案前如果文件需要送达,负责送达的机关接收了文件。①

(五)先决问题和 2019 年《海牙判决公约》的适用范围

下文将详细讨论的一些被公约排除适用的事项(公约第 2 条第 2 款),以及由于不是民商法性质事项(公约第 1 条第 1 款)而被排除出公约适用范围的事项在司法实践中可能会在诉讼中作为先决问题出现的情形。是否在原审国法院诉讼中,只要被公约排除出适用范围的事项,无论是作为诉讼的主要问题出现,抑或是仅作为先决问题出现,原审法院的这种判决都应该被排除在公约适用范围之外呢?在该问题

① See Nygh/Pocar Report, para. 43; Prel. Doc. No. 4, para. 264; Francisco Garcimartin and Geneviève Saumier, Judgments Convention: Revised Draft Explanatory Report, Prel. Doc. No. 1 of December 2018, para. 35.

上,公约立法者的态度非常明确:如果被排除事项仅仅作为先决问题而出现,则法院判决并不因此被排除出公约适用范围(第 2 条第 2 款)。该规定实际上表明诉讼中所涉及的法律事项或问题(legal matters or issues)可以区分为主要问题(principal issue)和先决问题(preliminary questions or issues),法院对于前者的裁定必须基于对后者的在先决定,也就是说,只有先决问题确定后,才可以裁定主要问题。例如,知识产权许可协议违约责任的诉讼中,法官必须先确定被许可的知识产权是否有效。在该案中,违约索赔便是案件的主要问题,而知识产权的有效性问题便是先决问题。在司法实践中,先决问题常常是被告提出抗辩的理由。根据公约的该款规定,一个外国民商事法院判决是否属于公约适用范围取决于原审诉讼的本体或客体(object of the proceedings),如果它属于公约适用范围,则该法院判决便可以依据公约获得承认和执行,即使诉讼中出现的先决问题属于被公约排除适用的事项。值得注意的是,在理解公约该款规定时,需要和公约第 8 条关于先决问题的一般性规定结合起来。该规定主要解决法院先决问题裁定的后果问题,包括该裁决是否可以依据本公约获得承认和执行问题。

三、被 2019 年《海牙判决公约》排除的争议事项

(一)立法考量和背景

尽管公约规定其适用范围是法院的民、商事判决,但是它并不适用于所有民、商事事项的法院判决。公约之所以以专门条款规定被公约排除适用的争议事项,主要基于以下理由:首先,从公约起草者的角度来讲,尽管他们一方面希望公约可以适用至较广的范围,但另一方面,他们也不得不从实际出发,顾及广大的海牙会议成员国可以接受未来公约的程度,从而可以使未来公约获得最广泛的接受和加入。其次,一些被公约排除适用的事项业已由其他国际公约予以规定,尤其是海牙国际私法会议所制定的其他国际公约,本公约的制定者认为本公约不应干预那些公约的正常施行和适用。① 最后,一些被排除的事项对于一些国家来说是比较敏感的事项,公约起草者在起草公约时就如何规定这些事项,难以达成广泛的一致,所以这些事项就被明确排除出公约的适用范围之外。②

---

① See Nygh/Pocar Report, para. 29; Prel. Doc. No. 4, para. 264; Hartley/Dogauchi Report, para. 53; Francisco Garcimartin and Geneviève Saumier, Judgments Convention: Revised Draft Explanatory Report, Prel. Doc. No. 1 of December 2018, para. 38.

② See Francisco Garcimartin and Geneviève Saumier, Judgments Convention: Revised Draft Explanatory Report, Prel. Doc. No. 1 of December 2018, para. 38.

公约的这条规定是以2005年《选择法院协议公约》第2条为范本起草的。负责公约起草的工作小组认为,就公约适用范围应予排除的事项而言,公约和上述《选择法院协议公约》具有诸多共性。但是,在2016年6月的特委会会议上,一些与会国家的代表还是对现有公约草案在适用范围的排除事项上的规定提出了不少修改建议,从而使公约在排除的适用范围问题上和上述2005年《选择法院协议公约》有较大区别,如本公约适用于雇佣合同、消费者合同、人身侵害、有形财产的损害、不动产物权和租赁、部分反垄断(竞争)事项等领域。

在公约谈判和制定过程中,2016年海牙特委会会议上《海牙判决公约(草案)》(以下简称公约草案)第2条关于公约排除适用事项的规定也是与会代表热烈讨论的条文之一,各国代表除了向会议提交了8项关于该条规定的修改案文外,还于2016年6月7日上午召开的会议上专门讨论了该条规定。[①] 特委会对该条讨论的要点可以归纳如下:第一,关于收养和亲子关系问题(第2条第1款a项),以色列代表建议公约在排除自然人身份和法律能力的同时,明确地将收养和亲子关系也排除出公约的适用范围。会议决定在公约的解释报告中对此问题予以澄清。[②] 第二,关于是否应该将反垄断(竞争)事项排除在公约适用范围之外问题。2005年《选择法院协议公约》(第2条第2款h项)是将"反垄断(竞争)事项"排除在公约适用范围之外的。而且就性质而言,反垄断(竞争)事项也具有行政法的公法性质,所以中国代表团建议将该事项也如上述法院选择协议公约一样排除在公约适用范围之外。但是,由于反垄断(竞争)的一些案件可能只发生在私人公司之间,并不具有公法性质,而是纯粹的民商事性质,所以,一些代表建议将该问题分成公法性质的部分和私法性质的部分,予以不同的对待。对于私人公司间的属于民商事性质的反垄断(竞争)争议的判决,应该归入公约的适用范围,而仅将那些由国家执法部门作出决定或处罚的属于公法性质的反垄断(竞争)争议排除在公约适用范围之外。最终,大会主席建议将公约是否应该扩大适用于反垄断(竞争)事项的问题写入备忘录,以期继续讨

① 关于公约第2条的各国的建议案文包括:Special Commission on the Recognition and Enforcement of Foreign Judgments Working Documents No. 25(以色列), 37(阿根廷), 38(以色列), 42(欧盟), 47(欧盟), 48(阿根廷), 52(中国) and 59(国际律师协会, International Association of Lawyers)。关于特委会6月7日上午会议的纪要,参见 Special Commission on the Recognition and Enforcement of Foreign Judgments, Report of Meeting No. 9, Meeting of Tuesday 7 June 2016 – Morning Session。

② See Special Commission on the Recognition and Enforcement of Foreign Judgments (1 – 9 June 2016), Report of Meeting No. 9 – Meeting of Tuesday 7 June 2016. para. 19.

论反垄断(竞争)的哪些事项归入公约的适用范围更为合适。[①] 于是该问题便成了海牙国际私法会议第二十二届外交大会上对于公约草案中需要最终攻克的几个堡垒之一。前文提到,在外交大会对于反垄断(竞争)事项的排除适用问题的谈判中,有三种观点激烈交锋,即反垄断事项全部纳入公约适用范围、全部排除出公约适用范围以及折中解决方案,即将部分反垄断事项的法院判决纳入公约适用范围。在外交大会上,关于该问题的谈判曾一度陷入僵局。中国代表团建设性地提出,在阻止反垄断法的域外适用效力的前提条件下,将针对部分特定反垄断事项的法院判决纳入公约适用范围的解决方案。该解决方案最终获得意见分歧各方的一致赞同,于是在大会上获得一致通过。[②] 第三,关于在将法人的有效性、无效或解散排除出公约的适用范围的同时也应将"自然人或者法人的结社"的有效性、无效或解散排除出公约的适用范围。此建议由欧盟代表提出,经过与会代表讨论最终决定采纳欧盟建议,将"自然人或者法人的结社"(or association of natural or legal persons)和"法人"并列加入公约草案第 2 条第 1 款 i 项。公约第 2 条的具体规定在后来第二次、第三次和第四次判决项目特委会会议上均有讨论,直到在第二十二届海牙外交大会上最后对这一条规定中尚未达成一致意见的具体内容进行最终谈判,并就该条内容全部达成一致通过。

(二)被 2019 年《海牙判决公约》排除的事项概说

公约第 2 条"范围排除事项"规定被明确排除出公约适用范围的事项,从而进一步净化公约第 1 条第 1 款所规定的本公约的适用范围。首先,该规定排除了一些属于民商事性质的事项(第 1 款)。其次,对于那些虽然被公约明确排除出公约范围的事项,如果在原审国的诉讼中作为先决问题出现,公约对其仍然适用(第 2 款)。再次,该条以其中一款特别规定公约不适用于仲裁及相关程序(第 3 款)。最后,公约第 2 条还规定,即使国家或政府机构是原审国诉讼中的主体和当事人,本公约也应予以适用,但是国家和国际组织所依法享有的豁免权和特权不受影响(第 4 款和第 5 款)。在适用这些规定时,被请求国法院不受原审国法院所作出的判决是否涉及被公约排除适用事项决定的影响。[③]

---

① See Special Commission on the Recognition and Enforcement of Foreign Judgments (1 – 9 June 2016), Report of Meeting No. 9 – Meeting of Tuesday 7 June 2016, paras. 44, 46.

② 参见《海牙判决公约 ABC——专访中国谈判代表团徐国建博士》,载微信公众号"邦信阳中建中汇",最后访问日期:2019 年 7 月 9 日。

③ See Francisco Garcimartin and Geneviève Saumier, Judgments Convention: Revised Draft Explanatory Report, Prel. Doc. No. 1 of December 2018, para. 26.

公约第2条第1款明确规定了公约不予适用的一些争议事项,其中有些明显属于民、商事性质,而下列事项究竟是否是民、商事性质则并不是非常清晰:(1)自然人的身份和法律能力;(2)抚养义务;(3)其他家庭法事项,包括婚姻财产制以及婚姻或相似关系所产生的其他权利和义务;(4)遗嘱和继承;(5)破产、破产和解协议、金融机构的破产方案和类似事项;(6)旅客和货物运输;(7)跨境海洋污染、非国家管辖区域的海洋污染、船舶海洋污染、海事赔偿责任限制和共同海损;(8)核损害责任;(9)法人或自然人与法人组成的团体的有效性、无效或解散,以及其机构所作决定的有效性;(10)公共登记机关登记的有效性;(11)诽谤;(12)隐私;(13)知识产权;(14)武装力量的行为,包括其人员的公务行为;(15)执法机构的行为,包括其人员的公务行为;(16)反垄断(竞争)事项,但基于下述行为的判决除外,该行为构成在实际或潜在竞争者间的限制竞争协议,或者协同措施,以固定价格、串通投标、设定产量限额或配额,或者通过分配客户、供应链、商业领域或区域来划分市场,而且此种行为及其后果两者均发生在原审国;(17)通过单边的国家措施进行的主权债务重组。

比较一下2019年《海牙判决公约》的排除规定和2005年《选择法院协议公约》(第2条第2款)的排除规定可以看出,2019年《海牙判决公约》所排除适用的事项更多更广,二者排除事项存在差异和内容完全不同的规定主要有以下内容:

(1)未被2005年《选择法院协议公约》排除、但却被2019年《海牙判决公约》排除适用的事项,包括:①诽谤;②隐私;③武装力量的行为,包括其人员的公务行为;④执法机构的行为,包括其人员的公务行为;⑤通过单边的国家措施进行的主权债务重组。

(2)2005年《选择法院协议公约》和2019年《海牙判决公约》均有排除,但是排除的具体范围不一致的事项,包括:①破产、破产和解协议、金融机构的破产方案,以及类似事项。2019年《海牙判决公约》明确将金融机构的破产方案排除在公约适用范围之外,而2005年《选择法院协议公约》并未作这样的规定。②关于污染事项的排除问题,2019年《海牙判决公约》现规定的是跨境海洋污染、非国家管辖区域的海洋污染、船舶海洋污染、海事赔偿责任和共同海损;而2005年《选择法院协议公约》规定的是海洋污染、海事诉讼的责任限制,共同海损以及紧急拖船和救助。对比二者可以发现,2019年《海牙判决公约》排除事项中删除了“紧急拖船”和“救助”。而关于海洋污染,2019年《海牙判决公约》则更为明确地规定:未被公约适用排除的仅仅是“跨境海洋污染、非国家管辖区域的海洋污染”,也就是说,国内海域污染纠纷法院判决还是适用2019年《海牙判决公约》的,公约在海洋污染方面较之2005年《选择法院协议公约》扩大了适用范围。但是,2019年《海牙判决公约》明确排除了将“船舶造成的海洋污染”。③在关于法人有效性等问题上,2019年《海牙判决公约》在其排除适用事项中扩大了主题范围,即不仅仅如2005年《选择法院协议公约》把法人的这些事项予以排除,还包括自然人或法人组成的团体的有效性、无效或解散,及其机构所作决定的有效性事项。④这两个公约在适用范围排除事项上最大的区别之一是知识产权事项被全部排除出2019年《海牙判决公约》,而在2005年《选择法院协议公约》中还保留了对部分知识产权事项的适用——版权或相邻权以外的知识产权的有效性,以及版权或相邻权以外的对知识产权的侵权,但不包括当事人间因为违反涉及此种权利的合同而提起的,或可能会因为违反该合同而提起的侵权诉讼。⑤在反垄断(竞争)问题上,2005年《选择法院协议公约》是全部予以排除的,2019年《海牙判决公约》则保留了对于因垄断行为及其后果均发生于原审国的下列垄断行为而产生纠纷的法院判决的适用:构成在实际或潜在竞争者间限制竞争协议,或者协同措施,以固定价格、串通投标、设定产量限额或配额,或者通过分配客户、供应商、商业领域或区域来划分市场的垄断行为。

(3)侵权事项和不动产事项被全部排除出2005年《选择法院协议公约》的适用范围,但是,2019年《海牙判决公约》却没有予以排除。前者对它们排除的规定所用的措辞是:自然人或者其代表提起的人身伤害诉讼;非因合同关系产生的侵权或者不当行为对有形财产造成的损害;不动产物权以及不动产租赁权。

2019年《海牙判决公约》在第2条中专门以其4款规定了其他涉及排除公约适用的问题:(1)先决问题;(2)仲裁程序;(3)国家和政府行为;(4)国家豁免。需要说明的是,在公约的最初草案中该条规定还有一款关于法院外的机构或个人所作的有约束力的裁定(binding determination)的排除适用(2016年公约草案第2条第4款)的特别规定,但是后来被删除了。公约谈判的特委会会议,尤其是2016年6月的第一次特委会会议围绕这些问题曾展开过非常广泛深入的讨论,笔者将公约此条的谈判背景简略地介绍给读者,以便大家可以更好地理解该条规定的内容:第一,先决问题。澳大利亚代表团提出了一项将公约草案中和先决问题相关事项整合成一个条文的建议,但该建议条文过于复杂,难以理解,没有被特委会采纳。[1] 第二,上述法院外的机构或个人所作的有约束力的裁定的排除适用(第2条第4款)和仲裁问题的

---

① See Special Commission on the Recognition and Enforcement of Foreign Judgments (1 – 9 June 2016), Report of Meeting No. 9 – Meeting of Tuesday 7 June 2016, paras. 57 – 62.

排除适用问题(第2条第3款)。欧盟代表提交特委会第42号提案,建议删除公约草案第2条第4款:首先,该条规定的内容已涵盖在第2条第3款关于公约不适用于仲裁事项的规定中;其次,公约只适用于法院的判决,而且公约也已对判决作出明确的定义,再在此以专门条文特别强调非法院机构或个人所作约束力的裁定的不予适用没有必要。① 特委会后来决定删除该条规定。关于排除仲裁和相关程序问题,有西班牙专家提出疑问,是否法院关于仲裁协议效力问题的判决也排除适用?法国代表认为所有涉及仲裁的问题均应是公约排除适用事项。② 第三,政府行为和国家豁免问题(第2条第5款和第2条第6款)。在公约草案关于判决不因为一方当事人是政府就不予承认和执行的规定问题上,以色列代表提交议案并发言指出成员国应该可以对该条规定予以保留,声明排除该条的适用。③ 但是,该建议并未获得其他国家的有力支持,所以没有被特委会采纳。而关于国家豁免条款的规定,以色列等国家的代表提出在规定国家豁免的同时也要在条文中明确其官员或代表也应可以豁免。讨论的结果是,一致认为"国家"的概念中包含了其官员和代表。④

(三)自然人的身份和法律能力

自然人的身份和法律能力问题被明确排除出公约的适用范围(第2条第1款a项)。基于这一规定具体排除公约适用范围的有关自然人的身份和法律能力的法院判决,包括离婚判决、法律上的分居判决、婚姻无效判决、亲子关系成立和争议的判决、收养、未成年人或无行为能力人身份及能力的判决。被排除于公约适用范围的还有关于父母责任的判决,包括监护权、探视权、抚养权、监护或类似措施、儿童保护措施或者对儿童财产管理、保护或处置的判决。⑤ 鉴于海牙国际私法会议历史上已经制定了多个涉及该领域的国际公约,例如,1996年10月19日《关于父母责任和保护儿童措施的管辖权、法律适用、承认、执行和合作公约》以及2000年1月13日《成年人国际保护公约》,所以,本公约的立法者认为应该将这些已经有公约规定的事项

① See Special Commission on the Recognition and Enforcement of Foreign Judgments (1 – 9 June 2016), Report of Meeting No. 9 – Meeting of Tuesday 7 June 2016, paras. 63, 66.

② Ibid., paras. 73, 75.

③ 参见特委会第38号工作文件和 Special Commission on the Recognition and Enforcement of Foreign Judgments (1 – 9 June 2016), Report of Meeting No. 9 – Meeting of Tuesday 7 June 2016,第78段。

④ See Special Commission on the Recognition and Enforcement of Foreign Judgments (1 – 9 June 2016), Report of Meeting No. 9 – Meeting of Tuesday 7 June 2016, paras. 78 – 89.

⑤ See Nygh/Pocar Report, para. 30, note 16; Francisco Garcimartin and Geneviève Saumier, Judgments Convention: Revised Draft Explanatory Report, Prel. Doc. No. 1 of December 2018, para. 39.

排除出公约适用范围。[1] 关于自然人的姓名和国籍的判决也属于2019年《海牙判决公约》排除适用的范围。而关于抚养义务和其他家庭法事项,包括婚姻财产制以及婚姻或相似关系所产生的其他权利和义务则属于公约第2条第1款b项或c项规定的排除事项。

(四)抚养义务

公约第2条第1款b项规定抚养义务不属于公约适用范围。依据该规定,所有产生于家庭关系、亲子关系、婚姻或者姻亲关系的抚养、扶养义务均属于被公约排除适用的事项。海牙国际私法会议曾制定过若干个规范抚养问题的国际公约,它们对抚养问题有明确和详细的规定。这些公约包括1958年4月15日《儿童抚养义务判决的承认和执行公约》、1973年10月2日《抚养义务判决的承认和执行公约》以及2007年11月23日《关于国际追索儿童抚养费和其他形式家庭抚养的公约》。[2] 在实践中,扶养义务常常是和婚姻财产制交叉重叠的。但是,由于本公约将抚养义务以及婚姻财产制一并排除出其适用范围,因而在本公约中也就没有必要对"抚养义务"和"婚姻财产制"两个概念进行定义,以划清二者间的界限。[3]

(五)其他家庭法事项,包括婚姻财产制

公约第2条第1款c项规定婚姻财产制以及婚姻或相似关系所产生的其他权利和义务。关于婚姻财产制问题,1978年3月14日《婚姻财产制度法律适用公约》进行了专门的规定。该项规定排除的事项包括在婚姻存续期间或离婚以后双方当事人之间以及在例外情况下和第三人间的请求权的所有法院判决,而这些判决会影响他们基于婚姻关系产生的财产方面的权利。这里所说的"权利",包括对夫妻财产的管理权和处分权,以及夫妻间为了确定他们间的财产制度而缔结的婚姻财产协议。这些权利、请求由于和夫妻的婚姻关系紧密相连,是婚姻关系的组成部分,受婚姻关系法律调整,因而均被排除在本公约的适用范围之外。但是,夫妻间并非受婚姻关系法律调整,而是基于一般性的民事法律,如合同法、物权法、侵权行为法等在夫妻

① 该两个公约中文翻译分别参见中华人民共和国外交部条法司编:《海牙国际私法会议公约集》,法律出版社2012年版,第172~183页、第184~193页。

② 这三个海牙公约的中文本分别参见中华人民共和国外交部条法司编:《海牙国际私法会议公约集》法律出版社2012年版,第29~32页、第100~106页、第215~240页。

③ See Nygh/Pocar Report, para. 32; Francisco Garcimartin and Geneviève Saumier, Judgments Convention: Revised Draft Explanatory Report, Prel. Doc. No. 1 of December 2018, para. 40.

作为民事主体之间所产生的权利请求并未被排除出公约的适用范围。[①] 该项规定中所说的“相似关系所产生的其他权利和义务”指未结婚但可以获得法律上认可的伴侣关系,如一些国家法律所允许的登记注册的伙伴关系(partnership)。[②]

(六)遗嘱和继承

2019年《海牙判决公约》第2条第1款d项规定将遗嘱和继承排除出公约适用范围。海牙国际私法会议私法统一化历史上曾制定有三个涉及遗嘱和继承问题的公约,即1961年10月5日《关于遗嘱处分方式法律冲突的公约》、1973年10月2日《遗产国际管理公约》以及1989年8月1日《关于遗产继承的准据法公约》。[③] 继承包括遗嘱继承和法定继承。基于公约的该项规定,无论是遗嘱继承还是法定继承均被排除出公约的适用范围。在这里,公约之所以将遗嘱特别列举出来,只是为了表明以自己的死亡为条件处分自己财产的被继承人的这种处分的形式和实质有效性也被排除在公约适用范围之外。被继承人通过遗嘱处分设立信托关系,法院对于这种设立信托的遗嘱的有效性的判决以及对该遗嘱进行解释的判决均被排除在本公约适用范围之外。但是,法院关于遗嘱所确立的信托的效力、信托管理或者信托变化的判决并没有被排除在公约适用范围之外,而受本公约的管辖。[④]

(七)破产、破产和解、金融机构的分拆和类似事项

公约第2条第1款e项规定将破产、破产和解(composition)、金融机构的分拆和类似事项排除出公约适用范围。世界上不少国家的法律均规定不只是法人可以破产,自然人也可以宣告破产。本公约这里规定的破产既包括法人破产,也包括自然人破产。这里所说的“破产”包括破产程序中的清盘(winding up)和清算

① See Nygh/Pocar Report, para. 35; Hartley/Dogauchi Report, para. 55; Francisco Garcimartin and Geneviève Saumier, Judgments Convention: Revised Draft Explanatory Report, Prel. Doc. No. 1 of December 2018, para. 41.

② See Nygh/Pocar Report, para. 35; Francisco Garcimartin and Geneviève Saumier, Judgments Convention: Revised Draft Explanatory Report, Prel. Doc. No. 1 of December 2018, para 41.

③ 这三个海牙公约的中文本分别参见中华人民共和国外交部条法司编:《海牙国际私法会议公约集》法律出版社2012年版,第37~39页、第86~95页、第156~162页。

④ See Nygh/Pocar Report, para. 36; Francisco Garcimartin and Geneviève Saumier, Judgments Convention: Revised Draft Explanatory Report, Prel. Doc. No. 1 of December 2018, para. 42.

(liquidation)。[①] 公司非由于破产原因而进行的清盘和清算由公约第2条第1款i项规定。[②] 破产和解指破产债务人为了防止公司清算而和其债权人缔结对公司进行重整或重组协议的程序。[③] 债务人和债权人在法庭外,就债权债务处理所进行的协议安排,并不是这里所说的“破产和解”,也不属于该项规定中公约排除适用的事项。[④] 公约第2条第1款e项规定中的“类似事项”包含了协助无偿债能力或者财务上陷入困境的公司或个人在继续进行贸易活动中恢复偿债能力的各种方式和方法,例如,美国《破产法》第11条的规定。[⑤] 这些属于“类似事项”的各种方式和方法在一些国家可能会被置于有关破产和解的规定中,而在另一些国家可能会被纳入“类似事项”,但是鉴于所有这些均被排除出公约适用范围,所以在公约本项适用中究竟将相关事项纳入公约哪个概念无关紧要。

值得注意的是,和2005年《选择法院协议公约》相关规定比较,人们可以发现2019年《海牙判决公约》增加了一项排除公约适用的内容,即金融机构的清理(resolution of financial institutions)。“金融机构的清理”是一个全新的概念,是指一些国家为了防止金融机构倒闭而规定的法律保护措施。这些稳定金融秩序、保护金融机构的措施,是在国际机构金融稳定委员会直接资助下设立起来的。2009年4月在伦敦召开的二十国集团(G20)峰会后成立了旨在国际范围内维护金融稳定的机构即金融稳定委员会,其总部在瑞士巴塞尔,该新机构取代了原来的金融稳定论坛(Financial Stability Forum)。对金融机构的清理包括:清算、对存款人补偿、资产和

---

① “Winding up”是英联邦国家公司法上的概念,指对公司进行清盘,既包括破产情况下的清盘,通常被称为清算(liquidation),也包括不是因为破产而进行的清算,通常被称为dissolution。在winding up程序中公司并不一定最终被清算(liquidated),可以通过委托临时清盘人(provisional liquidator)对公司进行重整。Winding up开始了就可以开始破产法所规定的所有行动,但是否最终清算,还需要看有没有通过破产程序中的和解(composition)或者重整计划。(感谢李小林博士提供相关信息和解读)

② See Nygh/Pocar Report, para. 36; Hartley/Dogauchi Report, para. 56; Francisco Garcimartin and Geneviève Saumier, Judgments Convention: Revised Draft Explanatory Report, Prel. Doc. No. 1 of December 2018, para. 43.

③ Ibid.

④ See Francisco Garcimartin and Geneviève Saumier, Judgments Convention: Revised Draft Explanatory Report, Prel. Doc. No. 1 of December 2018, para. 43.

⑤ See Nygh/Pocar Report, para. 36; Hartley/Dogauchi Report, para. 56; Francisco Garcimartin and Geneviève Saumier, Judgments Convention: Revised Draft Explanatory Report, Prel. Doc. No. 1 of December 2018, para. 43.

债务的出售和(或)转让、设立临时过渡机构、减计资产账面价值或者债转股。[①] 这些措施大多属于行政法性质,并不是2019年《海牙判决公约》所适用的民商事事项,自然不应该属于公约适用的范围,本来也无须在公约中特别予以规定,就像2005年《选择法院协议公约》那样,不专门将此事项明确列为公约不予适用的事项。但是,在2017年2月召开的海牙判决项目第二次特委会会议上,欧盟代表建议,为了更明确地表明这些事项不属于公约适用范围,避免公约未来适用时的不确定性,在2019年《海牙判决公约》该项规定中可以把该事项明确列出来予以排除。该建议得到与会大多数国家代表的支持,于是便有了现在的规定。[②]

2019年《海牙判决公约》第2条第1款e项规定所予以直接排除适用的是和破产直接相关的法院判决,也就是说,如果原审国诉讼的基础是破产程序中债权人和债务人的权利义务关系,那么法院对该诉讼的判决,便是公约本项规定所明确予以排除适用的法院判决。但是,如果诉讼是基于一般民商事法律规范,则法院适用这些一般民商事法律规范所作出的法院判决,便不属于本项排除适用的判决,可以依据公约规定获得承认和执行。被请求承认和执行的法院,在判断一个法院判决是否是基于破产法律规范作出且被排除出公约适用范围的判决时,应该特别考虑以下因素:该法院判决是否在相应的破产程序开始之时或之后作出;作出法院判决的诉讼是否服务于所有债权人的利益;作出法院判决的诉讼如果不是债务人无偿债能力是不会开始的。基于这些标准,公约不适用于法院所作出的那些直接和破产程序相关的裁定和判决,例如,裁定破产程序开始的判决、批准破产企业重整的裁定、撤销有损于全体债权人利益的交易的判决以及请求权求偿位次的法院裁定。[③] 但是,如果法院判决是针对基于一般民商事法律规定而提起的诉讼作出的,则不属于公约第2条第1款e项规定的被公约排除适用的法院判决,即使诉讼中的原告或者被告是破产程序中的破产管理人,也不影响"该法院判决并不是破产程序判决"的性质判断,从而不属于被公约排除适用的"与破产相关的判决"(insolvency-related judgments)。

---

① See Financial Stability Board, Key Attributes of Effective Resolution Regimes for Financial Institutions, 15 October 2014; Francisco Garcimartin and Geneviève Saumier, Judgments Convention: Revised Draft Explanatory Report, Prel. Doc. No. 1 of December 2018, para. 44.

② See Minutes of the Special Commission on the Recognition and Enforcement of Foreign Judgments (16 – 24 February 2017), Minutes No. 2, paras. 30 – 50.

③ See Work. Doc. No 104 of February 2017, "Proposal of the delegation of the European Union" (Special Commission on the Recognition and Enforcement of Foreign Judgments, 16 – 24 February 2017); Francisco Garcimartin and Geneviève Saumier, Judgments Convention: Revised Draft Explanatory Report, Prel. Doc. No. 1 of December 2018, para. 45.

这种情形在破产程序中是很常见的,如破产管理人向法院起诉请求破产公司的债务人偿还债务,法院对这种诉讼所作的判决便不是与破产相关的判决,可以适用公约进而获得承认和执行。

(八)旅客和货物运输

公约第2条第1款f项规定国内或国际旅客和货物运输合同不适用公约的规定,而无论使用何种运输工具,例如,海上运输、陆地运输、空中运输或是多式联运,均被排除在公约适用范围之外。旅客和货物运输是私法国际统一化的重要领域,在这方面国际上已经有一些非常重要的国际公约。为了避免本公约和这些既有的国际公约相冲突,本公约的立法者们有意将该领域排除在公约适用范围之外。鉴于旅客和货物运输合同常常是商事性质的合同,人们可能会认为公约该项规定所排除的只是商事性质的旅客和货物运输合同。这种认识是不正确的。一般民事性质的旅客和货物运输也是该项规定所排除适用的内容。例如,由于出租车司机的过失导致的出租车乘客受伤损害赔偿的法院判决也是属于被排除适用的事项。但是,该项规定并不排除运输中对第三方所造成伤害的情形,如受害人不是作为运输合同关系一方当事人的旅客,而只是该合同关系外的第三人。而且,如果一个由多种服务所组成的合同关系中,如运输、住宿和餐饮等,旅客运输服务仅仅是此种服务的一部分,且不是所有此项服务中的主要部分,则这样的合同并不是此项规定所排除的事项。①

(九)海洋污染、海事请求权的责任限制、共同海损以及紧急拖救和海上营救

2019年《海牙判决公约》第2条第1款g项规定了跨境海洋污染、非国家管辖区域的海洋污染、船舶海洋污染、海事请求权责任限制、共同海损等事项。2018年11月的公约草案中与这条对应的规定和2005年《选择法院协议公约》第2条第2款g项规定的措辞完全一样。如前所述,目前2019年《海牙判决公约》的该项规定,较2005年《选择法院协议公约》在排除事项中删除了"紧急拖船和救助",同时在海洋污染方面增加了两个限制,即不适用2019年《海牙判决公约》的情况限于"跨境海洋污染"、"非国家管辖区域的海洋污染"以及"船舶海洋污染"。据此,非跨境的属于就国家管辖区域范围内的海洋污染纠纷所作出的法院判决将适用公约的规定;船舶造成的海洋污染,无论是否为"跨境海洋污染"和"非国家管辖区域的海洋污染"均被排除出公约的适用范围。该规定主要是在中国公约谈判代表团的提案基础上修改形成的。在第二十二届海牙外交大会上中国代表团于2019年6月27日向大会提

① See Francisco Garcimartin and Geneviève Saumier, Judgments Convention: Revised Draft Explanatory Report, Prel. Doc. No.1 of December 2018, para.48.

交了第77号提案,建议将公约草案第2条第1款g项修改为:“跨境海洋污染、国家管辖外的海洋污染、海事请求权责任限制和共同海损。”[Art. 2,1,(g) transboundary marine pollution and marine pollution beyond national jurisdiction, limitation of liability for maritime claims, and general average]①最终,该提案在大会上获得通过。后来有代表建议在该项规定中增加“船舶造成的海洋污染”,也获得大会的接受,并由公约起草小组对该条进行技术性起草,形成现有规定。2005年《选择法院协议公约》和2019年《海牙判决公约》之所以均把上述海事事项排除出公约的适用范围,是因为海商法是非常特殊的法律领域,到目前为止并不是世界上所有国家都接受了国际上对该领域的法律进行统一的相关国际公约。2019年《海牙判决公约》的制订者采纳了2005年《选择法院协议公约》的立法方法,也将海洋污染、海事请求权的责任限制、共同海损等几种海事事项排除在公约适用范围之外。需要指出的是,公约这里只是将涉及海事的上述几个事项予以排除,而其他海事事项,如海商海事保险、紧急和非紧急拖救、船舶建造、船舶抵押等则仍属于公约适用范围。②

(十)核损害责任

2019年《海牙判决公约》第2条第1款h项规定核损害责任不适用公约的规定。核损害责任和其他侵权损害责任相比具有特殊性。目前,国际上有若干个关于核损害责任的国际公约,它们均规定,就核损害责任而言,核事故发生地国家法院享有对核事故造成损害责任诉讼的排他管辖权。③ 鉴于这些特别领域的国际公约的特殊性,根据公约第23条关于公约和其他国际公约的关系的规定,公约在一些情况下应该让位于这些特殊公约,给予这些特殊公约优先适用的机会。基于这样的考虑,公约的立法者便通过公约第2条第1款h项的规定,将核损害责任排除出公约适用范围。公约的两位报告人贾西马丁和萨乌弥尔在分析该项规定时指出,一些拥有核发电厂的国家却没有签署有关核损害责任的任何一个国际公约,这些国家也不情愿依据公约第5条所规定的任何一条管辖基础承认公约其他成员国法院所作出的核损害责任判决。这些国家的核发电厂的运营者受到其国内法有关责任限制的法律保护,或者核损害赔偿由其国内设立的公募基金予以支付,依据其国内法进行的集体

① HCCH, 22nd Session (18 June – 2 July 2019), Work. Doc. No. 77, distribution: 27 June 2019, “Proposal of the delegation of the People's Republic of China”.

② See Hartley/Dogauchi Report, para. 59; Francisco Garcimartin and Geneviève Saumier, Judgments Convention: Revised Draft Explanatory Report, Prel. Doc. No. 1 of December 2018, para. 49.

③ See Hartley/Dogauchi Report, para. 64.

诉讼有必要统一地划分责任,并在所有核损害受害人之间平等地分配赔偿基金。[①]基于这样的原因,公约的立法者将核损害责任排除在公约适用范围之外。需要注意的是,该规定仅排除核事故责任(nuclear accidents),因此,一般性的非属于核事故的而是属于一般性的核损害的医疗赔偿请求权,如核辐射医疗赔偿请求权,便不属于该规定排除适用的范围,相关的法院判决应属于公约适用范围。[②]

(十一)法人、社团的有效性、无效或解散,以及其机构作出的决定有效性

2019年《海牙判决公约》第2条1款i项规定法人、自然人或法人组成的社团的有效性、无效或解散,以及其机构作出的决定有效性不适用公约的规定,被排除在公约适用范围之外。就主体而言,这里不仅只指法人,还包括自然人或法人组成的"社团"(association),即不具有法律人格的未登记的实体。[③] 涉及法人的这些事项通常均由规范法人或这些实体的法律所属国法院进行排他性管辖,以避免将统一的法律关系置于不同的法院管辖之下,从而保证法律关系的确定性。[④] 涉及这些问题的法院判决通常均不为其他国家所承认,因而在本公约中也予以排除。这里被排除出公约适用范围的是法人或社团的有效性、无效或解散事宜,以及其机构,如股东大会或董事会所作出的决定的有效性问题。应该注意的是,公约该项规定所排除的事项是涉及法人或社团属人性质的事项以及应该依据法人或社团之章程确定其机构作出的决定的有效性问题,而且,这些排除事项是被明确且穷尽列举的。这些列举之外的涉及法人或社团的事项均适用公约规定。上述被列明的排除事项之外的涉及法人的问题,如关于公司分红的支付问题的法院判决以及董事责任或社团成员会费支付问题的法院判决均没有被排除出公约的适用范围。此外,对于法人作为民商事法律关系一方主体,无论这些法律关系是合同之债还是侵权之债,均适用公约的规定。

(十二)公共登记机关登记的有效性

2019年《海牙判决公约》第2条第1款j项规定公共登记机关登记的有效性或无效性不适用公约的规定。这里所说的"公共登记",包括土地权属登记、土地费用的登记、商业财产的登记以及知识产权的登记等。人们通常会认为这些公共登记事项并不是本公约意义上的民商事事项,而是国家机关行使主权和公权力的行为,因

---

① See Francisco Garcimartin and Geneviève Saumier, Judgments Convention: Revised Draft Explanatory Report, Prel. Doc. No. 1 of December 2018, para. 50.

② Ibid.

③ Ibid., para. 51.

④ See Nygh/Pocar Report, para. 170; Francisco Garcimartin and Geneviève Saumier, Judgments Convention: Revised Draft Explanatory Report, Prel. Doc. No. 1 of December 2018, para. 51.

而无须特别规定而是自然而然地被排除在公约适用范围之外。但是,鉴于一些国际公约,如欧盟的《布鲁塞尔条例Ⅰ》规定排他地管辖这种登记的有效性问题(第22条第3款),为了避免未来适用公约时发生理解上的歧义,本公约立法者认为最好还是明确排除公约对这些事项的适用。基于公约第2条第1款j项的排除规定,在公共登记机关登记的有效性(validity of entries)问题中被排除的事项还包括由于登记机关拒绝登记申请或者修改登记内容而产生纠纷,进而引起的申请人起诉登记机关的诉讼。① 但是,并非涉及公共登记机关登记的所有问题均被排除出公约的适用范围。一般认为,涉及登记的法律效力(legal effects)的问题便不属于公约该项规定排除的内容。例如,房地产登记机关登记的房屋优先购买权人对该房屋的第三方购买人基于此种优先购买权登记所提起的诉讼,或者原告基于不动产转让无效而提起的诉讼。即使在这两种情况下,被告对不动产的所有权均在不动产登记机关进行了登记,也不属于公约该项规定所排除的事项。在这两种情形下,法院的判决所针对的并不是登记机关登记的有效性(validity of entries)问题,而是合同的有效性问题。②

(十三)诽谤

2019年《海牙判决公约》第2条第1款k项规定由于诽谤(defamation)引起的诉讼的法院判决不适用公约的规定。诽谤一般被认为是民法上的一种侵权行为,由于2019年《海牙判决公约》和2005年《选择法院协议公约》不同,其并没有排除公约对侵权行为法院判决的适用,法院对诽谤这种侵权诉讼作出的判决本应属于公约的适用范围。但是,诽谤这种侵权行为区别于其他侵权行为的特殊性在于,前者在一些国家属于敏感问题,涉及言论自由等宪法权利。考虑到这一特殊性,公约的立法者通过第2条第1款k项规定明确将其排除出公约的适用范围。被明确排除的诽谤既包括对自然人的诽谤也包括对法人的诽谤,诽谤的方式既包括诋毁也包括造谣中伤(libel and slander),诽谤的途径也涵盖各种公开的传播方式,如报纸、电台、电视或互联网。③

---

① See Francisco Garcimartin and Geneviève Saumier, Judgments Convention: Revised Draft Explanatory Report, Prel. Doc. No. 1 of December 2018, para. 52.

② See Nygh/Pocar Report, para. 172; Francisco Garcimartin and Geneviève Saumier, Judgments Convention: Revised Draft Explanatory Report, Prel. Doc. No. 1 of December 2018, para. 53.

③ See Francisco Garcimartin and Geneviève Saumier, Judgments Convention: Revised Draft Explanatory Report, Prel. Doc. No. 1 of December 2018, para. 54.

（十四）隐私

2019年《海牙判决公约》第2条第1款第1项规定将因侵犯隐私而引起的诉讼的法院判决排除在公约适用范围之外。和前面所述诽谤一样，隐私问题在一些国家也是一个敏感问题，它既涉及个人私权保护问题也涉及宪法上的基本权利问题，而且无论是在立法上还是在司法上均常常需要准确地平衡个人私权和言论自由权之间的关系。对于隐私问题是否要排除在公约适用范围之外，四次特委会会议上曾有不同的观点和比较激烈的讨论。第四次特委会结束时，该问题还被放在方括号中，留待海牙外交大会最后讨论定夺。[①] 但是，在外交大会上各国代表最终还是一致同意把隐私排除在本公约适用范围之外。隐私和诽谤不同，诽谤所涉及的是无中生有或被歪曲的信息，而隐私涉及的则是真实信息（true information），如文字信息、图片、录音和影像等。[②] 在讨论和准备该项规定起草过程中，海牙国际私法会议常设局及与会代表们就隐私的基本问题做了不少的基础性研究工作，就侵犯隐私的定义达成基本共识：侵犯隐私，是指对涉及私人生活的信息进行未经授权的公开披露（an unauthorized public disclosure of information relating to private life）。[③] 公约的两位报告人贾西马丁和萨乌弥尔在分析该项规定时指出侵犯隐私的概念包含以下三个关键要素：第一，隐私信息必须是通过公开的传播渠道予以披露的，包括通过报纸、电台、电视或互联网渠道。第二，隐私信息的披露未经相关人授权，如通过合同方式或经由相关有权机关授权。判决承认和执行实践中，对于这一要求，可能需要被请求国法院通过审查原审国法院判决中对事实的认定进行判断。第三，这里被排除的侵犯隐私只限于对自然人的隐私侵犯问题，并不涉及法人隐私问题，因为法人是没有私生活的。涉及自然人的数据保护问题以及对自然人个人保密信息的侵犯问题均

---

① See Work. Doc. No. 1 E, Draft Convention on the recognition and enforcement of foreign judgments in civil or commercial matters, distributed on 29 November 2018.

② See Francisco Garcimartin and Geneviève Saumier, Judgments Convention: Revised Draft Explanatory Report, Prel. Doc. No. 1 of December 2018, para. 55.

③ See Work. Doc. No. 226 Revised of November 2017, "Proposal of the delegation of the European Union" (Special Commission on the Recognition and Enforcement of Foreign Judgments, 13 – 17 November 2017); Prel. Doc. No. 8 of November 2017 for the attention of the Third Meeting of the Special Commission on the Recognition and Enforcement of Foreign Judgments, 13 – 17 November 2017, "Note on the possible exclusion of privacy matters from the Convention as reflected in Article 2(1)(k) of the February 2017 draft Convention". Francisco Garcimartin and Geneviève Saumier, Judgments Convention: Revised Draft Explanatory Report, Prel. Doc. No. 1 of December 2018, para. 55.

包含在该项规定中。[①] 但是,法人的数据保护(data protection)和保密信息的侵犯均不属于被该项规定所排除的内容。公约该项规定所排除适用的是那些基于上述对自然人隐私侵犯所产生的索赔或阻止隐私信息公开披露的法院判决。

(十五)知识产权

2019年《海牙判决公约》第2条第1款m项将知识产权(以及相似事项)诉讼的法院判决排除在公约适用范围之外。公约排除适用于知识产权法院判决的承认和执行后,外国知识产权法院判决的承认和执行便只能依据各国国内法、双边国际条约或者其他多边国际公约获得承认和执行。知识产权事项是否应该全部,或者是否仅应该部分地被排除出公约适用范围,可以说是本公约起草和制定过程中争议最大的一个问题。在2017年11月的海牙判决项目第三次特委会会议上花了最长时间讨论该议题,而且未能取得实质性进展。因而,为了不影响公约谈判进程,2018年5月第四次特委会会议上便没有把知识产权问题列入会议讨论议程。[②] 2019年海牙第二十二届外交大会上对知识产权问题最后进行了激烈的讨论,但是,与会各国代表最终还是一致同意将知识产权问题全部排除出公约适用范围。特委会会议以及第二十二届外交大会在讨论知识产权问题是否应该在公约适用范围中予以排除时,有几种不同的观点。一种观点认为,在公约规定的排除事项中应该详细列举被排除的知识产权判决,但是不作穷尽式排除。另一种观点则认为,公约中仅规定一个开放的清单,而对排除适用的知识产权事项,尤其是知识产权的种类不作详细列举。外交大会最终决定公约全部排除对于知识产权法院判决的适用。尽管知识产权被本公约全部排除在适用范围之外,但是鉴于各国对知识产权的内涵和外延理解不一致,中国代表团在第二十二届外交大会上提交了一项提案,希望在公约的解释报告中明确"知识产权"(intellectual property)的含义,以免未来在适用公约的过程中对该公约规定产生歧义。[③] 后来,该提案由中国和美国代表团联合作出,并向外交大会

① See Francisco Garcimartin and Geneviève Saumier, Judgments Convention: Revised Draft Explanatory Report, Prel. Doc. No. 1 of December 2018, para. 55.

② See Aide memoire of the Chair of the Special Commission, Third meeting of the Special Commission on the Judgments Project, 13 – 17 November 2017, Hague Conference on Private International Law; Aide memoire of the Chair of the Special Commission, Fourth meeting of the Special Commission on the Judgments Project, 24 – 29 May 2018, Hague Conference on Private International Law.

③ See Work. Doc. No. 80 E, Proposal of the delegation of the People's Republic of China, "Explanatory Repost text with regard to the term intellectual property", distributed No. 27 of June 2019.

提交。①

在知识产权是否纳入公约适用范围的谈判和制定过程中,这些争议和背景信息值得我国国际私法学界予以关注和研究。毕竟知识产权全球保护在相当长时间内将会是全球国际私法学界值得探索和研究的问题,知识产权法院判决的全球流通问题尽管被排除出 2019 年《海牙判决公约》适用范围之外,但在未来它仍是国际社会各国彼此合作,一直努力去争取获得突破,形成全球范围内外国法院知识产权判决流通机制的方向和目标。尽管这次海牙会议的努力未能取得成果,但是,国际社会如何面对该问题,怎样解决相关的知识产权法院判决和外国法院判决全球流通体系相互衔接,这次国际立法活动也积累了比较丰富的宝贵经验。

(十六)武装力量行动

2019 年《海牙判决公约》第 2 条第 1 款 n 项规定将武装力量行动,包括其成员执行公务行为的法院判决排除在公约适用范围之外。无论是武装力量行动还是其成员执行公务的行为显然既不是民事也不是商事性质的事项,依据公约第 1 条第 1 款的规定,不应属于本公约适用范围,也无须在公约中特别规定将其排除在公约适用范围之外。但是,鉴于国际社会不同国家对于"国家统治行为"(*acta jure imperii*)和"国家管理行为"(*acta jure gestionis*)尚没有一个统一的标准定义,对于哪些行为应该归入上述概念,认识也不一致,为了保证未来公约适用中的确定性,在公约谈判过程中有些国家代表建议在公约第 2 条中明确排除公约对这些事项的适用。公约该项规定清楚地表明,武装力量行动在任何情形下均不属于公约适用范围,公约成员国无义务承认和执行这些事项的法院判决,无论这种行为在原审国或是被请求国是否被界定为国家统治行为。基于该项规定被排除的仅是武装力量行动以及武装力量成员执行公务行为所引起的诉讼的法院的非民商事判决。因此,武装力量成员非执行公务行为所引起的诉讼的法院的民商事判决不属于排除事项之列。例如,军人在执行公务外购买车辆或者非执行公务时交通事故纠纷而引起的诉讼的法院判决,均应该适用本公约的规定。相反,如果军人在执行公务过程中出现车祸,引起索赔诉讼的法院判决则不属于本公约适用范围。②

---

① See Work. Doc. No. 80 E REV, Proposal of the delegations of the People's Republic of China and the United States of America, "Explanatory Repost text with regard to the term 'intellectual property'", distributed on 28 of June 2019.

② See Francisco Garcimartin and Geneviève Saumier, Judgments Convention: Revised Draft Explanatory Report, Prel. Doc. No. 1 of December 2018, paras. 58 – 59.

(十七)执法行动

2019年《海牙判决公约》第2条第1款o项规定将执法行动,包括执法官员执行公务行为的法院判决排除在公约适用范围之外。该事项的排除和上述武装力量行动的排除无论是被排除理由还是公约所规定的方式均是相似的。但是,和武装力量行动的排除相比,执法行动的排除具有一个明显的特点,就是为了避免公约适用中对于哪些机关可以被界定为执法机关产生争议,公约该项直接规定将"执法行动"(law enforcement activities),而不是具体的执法机关或执法者的行动排除出公约适用范围。实践中,从事执法行动的机关便是公约意义上的执法机关,如警察力量或者边防官员。①

(十八)反垄断(竞争)事项

2019年《海牙判决公约》第2条第1款p项规定将部分反垄断事项法院判决排除在公约适用范围之外。2005年《选择法院协议公约》第2条第1款h项也将反垄断所有事项排除在公约适用范围之外。在作出规定时,该公约使用了"anti-trust (competition) matters"的表述。② 反垄断事项是否应该排除在公约适用范围之外,也是本公约起草过程中存在较大意见分歧的一个问题。直到2018年5月的海牙判决项目第四次特委会会议结束,与会的各国代表们对该问题仍没有达成共识,所以该问题一直被置于方括号中,提交第二十二届海牙外交大会最终谈判定夺。③ 本公约还是采用了上述《选择法院协议公约》第2条第1款h项中的用词。公约该项规定中之所以以括号方式将"竞争"(competition)列出,是因为反垄断法在国际上主要有两个不同称呼,即反垄断或反托拉斯法(anti-trust law,这是美国对该法律的称呼)以及竞争法(competition law)。为避免歧义,本公约立法者将二者予以并列规定。④ 根据公约第8条第2款规定,如果反垄断事项在诉讼中仅作为先决问题出现,则该

① See Francisco Garcimartin and Geneviève Saumier, Judgments Convention: Revised Draft Explanatory Report, Prel. Doc. No. 1 of December 2018, para. 60.

② 该海牙公约的中文翻译,参见中华人民共和国外交部条法司编:《海牙国际私法会议公约集》,法律出版社2012年版,第204~214页。该公约翻译文本将《海牙选择法院协议公约》第2条第1款h项"anti-trust (competition) matters"翻译为"反托拉斯(竞争)事项"。

③ See Work. Doc. No. 1 E, Draft Convention on the recognition and enforcement of foreign judgments in civil or commercial matters, distributed on 29 November 2018.

④ See Francisco Garcimartin and Geneviève Saumier, Judgments Convention: Revised Draft Explanatory Report, Prel. Doc. No. 1 of December 2018, para. 61.

诉讼的法院判决并不因为由此涉及反垄断事项，而被排除于公约适用范围之外。[①]例如，原告基于合同起诉被告，而被告则抗辩称合同因违反反垄断法而无效，则由于诉讼中反垄断事项只是作为先决问题出现，所以该诉讼的法院判决仍然可以适用本公约。

如前所述，本公约并未如2005年《选择法院协议公约》全部排除对反垄断事项的适用，而是保留了垄断行为和这些垄断行为的后果均发生于原审国的下列垄断行为而产生纠纷的法院判决的公约适用：构成在实际或潜在竞争者间限制竞争协议，或者协同措施，以固定价格、串通投标、设定产量限额或配额，或者通过分配客户、供应商、商业领域或区域来划分市场的垄断行为。如前所述，公约第2条第1款p项的规定最后获得通过体现了中国、美国和欧盟作为本公约谈判中的三股最大力量在公约重要的具体问题上的相互妥协与合作结果。在第二十二届外交大会上澳大利亚、欧盟和美国曾就该项规定向大会提交了一项提案，建议公约草案该项修改为："第2(1)(p)：反垄断(竞争)事项，但不包括就构成在实际或潜在竞争者间限制竞争协议，或者协同措施，以固定价格、串通投标、设定产量限额或配额，或者通过分配客户、供应商、商业领域或区域来划分市场的垄断行为所提起的诉讼。"这一建议遭到韩国和新加坡等国代表团的强力反对，他们表示不能接受该建议。外交大会关于该事项的谈判曾一度陷入僵局。中国代表团成员利用大会茶歇和午休时间积极与相关各方进行沟通，了解反对各方的反对理由。韩国和新加坡代表之所以反对，其主要是担心这些作为被公约排除适用的反垄断事项中的例外，即属于公约适用范围的反垄断事项，可能会据此产生域外适用的效力，并最终导致一些国家法院可以长臂管辖发生于其他公约缔约国的垄断行为纠纷诉讼。在了解反对方的担心后，中国代表团提出了解决方案，即在上述澳大利亚、欧盟和美国提案的文本上附加这些垄断行为的行为本身及其后果均必须发生在原审国的限制条件，即增加"而且此种行为及其后果两者均发生于原审国"("and where such conduct and its effect both occurred in the State of origin")，从而消除韩国和新加坡等反对国的担心。中国代表团的这一建设性的方案不但获得韩国和新加坡等国的同意和接受，也同时得到澳大

① 本公约第8条第2款规定："Recognition or enforcement of a judgment may be refused if, and to the extent that, the judgment was based on a ruling on a matter to which this Convention does not apply, or on a matter referred to in Article 6 on which a court other than the court referred to in that Article ruled."("如果判决是基于某一裁定作出，而该裁定的对象是对本公约所排除适用的某一事项，或第6条规定的某一事项，但作出该裁定的法院是该条规定的法院之外的法院。")

利亚、欧盟和美国的支持和采纳。最终,澳大利亚、中国、欧盟和美国一起向外交大会提交了关于公约排除和有限适用于反垄断事项的联合提案,且该联合提案原封不动地在外交大会上获得与会各国代表的一致接受并最终通过,形成目前公约第2条第1款p项规定。

(十九) 仲裁和相关程序

2019年《海牙判决公约》第2条第3款规定本公约不适用于仲裁和相关程序。与上述各排除公约适用事项所不同的是,公约在第2条中以专门的一款规定排除其对仲裁和相关程序适用,而前面那些被排除事项均在第2条第1款下逐项予以规定。本公约作这样的结构安排无非是想突出排除其对仲裁和相关程序适用的重要性和特殊性。这一规定曾经是海牙判决项目特委会会议,且尤其是2017年2月第二次特委会会议的讨论热点。[①] 依据本公约第2条第3款规定,应对本公约所不予适用的"仲裁和相关程序"作宽泛的解释,即本公约将不干预和影响现有以及未来产生的关于仲裁和相关程序的国际公约的适用,尤其是1958年《纽约公约》的适用。从立法的政策层面看,本公约不干预现有的国际仲裁制度是其基本的原则之一。这一政策可以保证本公约未来不会遭到国际仲裁界的反对,并从而在目前国际范围内业已存在的仲裁裁决全球流通制度之外,建立一套关于外国法院判决承认和执行的司法制度,最终实现未来国际社会仲裁裁决和法院判决双轨并行流通的机制。被这一排除条款所排除的对象既包括仲裁裁决,也包括法院判决。对于前者比较容易理解,本公约将不适用于仲裁裁决的承认和执行。而且,本公约也不适用于涉及仲裁程序的法院判决的承认和执行,例如,宣告仲裁协议有效或者无效、无法执行的法院裁定;判决当事人参与仲裁程序或者停止仲裁程序的法院裁定;撤销或者修改仲裁裁决的法院裁定;确定仲裁地的法院裁定;或者,裁定延长作出仲裁裁决期限的法院裁定。[②] 这里还需特别指出的是,基于公约该款规定,如果原审国法院的诉讼和当事人间的仲裁协议相矛盾,被请求承认和执行法院判决的公约成员国法院可以拒绝承认和执行原审国法院的判决。笔者认为之所以应该作这样的理解,在于该款规定的目的是防止本公约干预仲裁程序,所以,被请求国法院可以拒绝承认和执行与当事人间仲裁协议相矛盾的法院判决,即使在原审诉讼中没有审理仲裁协议的效力问

---

① 参见徐国建:《诉讼和仲裁:未来的较量? ——〈判决执行公约〉谈判手记》,载微信公众号"BOSS & YOUNG 邦信阳中建中汇"2017年3月3日。

② See Francisco Garcimartin and Geneviève Saumier, Judgments Convention: Revised Draft Explanatory Report, Prel. Doc. No. 1 of December 2018, para. 66.

题,如在缺席判决的情况下未予以审理。但是,如果被告出庭参加诉讼,且没有以他们之间存在仲裁协议为由对法院管辖权提出异议,则通常不应该认为法院判决和仲裁协议相矛盾,该法院判决在这种情况下并不是被该款规定排除适用的内容。①

四、结论

2019 年 7 月 2 日通过的《海牙判决公约》是迄今为止国际社会诞生的第一部全球性的多边外国民商事法院判决承认和执行的国际公约,在国际范围内为实现国内法院判决的全球流通制度的建立,提供了国际法律的基础和根据。这是国际社会迄今实现该领域私法统一所取得的最为可喜的成绩。公约的第 1 条及第 2 条规定对其适用范围进行了界定,这实际上也是国际社会未来依据该公约可以实现全球流通的国内民商事法院判决的范围。该公约适用于法院民、商事性质的判决,在判决涉及多个不同性质诉讼问题时,适用分割原则,以尽可能使民商事性质的法院判决可以依据该公约获得全球流通。关于法院判决是否属于公约性质上的民、商事性质这一问题,由被请求法院按照国际公约解释的原则和方法确定。在主体适用范围上,公约适用的对象包括自然人、法人,除非缔约国根据公约第 20 条作出适用主体的声明,公约也将适用于国家,包括政府、政府机构或代理国家行事的人作为私法主体参与民商事性质的法律关系所导致的纠纷而引起的诉讼的法院判决。在地域适用范围上,公约适用于在一个缔约国承认与执行另一缔约国作出的判决。在寻求承认和执行的时间上,公约要求在原审国提起诉讼时,公约已经在该国以及在被请求国生效。公约的立法者们基于一些现实的考虑,在公约第 2 条"范围排除事项"中规定了被明确排除出公约的适用范围的若干事项。为了防止对国际社会现有的仲裁制度和相关程序的干预,从而使本公约在国际社会获得尽可能多的支持,并使公约可以得到国际社会最为广泛的接受,公约明确规定不适用于仲裁和相关程序。由此,2019 年《海牙判决公约》从正反两方面完成了对其适用范围问题的规定,既给予了成员国以明确指导,又赋予了缔约国在一些问题上的自主权。

① See Francisco Garcimartin and Geneviève Saumier, Judgments Convention: Revised Draft Explanatory Report, Prel. Doc. No. 1 of December 2018, para. 67.

东北亚地区民商事判决承认与执行的现状与未来

——以《海牙判决公约》为视角*

田洪鋆**

东北亚地区在判决承认与执行领域相对保守,这不仅表现为双边协定缺乏操作性,稳定的互惠制度尚未形成,还表现在司法实践中。由于该地区涉外案件主要集中于婚姻家庭领域,所以法院对于商事判决一般不倾向于承认与执行,而是采取通知当事人另行起诉的方法解决;对于涉东北亚国家频繁发生的婚姻案件,则是依据国内法处理。从中国的整体情况来看,自2016年开始,判决承认与执行领域开始松动,中国一反严格互惠的做法,开始承认与执行其他国家法院作出的判决,2019年《承认与执行外国民商事判决公约》(以下简称《海牙判决公约》)正是在中国判决承认与执行领域开始松动的背景下通过的。相对于1971年《承认与执行外国民商事判决公约》(以下简称《1971年海牙判决公约》)和2005年《选择法院协议公约》,《海牙判决公约》建构了一个简单的判决承认与执行体系,具体且富有操作性,同时兼顾了各国的现存制度。《海牙判决公约》的通过不会与东北亚国家既存法律制度产生冲突,相反会扩大判决承认与执行的渠道和依据,突破严格互惠和双边协定的低操作性以及提供更加实用的解决方案。就中国以及其他东北亚国家而言,公约提供的制度性框架非常重要,对法律的确定性、程序的可预见性甚至最终对该区域的经济都将产生持久性影响。

一、东北亚地区判决承认与执行现状

(一)尴尬的条约和互惠状态

国际条约、双边司法协助协定以及互惠制度是中国承认与执行外国民商事判决

* 本文是国家社科基金“《涉外民事关系法律适用法》实施中最密切联系原则的司法可控性研究”(项目编号:16BFX192)的阶段性成果。

** 吉林大学法学院教授,博士研究生导师,法经济学博士。

的主要法律依据。在国际条约方面,除《国际油污损害民事责任公约》之外,[①]中国未参加任何一个承认与执行外国判决的专门性多边公约。在双边司法协助协定方面,中国自1987年起,先后与36个国家签订了关于外国判决承认与执行的协定,其中的32个协定包含判决承认与执行条款。[②] 在互惠制度方面,由于各国在实践中对互惠制度的形式存在不同的理解,从而引发了互惠制度的多样性,进而导致其在具体实施中受阻。[③]

聚焦于东北亚区域,中日之间不存在司法协助协定,中韩之间在2003年签订了《中华人民共和国和大韩民国关于民事和商事司法协助的条约》,中朝之间在2003年签订了《中华人民共和国和朝鲜民主主义人民共和国关于民事和刑事司法协助的条约》,中蒙之间在1989年签订了《中华人民共和国和蒙古人民共和国关于民事和刑事司法协助的条约》,中俄之间在1993年签订了《中华人民共和国和俄罗斯联邦关于民事和刑事司法协助的条约》。中韩之间虽有民商事司法协助协定,但其中并不包含判决承认与执行条款。在签订了司法协助协定的其他东北亚国家之间,措辞也往往存在较大差异:中朝之间协定措辞为"承认与执行法院裁决";中蒙之间协定措辞为"部分判决裁定执行";中俄之间协定措辞为"法院民事判决的承认与执行"。

但必须指出的是,无论在东北亚国家之间是否存在双边的民商事司法协助协定,以及协定中是否包含判决的承认与执行条款,在司法实践中依据双边协定推进判决的承认与执行依旧非常困难。双边协定中的相关条款内容较为笼统,并未对判决类型、判决执行条件、拒绝执行条件、平行诉讼等事项作出明确规定,也未规定要件和抗辩事由,未界定何为"终局性"以及"间接管辖权",因此这些双边协定的操作性不强。

(二)保守的司法实践操作

笔者利用中国裁判文书网"高级搜索",将"当事人"设定为韩国、朝鲜、日本、蒙古、俄罗斯;"案由"设定为申请承认与执行外国法院民事判决、裁定,共检索出343

---

① 中国是《国际油污损害民事责任公约》的成员国,该公约在1969年版本之后,又先后通过了1976年议定书、1984年议定书、1992年议定书和2000年修正案。相应地,中国分别于1980年、1986年和1999年交存加入书,公约的最终版本于2003年正式对中国生效。

② 中国已在民事、商事或刑事事务中缔结了36项双边司法协助协定,资料来源:http://treaty.mfa.gov.cn/Treaty/web/index.jsp,最后访问日期:2019年9月20日。

③ 参见田洪鋆:《美欧博弈与中国选择:〈选择法院协议公约〉的批准问题研究》,载《吉林大学社会科学学报》2019年第2期。

个案件。这些案件全部是离婚案件,没有涉及金钱判决的案件(见表1)。[①] 其中95.4%的案件经由吉林省延边朝鲜族自治州中级人民法院审理,少数由辽宁、黑龙江、北京和内蒙古等地法院作出(见表2)。笔者同时也检索了日本[②]和韩国[③]相关案例,数量很少,均为婚姻判决。

表1 案件类型

	离婚案件	其他案件
数 量(件)	343	0
比 例	100%	0

表2 审理法院

	延边州中级人民法院	其他法院
数 量(件)	327	16
比 例	95.4%	4.6%

1. 婚姻案件

中国东北地区的朝鲜族公民因为出国劳务、就业等原因而与韩国、日本公民缔结婚姻关系的较多,由此产生的离婚案件也较多。这部分中国公民通常在境外获得离婚判决,回国后直接申请本国法院承认外国法院离婚判决,这是中国法院目前处理的数量最多的案件类型。东北亚地区离婚案件涉及两种类型:其一,单纯解除婚姻关系的案件;其二,含有涉外婚姻财产分割、生活费承担以及子女抚养等相对复杂问题的离婚案件。针对第一种案件类型——单纯解除婚姻关系的案件,法院处理起来比较简单,会依据最高人民法院《关于人民法院受理申请承认外国法院离婚判决案件有关问题的规定》(以下简称《涉外离婚判决规定》)和最高人民法院《关于中国公民申请承认外国法院离婚判决程序问题的规定》(以下简称《承认外国离婚判决

---

① 东北亚地区的判决承认与执行案件数量并不多,共有343件。资料来源:中国裁判文书网:http://wenshu.court.gov.cn,最后访问日期:2019年8月20日。

② 日本涉及外国判决承认与执行的案例共检索到5件,主要涉及离婚事项,东北亚国家仅涉及韩国。资料来源:http://www.courts.go.jp/app/hanrei_jp/search1,最后访问日期:2019年8月20日。

③ 韩国涉及外国判决的承认与执行的判例共检索到10件,涉及离婚、亲权等事项,无东北亚地区相关判例,涉及美国、越南等国家。另外,法院的所有判决文书都采用保护当事人隐私的方式书写。资料来源:www.scourt.go.kr,最后访问日期:2019年8月20日。

程序规定》),[①]并不会涉及国际条约、双边协定等。同时法院也会因为案件涉及中国公民的人身关系,实践中不会考虑互惠等原则,只是依据国内法而作出程序上的处理。

针对第二种案件类型——涉及财产分割、抚养费承担以及子女抚养问题的离婚判决,法院会告知当事人另行起诉,按照平行诉讼的方式予以解决。上述操作的原因如下:首先,《涉外离婚判决规定》和《承认外国离婚判决程序规定》[②]不适用于涉外财产分割和生活费承担的判决,法院不能依据上述规定直接处理案件。其次,法院应根据我国《民事诉讼法》第 281 条和第 282 条的规定,对此类涉及财产、生活费以及子女抚养的判决进行承认与执行,但这要求中国与判决作出国之间存在条约或互惠关系。[③] 由于缺乏多边条约,且双边协定不具有可操作性(中日之间无双边协定),而在互惠制度基础上发展的判决承认与执行的最新进展也不能涵盖婚姻财产分割和生活费等方面的问题。所以,按照判决承认与执行的方式也无法处理此类案件。最后,各级法院对这部分案件的态度较谨慎,一般不会主动承认与执行。

国内其他地区法院的判决也印证了东北亚地区法院的做法,即针对离婚案件按照最高人民法院的规定处理,关于财产、子女部分的判决不能直接获得承认与执行,而是通知当事人另行起诉。原因也是该类型案件的判决承认与执行尚未被双边协定涵盖,并且在最近发生变更的互惠制度中也没有任何突破。如在李某诉丁某静一案中,李某以高尔集团有限公司(Kolmar Group AG)与江苏省纺织工业(集团)进出口有限公司案[④](以下简称高尔集团有限公司案)为依据,向山东省德州市中级人民法院申请承认并执行一份新加坡基于互惠原则准予离婚和分割婚姻财产的判决。法院认为,尽管在高尔集团有限公司案中,中国与新加坡为商业纠纷建立了判决承认与执行的互惠关系,但在涉及个人身份的民事纠纷中,该种互惠并没有形成。[⑤] 也即,最近在以互惠为基础的判决承认与执行上的突破并不包括家庭法律纠纷。商业案件中的互惠型判决的承认与执行不应扩展到家庭法案件中,因为这两种类型的案件有较大的差异。涉及俄罗斯和蒙古的案件在中国裁判文书网上没有收录信息,在

---

① 最高人民法院《涉离婚判决规定》,2000 年 2 月 29 日发布,自 2000 年 3 月 1 日起施行;《承认外国离婚判决程序规定》于 1991 年 8 月 13 日发布施行。

② 《承认外国离婚判决程序规定》第 2 条规定:"外国法院离婚判决中的夫妻财产分割、生活费负担、子女抚养方面判决的承认执行,不适用本规定。"

③ 参见《民事诉讼法》第 281 条及第 282 条。

④ (2016)苏 01 协外认 3 号。该案是中国第一次在互惠基础上承认外国判决。

⑤ (2018)鲁 14 协外认 1 号。

对方国家的司法系统网站中检索的结果也不尽如人意,这也与中国北方与韩日接触较多,与蒙俄接触较少有关。

国际层面上的操作也是如此,海牙国际私法会议对上述两类案件判决的承认与执行制定了不同的制度。例如,《2018 年海牙判决公约(草案)》、[①]2005 年的《选择法院协议公约》[②]和《1971 年海牙判决公约》[③]均排除了家庭法问题。但《关于跨国恢复对儿童抚养和其他家庭赡养形式的公约》[④](含其议定书)[⑤]和其他有关家庭法律的公约均涉及家庭法律案件。[⑥] 由此可以看出,婚姻家庭案件与其他案件历来是从两种不同进路予以推进的。

2. 其他案件

中国对东北亚地区离婚案件的处理方式亦能体现出对其他案件的态度,即通知当事人另案起诉,而不会直接承认与执行外国判决。一方面,是由于东北亚地区的司法协助协定对判决的承认与执行条款规定得残缺不全,表述相对笼统,并未对判决类型、判决执行条件、拒绝执行条件、平行诉讼等事项作出明确规定,也未规定要件和抗辩事由,未界定何为“终局性”以及“间接管辖权”。另一方面,由于中国长期以来对外国判决的戒备心理,故在东北亚地区难以见到对金钱判决的承认与执行案例,这部分案件均被平行诉讼所取代。但必须指出的是,2019 年 9 月青岛市中级人民法院承认与执行韩国法院作出的判决,是对东北亚地区尤其是中韩之间严格互惠进行突破的重要事件。“韩国是我国第二大贸易伙伴,也是‘一带一路’建设中不可忽视的国家,其‘新北方政策’积极回应我国‘一带一路’建设。韩国与我国未订立包含判决承认与执行的双边民事司法协助协定,因此,在司法实践领域基于互惠制度积极推进我国同韩国法院之间判决的承认与执行意义重大。”[⑦]这对今后促进两

---

① 参见《2018 年海牙判决公约(草案)》第 2 条。

② 参见《选择法院协议公约》第 2 条第 2 款。

③ 参见《1971 年海牙判决公约》第 1 条。

④ 2007 年 11 月 23 日海牙《关于跨国恢复对儿童抚养和其他家庭赡养形式的公约》自 2013 年 1 月 1 日起生效。资料来源:http://www.hcch.net/en/instruments/conventions/full-text/?cid=131,最后访问日期:2019 年 8 月 20 日。

⑤ 2007 年 11 月 23 日海牙《关于跨国恢复对儿童抚养和其他家庭赡养形式的公约》议定书,资料来源:http://www.hcch.net/en/instruments/conventions/full-text/?cid=133,最后访问日期:2019 年 8 月 20 日。

⑥ 其他公约,载海牙国际私法会议网:http://www.hcch.net/en/instruments/conventions,最后访问日期:2019 年 8 月 20 日。

⑦ 《服务保障“一带一路”和上合示范区建设:青岛法院办理两起典型案件》,载 http://www.daiygd.com/epaper/html/2019-08/30/content_259454.htm,最后访问日期:2020 年 8 月 26 日。

国之间继续基于互惠制度承认与执行双方的判决、裁定具有开拓性意义，对于促进双方之间经贸合作和交流也会产生深远的影响，也有利于加强对境外投资者合法权益的平等保护，鼓励、支持和引导韩国资本积极参与我国开放型经济建设。[①] 总之，这起案件对从事中韩法律业务的机构和专业人士来说，是一个非常有利而且能够对未来两国之间债务、投资以及婚姻家庭行为产生重大影响的里程碑式事件，也意味着中韩之间的双边判决承认与执行开始通畅。[②]

从其他东北亚国家的情况来看，判决承认与执行领域也较为保守。例如，由于不存在条约关系，也没有互惠制度，日本在 2003 年的大阪判决（五味晃案）、2015 年的东京判决（夏某琴案）中都拒绝承认中国法院作出的判决，日本法院的理由是中日之间既不存在条约，也不存在互惠制度。但是日本方面也注意到了中国在判决承认与执行领域的新变化，名古屋大学宇田川幸则教授指出，鉴于中国在相关的法律文件中[③]明确指出中国法院可以考虑先行给予对方国家当事人司法协助，积极推动互惠关系的形成……日本也感受到了中国在判决承认与执行领域释放出的强烈信号，日本相关部门可能且也应该作出相应的改变。[④]

综上所述，中国对于外国判决的承认与执行主要依据国际条约、双边协定和互惠制度。目前，东北亚地区通过国际条约、双边协定和严格互惠制度推进的判决承认与执行案件非常受限。但必须注意到，从 2016 年起，中国尝试在判决的承认与执行领域改变以往的做法。2019 年青岛法院承认了东北亚国家之一——韩国的判决，但这种做法目前还是小范围的个案，未来若想实现外国判决在中国承认与执行的顺畅化，需要中国参与的国际条约或者国内立法对下列问题进行明确解释和规定，如被承认与执行的判决种类、判决执行条件、拒绝执行条件、平行诉讼等，同时也需规

---

① 参见《山东法院全力服务保障"一带一路""上合示范区"建设探索经贸合作示范性法律服务新路径》，法制网：http://www.legaldaily.com.cn/judicial/content/2019-09/24/content_8000384.html，最后访问日期：2019 年 9 月 28 日。

② 参见《中国法院首次批准韩国民事判决》，载韩国贸易新闻网：http://jedam15.koreafree.co.kr/m/content/view.html?&section=1&no=54118&category=136，最后访问日期：2019 年 9 月 28 日。

③ 参见最高人民法院《关于人民法院为"一带一路"建设提供司法服务和保障的若干意见》（法发〔2015〕9 号）。

④ 参见宇田川幸则教授在第二届中国—东北亚商事法律合作研讨会上的发言，资料来源：http://www.ccpit.org/Contents/Channel_3434/2017/0905/872181/content_872181.htm，最后访问日期：2019 年 9 月 20 日。

定要件和抗辩事由,并界定何为“终局性”及“间接管辖权”等要素。①

二、中国参与《海牙判决公约》的背景

(一)中国在判决承认与执行领域中的松动

如前所述,国际条约、双边司法协助协定以及互惠制度是中国判决承认与执行的主要法律依据。在国际条约方面,我国缺乏多边的判决承认与执行公约的指导。在双边司法协助协定方面,中国自20世纪80年代起,先后与众多国家签订了含有外国判决承认与执行条款的协定。但这些国家大多为发展中国家,与我国的经贸往来并不频繁,引发的纠纷并不多,这些协定能够被适用的机会很少。中国与美国、日本这些关系密切的贸易伙伴之间并没有签订司法协助协定。在互惠制度方面,由于各国在实践中对互惠制度形式的不同理解导致了互惠制度的多样性,从而出现两国都认可互惠制度,却无法实现对接的情况。② 例如,中国实行严格互惠主义,要求必须存在承认与执行外国法院判决的先例,这导致中国与没有此类司法先例的国家之间陷入了互不承认与执行对方法院判决的循环之中。③

综上所述,中国在判决的承认与执行领域是相对保守的,在既无条约关系也无互惠实践的情况下,我国往往拒绝承认与执行原审法院的判决。但从2016年起,中国的判决承认与执行领域开始松动,这首先表现在2014年1月28日,新加坡最高法院承认并执行了苏州市中级人民法院的判决④——昆山捷安特轻合金科技有限公司与雅柯斯(远东)私人有限公司(Aksa Far East Pte Ltd)案,⑤这是新加坡法院首次承认并执行中国法院作出的判决。作为回应,2016年12月9日,南京市中级人民法院承认并执行了新加坡最高法院作出的判决——高尔集团有限公司案。经过审查,南京市中级人民法院判定新加坡法院判决没有违反中国法的基本原则或是损害中国国家主权、安全、社会和公众利益。因此认为,尽管两国之间没有双边协定,但是新加坡法院判决满足了中国法律的规定,中国法院可以基于互惠制度承认与执行新加

① See Jie (Jeanne) Huang, “Reciprocal Recognition and Enforcement of Foreign Judgments in China: Promising Developments, Prospective Challenges and Proposed Solutions”, *Nordic journal of international law* 88, 2019, pp. 250 - 279.

② 参见田洪鋆:《美欧博弈与中国选择——〈选择法院协议公约〉的批准问题研究》,载《吉林大学社会科学学报》2019年第2期。

③ 此前因认定不存在互惠关系而拒绝承认外国法院判决的司法实践包括:1995年拒绝承认日本法院判决、2001年拒绝承认德国法院判决、2004年拒绝承认英国法院判决、2006年拒绝承认澳大利亚法院判决、2009年拒绝承认德国法院判决、2011年拒绝承认韩国法院判决等。

④ 参见(2014)新加坡高院第16号。

⑤ 参见(2005)苏中民三初字第0111号。

坡法院判决。这是中国法院首次承认并执行新加坡法院判决。[①] 这同时也是中国在判决承认与执行领域中第一次突破严格互惠，露出事实互惠的苗头，也表明中国在该领域想要改变传统的做法，尝试变得开放。

第二次突破发生在中国和美国之间。2001 年 1 月，湖北葛洲坝三联实业股份有限公司（以下简称三联公司）和湖北平湖旅游船有限公司（以下简称平湖公司）在中国湖北省高级人民法院提起诉讼，要求被告美国罗宾逊直升机有限公司承担因产品质量原因造成的直升机损失以及其他经济损失。湖北省高级人民法院在罗宾逊公司缺席庭审的情况下作出民事判决，[②]判决罗宾逊公司赔偿三联公司和平湖公司总计人民币 2000 多万元的经济损失及相应利息。

2009 年 8 月，美国联邦加利福尼亚州中部地区法院经过重审后，决定承认与执行中国法院作出的判决，三联公司和平湖公司由此获得总额约 650 万美元的赔偿金及相应利息。[③] 这是中国法院判决第一次在美国获得承认与执行，同时也是中美在判决承认与执行领域中的标志性案件。然而在刘某诉陶某、童某股权转让一案之前，美国的金钱判决从未在中国得到承认与执行。转折点发生在 2017 年 6 月 30 日，湖北省武汉市中级人民法院在刘某诉陶某、童某股权转让一案中承认并执行美国加利福尼亚州洛杉矶县高等法院第 EC062608 号判决。[④] 该裁定被认为是中国法院承认与执行美国法院商事判决第一案。该案开创了美国法院判决在中国获得承认与执行的先例，同时也为我国法院完善外国法院判决承认与执行制度提供了司法案例和实践素材。2017 年 10 月 27 日，美国加利福尼亚州中区联邦地区法院就原告邱某荣诉被告张某英、俞某华民间借贷纠纷一案作出缺席判决，再度承认并执行了江苏省苏州工业园区人民法院作出的民事判决。[⑤] 以上在中美法院之间的判决承认与执行互动奠定了中美判决互认的基调。

第三次突破发生在中国与东北亚国家之间。1999 年，韩国出口保险公司以中国工商银行为对方当事人在向中国法院提出的信用证贷款诉讼中败诉之后，再次向韩

① 参见钱振球：《〈海牙判决公约草案〉中共同法院条款研究》，载《武大国际法评论》2019 年第 1 期。

② 参见（2001）鄂民四初字第 1 号。

③ 参见谢新胜：《条约与互惠缺失时中国判决的域外执行——以美国法院执行中国民商事判决第一案为视角》，载《环球法律评论》2010 年第 4 期。

④ （2015）鄂武汉中民商外初字第 00026 号。参见杜涛：《国际私法国际前沿年度报告（2017—2018）》，载《国际法研究》2019 年第 3 期。

⑤ 参见（2015）园民初字第 02762 号。该案经苏州市中级人民法院二审终审，维持原判。

国法院提出了内容相同的诉讼。韩国汉城地方法院承认了中国法院的判决有既判力,驳回了韩国出口保险公司的请求,①这是中国法院的判决第一次在韩国获得承认与执行。作为回应,青岛市中级人民法院在 2019 年承认了韩国法院作出的判决。青岛市中级人民法院称,韩国法院认可了中国山东省潍坊市中级人民法院的民事判决,②根据互惠的原则,中国法院也应承认与执行符合条件的韩国法院的判决。③ 这起案件在韩国引起了极大反响,韩国业界人士认为,如果中国其他地方法院也采取同青岛市中级人民法院一样的立场,债权人就可以将韩国民事判决的执行范围扩大到债务人在中国国内的资产,债务人就无法在韩国和中国之间转移资产,回避债务履行,进而在中韩法院之间形成良性的互动关系。两国的当事人也会考虑中韩之间执行外国判决的相关变化,采取适当的应对措施。④

在双边层面上,2018 年 8 月 31 日,中国和新加坡《商事案件金钱判决承认与执行指导备忘录》(以下简称《中新备忘录》)规定,新加坡判决申请在中国承认与执行不需要证明互惠关系的存在。在区际层面上,2017 年 6 月 8 日,第二届中国 - 东盟司法论坛发布了《南宁宣言》。该宣言规定,如果两个国家尚未缔结判决的承认与执行条约,且没有一个国家因缺乏互惠性而拒绝判决的承认与执行,则应在各国国内法的范围内推定对等。⑤ 另一个值得关注的事件是,中国的"一带一路"倡议在客观上产生了承认与执行外国判决的巨大需求,将会成为中国继续开放判决承认与执行的强大推动力。为此,最高人民法院于 2015 年发布《关于人民法院为"一带一路"建设提供司法服务和保障的若干意见》(法发〔2015〕9 号),指出人民法院要为"一带一路"建设提供司法服务和保障;应加强与"一带一路"国家的国际司法协助制度建设;对于尚未与中国缔结司法协助条约的国家,中国法院应考虑首先向这些国家的当事人提供司法协助,积极建立互惠关系。最高人民法院认可高尔集团有限公司案的处理结果,将其列为涉及"一带一路"的典型案例,并鼓励下级法院效仿。

上述发生在中新、中美、中韩法院之间的判决互认活动,中新在双边层面上的备

---

① 서울지방법원 1999. 11. 5. 선고 99 가합 26523 판결。

② 参见(1997)潍经初字第 219 号。

③ 参见(2018)鲁 02 协外认 6 号。

④ 参见《中国法院首次承认韩国民事判决》,载韩国贸易新闻网:http://jedam15. koreafree. co. kr/m/content/view. html? &section = 1&no = 54118&category = 136,最后访问日期:2019 年 9 月 28 日。

⑤ 参见第二届中国 - 东盟大法官论坛《南宁声明》,载中华人民共和国最高人民法院网:http://www. court. gov. cn/zixun-xiangqing-47372. html,最后访问日期:2019 年 8 月 20 日。与会者包括来自中国、柬埔寨、印度尼西亚、老挝、马来西亚、缅甸、菲律宾、新加坡、泰国、越南、阿富汗、孟加拉国、尼泊尔、巴基斯坦、斯里兰卡的首席大法官。

忘录,区域层面上的《南宁宣言》以及中国的“一带一路”倡议,都在客观上推动和促进了中国与其他国家之间的判决互认,也表明中国产生了促进判决在双边、区际和国际层面流通的需求和愿望。

(二)《海牙判决公约》确定的判决承认与执行思路

1.《海牙判决公约》经历了非常曲折的谈判历程

为缔结一项全球性的判决承认与执行公约,海牙国际私法会议所作的努力至少可以追溯到1971年,当时首次签署了《承认与执行外国民商事判决公约》。由于未能吸引到5个以上的缔约国,该公约以失败告终。[①] 这在一定程度上归因于尴尬的双边化进程,该进程要求缔约国彼此签订补充协定,[②]这在很大程度上破坏了一项多边公约的价值和效率。到了1999年,海牙国际私法会议又对判决承认领域进行了突破,并相继形成了1999年版本和2001年版本,但由于各成员国分歧过大,这两个版本最终都没有获得通过。海牙国际私法会议最终只围绕各国争议较小的协议选择法院管辖权形成了《选择法院协议公约》,该公约最终于2015年生效,中国于2017年9月12日签署该公约。

2012年,海牙国际私法会议决定重启被搁置的民商事判决的承认与执行公约项目,经过4年准备,最终于2016年形成了一份新的草案。此后,海牙国际私法会议分别召开了四次特别委员会会议,根据各方意见继续修改公约,在2019年7月2日的外交大会上,《海牙判决公约》最终版本获得通过。在公约的谈判过程中,中国代表团充分表达了立场和意见,对公约的最终通过起到了至关重要的作用。

2.《海牙判决公约》确定了简单且具操作性的机制

鉴于《1971年海牙判决公约》的失败经历,《海牙判决公约》采取了一个非常实用的解决方案并且尽可能地照顾了各国的利益,从而为民事和商事领域中外国判决的承认与执行提供一项有效的制度,并为那些基本无争议的判决的流通提供了便利。[③]《海牙判决公约》确定的承认与执行外国判决的制度分为三个步骤:首先,判决应属于公约规定的范围;其次,满足其中一条关于间接管辖权的规定;最后,不属于拒绝

---

① 塞浦路斯(1971年加入,1979年生效);荷兰(1972年加入,1979年生效);葡萄牙(1983年加入,1983年生效);科威特(2002年生效)和阿尔巴尼亚(2010年生效)。载https://www.hcch.net/en/instruments/conventions/status-table/? cid=78,最后访问日期:2019年9月20日。

② 参见《1971年海牙判决公约》第21条。

③ See Garciamartin F, Saumier G., “Judgments Convention: Revised Preliminary Explanatory Report”, para. 16. Accessed July 23, 2019. https://assets.hcch.net/docs/7cd8bc44-e2e5-46c2-8865-a151ce55e1b2.pdf.

承认与执行的事项,符合上述三个条件,被请求国法院就可以承认与执行该外国判决。同时,《海牙判决公约》采用将外国判决纳入国内法律体系的模式,允许在依据公约无法承认与执行外国判决的情况下,适用有关承认与执行的国内法律规则。通过上述三个简单部分的规定,《海牙判决公约》勾勒出清晰具体的判决承认与执行机制。

(1)《海牙判决公约》的适用范围明确具体

《海牙判决公约》按照由概括到具体的顺序规定公约的适用范围,先确定宏观的民商事法律领域,再确定不属于适用范围的具体领域。《海牙判决公约》第1条规定,该公约适用于民商事判决的承认与执行,并将税收、海关和行政决策等更为具体的领域排除在适用范围之外。该公约第2条对此进一步加以明确,对不属于适用范围的其他领域作了列举式规定。[①] 此外,该公约第2条还将仲裁和其他替代性争端解决方式排除在适用范围之外。更重要的是,该公约适用于一方是国家、政府、政府机构或以国家名义行事的个人民商事司法判决,但不包括有关国家和国际组织豁免权和特权方面的内容。综上所述,公约通过两个条款将适用范围明确且具体地勾勒出来,将敏感领域排除在外,并因此获得了与会各国的普遍认可。

(2)《海牙判决公约》的执行机制简便易行

《海牙判决公约》建立的执行机制非常简单。首先,《海牙判决公约》确立了总的原则——缔约国法院的判决应根据公约第二章的规定在其他缔约国得到承认并执行;[②]被请求国不得对判决进行实质性审查[③]以及判决必须在原审国有效且可执行。[④] 其次,《海牙判决公约》建立了一个简单的执行机制——如果民商事判决是在符合公约第5条所规定的具有间接管辖权的国家作出的,而且没有落入公约第7条

① 《海牙判决公约》排除在其适用范围外的事项是:(1)自然人的地位和法律行为能力;(2)赡养义务;(3)其他家庭法事项,包括婚姻财产制度和婚姻或类似关系所产生的其他权利或义务;(4)遗嘱和继承;(5)破产、金融机构的组成、解决和类似事项;(6)乘客和货物的运输;(7)海洋污染、海事索赔责任的限制、共同海损、紧急拖船和救助;(8)核损害赔偿责任;(9)法人或自然人或法人社团的有效性、无效或解散,以及其机关决定的有效性;(10)公共登记事项的有效性;(11)诽谤;(12)隐私;(13)知识产权;(14)武装部队的活动,包括其人员履行公务的活动;(15)执法活动,包括执法人员执行公务的活动;(16)反托拉斯(竞争)事项;(17)通过国家单边措施进行的主权债务重组。

② 参见《海牙判决公约》第4条第1款:缔约国法院作出的判决(原审国)应当根据本章规定在另一缔约国(被请求国)得到承认与执行。拒绝承认或者执行仅可根据本公约所规定的理由。

③ 参见《海牙判决公约》第4条第2款:被请求国不得对判决的实体问题进行审查。仅出于适用公约的需要才能考虑此类审查。

④ 参见《海牙判决公约》第4条第3款:判决只有在原审国是有效的,才应该被承认;并且只有在原审国是可执行的,才应得到执行。

拒绝承认的范围,则判决可以在被请求国予以承认与执行。但申请获得承认与执行的判决应当受到公约第 6 条专属管辖规定的限制。不过,公约第 6 条主要是关于不动产物权的规定,关于注册知识产权的专属管辖权、不动产租赁的内容已经被去除,因此不会产生太大影响。

《海牙判决公约》第 5 条规定的间接管辖权是承认与执行判决的基础,要求予以承认与执行的国家对该判决进行评估时必须以间接管辖权为依据。① 这些依据可分为三种传统的管辖类别:基于与被告有关的管辖、基于同意的管辖和基于请求国与判决作出国之间联系的管辖。② 具体而言,包括以下管辖权基础:经常居所地国,自然人主要营业地国,寻求承认的一方是申请人,被告在原审国设有不具有独立法人资格的分支机构或其他机构并因这些实体引起的索赔,被告明示或默示地同意原审法院的管辖权,根据当事人选择的法律在履行合同义务的国家作出判决或根据该国法律冲突规则作出判决,关于不动产租赁的判决,由不动产所在国作出,判决是以位于原审国的不动产物权为担保的合同义务,原审国直接造成损害的作为或不作为,原审国作出非合同义务的判决,与信托有关,反诉,法院选择协议。③ 公约采取单独规定的间接管辖权方式并没有给参与国带来困扰,这些规定在各国的法律制度中大多有迹可循,只是《海牙判决公约》将其表述得更精确或详细。④ 此外,这些依据之间没有层次等级关系,只要满足其中一种情形即可。尽管专属管辖权已经被限制在极窄范围内,但上述关于间接管辖权的规定受到《海牙判决公约》第 6 条专属管辖权规则的限制。在涉及不动产物权时,只有不动产位于原审国时,判决才能获得承认与执行。

在判决符合《海牙判决公约》第 4 条、第 5 条和第 6 条规定的情况下,公约在第 7 条规定了拒绝承认与执行的情形。主要包括:抗辩权利、通过欺诈手段获得判决、公共政策、违反选择法院的协议、与被请求国的判决不一致、与另一州的判决不一致。⑤

---

① See Garciamartin F, Saumier G., "Judgments Convention: Revised Preliminary Explanatory Report", para. 17. Accessed July 23, 2019. https://assets.hcch.net/docs/7cd8bc44-e2e5-46c2-8865-a151ce55e1b2.pdf.

② See Ilija Rumenov, "Implications of the New 2019 Hague Convention on Recognition and Enforcement of Foreign Judgments on the National Legal Systems of Countries in South Eastern Europe," EU and Comparative Law Issues and Challenges Series 3, 2019, pp. 385-404.

③ 参见《海牙判决公约》第 5 条第 1 款 A~M 项。

④ See Garciamartin F, Saumier G., "Judgments Convention: Revised Preliminary Explanatory Report", para. 146. Accessed July 23, 2019. https://assets.hcch.net/docs/7cd8bc44-e2e5-46c2-8865-a151ce55e1b2.pdf.

⑤ 参见《海牙判决公约》第 7 条第 1 款 A~F 项。

《海牙判决公约》关于平行诉讼的制度主要集中在第7条第1款E项和F项,分别处理了与被请求国或第三国所作判决不一致的情形。第7条第2款规定了被请求国在待决程序中如何处理对原审国判决承认与执行的申请。然而,根据该款而作出的拒绝并不妨碍随后提出的承认与执行判决的申请。

最后,《海牙判决公约》引入了一项有利于承认原则,根据这项原则,如果一项判决不能根据公约获得承认与执行,但根据国内法可以获得承认与执行,则被请求国可以根据国内法承认并执行一项外国判决。① 由此可以看出,《海牙判决公约》的目的是为相互承认或执行判决设定最低的标准。② 公约的姿态很低,柔性十足,给参与国更多的选择,也为未来适用提供了更大的空间,同时也使公约本身更容易被各国接受。

(3)《海牙判决公约》中的其他规定

《海牙判决公约》还包括判决承认与执行的其他规定。这些规定涉及以下几个方面:承认与执行中的先决问题、承认与执行中的判决可分割性问题、承认与执行中包含惩罚性赔偿在内的损害赔偿问题以及司法和解协议问题。③ 此外,《海牙判决公约》还规定了一些程序问题,这些程序问题有助于《海牙判决公约》设定的承认与执行机制的实现。例如,需要制作的文件、程序和诉讼费用。④

总体而言,一方面,中国内部有突破严格互惠的愿望,并从2016年开始积极突破严格互惠,确立典型案例,借助东盟和"一带一路"倡议不断促进中国和各国之间判决承认与执行的良性流通。另一方面,在国际层面,海牙国际私法会议经过多年的酝酿和努力又恰逢其时地推出了《海牙判决公约》,中国在其中积极参与并起到了非常重要的作用。《海牙判决公约》与2005年通过的《选择法院协议公约》一脉相承,互相配合。⑤ 中国在内在和外在、国际和国内层面都对判决的承认与执行问题作出了一定的突破。目前,《选择法院协议公约》正在等待进入批准程序,稍后中国会考虑启动《海牙判决公约》的签署和批准程序,而这两项公约在中国的生效必然会对包含东北亚地区在内的民商事判决承认与执行事项产生非常大的影响。

---

① 参见《海牙判决公约》第15条。

② See Garciamartin F, Saumier G., "Judgments Convention: Revised Preliminary Explanatory Report", para. 367. Accessed July 23, 2019. https://assets.hcch.net/docs/7cd8bc44-e2e5-46c2-8865-a151ce55e1b2.pdf.

③ 参见《海牙判决公约》第8~11条。

④ 参见《海牙判决公约》第12~14条。

⑤ 参见徐国建:《建立法院判决全球流通的国际法律制度——〈海牙外国判决承认与执行公约草案〉立法资料、观点和述评》,载《武大国际法评论》2017年第5期。

三、《海牙判决公约》对未来东北亚地区判决承认与执行的影响

(一)《海牙判决公约》扩大了判决承认与执行的渠道和依据

《海牙判决公约》第15条规定,在不违反第6条的前提下,本公约不阻止依据国内法承认或执行判决。这对于《海牙判决公约》来说是一条有利于判决承认与执行的原则,根据这条原则,如果判决不能根据公约获得承认与执行,但根据各国国内法律规则可以获得承认与执行,则被请求国可以依据国内法承认并执行一项外国判决。这就说明公约将外国判决同时也纳入国内法律体系,扩大了公约的可适用性。

如前所述,中国对于外国判决的承认与执行主要依据国际条约、双边协定和互惠制度。在国际条约层面,中国几乎没有参加任何承认与执行外国判决的专门公约。在双边司法协助协定上,中国虽然与32个国家存在判决承认与执行的双边协定,但这些双边协定中的判决承认与执行条款规定得较为笼统,被适用的机会很少。在互惠制度方面,中国实行的是严格互惠主义,要求必须存在承认与执行外国法院判决的先例。因此,国内法院在判决的承认与执行领域能够采取策略的空间极其狭小,加之在判决的承认与执行领域长期存在的保守性,国内法院一直依据最高人民法院的司法解释和通过平行诉讼的方式解决当事人之间的纠纷,这表明判决承认与执行在中国实际上是非常受限的。

《海牙判决公约》是全球首个全面确立民商事判决国际流通统一规则的国际文书,旨在使各国判决在全球得到承认与执行。公约的通过将为包括国际贸易、跨境商业在内的国际民商事活动提供更优质、高效、低成本的司法保障,公约通过设计简单、明确和具有柔性的规则,为各国在判决承认与执行领域提供了最低的标准,同时也确定了统一的规范,这将对国际民商事司法合作产生深远的影响。

东北亚国家之间婚姻关系数量较多,中国与韩国、朝鲜、日本以及俄罗斯远东地区之间的经贸往来也较为频繁。这其中,婚姻关系是最主要的法律纠纷形式,由于《海牙判决公约》不予调整,因此仍然可以保持原有的依据国内法处理的模式。但是经贸往来以及涉及金钱的判决一方面可以依据青岛法院所确立的东北亚国家之间判决承认与执行的新范式,另一方面可以根据《海牙判决公约》的判决执行机制予以承认与执行。这对于相对保守的东北亚地区而言,是一个相对利好的消息。如果《海牙判决公约》能够在中国获得批准,无疑能够拓展现有的判决承认与执行领域的渠道和依据。国内法院既可以不再仅依据国内法,又可以突破保守的心态和职业风险的制约,而且公约本身并不排斥国内法院的现行做法,只是在此基础上提供了一个简单易行并且符合国家利益的方法,这种方法同样能降低当事人的诉讼成本和被

请求国的司法成本。这就为国内法院提供了一种安全的替代性、补充性方案。

(二)《海牙判决公约》突破了严格互惠和双边协定的低操作性

由于中国一直秉承严格的互惠制度,虽然在2016年有所松动,但是并未形成一种趋势性和全局性的互动。一方面,在判决的承认与执行领域中,中国的表现仍然比较保守,仅有几起代表性的案件,若欲突破此种严格互惠还需较长时间的发展和司法实践的推动。另一方面,虽然中国与36个国家签订了双边司法协助协定,但是只有32个双边协定含有判决的承认与执行条款。这些判决的承认与执行条款规定得非常笼统和模糊,不具备可操作性,因此在实践中也无法指导法院对外国判决的承认与执行活动。东北亚国家的具体情况是,中日韩朝蒙俄之间,中国只与四个国家之间的双边司法协助协定中含有判决承认与执行条款,但这些司法协助协定关于判决承认与执行的规定存在一些问题:(1)措辞并不相同。如前所述,中朝之间协定措辞为"承认与执行法院裁决",中蒙之间协定措辞为"部分判决裁定执行",中俄之间协定措辞为"法院民事判决的承认与执行",不同的词语表达的内涵和外延都不相同,所以东北亚各国之间关于何为判决、何种判决可以被承认与执行都有着不同的理解,这些都在事实上阻碍着司法实践部门的实际操作。(2)规定笼统缺乏可操作性。上述双边协定中的判决承认与执行条款都是一笔带过,缺乏关于判决的承认与执行的判决种类、判决执行条件、拒绝执行条件、平行诉讼等规定,同时也没有规定要件和抗辩事由等,司法机关即便想要引用这些条款,也会苦于没有细则而无法操作。

而《海牙判决公约》则不然,它从《1971年海牙判决公约》的失败经历中吸取了教训,采取了一种实用的解决方案和符合各国利益的处理方法。公约建立的制度非常简便且易于操作,如果满足公约第2条规定的民商事判决是由符合第5条规定的有间接管辖权的国家作出,并且没有出现第7条规定的拒绝承认的情形,也没有违反第6条关于专属管辖权的规定,则判决可以在被请求国予以承认与执行。也即《海牙判决公约》将判决承认与执行问题用三个部分固定,分别为:(1)判决书符合公约的适用范围;(2)作出判决的国家满足间接管辖权规定之一;(3)没有出现拒绝承认与执行判决的事由。而且,诚如上文所述,公约在适用范围、间接管辖权和拒绝承认与执行判决的理由三方面规定得清晰明确。

为了使上述三个方面在各国的司法实践中更易于操作和确定,《海牙判决公约》还在第3条详细界定了公约所使用的相关术语;在第8~11条规定了先决问题、可分割判决、惩罚性赔偿判决和司法和解协议等特殊问题的承认与执行;在第12~15

条规定了有助于《海牙判决公约》机制实现的必要程序。例如,需要制作的文件、程序和诉讼费用。

《海牙判决公约》是一个简单且易于操作的体系,只需要满足关于判决的范围、间接管辖权和排除拒绝承认与执行的事由等规定就可以获得承认与执行。公约的条款规定得具体清晰,非常具有可操作性,突破了严格互惠和双边协定的限制,在公约的指导下,法官更容易获得指引从而完成判决的承认与执行工作。

(三)《海牙判决公约》提供了更为实用的解决方案

首先,《海牙判决公约》禁止实体审查。《海牙判决公约》第 4 条第 2 款规定,被请求国不得对判决的实体问题进行审查。公约规定被请求国只能对公约的适用进行形式审核,即不能进行实质审核。上述规定是合理的,能够保证公约的顺利实施。1968 年的《布鲁塞尔公约》要求成员国不能对案件进行实体审查,实践证明该公约是成功的。而《1971 年海牙判决公约》没有这方面的要求,最后被实践证明是失败的。而且实体审查在本质上也与促进判决自由流通的宗旨相悖,同时浪费司法资源。《海牙判决公约》在这方面作出了调整,进而能够为判决的承认与执行提供比较适合的解决方案。

其次,《海牙判决公约》规定的第 2 项实用措施是间接管辖权制度。公约第 5 条规定了判决流转的第一项标准,即以间接管辖权作为承认与执行判决的基础,要求予以承认与执行的国家对该判决进行评估时须以间接管辖权为依据。外国判决需要满足的第一个条件是它与原审国有适当的联系,这表现在《海牙判决公约》第 5 条规定的间接管辖权。对一国的法律制度来说,这些间接管辖情形与国家直接管辖规则无关。在对间接管辖情形进行评估时不受原审国法院直接管辖权的约束。原审国和被请求国的直接和间接管辖权之间可能产生不一致的结果。在这方面可以采取两种办法:第一,在短期内,适用《海牙判决公约》第 15 条的规定,允许适用各国国内关于承认与执行的规则,进而提供一种安全的替代方案。第二,从长期来看,《海牙判决公约》采取的这种被动做法,可能会使各国将直接管辖标准与《海牙判决公约》第 5 条规定的标准同步,从而使判决更容易流通。将直接管辖权规则排除在《海牙判决公约》之外并不代表司法合作思想上的退步,而是考虑在民事和商业事项的跨界法律关系方面需要可预测性和公正性。从短期来看,《海牙判决公约》间接管辖权规则与各国管辖权的标准不一致,但从长远来看,公约中的标准会对国家的直接管辖权产生影响,从而实现公约的主要目标,这是《海牙判决公约》非常重要的内容。

最后,《海牙判决公约》在很多方面采用了最低标准的做法,使公约的规定尽可能接近各国的法律制度,同时允许将公约嵌入到各国国内法中,从而为各国提供了平等友好的法律环境,为判决承认与执行设定了最低标准。这可以使不同的法律文化相互融合,产生跨越法系的影响。这主要表现在:

第一,《海牙判决公约》第5条详细规定了间接管辖权的若干类型,这些类型大多可以在各国的法律制度中找到,只是《海牙判决公约》对此又作出了更精确和详细的表述。此外,这些依据之间没有层次等级关系,只要满足其中一种情形就视为满足条件。从上述规定可以看出,公约规定的间接管辖权制度比较宽松,如果把"管辖过滤器"规定得过于严密,使成员国承认与执行其他成员国法院判决的根据过于严苛,则又不符合前述公约通过建立世界范围内的法院判决流通制度,减少跨境交易相关的成本和风险,促进跨境贸易和投资的立法意图。① 公约在制定间接管辖权的过程中也充分考虑了各国的现存制度,间接管辖权制度能够为当事人提供可预见性,为判决的承认与执行提供了宽松良好的运行条件。

第二,如果外国判决不符合《海牙判决公约》第7条第1款规定的条件,被申请国法院可以拒绝承认与执行。这些条件并不是创新性的规定,它们都可以在国家法律体系中被找到,它们的适用也不是强制性的。这里需要注意的是,公约的措辞是"可以"(may),这意味着被请求国在这些情形下不是必须拒绝承认与执行外国判决,被请求国可以根据各自的需求在国内法上作出调整。② 由此可以看出,起草者的意图是为拒绝承认与执行设立一个最低标准,并允许各国对这些标准作出调整。③

第三,《海牙判决公约》引入了一项有利于承认原则,根据这项原则,如果不能根据《海牙判决公约》承认与执行判决,但根据国家法律规则可以承认与执行判决,则被请求国可以根据国内法承认并执行一项外国判决。④《海牙判决公约》第15条的唯一限制是本公约第6条所述的专属管辖权情形。基于此,我们可以认为《海牙判决公约》目的是为相互承认或执行判决设定最低标准。

《海牙判决公约》的规则具有足够的灵活性,在允许多种法律制度加入的同时,

① 参见徐国建:《建立法院判决全球流通的国际法律制度——〈海牙外国判决承认与执行公约草案〉立法资料、观点和述评》,载《武大国际法评论》2017年第5期。

② 同上。

③ 参见 Garciamartin F, Saumier G., "Judgments Convention: Revised Preliminary Explanatory Report", paras. 273-275. Accessed July 23, 2019. https://assets.hcch.net/docs/7cd8bc44-e2e5-46c2-8865-a151ce55e1b2.pdf。根据该修订解释性报告草案,各国可以:(1)通过国内立法,国家可以自行决定在某些情况甚至在所有情况下不拒绝执行;(2)在某些情况下要求承认与执行;或(3)规定与行使酌处权有关的其他标准。

④ 参见《海牙判决公约》第15条。

为技术的不断变化和这一法律领域的进一步协调留出增长的空间。[①] 该公约的签署及履行不会对东北亚国家法律制度造成严重障碍，尤其是在《海牙判决公约》对适用国家法律规则、其他国际条约等方面采取了自由主义态度的情况下。从短期来看，公约提供了一个安全的替代方案；从长期来看，可能会使东北亚地区的判决互认与较为前沿地区的实践逐渐平面化，使东北亚地区与中美、中加等国的重要实践逐渐同步化。《海牙判决公约》中提供的大多数解决方案在各国的法律体系中都是已知且符合国家法律标准的。对于中国以及东北亚国家而言，公约提供的制度性框架尤为重要，对法律的确定性、程序的可预见性甚至对该区域的经济都将产生持久的影响。

---

① See Louise Ellen Teitz, "Another Hague Judgments Convention: Bucking the Past to Provide for the Future," *Duke J. Comp. & Int'l L.* 29, 2019, pp. 491, 512.

《承认与执行外国民商事判决公约》中反垄断条款研究

单　娟*

在《承认与执行外国民商事判决公约》(以下简称《海牙判决公约》)的谈判过程中,反垄断事项在公约界限内外反复徘徊,其背后是各国对反垄断判决所可能涉及的国家利益和公共利益的考量。最终,《海牙判决公约》在各方妥协下原则上排除反垄断事项,仅对行为、效果均发生在原审国的核心卡特尔判决予以例外适用。《海牙判决公约》将在各国立法中差异较小且一般认为本身违法的核心卡特尔判决作为例外予以适用,虽然要求该类判决必须行为地、效果地及法院地三地合一,进一步限制一国通过目前争议较大的域外管辖取得的核心卡特尔判决,但也是反垄断民商事争议国际合作的一大进步,是国际私法条约史上的一大创新。从《海牙判决公约》规定、反垄断协议诉讼本身的特点及目前现实乃至长远角度而言,在这个问题上我国将来批准加入公约时无须特别声明保留。当下更需要的是对国内制度的相应调整和促进我国企业法律意识的提高。

一、引言

2019年7月2日,在海牙国际私法会议上,包括中国在内的多个国家确认了《海牙判决公约》文本。① 这一备受瞩目的公约是首个全面确立民商事判决国际流通统一规则的国际文书。毫无疑问,《海牙判决公约》的签署必将对国际民商事领域司法合作、判决的全球流通、民商事领域公平和正义的跨国实现产生深远影响。

---

* 吉林大学法学院博士,山东科技大学文法学院讲师,硕士研究生导师。

① 参见 HCCH, "Convention on the Recognition and Enforcement of Foreign Judgements in Civil or Commercial Matters", Accessed July 15, 2019. https://www.hcch.net/en/home。本文所引《海牙判决公约》正式文本、系列草案内容、解释性报告以及事项清单等内容均引自海牙国际私法会议官网,下文不再一一作出引注。

反垄断(竞争)[①]法律在很长时间里一直存在于少数司法管辖区,[②]但时至今日,世界上几乎所有的司法管辖区都存在反垄断法律制度。[③] 美国自1914年《克莱顿法》确立反垄断民事诉讼制度以来,通过民事诉讼的方式执行反垄断法一直是美国反垄断执法的常态,但这一做法在其他法域是极为罕见的。经济全球化带来的各国经济的资金流、技术流、产品流、产业流、人员流汇成了世界经济的海洋,跨国公司乃至中小企业的垄断行为也呈现国际化趋势,跨国反垄断民事诉讼逐渐被各国承认,跨国反垄断管辖权和法律适用等问题开始成为学界关注的话题。在《海牙判决公约》的制定过程中,对于反垄断事项是纳入还是排除在该公约的适用范围是各国代表团关注的重点话题之一,但学界研究基本处于空白。在公约的最后文本中反垄断事项被列入公约排除事项,仅规定行为、效果均发生在原审国的核心卡特尔判决可以例外适用。那么为何公约在反垄断事项上最终作出了如此的"妥协"排除?若我国加入该公约,该项排除会对我国相关当事人利益和国家利益带来何种影响?我国对此应如何考量?本文将从梳理《海牙判决公约》系列草案及解释性报告在反垄断事项上规定的发展脉络入手,探讨反垄断事项妥协排除背后的原因,分析此例外事项可能会对我国带来的影响,最终为我国未来加入公约提供一定的考量依据。

二、反垄断事项在"判决项目"界限内外的徘徊与妥协

1971年《民商事案件外国判决的承认和执行公约》颁布后并不尽如人意,[④]面对国际贸易发展的需要同几十年前相比越来越复杂的情况,迅速发展的仲裁并不

---

① 在不同的司法管辖区,针对该主题的类似实质内容的规则采用了不同的术语。"反托拉斯"一词在美利坚合众国使用;"竞争"一词在欧洲使用。这两种用语并无实质性差别。这些术语涉及市场竞争的各个方面,但不涉及不公平"竞争法"的广泛概念。例如,误导广告或冒充竞争对手的商品。公约在历次讨论文本中一般表述为"anti-trust(competition)"。在我国与之相对应的即为"反垄断",因此本文中"反托拉斯"、"竞争"与"反垄断"互换,除非另有说明,否则任何一个术语的使用均旨在涵盖上述内容。

② 自1890年《谢尔曼法案》(Sherman Antitnst Act)通过以来,美国一直存在强有力的反托拉斯诉讼,比任何其他司法管辖区都要长。有关美国反垄断诉讼历史的概述,参见 D. J. Gerber, *Global Competition: Law, Markets, and Globalization*, Oxford, Oxford University Press, 2010, pp. 122-124。

③ See Baker McKenzie, "Global Guide to Competition Litigation", Accessed June 23, 2019. https://f.datasrvr.com/fr1/818/58870/DSC34493_Global_Guide_to_Competition_Litigation_April_11.pdf.

④ 国际社会一直致力于推动国际间民商事判决相互承认与执行,1971年海牙国际私法会议通过了第一份《民商事案件外国判决的承认和执行公约》。参见 HCCH, Convention of 1 February 1971 on the Recognition and Enforcement of Foreign Judgments in Civil or Commercial Matters。然而由于种种原因,该公约仅有阿尔巴尼亚、塞浦路斯、葡萄牙、荷兰和科威特5个国家批准加入,公约并未发挥实质性作用。

总是解决争端的理想方法,海牙国际私法会议自1992年再次开始新一轮磋商。27年来历经波折,最终在各方努力下,以最大限度地展现灵活为指引,以协商一致通过"单一公约"的方式分别完成了2005年《法院选择协议公约》和2019年《海牙判决公约》文本的谈判和确定。在历次谈判和会议中最核心且具有争议性的话题集中为民商事争议的范围,尤其是排除事项的范围,其中反垄断事项是否应该排除这一问题被多次提及,反垄断事项在《海牙判决公约》范围纳入界限内外反复徘徊。

(一)第一阶段界限内:以"混合公约"谈判为目的的谈判起步期

1992年6月1~4日,海牙国际私法会议常设局召开管辖权和判决的承认与执行事务和政策问题特别委员会(以下简称早期特委会)会议,最终在1997年4月拟定了《国际民商事管辖权和外国判决报告》(以下简称7号文件)。在7号文件中,专门就反垄断事项是否纳入未来公约的范围以及竞争管辖权问题作了特别说明。文件指出在讨论是否将与竞争有关的事项纳入未来公约范围时存在一定的误解,事实上与竞争有关的事项存在两个不同的问题即由公权力机关采取的公共执行竞争法和由竞争者、合同相对人乃至消费者向一国法院提出的违约或侵权损害赔偿诉讼即私人执行竞争法两种情形,同时对于组成竞争法的反垄断法和反不正当竞争法也应区别对待,反垄断诉讼与反不正当竞争诉讼从案件性质上显然应该是分开的;基于此,对于反垄断法的公共执行应采用国家合作的形式,未来的公约最好排除;但对于纯粹由私人提起的民事违约或侵权诉讼在没有特别理由的情况下并不应排除在外即应纳入未来公约的范围内。①

早期特委会在1997~1999年3年间召开五次会议对7号文件进行商讨。第一次会议主要围绕管辖权问题进行讨论并形成8号初始文件。其中对竞争事项的管辖权问题进行了简要讨论,指出有必要区分严格意义上的涉及反垄断法公共执行和违反竞争法的侵权或违约等私人行动,公约不应排除因违反竞争法而引起的不正当竞争、侵权或合同之诉,但是并没有详细讨论应采取的区分标准问题。② 在随后召开

① See HCCH, International Jurisdiction and Foreign Judgments in Civil and Commercial Matters, Report Drawn up by Catherine Kessedjian.

② See HCCH, Synthesis of the Work of the Special Commission of June 1997 on International Jurisdiction and the Effects of Foreign Judgments in Civil and Commercial Matters Drawn up by Catherine Kessedjian, p.25.

的三次会议上，①早期特委会在排除范围中都未包含反垄断事项。此外，在1998年9月常设局为第三次早期特委会提供的“协助拟订一项关于民事和商业方面外国判决的管辖权、承认和执行问题的第2号资料文件”②中也并未排除反垄断事项。1999年10月30日第五次会议通过了首次拟制的《民商事管辖权和外国判决的承认与执行公约》（以下简称《1999年草案》），③同样未将反垄断事项予以排除适用，并在第10条“侵权或其他违法行为的管辖权问题”中，对反垄断条款中的原告所在地管辖予以一定的限制。④

（二）第二阶段界限外：由混合模式向《选择法院协议公约》单一议题转变期

1999年草案出台后，尽管各国对制定该公约的必要性充分认同，但在众多问题上的分歧较大。2001年6月6～20日，海牙国际私法会议常设局和其他共同报告人共同起草了2001年《初步案文》，在该案文中反垄断事项首次被列入公约排除事项。⑤ 起草者解释道：与会者普遍同意该提案的做法，但需进一步研究。问题仍然是找出适当的术语来界定被排除在外的领域。上述2001年的案文仍然坚持以制定同时包含管辖权和判决的承认与执行内容的混合公约为目的，但是谈判的艰辛使海牙国际私法会议不得不一再妥协。2005年6月海牙国际私法会议对各国分歧较小的

① 1998年3月3～13日召开了第二次会议并形成9号初始文件，1998年11月10～20日在第三次会议形成的《国际民商事管辖权和外国判决效力》，1999年6月7～18日召开第四次会议。参见HCCH, Synthesis of the Work of the Special Commission of March 1998 on International Jurisdiction and the Effects of Foreign Judgments in Civil and Commercial Matters Drawn up by Catherine Kessedjian, p. 3；HCCH, Special Commission on International Jurisdiction and the Effects of Foreign Judgments in Civil and Commercial Matters Proposal by the Drafting Committee。

② See HCCH, Preliminary Draft Outline to Assist in the Preparation of a Convention on International Jurisdiction and the Effects of Foreign Judgments in Civil and Commercial Matters Prepared by the Permanent Bureau.

③ See HCCH, Preliminary Draft Convention on Jurisdiction and Foreign Judgments in Civil and Commercial Matters adopted by the Special Commission on 30 October 1999.

④ 《1999年草案》第10条：“侵权或者违法行为。1. 原告可在国家法院提起侵权行为或不法行为——a）造成伤害的行为或不作为，或b）造成伤害的地方，除非被告确定声称有责任的人无法合理预见该行为或不作为可能导致该国遭受相同性质的伤害。2. 第1b）款不适用于因违反反托拉斯行为而造成的伤害，特别是定价或垄断，或阴谋造成经济损失。”这一条恰恰说明1999年草案不排除反垄断事项的适用。

会议还发布了由Peter Nygh和Fausto Poca撰写的报告，谈到反垄断事项具有一定的特殊性，应充分考虑到实际中可能出现的各种情况。See HCCH, Preliminary Draft Convention on Jurisdiction and Foreign Judgments in Civil and Commercial Matters Adopted by the Special Commission and Report by Peter Nygh and Fausto Pocar（Preliminary Document No. 11.）

⑤ See HCCH, Summary of the Outcome of the Discussion in Commission II of the First Part of the Diplomatic Conference 6－20 June 2001 Interim Text, Prepared by the Permanent Bureau and the Co-reporters.

协议管辖及其判决的承认与执行问题通过了《选择法院协议公约》,从而实现了在这一单一议题上的突破。[①] 该公约2003年草案和2004年草案中均将反垄断事项列入排除事项备选项范围内,但最终通过的公约文本将此排除在外。[②] 在早前出台的两份解释报告曾对为何排除反垄断事项作出过详细的说明。[③] 报告指出:首先公约排除的以反垄断事项为目的的诉讼,是以类似于在美国根据《谢尔曼法》和《克莱顿法》、在欧盟根据《欧共体条约》第81条、第82条以及根据其他国家同等规定提起的诉讼;反垄断公共执行不是民事或商业事项,因此不属于公约的适用范围;反垄断事项可以构成私人诉讼,美国和欧盟都已存在相当数量的提起侵权赔偿诉讼的例子,这些行为之所以被排除在公约之外是因为它们虽然是私人当事方之间的行为,但却影响公共利益。[④]

(三)第三阶段界限内:单一模式的判决项目再次启动期

由于各国在管辖权问题上分歧较大,2005年《选择法院协议公约》通过后,该公约的谈判一度停顿。2012年海牙国际私法会议决定暂缓对管辖权问题的讨论,设立专门工作组拟就外国判决的承认与执行起草一项新的法律文书。为此,2013年2月,常设局制定了《判决承认与执行工作组亟须讨论的问题清单》,[⑤]该清单将反垄断事项列入需要进一步讨论的话题范围,并指出反垄断事项是否应被排除在未来公约的适用范围外取决于这类民事诉讼是以公共利益、监管利益还是私人利益为主要的追求。

在2015年2月和10月举行的判决项目工作组会议上,分别通过判决承认与执

---

① 参见徐国建:《建立国际统一的管辖权和判决承认与执行制度——海牙〈选择法院协议公约〉述评》,载《时代法学》2005年第5期。

② See HCCH, Convention on Choice of Court Agreements.

③ See HCCH, Preliminary Draft Convention on Exclusive Choice of Court Agreement: Explanatory Report Drawn up by Masato Dogauchi & Trevor C. Hartley.

④ 报告进一步解释在欧盟法院勇气案中,欧盟法院指出经济实力较弱的一方如果被迫接受违反欧共体竞争法的合同的条款,其可以向另一方要求赔偿,这样做一方面可以为经济弱方当事人伸张正义,另一方面可以为公共利益服务。欧盟勇气案:Case C-453/99, [2001] ECR I-6297; [2001] 3 WLR 1643.

⑤ 这份文件在原有文件基础上将实质性范围分为三类,即一般应纳入的、一般应排除的和需要进一步讨论的,并对于这些话题进行了进一步讨论以提供给特别委员会供其审议。参见HCCH, Annotated Checklist of Issues to be Discussed by the Working Group on Recognition and Enforcement of Judgments Prepared by the Permanent Bureau。

行的《文本初始草案》[①]和《文本建议草案》,[②]该两个文本在排除事项上作出一致的规定即均未排除反垄断事项。

2016年年初,海牙国际私法会议成立判决项目特别委员会(以下简称特委会),并在同年6月达成2016年《公约初始草案》,该草案依然未将反垄断事项列为排除事项。[③] 在同时公布的第4号资料文件中提道:"政府机构在行使主权权力时的作为或不作为的行为,以及一国以管制能力(特别是在反垄断事项方面)作出的行为,一些国家可能认为不属于'民事或商业事项'一词的范围。然而,不应仅以一国是诉讼当事方这一事实否认该事项具有民事和商业性质。"[④]在同年12月4日《关于民商事事项说明特别解释报告》中指出,2016年草案不排除反垄断事项,对于私人当事人提起的反垄断诉讼以及公共当局代表私人当事人(如消费者)提出的诉讼都将属于公约的范围;同时对于这两类行为,可援引第71(c)条(公共政策)或第9条(损害赔偿),拒绝承认或执行一项不仅仅是对私人损失进行赔偿的决定;公共当局(如竞争主管机构)在行使其公共权力时提出的诉讼不符合"民事或商业"的资格,因此被排除在公约适用范围之外;同样,撤销这类机构所作决定的行动不属于公约的范围。如果竞争主管机构本身给予私人当事方损害赔偿(在某些法域看来是可能的),这种主管机构原则上不符合第3(1)(b)条规定的法院的资格,因此其决定不受益于公约。[⑤] 此后,在2017年的特委会第二次和第三次会议上分别发布草案及解释性报告,也均将反垄断事项予以排除。[⑥]

(四)第四阶段界限外:判决项目尾声期的妥协

2018年5月24~29日,特委会召开第四次会议并达成的2018年《公约草案》

① See HCCH, Report of the Fourth Meeting of the Working Group on the Judgments Project (3 - 6 February 2015) and Preliminary Draft Text Resulting from the Meeting.

② See HCCH, Report of the Fifth Meeting of the Working Group on the Judgments Project (26 - 31 October 2015) and Proposed Draft Text Resulting from the Meeting.

③ See HCCH, 2016 Preliminary Draft Convention drawn up by the Working Group on the Judgments Project.

④ See HCCH, Information Document No. 4 of June 2016 for the attention of the Special Commission of June 2016 on the Recognition and Enforcement of Foreign Judgments.

⑤ See HCCH, Note on Aritcle 1(1) of The 2016 Premliminary Draft Convention and The Term "Civil or Commercial Matters" drawn up by the co-Rapporteurs of the draft Convention and the Permanent Bureau.

⑥ See HCCH, Special Commission on the Recognition and Enforcement of Foreign Judgments (16 - 24 February 2017); HCCH, Judgments Convention: Preliminary Explanatory Report (No. 7 of October 2017) drawn up by Professors Francisco J. Garcimartín Alférez, Universidad Autónoma de Madrid, Spain and Geneviève Saumier, Mc Gill University, Canada.

中,排除事项多达17项,反垄断事项发生重大转折,出现在备选项中。[①] 同年12月公布的解释性报告指出P项排除事项因违反反垄断法而提出的侵权损害赔偿诉讼。同样,如果索赔人认为合同因其反竞争性质而无效,或买方要求偿还因卖方滥用其支配地位而向卖方支付的过高价格,则不包括合同中的诉讼;但是,如果一个人根据合同提起诉讼,而被告以合同违反了反垄断法而无效为由提出抗辩,判决就不会被排除,因为根据《公约草案》第2条第2款反垄断问题仅仅是一个先决问题而不是诉讼的对象。在这方面,第8条第2款将与被请求国决定是否承认或执行关于合同纠纷的判决有关。[②] 在常设局的协助下,海牙国际私法会议顾问卡拉·诺思(Cara North)教授就将反垄断问题排除在公约之外而发布专门性"初步文件",[③]该文件主要讨论两个问题,即反垄断事项是否以及在何种程度上可以纳入公约和如果完全排除后果如何。

2019年7月2日海牙国际私法会议第二十二次外交大会闭幕,《承认与执行外国民商事判决公约》最终排除事项达到17项,且在第2(1)(p)条作出原则上排除反垄断(竞争)事项的适用,但对于判决是基于现实的或潜在的竞争者之间,以固定价格、串通投标、设置产量限制或配额,或者通过分配客户、供应商、商业地域范围或商业渠道来分割相关市场的反垄断协议或者协同行为,且该行为和其效果均发生在原审国的情况下可以适用公约。由此可见,公约在反垄断(竞争)事项最终采纳了一种妥协方案,即仅在核心卡特尔且行为与效果均发生在原审国的情形中予以适用,其他情况下原则上不予适用。

三、反垄断事项在判决项目内外徘徊的原因分析

谈判过程中,美国、欧盟以及包括我国在内等多个国家对反垄断问题表现出了较大的关切,从若干解释性报告中我们看到,对该问题的讨论似乎一直围绕反垄断民事诉讼是以公共利益还是私人利益为追求,该争议背后反映的是各国对反垄断法性质、反垄断法的域外管辖制度及惩罚性赔偿制度等内容在各国立法和司法实践差

---

① See HCCH, 2018 DRAFT Convention on Special Commission on the Recognition and Enforcement of Foreign Judgments(24 – 29 May 2018).

② See HCCH, Judgments Convention: Revised Draft Explanatory Report(No. 1 of December 2018) drawn up by Professors Francisco Garcimartín, Universidad Autónoma de Madrid, Spain and Geneviève Saumier, McGill University, Canada.

③ See HCCH, The possible exclusion of anti-trust matters from the Convention as reflected in Article 2(1)(p) of the 2018 draft Convention(No. 2 of December 2018) drawn up by Cara North, Consultant to the Hague Conference on Private International Law, with the assistance of the Permanent Bureau.

异的利益博弈。

（一）对反垄断事项民商事性质的争议

美国自《谢尔曼法案》确立反垄断以来，形成独特的反垄断实施体系，其私人执行活动也最为发达。相对于美国，欧盟对反垄断的执行一直以公共执法为主，但自20世纪90年代末以来欧盟反垄断执法权力下放，私人损害赔偿诉讼的立法和司法实践不断发展。① 同时，日本、加拿大、澳大利亚、德国等国家通过立法等活动不断推进反垄断私人执行的发展。尽管相对于美国的反垄断私人执行而言，其他国家仍然处于相对起步阶段，但是随着立法的推进，人们越来越意识到私人执行对限制竞争行为受害者的潜在利益以及可能引起的雪球效应（snowball effect）。②

对于反垄断判决的承认与执行，各国立法和司法实践均表现出了极为谨慎的态度，这与传统上大陆法系各国一般认为反垄断法具有公法属性有关。当事人之间反垄断民事纠纷只有通过反垄断法所禁止的垄断行为的判定才能确定责任的产生。③虽然目前反垄断立法呈现趋同化趋势，④但在各国对反垄断与反不正当竞争的界分、反垄断规制的行为类型界定、具体类型的立法模式选择、豁免及适用除外的范围等均存在差异。因此，依据各国反垄断法确认的民事责任的背后体现着一国基于本国国家利益和公共利益对经济干预和管理的倾向性。⑤

长期以来，大陆法系主张公法与私法的划分，而反垄断法因其立法目的是对国家利益和社会公共利益的维护，并且在大陆法系主要由行政机关执行反垄断法等特点，因此往往被视为"公法"。公法禁忌理论作为解决涉外民商事问题主导理论，主张任何其他法域的公法都不应在本法域予以适用，同样禁止执行外国依据其本国公

---

① 参见陈灿祁：《欧盟反垄断法私人实施研究》，湖南大学2014年博士学位论文，第15页。

② See Luca G. Radicati di Brozolo, Antitrust Claims, "Why Exclude Them from the Hague Jurisdiction and Judgments Convention?", *Global Jurist* 4, 2004, p. 2.

③ 私人诉讼在大多数司法管辖权区并不都可以以公共执行为前提提起独立诉讼；但相对而言，对于基于事先存在行政监管机构对违反反垄断法的当事人作出行政决定或提起相应诉讼下再由相关当事人提起的后续诉讼显然从证据等角度而言对原告更为便捷有利。

④ See OECD, Centre for cooperation with non-members-Directorate for financial, fiscal and entreprise affairs, Global Forum on Competition, The Objectives of Competition Law and Policy-Note by the Secretariat, 29 January 2003, p. 2. Accessed June 23, 2019. http://www.oecd.org/daf/competition/2486329.pdf.

⑤ 参见黄勇、刘燕南：《反垄断案件司法裁决域外承认与执行法律困境解析》，载《江西财经大学学报》，2019年第3期。

法作出的裁决。[①] 这在反垄断纠纷中意味着一国往往根据本国反垄断法对行为是否构成违法垄断予以裁决,并禁止执行外国基于其本国反垄断法作出的判决。英美法系虽然无公法与私法的划分,但普遍主张法院不会强制执行外国刑法或者公共法律,其中包括反垄断法。[②]

对于上述讨论,有观点主张,对于竞争法是否为公共利益服务,绝不足以将基于这些规则的私人行为排除在公约的适用范围之外,比如,目前各国产品责任、交通事故责任等的损害赔偿也具有一定的公共目的性。[③] 此外,也有观点认为体现的本国公共利益也不一定对他国公共利益有所违背。

公共利益很难存在明确的衡量标准,在国际私法上与之相对应的一个概念即公共秩序,虽然各国对此理解并不完全一致,但法院在援引时的一般情况是法院地的利益高于所包含的诉讼当事人的利益。在雷克空运案[④]中,法院认为由于美国反垄断法对美国而言具有确定的重要经济利益,因此美国的利益也就是公共政策,强制适用于反诉禁令的发布。在这种情况下,美国的国家利益在法律上优先于对外国法院判决的承认。反垄断判决基于法院地国本国反垄断法裁决应反映本国利益的特点,导致被申请承认和执行国会愈加谨慎地查证反垄断判决是否与其存在利益冲突,承认与执行他国反垄断判决是否会使其本国利益受损。因此,将反垄断事项排除在外,从各国维护自身国家利益和公共利益的角度而言,似乎并不难理解。各国对这一疑虑持较为谨慎的态度是《海牙判决公约》最终在原则上排除反垄断事项的重要原因。

此外,从此次谈判开始,各方对于将因国家竞争监管机构的公共执法行为而产生的行政决定排除在《海牙判决公约》的适用范围之外是非常明确的。但是美国在

① 参见 International Committee on Transnational Recognition and Enforcement of ForeignPublic Laws, Internatioal Law Association, Report of The 63D Conference 753 (1988) [hereinafter ILA Report], pp. 730 – 741。该份报告强调大陆法系普遍禁止执行外国公法。

② See Lawrence Collins ed, *Dicey & Morris on the Conflict of Laws*, 12th ed, London: Sweet & Maxwell, 1993, p. 107; F. A. Mann, "The International Enforcement of Public Rights", *N. Y. U. J. INT'L L. & POL* 19, 1987, pp. 614 – 615.

③ See Luca G. Radicati di Brozolo, Antitrust Claims, " Why Exclude Them from the Hague Jurisdiction and Judgments Convention?", *Global Jurist* 4, 2004, p. 9.

④ See Laker Airway v. Sabena, Belgian World Airline 731 F. 2d 909 (DC Cir. 1984).

公共执行反垄断法过程中形成了独特的民事诉讼模式,[①]此类案件是否属于民商事案件?美国与绝大多数国家在这一点上存在分歧。2018 年 5 月《公约草案的解释性报告(修订版)》中的有关说明指出:"将公法问题与'民商事事项'区分开来的关键因素是其中一方是否行使普通人不享有的政府或主权权力。如果诉讼来自公共权力的行使,则公约草案不适用。因此,公约草案不适用于由政府或政府机构如反垄断监管机构或金融监管机构行使权力而产生的命令,也不适用于对执行或上诉此类命令所带来的司法诉讼的判决……"[②]

(二)对效果理论为基础的域外管辖制度的质疑

管辖权和判决承认与执行是国际民事诉讼的起点和终点,管辖权是民商事案件启动的前提,判决的承认与执行则是有效的保障。管辖权是一国司法主权的重要表现,一国法院对他国反垄断判决的承认与执行首先要考察原审国法院是否享有管辖权,大多数国家对外国法院管辖权合格与否的判断依据是本国立法,即对涉外案件行使间接管辖权。[③]

美国经过长期的立法司法实践,一方面,通过美国《联邦民事诉讼法》第 4(k)(1)(D)条"如果立法作出了授权送达传票就能够对被告实施管辖"的规定,结合《克莱顿法》第 12 条"针对反垄断的诉讼不仅可以在被告公司所在地而且可以在该公司被发现或从事交易的地区提起"扩大传统属人管辖的范围;另一方面,基于效果理论和合谋理论,只要行为和市场主体对美国市场产生一定影响,就算在美国境外发生,美国均有权依据美国反垄断法进行管辖并有权依据美国反垄断法予以裁决。[④]由效果原则发展的反垄断法的域外管辖极易导致行为地和影响地的国家利益冲突,比如,出口卡特尔,这些企业的行为是本国反垄断法不予禁止的。尤其是当这些企业可能是对本国经济产生重大影响的企业时,这种国家之间的利益矛盾更为突出。

---

① 区别于行政诉讼由相关当事人为原告以行政机关为被告的模式,而是由国家为原告向垄断行为相关当事人提其赔偿等诉讼主张,这类诉讼在各国体制中十分罕见,而美国是唯一明确建立国家反垄断诉讼机制的国家。国内学界一般界定为国家"民事诉讼"。参见蒋岩波:《美国的反垄断司法及其对我国的几点启示》,载《经济法研究》2007 年第 6 期。

② See HCCH, Judgments Convention: Revised Preliminary Explanatory Report(No. 10 of April 2018) draw up by Professors Francisco J. Garcimartín Alférez, Universidad Autónoma de Madrid, Spain and Geneviève Saumier, McGill University, Canada.

③ See Jürgen Basedow ed al., *International Antitrust Litigation: Conflict of Laws and Coordination*, New York, Hart Publishing, 2012, p. 248.

④ 这里涉及反垄断法的"域外管辖"、"长臂管辖"和"域外适用"一系列概念,国内反垄断法研究中大量使用"反垄断法域外适用"字样,必须清楚这与国际私法上法的"域外适用"并不一致。参见李庆明:《论美国域外管辖——概念、实践及中国因应》,载《国际法研究》2019 年第 3 期。

因此反垄断领域一直存在“效果原则缺乏合理的法律依据”的争论,根据传统的属地管辖原则,此类域外管辖既无国际法上的合理依据也是影响地国家对行为地国家主权的一种干涉。①

美国此举遭到了众多国家的抵制乃至引起国家间的摩擦,②20 世纪 70 年代末 80 年代初,多个国家针对性地颁布系列法令禁止或限制承认执行此类判决。其中,对其他各国承认与执行外国法院反垄断判决立法产生重要影响的是 1976 年美国西屋电气公司案。③ 这场民事诉讼引发了被告所属国与美国政府间的严重冲突。澳大利亚针对美国反垄断法的域外管辖在 1979 年颁布了《外国反垄断判决(禁止执行)法》,④此后,澳大利亚在 1984 年颁布了《外国诉讼(过度管辖)法》进一步加强和扩展了澳大利亚法律对本国利益的保护以对抗外国法律的域外执行。⑤ 基于同样的考虑,英国、⑥加拿大⑦等国也相继颁布相关立法。各国对美国域外管辖的担忧延续到公约项目谈判过程中,海牙国际私法会议曾在 1999 年草案中针对反垄断管辖权强调反垄断案件适用严格的属人管辖原则,并明确在反垄断事项上排除损害发生地的规定,被认为是试图限制美国在反垄断案件上的长臂管辖问题。此规定是美国司法界反对该草案的重要原因之一,故 2000 年 2 月 22 日美国致函称海牙会议公约草案不可能在美国被接受。⑧

随着全球化的发展,反竞争行为表现为此类行为通常由跨国公司主导且具有全球性,即在一个司法管辖区实施的行为可能会损害一个乃至多个司法管辖区的市场竞争。因此,出于对本国竞争市场的维护,除对美国域外管辖进行抵制外,仿效法也被越来越多的国家所采纳,以欧盟为代表的许多国家和地区在反垄断法的立法和司

---

① 参见于馨淼:《欧盟反垄断法域外适用研究》,法律出版社 2015 年版,第 2 页。

② 参见刘宁元:《自我约束的单边方法和国际协调——以美国反垄断法域外管辖实践为视角》,载《政治与法律》2011 年第 11 期。

③ See Westinghouse v. Rio Algomlimited, 617 F.2d 1248(7th Cir. 1980).

④ See Foreign Antitrust Judgement “restriction of enforcement” Act, 1979 (Austl.).

⑤ See Foreign Proceedings (Excess of Jurisdiction) Act, 1984, §9 (Austl.).

⑥ See Protection of Trading Interests Act, 1980, c. 11, §5.

⑦ See Foreign Extraterritorial Measures Act, R. S. C., ch. F-29 (1985), amended by ch. 28, 1996 S. C. 8(1) (Can.).

⑧ 在《1999 年草案》谈判过程中,英国和美国因为管辖权的规定主张将反垄断法事项排除在公约草案范围外,但《1999 年草案》仍坚持将此纳入是众多国家反对美国长臂管辖共同努力的结果。美国主张排除的原因其实是很容易理解的,排除后美国对反垄断的管辖不受公约制约,仍然可以坚持本国法律的管辖规则。

法实践中赋予了本国反垄断法的域外管辖效力。[①] 有鉴于此,似乎此问题已经不能构成对绝对禁止《海牙判决公约》适用于反垄断诉讼的原因。

但是我们必须清楚地认识到,反垄断法的域外管辖作为公共执法管辖权的依据,对于保护本国市场竞争秩序具有一定的合理性,但在私人诉讼领域,广大发展中国家乃至部分发达国家对待此类管辖依据仍然是非常谨慎甚至“抵制”的。作为世界上经济实力最强的国家,美国实施反垄断法域外管辖的能力远远超出其他任何一国。首先,从反垄断私人诉讼的传统上来说,其他国家在20世纪末乃至今天仍然不发达;其次,相关企业很少作为原告提前诉讼,但却常常作为被告因与美国企业有一定联系与交往(美国企业遍布全球的代理商、制造商、贸易伙伴等)使美国法院可以轻易取得管辖权;最后,由于美国金融业等的发达,外国被告通常在美国拥有财产或乃至使用美国金融系统进行资金往来,也会成为美国法院享有管辖权的依据,并且有理由相信作出的反垄断法判决的效力可以得到保障,进而会有越来越多的主体到美国寻求法律救济,其他国家的域外管辖或许将更多停留在执行管辖上,私人诉讼很难得到发展。

就反垄断事项而言,虽然在管辖权讨论中一直争议不断,但如果在同一公约内规定其直接管辖权条款,如1999年草案的规定或许对于承认与执行公约会更顺畅。由于判决项目排除了管辖权问题,使反垄断事项因存在域外管辖问题成为许多国家反对的重要原因。

(三)对反垄断惩罚性赔偿的担忧

惩罚性赔偿问题也是判决项目一直以来讨论的问题之一。大陆法系国家秉持纯粹的一元论,民事赔偿仅限于填补损失即不因受损而受益原则;但一个多世纪以来,英美法系国家在民事赔偿问题上发展出补偿性与惩罚性并存的二元论赔偿模式。[②] 对此大陆法系国家往往以惩罚性赔偿具有惩罚与吓阻性为由,原则上不予承认与执行。具体到反垄断领域,私人执行反垄断法在各个司法管辖区通常以损害赔偿和宣告性救济如解除合同为主,在允许禁令的国家也会产生禁令救济。但对于损

---

① 具体而言,欧盟并未通过立法明确予以规定,但欧盟法院(Court of Justice)通过多个案件将欧盟反垄断法适用于发生在欧盟范围之外,需要指出欧盟并不是简单地对美国模式的模仿,而是通过企业一体化原则、结果地原则、履行地原则确定域外适用从而形成自己独特的模式。我国《反垄断法》第2条也作出了类似的规定,但在具体理解上存在一定的争议。参见戴龙:《反垄断法域外适用制度》,中国人民大学出版社2015年版。

② 参见陈丽平:《外国惩罚性赔偿判决承认与执行问题研究》,中南财经政法大学2017年博士学位论文。

害赔偿的范围却存在较大的差异,如在美国根据1914年《克莱顿法》,因反垄断侵权而遭受损失的私人当事人有能力在联邦法院对违反该法律的公司提起诉讼,并获得实际损失三倍的损害赔偿及相应的诉讼费用。

自20世纪下半叶以来,惩罚性赔偿观念逐渐向大陆法系国家渗透、扩张,大陆法系国家开始在知识产权保护、反不正当竞争、反垄断、消费者保护、产品责任等领域逐步引入惩罚性赔偿制度,但实体法上对惩罚性赔偿制度的有限接纳,并未完全改变大陆法系国家对外国惩罚性赔偿判决的立场。如法国法规定,只要惩罚性赔偿的数额和补偿性的数额是可以分割的,法国法院仅承认与执行外国判决的补偿性赔偿的部分。① 与此同时,英美法系各国由于在惩罚性赔偿判决的范围、金额、频率上并不完全一致,除美国以外的大多数英美法系国家对外国惩罚性赔偿判决原则上持相对谨慎的态度,对超过本国实体法所能容忍的范围予以拒绝。如英国曾在与美国的双边谈判中表达其立场,如果承认与执行美国判决,将使英国保险公司不得不支付在美国针对英国企业的惩罚性损害赔偿。② 只有少数国家对某些赔偿金额不大或惩罚性赔偿部分具有损害填补功能的判决,才例外地予以承认。③ 因此绝大多数国家对美国在反垄断事项上的惩罚性赔偿存在顾虑,尤其是如果采纳了这一规定会使越来越多的当事人到美国法院寻求惩罚性赔偿救济并要求到他国予以承认与执行,这是该事项一直以来备受争议的原因之一。

四、《海牙判决公约》反垄断事项"妥协"规定对我国的影响

《海牙判决公约》历经多年谈判终于尘埃落定,各国基于本国利益考量在这场公约的缔结过程中展开博弈,最终各国利益在整体上得到兼容。反垄断事项最终以此方式"妥协"解决,体现了这样一部由包括世界最主要国家在内的几十个国家参与的国际公约的谈判,不可能在特定问题上,尤其是各国重大关切的问题上,仅体现一国意志,最终必然是妥协的结果。未来如果我国批准加入《海牙判决公约》,这项规定

---

① See Jürgen Basedow ed al., *International Antitrust Litigation: Conflict of Laws and Coordination*, New York, Hart Publishing, 2012, p. 252.

② 在2019年"P & ID 公司诉尼日利亚政府案"(Process & Industrial Developments Limited v. The Federal Republic of Nigeria[2019] EWHC 2241)中,英国高等法院商事庭认为惩罚性赔偿不违反公共政策。

③ 西班牙法院曾在2001年就一起被告为西班牙人在美国被判决承担惩罚性赔偿要求承认与执行的案件中认为,惩罚性赔偿与精神损害赔偿在很多情况下是难以区分的,而西班牙法律认可精神损害赔偿的效力并在一定范围内确认了惩罚性损害赔偿在国内法的适用,并最终承认与执行了美国法院的该惩罚性赔偿判决。参见 Scott R. Jablonski, "Translation and Comment: Enforcing U. S. Punitive Damages Awards in Foreign Courts -A Recent Case in the Supreme Court of Spain", *J. L. & Com* 24, 2004, p. 225。

会对我国当事人利益乃至我国相关市场的竞争秩序带来何种影响仍需要进一步分析。

(一)反垄断事项例外情形规定的界定

在深入分析上述影响之前,需要对条文的具体内容进行厘清,首先核心卡特尔和行为、效果均发生在原审国法院是例外地承认和执行判决的充分必要条件;其次对于公约排除的反垄断事项及例外情形是以此为诉争对象的判决。

1. 因核心卡特尔行为作出的判决。根据《海牙判决公约》规定,此类判决是基于现实的或潜在的竞争者之间,以固定价格、串通投标、设置产量限制或配额或通过分配客户、供应商、商业地域范围或商业渠道来分割市场的反垄断协议或其他协同行为。该规定与1998年经济合作与发展组织(Organization for Economic Cooperation and Development,OECD)《关于打击核心卡特尔的有效行动建议》对“核心卡特尔”的界定一致,仅限于上述几类行为。①

这类行为直接限制和损害市场竞争机制,对于非卡特尔成员企业而言可能会阻碍其进入相关市场、削弱其市场竞争力,对于消费者而言可能会带来商品选择限制及价格过高等问题,对于市场甚至可能会带来生产浪费、相关产业发展停滞等问题,②因此各国将对核心卡特尔的规制都放在反垄断法首当其冲的位置,一般对此类行为适用“本身违法”原则。

但是在各国普遍规定对垄断协议进行有条件豁免和适用除外的背景下,对于到底何种具体情形属于上述类型,公约规定被请求国不得对判决进行实体审查,原审国法院依据本国反垄断法作出的规定是否与本国的豁免或适用除外相冲突本身不属于本国法律所禁止的行为等问题,还需要公约进一步解释或实践检验。

2. 竞争行为和效果均发生在案件审理国家的判决。该内容表明违反垄断法的横向卡特尔行为在行为发生地、效果发生地、法院地三者统一时,条约可以适用。如何理解行为发生地和效果发生地?由于核心卡特尔会引发两种类型的民事诉讼:一种发生在卡特尔成员之间,成员向一国法院起诉要求认定已经缔结的垄断协议无效;另一种可能是卡特尔组织以外的竞争对手主张就垄断协议对其造成的损失主张

① 对于核心卡特尔的名称本文使用了OECD的称谓,与之内涵和外延相同的在我国学界一般被称为横向垄断协议,但是从范围上《海牙判决公约》的界定与我国《反垄断法》第13条的规定并不一致,我国立法未包含“串通投标”,但另外包含“限制购买新技术、新设备”或者“限制开发新技术、新产品”、“联合抵制交易”等。

② 参见金美蓉:《核心卡特尔规制制度研究》,对外经济贸易大学出版社2009年版,第4~8页。

损害赔偿,当然在部分司法管辖区也允许消费者作为原告提起诉讼。因此不能简单地将行为发生地和效果发生地理解为损害行为发生地和损害结果发生地,也应包括合同缔结地和合同履行地等情形。

如前所述,域外管辖权的实施是各国对反垄断判决执行争议的关键点,最终公约将能够在公约缔约国流通的核心卡特尔判决限定在了只有行为发生地与效果发生地与法院地一致的情形下,这也就直接否定了因效果原则而取得管辖的法院判决可以在缔约国间流通的可能。因为基于效果原则的域外管辖产生的前提是发生在法院地境外的行为,显然不符合行为发生地与法院地一致的原则。三者合一看似严格,但达到了严格限制各国争议较大的通过效果管辖取得判决流通的可能,这在国际私法条约史上是首创,从某种意义上是对长臂管辖的严格限制。这一妥协为反垄断事项在公约中最终达成敲下法槌。

除此之外,《海牙判决公约》还通过第5条第1款间接管辖权条款、第7条第2款c项公共政策除外条款、第17条限制承认与执行声明条款、第18条特定事项的声明条款及第10条第1款惩罚性赔偿有限拒绝条款保证被申请国对此事项的自主选择权。

3. 公约排除和例外适用的是以反垄断事项为诉争对象的判决。《海牙判决公约》第2条第2款规定:"如果公约排除的事项仅作为诉讼的先决问题,而非诉讼的客体,该诉讼所作出的判决并不排除在公约适用范围之外。特别是不能仅因为被排除的事项由当事人以抗辩的方式提出,且该事项并非诉讼的客体,相关判决就排除在本公约适用范围之外。"因此应明确公约排除和例外适用的都是以反垄断为诉争对象的判决,如反垄断损害赔偿判决。如果合同纠纷一方起诉另一方合同违约,而另一方以合同违反反垄断法因此拒绝履行为由提出抗辩,那么这种情况就是一个先决问题,根据公约规定不能排除在外。当然如果仅就该先决问题的判决要求承认与执行,《海牙判决公约》第8条第1款也明确规定予以拒绝。

(二)我国和外国互相承认和执行例外规定的情形

就前述规定而言,似乎《海牙判决公约》规定的例外范围是非常狭窄的,但是不能因此忽视对该问题的关注。基于目前多数跨国的反垄断争议往往发生在一些跨国公司或者垄断行业企业中,核心卡特尔行为是最常使用的方式而且往往隐蔽性较强且规模较大,在反垄断与市场秩序、公共利益交织的背景下,也不能不对此类行为对我国可能造成的利益影响予以考量,并进一步考量此类判决的承认与执行所涉及的情形。对此需要综合各种因素:纠纷发生主体可以分为协议相关当事人之间和协议当事人与其他相关竞争者(承认反垄断传递抗辩的国家也可能包括消费者)[①]之间,同时涉及诉讼主体国籍或财产所在地可能在中国或某一外国乃至多国,我国是作为原审国还是被申请国,而且从垄断协议的主体多元化角度而言往往原被告数量都不是单一的。[②] 但总体而言,需要引起我们注意的纠纷主要就是两类,一类情形是我国作为原审国法院时,被告是外国当事人,我国法院的判决需要由外国予以承认与执行;另一类情形就是我国作为被申请国,承认与执行我国当事人在外国作为被告而败诉的判决。

(三)承认与执行反垄断例外情形规定的利益考量

对于上述两类情形,如果仅从目前此类纠纷发生的概率和数量来看,似乎公约规定并不会对我国带来太大的影响。我国《反垄断法》实施十年有余,法院审理的反垄断民事诉讼案件数量逐年上升,[③]但是涉外案件数量屈指可数,仅有华为诉美国IDC滥用市场支配地位纠纷案等3起案件。[④] 但与公共执行中近90%的案件为垄断协议案件相比,私人诉讼中垄断协议案件仅占不到10%,[⑤]既反映了我国相关市场主体对于因垄断协议造成的损害维权意识相对淡薄,也说明我国反垄断诉讼制度存在障碍。[⑥] 我国近年来行政执法领域存在大量核心卡特尔案件,但这些案件极少引起后续法院诉讼的发生。因此从现实来看,对于公约规定例外情形判决必须符合行为地、效果地和法院地相一致原则的情况分析,我国作为原审国,审理被告为外国法人或者中国法人但无足够可供执行财产,且行为与效果均发生在我国的垄断协议案件的可能性从短期来看几乎不会发生。当然,近年来大量离岸公司的存在使未来此类案件的发生并不是不可期的。

上述分析也反映了我国虽然已经成为经济大国,但离经济强国还有很长的一段

---

① 对于消费者的原告主体资格,美国并不认可,欧盟予以肯定,我国立法中未予明确。

② 即使原被告数量都是单一的也至少会存在八种以上的情形,比如在外国法院审理的外国当事人之间的判决,只是被告在我国有可供执行的财产,再者我国法院审理的外国当事人之间的判决,再者中国法院审理的中国当事人之间只是被告在我国无可供执行财产等情况发生概率很低且并不会对市场、相关公共利益带来明显的损害。

③ 参见朱理:《反垄断民事诉讼十年——回顾与展望》,载《中国知识产权报》2018年8月28日,第3版。

④ 参见(2011)深中法知民初字第858号和(2012)粤高法立民终字第160号。其他两起案件中,中兴公司诉维睿格案以中兴公司撤诉结案,宁波四家公司诉日立案在2015年法院受理至今未审结。

⑤ 参见林文:《中国反垄断行政执法大数据分析报告(2008—2015)》,载王先林主编:《竞争法律与政策评论》(2016),上海交通大学出版社,第198页;杜爱武、陈云开:《反垄断诉讼典型案例评析——律师视野下的中国反垄断法私人执行》,中国法制出版社2017年版,第15页。

⑥ 参见万宗瓒:《反垄断私人诉讼制度创新研究》,厦门大学出版社2012年版,第18~22页。

距离。“一带一路”给我国经济发展带来更多的契机,中国企业在“走出去”的过程中必然会面临更多的诉讼,甚至存在在一段时间内仍然大量败诉的预期,因此对于我国而言加入公约也必须进行全面的利益考量。具体到反垄断事项上,我国企业确实已发生多起在国外被诉的案件,如维生素C案、中国五矿案、铝土案等都是被诉违反核心卡特尔的案件,未来此类诉讼仍可能发生,但即使此类诉讼败诉,我们也可以以行为、效果和原审国法院不一致为由请求有关法院予以拒绝承认和执行。因此基于核心卡特尔的本身违法性对于市场竞争力的破坏,公约本身对于核心卡特尔例外适用的严格限制,以及公约的间接管辖权条款、公共政策条款和惩罚性赔偿有限拒绝条款,也为我国未来在此类情形下的承认与执行上设立了防护网,据此,假若我国批准加入公约,对于反垄断事项并无作出保留的必要性。但是,面对我国大量企业“走出去”投资的情形,尤其是国有企业作为“走出去”“排头兵”的情形,中国企业也应该重视反垄断合规性审查并尊重所在地法律。

综上所述,当下更应该引起我们重视的,一方面,是如何针对我国反垄断民事诉讼的制度性障碍进一步完善立法,吸引更多的企业通过诉讼途径强化对自身权益保护,同时对违法企业的行为予以威慑,以共同维护我国市场竞争秩序;另一方面,我国企业在“走出去”的过程中,应树立法律意识先行的理念,熟悉并遵守外国法律,同时也积极利用外国法律主动诉讼、应对诉讼以维护自身权益。此外,我国也应在国际舞台上积极参与相关国际立法实践,宣传中国竞争政策和竞争法理念,争取更多的主动权和话语权。

五、结语

正如徐宏大使在中国代表团举行的招待会致辞中强调,当今世界的多极化、经济全球化不可逆转,各方应以“一带一路”倡议为契机,秉持多边主义和互惠共商共享理念开展互利合作,通过开拓创新使国际私法与时俱进,最终造福各国民众。① 中国代表团全程参与整个公约的谈判工作,代表团提出的多项案文建议在海牙国际私法会议上得到采纳,为公约之达成做出了贡献。② 虽然就我国目前实际而言,加入公约对我国存在一定的利益失衡,但从长远来看,我国已经不仅是投资目的大国,同时

① 参见《驻荷兰使馆为海牙国际私法会议第22届外交大会与会代表举行招待会》,载中华人民共和国驻荷兰王国大使馆网:http://nl. china-embassy. org/chn/xwdt/t1675071. htm,最后访问日期:2019年8月24日。

② 参见《驻荷兰大使徐宏出席海牙国际私法会议第22届外交大会》,载外交部网:https://www. fmprc. gov. cn/web/zwbd_673032/wshd_673034/t1677905. shtml,最后访问日期:2019年8月24日。

也是对外投资大国;不仅是贸易出口大国,同时也是贸易进口大国,公约的内容符合目前我国对外开放的需要,我国对《海牙判决公约》的签署和批准能在很大程度上系统性地解决外国判决在中国跨境执行的问题,同时也能促进中国法院判决在其他缔约国获得承认和执行。

反垄断事项由于与各国国家利益和公共利益存在千丝万缕的联系,因此在"判决项目"界限内外反复徘徊,虽然最终"妥协性"的规定与《法院选择协议公约》内容基本一致,但例外情形规定本身不能否认正面对待此问题是本公约的一大进步,对于反垄断事项的国际私法道路而言也是迈出了巨大的一步,这一规则也表明国际上对反垄断与竞争法相关事项的合作有进一步向前迈进的趋势,是值得肯定的。综合目前公约规定及反垄断诉讼的实际,我国在未来批准条约时对此并没有作出声明保留的必要,眼下更需要尽快完善国内立法和提高我国企业法律意识。同时在反垄断事项的实体内容较难在多边主义的原则下达成统一规则或操作框架的情况下,未来如何在国际民商事争议解决中获得更广泛的交流与合作,值得我们继续思考与探索。

信息与资料

努力创新发展中国国际私法理论与实践

——在中国国际私法学会2019年年会(桂林)开幕式上的致辞

黄　进*

尊敬的黄海龙院长,
尊敬的贺祖斌校长,
尊敬的各位嘉宾、各位专家学者、各位同仁:

大家上午好!

今天,我们齐聚在风景秀丽的桂林中城,举行中国国际私法学会2019年年会。这是我会第一次在广西举办年会,初入桂地,首选桂林,别具一格,独具风采。首先,我代表中国国际私法学会对广西壮族自治区高级人民法院黄海龙院长、广西师范大学贺祖斌校长和各位嘉宾的莅临,表示热烈的欢迎并致以崇高的敬意!对各位专家学者、各位同仁远道而来、热情与会,表示热烈的欢迎并致以真诚的感谢!对辛勤承办这届年会的广西师范大学及其法学院,特别是对大力支持举办这届年会的贺祖斌校长,法学院何期书记、陈宗波院长和陶斌智副院长以及所有为这届年会付出辛劳的广西师范大学教职员工和学生志愿者,表示衷心的感谢并致以崇高的敬意!

各位同仁!

当今世界正处于百年未有之大变局。第二次世界大战以来,我们不难发现,国际关系、国际政治有三次大的格局变动和调整。第一次是第二次世界大战后期和后初期,在美国的主导下建立了以联合国为代表的国际政治体系,以关贸总协定(General Agreement on Tariffs and Trade,GATT)为主体的国际贸易体系,以布雷顿森林体系为基础的国际货币金融体系。当时,美苏两强争霸,东西方冷战,形成两大

* 中国国际私法学会会长,中国政法大学教授,法学博士。

阵营。但尽管如此,正如周鲠生先生所言:“《联合国宪章》的产生,标志着国际法发展的一个富有历史意义的新阶段。”联合国和国际法院等新生国际组织的运行,推动形成了战后的国际政治、经济和法律秩序。第二次是20世纪80年代末、90年代初,东欧剧变、苏联解体、冷战结束,美国一强独大。美国学者福山曾断言“历史的终结”,即冷战的结束,标志着资本主义制度战胜了社会主义制度,历史的发展只有一条路,即西方的市场经济和民主政治。其间,最引人注目的是“9·11”事件及后续的全球反恐和中国的快速和平崛起以及中国特色社会主义进入新时代。第三次是这两年“黑天鹅事件”“灰犀牛事件”频频发生,比如,英国脱欧、川普上台、非法移民大量涌入欧洲等,单边主义、孤立主义、民粹主义、极端民族主义、贸易保护主义强烈回潮,世界面临的不稳定性不确定性更加突出,世界经济增长动能明显不足,贫富分化日益严重,地区热点问题此起彼伏,恐怖主义、网络安全、重大传染性疾病、气候变化、贸易冷战等非传统安全威胁持续蔓延,人类面临许许多多共同挑战,所以我们说当今世界正处于大发展大变革大调整时期,正处于百年未有之大变局。

这百年未有之大变局的本质,是国际力量对比发生巨大变化。“大变局”主要变在各个国家实力此消彼长和世界权力转移,变在国际法规则的破坏与重构,变在世界秩序的失范与调整。“大变局”必然引发国际社会大动荡、国际格局大洗牌、国际秩序大调整。

但我们也应该清醒认识到,和平与发展仍然是时代的主题,和平发展的大趋势没有变;国际法仍然是国际社会公认的行为规范,国际社会对国际法治的需求没有变;《联合国宪章》仍然是联合国的根本法,世界各国对《联合国宪章》的宗旨和原则的确信没有变。

在这样一个大背景下,国际法的发展,包括国际公法、国际私法、国际经济法、国际商法、国际刑法等国际法分支的发展,既面临许多挑战,也迎来许多机遇,更充满许多希望。大家知道,刚刚结束的海牙国际私法会议第二十二届外交大会最终完成了《承认与执行外国民商事判决公约》最后文件。该公约是全球首个全面确立民商事判决国际流通统一规则的国际文书,旨在促使各国判决在全球得到执行,意义重大。该公约最后文本的完成,就是国际合作、多边主义的胜利。在会议期间,中国代表团建设性地参与谈判,发挥桥梁纽带作用,积极凝聚各方共识,主动引领规则制定,为公约最后文本的达成做出了积极贡献。这不仅是国际合作、多边主义成功的案例,而且也是中国参与引领国际规则制定的成功案例。所以,中国进一步深化改革开放、打造新型国际关系、共建“一带一路”、参与全球治理、推动构建人类命运共同体,一定要统筹国内国际两个大局,善用国内国际两类规则,协调推进国内法治与国际法治,协调推进国内治理与全球治理。在国际事务中,在参与全球治理中,除了要加强涉外法治工作外,中国还要高高举起国际法大旗,举起遵守和奉行公认的国际法原则、规则和制度的大旗,维护以联合国为核心、以国际法为基础的国际体系和国际秩序,树立中国重承诺、守法律的大国形象,站住国际法治道义制高点,打造中国特色法治外交,切实推进构建人类命运共同体,努力创造更加美好的世界。

新时代、大变局对中国国际私法学界提出了许多新使命、新任务、新要求,我们回应这些新使命、新任务、新要求就要有新担当、新作为、新气象。面对百年未有之大变局,我们中国国际私法学界唯有厚植家国情怀、坚定爱国立场、服务国家大局,我们要坚持问题导向、理论联系实际、潜心深耕细作,通过扎实、卓越的科学研究、人才培养和学术交流,努力创新发展中国国际私法理论与实践,着力构建具有中国特色、中国风格、中国气派的国际私法学术体系和法治体系。

各位同仁!

去年 7 月宁夏年会之后一年来,在中国法学会的大力支持和指导下,在中国国际私法学界全体同仁的共同努力下,学会工作迎难而上,开拓进取,取得了一系列新成绩。一是国内外学术交流稳步推进。2018 年 10 月学会与广州仲裁委员会、华南师范大学法学院合作在广州举办了第八届中韩国际私法学术研讨会;2018 年 11 月学会与我国台湾地区国际私法研究会、湖南师范大学法学院合作在长沙举办了第 15 届海峡两岸国际私法学术研讨会;2019 年 5 月与我国台湾地区国际私法研究会、台湾地区世新大学法学院合作在台北举办了第 16 届海峡两岸国际私法学术研讨会。二是专题研究委员会学术活动更加活跃。2018 年 10 月国际民事诉讼专题研究委员会与西北政法大学国际法研究中心合作在西安举办了第 4 届大国司法论坛——海牙《承认与执行外国判决公约(草案)》暨中国对策研究专题研讨会;2018 年 11 月国际私法教学专题研究委员会与桂林电子科技大学法学院合作在桂林举办了第 5 届中国国际私法教学研讨会暨改革开放 40 年与中国国际私法学教育论坛;2019 年 3 月区际冲突法专题研究委员会与广东财经大学法学院合作在广州举办了粤港澳大湾区建设中的区际法律问题研讨会;2019 年 5 月涉外家事法律专题研究委员会与中国社会科学院大学政法学院合作在北京举办了第 4 届涉外家事法治论坛;2019 年 6 月国际私法案例专题研究委员会与中国政法大学国际私法研究所合作在北京举办了 2019 国际私法案例研讨暨中国国际私法学会案例专题研究委员会论坛。三是智库建设取得新突破。受中国法学会委托,对“加强涉外法治工作战略布局”课题进行专题研究。6月底,学会与中国国际法学会、中国政法大学合作在北京举办了加强涉外法治工作战略布局研讨会,拟在7月底拿出研究成果。四是年刊出版迈出新步伐。《中国国际私法与比较法年刊》从2018年开始改为一年出版两卷,不仅做到了按时出版,而且编辑质量和学术水平也在不断提升。五是优秀学术成果评奖活动如期举行。学会继续开展中国国际私法优秀学术成果奖评选活动,今年的评奖活动已经在6月完成,拟在本届年会上颁奖表彰。六是学会内部治理不断完善。加强学会专题研究委员会管理,要求专题研究委员会开会向学会报备,会后提交会议总结,向学会提交年度研究报告,今后还要要求专题研究委员会发挥智库作用,每年向学会提交一份智库成果。加强学会秘书处工作管理,召开专门会议研究秘书处工作,强化学会公章的管理和使用,强化学会财务管理,强化学会制度建设和规范化。

2019年是中华人民共和国成立70周年,是国家决胜全面建成小康社会第一个百年奋斗目标的关键之年,是中国国际私法学会肩负新时代使命承上启下的重要一年。为促进我国国际私法理论与实践的发展,本届年会以"新中国成立70周年与中国国际私法的发展"为主题,围绕国际私法与人类命运共同体的构建、国际私法与全球治理变革、中国国际私法的理论与实践、中国国际私法法典化、国际民商事争议的预防与融合解决机制、中国国际民商事司法协助法立法、"一带一路"建设中的国际私法问题、中国国际商事法庭的运行、长臂管辖权的理论与实践、境外保险的国际私法问题、国际商事仲裁法的新发展、海牙国际私法会议的现状与未来发展、海牙国际私法公约与中国的立场、海外国际私法新发展、自由贸易区和自由贸易港建设与国际私法、粤港澳大湾区建设中的区际法律问题等16个分议题展开研讨。本届年会将有外交部条法司、最高人民法院国际商事法庭、中国国际贸易促进委员会法律部的领导、法官、专家作大会报告。学会还将在本届年会上宣布成立中国国际私法法典(学会建议稿)的编纂起草小组和《仲裁法》修订(学会建议稿)工作小组,推动中国国际私法的法典化和《仲裁法》的修订,提升学会的话语权和影响力。

各位同仁!

世界因多样而交流,因交流而互鉴,因互鉴而发展。回顾中国国际私法学会走过的历程,它就是在专家学者们交流互鉴中逐渐发展起来的。中国国际私法学会每年举办的年会就是中国国际私法学界开展学术交流的大平台,也是各位同仁充分展现自己的学术成果和学术风采的大舞台。桂林有句耳熟能详的名言:"桂林山水甲天下,阳朔山水甲桂林。"这句名言除了表达桂林山水天下无双之外,其实有一个隐含的意思,就是山外有山、天外有天。我们做学问又何尝不是如此呢?希望大家好好利用这次开年会的机会,以虚心、开放的态度,多参会讨论,多与同行交流,在研讨和交流中不断提升自己。我期待,通过大家的共同努力,把这届年会开成一个与会者人人都有收获,达成广泛共识,学术研究成果丰硕并且轻松愉快的年会。

最后,预祝中国国际私法学会2019年年会取得圆满成功!

谢谢大家!

国际私法对"推动构建人类命运共同体"责无旁贷

——在中国国际私法学会2019年年会上的总结发言

刘仁山*

尊敬的黄进会长、各位同仁、同学们:

我很高兴根据本届年会的安排对会议进行总结!

盛夏时节,万物争辉。来自海内外的300余位专家学者齐聚"山水甲天下"的桂林,在美丽的漓江之畔共同研讨"新中国成立70周年与中国国际私法的发展"这一主题,两天的讨论和交流,紧张而热烈,务实而高效。我们每个人可谓收获满满。我想,我现在应该代表黄进会长及全体与会同仁,对广西师范大学及其法学院以陈宗波院长、陶斌智副院长和陈丽平等为代表的团队与全体志愿者同学们,表示衷心感谢并致以崇高敬意!

本届年会已经取得圆满成功,这是中国国际私法学界对新中国成立70周年的一份真诚而隆重的献礼!

围绕本次年会的主题,与会专家学者提交会议论文127篇。除大会报告及专题研究委员会报告之外,还设有12个专项讨论小组,61人作了专题发言,26人作了点评。内容涉及国际私法与全球治理变革、"海牙判决项目"的新进展、中国国际商事法庭的运行、《涉外民事关系法律适用法》的实施问题、长臂管辖权的理论与实践、国际商事仲裁的新发展、当代国际私法的理论与实践、"一带一路"与国际民商事纠纷解决、涉外婚姻家庭领域的新问题、自贸区及区际私法的新问题等。这些文章及报告,既是对我国国际私法现状及问题的反思,也为后续研究指明了新方向、扩展了新思路。综观本次年会,主要有以下特点:

一是着力解决中国国际私法的现实问题。年会上讨论的诸如《涉外民事关系法

---

* 法学博士,中南财经政法大学副校长、教授、博士研究生导师,中国国际私法学会副会长。

律适用法》司法解释的模式、个人信息保护法的域外效力、国际民事诉讼中的必要管辖、外国法查明等问题,都是当下我国完善国际私法实践所必须解决的问题。

二是积极回应新时代需求。为本届年会热烈讨论的国际私法与全球治理变革、“海牙判决项目”的新进展、“一带一路”与国际民商事纠纷解决、对中美贸易摩擦中单边主义问题的应对、涉外商事争议解决平台的构建、国际商事法庭中的协议管辖制度等问题,既有我国新时代对外开放中的现实问题,也有为整个国际社会所关心的国际民商事交流中的问题。这无疑是中国国际私法学界对构建人类命运共同体这一时代背景的顺应,当然有助于为发挥国际私法在全球治理中的作用提供“中国智慧”和“中国方案”。

三是努力创新中国国际私法理论。在全面推进依法治国进程中,创新并构建具有中国特色的国际私法理论体系,既是我国国际私法学界所面临的挑战,也是我国国际私法学界职责所在。在本次年会上,各位同行关于法律选择标准的完善、调解调和制度的定位、我国民事管辖权的立法体例、先决问题等问题的交流,既有助于解决我国国际私法实践中的具体问题,也有助于国际私法理论的创新及中国特色国际私法体系之构建。

回首往事,伴随共和国成长的 70 年,也是中国国际私法不断发展的 70 年。无论是国际私法专业队伍的壮大,还是国际私法立法体系的逐步健全,都仰仗国际私法学者的不断努力;展望未来,我们仍需“不忘初心,牢记使命”。正如我们的会长黄进教授在本届年会开幕式上的讲话所强调的那样,新时代、大变局,对中国国际私法学界提出了许多新使命、新任务、新要求,为了回应这些新使命、新任务、新要求,就要有新担当、新作为、新气象。现借此机会,谈两点感想,特与同志们分享。

第一,国际私法对推动构建人类命运共同体责无旁贷,中国国际私法学界理当有所作为。

我之所以表达这一观点,是从国际私法与人类命运共同体构建的关系来考虑的。这里,我秉持着这样一个前提性认识,即国际民商事新秩序的构建,是人类命运共同体的重要组成部分。

我们知道,我国 2018 年《宪法修正案》明确要“推动构建人类命运共同体”,这是我国以国家根本大法对全世界作出的庄严承诺。而我国所要推动构建的人类命运共同体(a community of shared future for mankind),就是要在国际社会共同利益观的前提下,迎接一个更加美好的新世界,亦即所谓的“shared future”。这让我想到了德国学者马丁·沃尔夫所说的“全体个人、人类的社会”。记得马丁·沃尔夫曾经说过:“国际私法的立法者必须记住一个社会的利益,而那个社会既不是他本国人的社会,也不是各个国家或者民族的社会,而是全体个人、人类的社会。”这其实就是马丁·沃尔夫从国际私法角度对“许多人的国际社会”所作的界定。马丁·沃尔夫还指出:“一个冲突规则的体系,如果忽略了这个超国家的见解,是会违反公道的。特别是,只由于希望增加它本国法律体系的势力而采取的规则,是不会同国际私法立法者的目的相符合的。”这里,马丁·沃尔夫理解“许多人的国际社会”时讲的“超国家见解”“公道”,以及他要求国际私法立法者记住的这个“人类社会利益”,与人类命运共同体理念中“天下大同”的思想,是不谋而合的。这些,仍然可以用来解释我们当今探讨构建国际民商事新秩序的基本动因。

20 世纪 80 年代以来,和平与发展日渐成为国际社会的主流。各国对国际交流与合作不断深化的期许和愿望,也因此在不断增强。但仅就国际民商事交流而言,仍然由发达国家所主导的国际民商事秩序,使各国在民商事利益的分配上,依然不同程度地存在不公正与不合理的情况。同时,整个人类社会所面临的诸如战争风险、区域或局部冲突、南北矛盾、民族及文化冲突,以及金融、环境,乃至太空等领域的显性和隐性危机,严重制约国际民商事交流的公平公正发展,人类社会对包括国际民商事新秩序在内的新国际秩序的期待,若云霓之望。

在当下构建人类命运共同体的实践中,跨国或跨境的民商事交流,无论在规模和数量上,还是在频率和复杂程度上,都呈现前所未有之情势:一方面,各国基于自身利益与共同发展的考虑,积极着力完善国内立法与司法实践,以保障国际民商事争议的解决更为高效和便捷;另一方面,各国也认识到有必要基于国际社会和人类共同的利益和福祉,通过国际统一立法的途径协调彼此的立场及做法,以推进和保障国际民商事交往的顺利进行。为此,促成更为开放、更为公平、更为合理的国际民商事“新秩序”的逐步形成,保障国际民商事关系的健康有序发展,就成为国际社会尤其是发展中国家努力的目标。

在国际民商事“新秩序”的构建中,国际私法作为规范国际民商事关系的独立部门法,其所应发挥的作用及基础性地位,是无可替代的。如果说在国际民商事交流的早期阶段,国际私法的这种角色还不够明显的话,那么,在现代国际民商事交流背景下,国际私法在构建和保障国际民商事“新秩序”规范体系中的这种角色,则是毋庸置疑的。

应当看到,国际民商事规则的制定一直是由西方主导,从而使规则本身更有利于发达国家民商事的交流,这暂时还是无法改变的事实。尽管如此,在人类命运共同体的宏大愿景已触手可及,国际民商事新秩序的构建成为人类命运共同体重要组成部分这一观念将逐渐深入人心的情势下,国际民商事规则的制定,也将逐步提升其公平合理的水准,借此所构建和保障的国际民商事秩序,也将有更多“新秩序”的元素。

在参与构建国际民商事新秩序的进程中,中国国际私法学界肩负光荣和艰巨的历史使命。作为当今全球重要的经济体和负责任的大国,中国在变革国际民商事旧秩序,促成国际民商事新秩序的形成方面负有重要责任。但我们还应认识到,健全的中国国际私法立法体系和实践制度,是中国参与构建国际民商事新秩序的基本保障;积极参与国际民商事规则的谈判和制定,是中国参与构建国际民商事新秩序的重要抓手;创新具有中国特色的中国国际私法理论和学说,是中国参与构建国际民商事新秩序和贡献“中国智慧”、提供“中国方案”的基础。

第二,我国国际私法立法应坚定不移地走独立的法典化道路。

基于国际私法立法的特殊性和重要性之考量,我们有必要制定一部具有中国特色、继承人类现代文明成果、富有精气神的独立的国际私法法典。2003 年在安徽黄山召开的年会上,我就主张中国国际私法立法应坚持走独立的法典化道路。令人欣慰的是,新近颁行的《民法总则》再未像《民法通则》那样专章规定涉外民事关系的法律适用问题。本届年会决议“成立中国国际私法法典(学会建议稿)编纂起草小组”,无疑是明智之举。

一方面,作为保障对外开放秩序的基础性法律,中国国际私法立法走独立的法典化道路,是提升中国国际形象的重要举措。国际民商事关系是国家之间交往的基础性关系。调整国际民商事关系的国际私法,是便利和繁荣各国间交往的基础性法律。随着我国对外开放国策的实施向深度和广度上的拓展,伴随“一带一路”国际合作,国内民商事主体将会大规模走出国门参与国际民商事活动,货物、资金、人员、技术等进入我国的规模和频率,也将飞速发展。国际私法对国际民商事主体的行为规范作用,将日益凸显。而且,国际私法在保障或构建公平合理的国际民商事秩序方面,将发挥不可替代的作用。我国对外开放以来的实践,已经充分证明了这一点。因而,制定一部完备的国际私法典,已是迫在眉睫的现实问题。

另一方面,尽管我国《涉外民事关系法律适用法》已颁布实施,但对于构建完备而科学的中国国际私法立法体系这一宏伟目标而言,我们无疑还面临着甚为艰巨的任务:一是《涉外民事关系法律适用法》与散见于其他单行法及相关司法解释中的国际私法规范相互间的逻辑性与系统协调性问题,还甚为突出;二是《涉外民事关系法律适用法》本身在适用与解释上的诸多问题,尚待进一步明确;三是还有大量涉外民商事关系所涉及的国际私法问题,亟待作出明确规定;四是就作为国际私法重要组成部分的国际民事诉讼程序制度而言,尽管我国通过对《民事诉讼法》的多次修订,使我国国际民事诉讼程序法制度得以不断完善,但现行立法对该领域中的大量问题尚付阙如。因此,中国国际私法立法的现状,与作为平等保护内外国当事人、保障对外开放秩序的基础性独立部门法之要求,还相去甚远。如果我国国际私法立法采用独立的法典化模式,上述问题或许可迎刃而解。而且,如果我们能充分利用国际私法立法的法典模式所具有确定性、稳定性、逻辑协调性等优点,无论对我国涉外法治环境的进一步完善,还是对我国对外开放形象的进一步提升,都具有重要战略意义。

具有独立而完备的国际私法法典,是一个民族、一个国家法律文化的象征。在全球国际私法法典化浪潮方兴未艾的背景下,发掘和吸收中华民族“不患寡患不均”“礼运大同”等传统文化精髓,凸显中国国际私法立法的民族文化特色,并用以指导中国国际私法法典的制定,其重要意义自然毋庸置疑。

2019年中国国际私法学会案例研究专题委员会论坛综述*

齐湘泉** 文媛怡***

2019年6月15日，例以辅律、彰公明义——国际私法案例研讨暨2019年中国国际私法学会案例研究专题委员会论坛在北京中国政法大学学院路校区成功举办。此次会议由中国国际私法案例研究专题委员会主办，中国政法大学国际法治研究院、中国政法大学国际私法研究所承办。来自司法实务部门、科研院校的60余名专家学者出席了论坛。

6月15日上午，论坛在中国政法大学国际法学院开幕。中国国际私法学会案例研究专题委员会负责人、中国政法大学博士生导师齐湘泉教授致开幕辞，随后进入单元研讨。本次论坛设立两个主题：一是最高人民法院案例发布与高校案例教学和研究的衔接、高校案例库建设与应用；二是国内外最新案例与疑难案例分析，并设综合单元、实务单元、理论单元和程序单元四部分展开。共计16位参会代表做专题报告，与会代表积极参与研讨，现场讨论气氛热烈。以下就各单元研讨情况进行综述。

一、综合单元

综合单元主题研讨由中国政法大学博士研究生导师宣增益教授主持，最高人民法院电子音像出版社副社长张承兵、司法部司法协助交流中心司法协助处副处长关晴天、山东科技大学王艺副教授和外交部领事司领事许育红4位发言人作主题报告。

张承兵的报告题为“最高人民法院案例发布与高校案例教学和研究的衔接”，系

---

* 本文系中国政法大学横向科研项目“涉外民事关系法律适用法立法的创新、传承、发展和完善”科研成果，2014年度国家社科基金重点项目“涉外民事关系国际私法实施研究”（项目编号：14AFX026）结项成果之一。

** 中国政法大学国际法治研究院教授，博士研究生导师。

*** 中国政法大学国际法学院博士研究生。

统介绍了最高人民法院案例发布情况。自1985年最高人民法院印发《关于破坏军人婚姻罪的四个案例》,首开案例释法先河,收到良好的社会效果。此后,最高人民法院不断完善案例发布系统,如今已有8个权威的案例发布渠道,[①]形成较为完整的案例发布体系。当前最高人民法院正着手推进案例数据库建设项目,全力打造中国法律知识案例导航体系。这一案例编纂工作以"海量聚集、深度编著、体系化串联"为方向,尊重我国成文法体系客观实际,重视现有1400多个案由分类,串以法律知识,旨在提供科学便利的案例数据导航。与此同时,在案例的司法应用层面,受近年来裁判文书公开、法官员额制改革等因素影响,法官自身对"类案同判"的需求被进一步激发,强调司法审判实践中的案例应用应遵循"自上而下指导实践、自下而上同类同判"的基本思路展开。

关晴天的报告题为"中国民商事司法协助存在的问题与解决",对近5年来我国司法协助请求的执行情况进行介绍。总体来看,司法协助中央机关每年平均处理的各类司法协助请求约3000件,其中我国接收外国提出的司法协助请求每年约1600件,我国向各国中央机关提出的司法协助请求每年约为700件,通过我驻外使领馆执行的司法协助请求约300件,另答复各类司法协助相关咨询约500件。在这3000余件司法协助请求中,约98%的请求为文书送达请求,调查取证请求平均40件左右,判决承认与执行请求每年10件左右。司法协助请求涉及的国家包括《海牙送达公约》《海牙取证公约》的各缔约国以及与我国签订双边司法协助条约的各国。合作比较多的对象国为美国、德国、法国、意大利、日本、韩国等。当前,我国司法协助领域的问题主要集中在:(1)立法不健全、司法协助条约存在结构性失衡问题;(2)国内对民商事司法协助的知晓率和利用率较低;(3)尚未建立一体化的民商事司法协助案件查询系统;(4)执行民商事司法协助请求效率低下,《关于执行海牙送达公约的实施办法》未得到有效落实。需要健全相关立法、加强民商事司法协助工作宣传、推动民商事司法协助信息化建设等完善建议,发挥司法协助在国际诉讼中应有的作用,以进一步推动我国司法协助的深化改革。

王艺的报告题为"基于混合式教学的'国际私法'案例库建设与应用",指出国

① 最高人民法院案例发布体系:(1)最高人民法院指导性案例;(2)最高人民法院公报案例;(3)最高人民法院公布的案例;(4)《人民法院案例选》;(5)《审判指导参考》案例;(6)《审判案例要览》案例;(7)《人民司法·案例》《法律适用》案例;(8)《人民法院报》案例。除最高人民法院发布案例外,各省、市、自治区高级人民法院及中级人民法院也发布本地区典型案例,这些案例对本地区的审判实践有一定的指导作用。

际私法教学中必须重视教学案例库建设。当前国际私法案例教学中存在优质案例资源缺乏、编写模式僵化、运用模式落后等缺陷,应基于混合式教学方式,遵循针对性和混合型模式建设国际私法案例库。在具体落实层面,提出"发放案例→自主学习→线下互动→线上测试考核"的案例教学方式,以激发学生学习热情,提高案例教学效果。

许育红的报告题为"从领事同性结婚案例引发的国际法思考"。报告以英国驻上海总领事同性结婚案例为线索展开,运用宏观国际法学的观点,主张外交代表同性婚案例可运用国际公法中的国家管辖权相关知识予以解读;提出在判断外交代表同性结婚法律效力时,对于国际私法上国家管辖权事宜,应遵循属地管辖优于属人管辖原则进行判断。我国不承认同性婚,对外交代表的同性婚,宜采用变通方式解决,允许外交代表与配偶以兄弟或者姐妹的身份来我国履职。

二、实务单元

实务单元主题研讨由北方工业大学田晓云教授主持,北京天驰君泰律师事务所合伙人杨晓林、北京市炜衡律师事务所高级合伙人孙长刚、深圳大学国际法学院硕士研究生郑珠玲、北京市晨野律师事务所合伙人沈健、北京大学何其生教授分别就离婚判决生效时间界定、涉外夫妻财产关系法律适用、案例价值、涉外信托关系定性等问题作报告。

杨晓林律师的报告题为"新西兰离婚判决书生效时间的界定"。其报告通过对湖南省长沙中级人民法院审理的一起拒绝承认新西兰离婚判决案例的阐述,展现涉外民事诉讼当事人向人民法院证明外国判决已经生效问题上面临的现实阻碍。报告指出,当前一味以中国法院的思维方式判断外国法院判决是否生效的做法存在缺陷。鉴于特定国家判决生效问题存在一定共性,应加强研究探寻合理的判断标准,而非一味苛求当事人提供所谓"生效证明"。如所列举案例中涉及的新西兰法院作出的离婚判决,就可以依据新西兰 1980 年《家事诉讼法》第 42 条及 2002 年《家事法院规则》的相关规定确定生效规则,以此避免更多个案当事人因判决生效性问题增加法院诉累,甚至丧失应有的权利保障。

"涉外夫妻财产纠纷适用域外法的司法弊病——以 10 例涉台案件的法律查明为视角"的报告由孙长刚律师和郑珠玲共同完成。该报告提出,当前域外法律查明尤其是判例法国家的判例法和一些宗教国家的宗教法查明面临困难,导致域外法律适用的困难。在涉台夫妻财产案件的法律适用中,因夫妻财产关系的冲突规范规制范围不明、我国内地与我国台湾地区夫妻法定财产制度的法律冲突以及查明主体缺乏对查明条文的整体性判断,导致目前司法裁判中法律适用和法律查明环节均存在随意性、独断性,同类案件裁判结果大相径庭,当事人诉讼权益和司法权威性均受威胁。对于所查明的域外法的理解是域外法查明应当突破的“瓶颈”,法院应当遵循整体分析的释明路径正确适用相关法律。

沈健律师的报告题为“案例的价值及司法实践中的效果——以律师办案经验为视角”,强调案例对案件办理、审理、学术研究及教学等方面都具有重要的指导意义。从种类上来看,最高人民法院发布的指导性案例具有程序的严格及法定性,尤其“裁判要点”部分,各级人民法院审判类似案例时应当参照,对减少“同案不同判”的现象具有实际意义。最高人民法院公报案例,有类似于法学理论著作的指导作用,具有重要的参考价值。单位或个人选编的具有指导作用的案例,既不得作为裁判的依据引用,也不得作为说理的依据引用。省高级人民法院、相关中级人民法院及基层人民法院的裁判案例也具备了一定的参考和示范作用。

郑珠玲的报告题为“涉外信托关系在司法实践中的定性问题——涉外信托冲突规范‘零’适用的根源探索”,提出当前涉外审判中或错误将涉外信托案件当作国内案件处理,或将涉外信托案件定性为一般合同纠纷或者其他涉外纠纷,或忽视涉外信托关系的独立性没有单独选法等,造成我国《涉外民事关系法律适用法》第17条涉外信托冲突规范的“零”适用现状。涉外信托案件隐含多元法律关系,法律性质呈现“信托+/其他”的竞合和聚合现象,选择法律适用规范时应当区分原因行为与信托行为,以保证涉外信托法律适用的正确施行。

何其生教授的报告题为“由《美国陷阱》看美国对公司‘高管’的长臂管辖”。报告从法国阿尔斯通公司前高管弗雷德里克・皮耶鲁齐撰写的《美国陷阱》一书展开,该书展示了美国如何通过“围猎”公司高管以及《反海外腐败法》(Foreign Corrupt Practices Act,FCPA)来扫除竞争对手,获得巨额罚款收入。据统计显示,1977~2014年,美国方面开出26个金额超过1亿美元的罚单,其中21个是非美国公司;多年来,法国各大公司被美国处罚的金额高达130多亿美元;美国司法部在2016年收获27亿美元。被称为“超贸易保护主义”或“新重商主义”的新贸易保护主义已于20世纪80年代初兴起,以绿色壁垒、技术壁垒、反倾销和知识产权保护等非关税壁垒措施为主要表现形式。报告指出,美国通过《反海外腐败法》实施长臂管辖是法律帝国主义和贸易霸权的任性表现,皮耶鲁齐的遭遇在孟晚舟案件中再次重演,因此,从国际法角度研究美国法的域外效力的合法性具有重要意义。2019年2月26日习近平总书记主持召开的中央全面依法治国委员会第二次会议强调“要加快推进我国法域外适用的法律体系建设”,在美国挥舞长臂管辖利器肆无忌惮地收割各国财富的当下,应对“美国陷阱”已是当务之急。

三、理论单元

理论单元主题研讨由中国政法大学杜新丽教授主持,山东财经大学王维芳教授、中国政法大学讲师余萌、北京工商大学讲师马擎宇、西南民族大学讲师余诚和中国政法大学讲师薛童五位发言人作主题报告。

王维芳教授的报告题为“《联合国国际货物销售合同公约》的适用”。报告假设了一个涉外合同教学案例,通过该案例对《联合国国际货物销售合同公约》在合同中的适用情况展开了多层次的分析,强调该公约对缔约国当事人不具有强制性,如果合同当事人已选择准据法,则首先适用当事人选择的法律;在当事人对合同法律适用没有约定时,营业地在不同缔约国境内的当事人签订的货物买卖合同自动适用该公约的规定;非缔约国当事人与缔约国当事人之间订立的合同,在欠缺法律选择时,依照法院地冲突规范选择应当适用的法律。

余萌讲师的报告题为“‘深圳柏域斯浩航国际货运代理与河北衡美纱线有限公司合同纠纷案’的启示”。报告关注到天津市高级人民法院审理深圳柏域斯浩航国际货运代理与河北衡美纱线有限公司合同纠纷案中将非案件准据法的巴西法律归入事实范畴,适用“谁主张,谁举证”的规则加以处理,未适用我国《涉外民事关系法律适用法》及司法解释有关外国法查明规定。发言人进而将外国法查明划分为传统场景和非传统场景,前者即涉外民事关系准据法查明,后者包含作为第三国强制性规范的外国法的查明及国际民商事司法协助中作为审查外国裁判依据的外国法的查明等特殊情形。鉴于当前我国立法仅就传统场景加以规定,发言人提出可以通过两种途径解决非传统场景下的外国法查明:第一,扩大对外国法查明的界定,使现有的外国法查明规则也能覆盖至非传统场景。第二,维持现有界定不变,对非传统场景下需确认外国法内容的问题,单独制定规则。

马擎宇讲师的报告题为“‘信达金融租赁有限公司与秦军等融资租赁合同纠纷案’的启示”,主张案例中的《担保契约》载有“担保人无条件且不可撤销地承诺,担保人独立、额外并以犹如主债务人的身份承担承租人于《融资租赁合同》项下所承担的全部责任及义务”等内容,其性质应属独立于《融资租赁合同》的独立担保合同;在案件的管辖权问题上,主张在不存在专属管辖的情况下,排他性协议管辖权优先;对于“当事人无正当理由未提供该外国法律的”的判断应当灵活运用最高人民法院《关于适用〈中华人民共和国涉外民事关系法律适用法〉若干问题的解释(一)》第17

条“可以认定为不能查明外国法律”的规定。

余诚讲师的报告题为“准据法中‘外国法’的证明及我国相关实践”。其报告结合对高级人民法院相关案例的研究,得出高级人民法院在无正本提单放贷的案件中,将外国法看作事实并由主张者承担举证责任的结论。发言人对准据法是否应当包括冲突规范进行了思考,提出了自己的观点。薛童讲师作了题为“案例教学的方法和目标——以法制史上匈奴收继婚的法律适用为例”的报告。报告以匈奴、大月氏收继婚案是从中国历史中抽象出的案例,结合现行国际私法规定加以分析研究,生动表现国际私法案例研究的价值和趣味。

四、程序单元

程序单元主题研讨由中国政法大学刘力教授主持,中央财经大学王克玉教授、苏州大学张利民教授、河南大学王雅菡博士、清华大学李旺教授4位发言人作主题发言。

王克玉教授的报告题为“过度管辖的国际私法问题”。该报告注意到各国的域外管辖集中规定在涉外民事诉讼法中,涉外诉讼往往存在一些特殊的管辖制度,以达到扩大本国法院管辖权的目的,典型如美国的长臂管辖。有效送达、最低联系、效果原则等均可成为确立长臂管辖的依据。我国外交部表述的“长臂管辖”,语境更为广泛,包含立法管辖、司法管辖、执行管辖等。“长臂管辖”不是一个法律概念,即使在国际私法领域尚没有统一认识。过度管辖从本质上来看是一种不合理管辖,那么长臂管辖是否一定是过度管辖?从客观上来看,长臂管辖是一国基于海外利益的布局和保护的需要而确立的管辖机制,不一定构成过度管辖。至于过度管辖的标准,尚不明确,尽管正在起草的《海牙管辖权公约》提及抑制过度管辖的问题,但在这一领域国际社会尚有博弈空间。在我国民事诉讼法中,诸如可供扣押的财产所在地、侵权结果所在地的管辖权规定,事实上属于长臂管辖。发言人强调,尤其是在当前中美贸易摩擦背景下,更应理性对待长臂管辖。司法管辖与法律适用规则不是一个封闭的体系,应当配合诉讼策略、诉讼技巧,探寻司法裁量的空间。各国均有海外利益保护诉求,单边立场从来都是存在的,就本质而言为保护自己利益的管辖实为单边司法措施,涉及一国程序法的适用问题。应尽快推进我国法律适用的域外体系建设,既要遵守现有规则,又要有所创新,不能受制于人。

苏州大学张利民教授的报告题为“海牙公约视角下我国实际联系要求——司法困境和出路”。报告里强调《相互认可和执行当事人协议管辖的民商事案件判决的安排》中实际联系要求的设立,目的之一在于防止案件流失。通过列举不同国家对实际联系的不同思路,主张公约没有将实际联系列为一般要素。公约的声明机制和实际联系要求可构成外国否认我国管辖之依据。从我国实际情况出发,发言人基于数据分析展示公约对国内现有管辖机制的冲击,认为实际联系的要求具有自伤性,应予以抛弃,并可在修法之前,进行扩大解释,减少副作用。

王雅菡博士的报告题为"我国与普通法国家间民商事判决的承认和执行——以澳大利亚承认和执行两例我国法院判决为视角"。报告通过剖析我国与普通法国家之间民商事判决的承认和执行典型案例,深入分析了普通法国家承认和执行我国判决与我国承认和执行普通法国家判决之间存在比例失衡的情况。以最近澳大利亚法院两次承认和执行我国法院判决为例,探讨了在普通法机制下,普通法国家法院侧重于考察我国判决中的正当程序、我国法院的国际管辖权、是否违背自然正义、是否为固定金额的金钱判决等问题。由于我国司法实践中主要考虑是否存在条约关系和互惠关系,从而导致我国法院承认和执行的普通法国家判决较少。对此,报告提出应注重普通法国家司法判例中的国际私法规则研究,建构符合实际情况的承认和执行外国法院判决的制度。建议从三个方面入手对现行承认和执行外国法院判决的制度进行改进:一是注重司法判例,转变适用标准;二是借鉴中国和新加坡通过最高法院之间签署备忘录的形式推进双边合作;三是进一步改进我国司法实践中事实互惠的认定标准。

李旺教授作的报告主题为"协议管辖及实际联系原则"。报告指出:依据国际民事诉讼法确定国际民事裁判管辖权,需要确定的是具体国家或者法域,而非依据民事诉讼法确定具体法院的管辖权,需要确定的联系也不是具体法院的辖区。发言人结合对上海衍六国际货物运输代理有限公司案的分析,引出协议管辖的法源问题,对2012年修正后的我国《民事诉讼法》第34条展开分析,指出该法第266条属于国际民事诉讼法的范畴,其余相关规定都是民事诉讼法上的制度。该法第265条并不是一个国际民事诉讼法上管辖权的制度,对于该条解决什么问题,提出了三种理论,分别是:双重机能说、逆推说、管辖权独立说(普遍主义)。发言人认为国内民事诉讼法上的制度不能和国际民事诉讼法上的制度合二为一,应加以区分。

五、闭幕式及展望

中国国际法学会会长、中国国际私法学会会长、中国政法大学教授黄进致闭幕词。黄进教授认为举办国际私法案例论坛十分必要,案例研究对于国际私法的基础教学及学术研究均具有重要意义。国际私法案例研究应当与时俱进,以往"以案说法""以案说理"的研究方法可以被更先进的方法所取代。例如,或借鉴工商管理学界的案例教学方法,或借鉴哈佛大学案例库、美国佩斯大学案例收集的做法,注重案例编制。在这方面,国际私法学会还有很多的工作要做。同时,案例研究要为实务工作提供支撑,在我国多多开展案例研究有利于贴近实务。

齐湘泉教授在总结发言中,衷心感谢各位嘉宾参会,希望能在国际私法案例研究领域继续开展更为广泛的合作。本次会议探索最高人民法院案例发布与高校案例研究衔接路径,目前看来还有很长的路要走,最高人民法院案例发布已经形成的制度和体系有其运行规律,无法更多地辐射国际私法领域。高校国际私法案例研究和教学还需要高校自己开展,争取探索一条有分工,有合作,避免重复研究,争取效益最大化的路径。本次论坛中,各位嘉宾对不同领域的典型案例进行了剖析,有见地、有深度,特别是案例提出的国际私法理论问题,有继续研究的必要。本次论坛圆满成功,期待下次论坛相见。

克罗地亚共和国《关于国际私法的法律》*

邹国勇** 译

第一编 总 则

[适用范围]

第1条 本法调整的是:

(1)具有国际因素的私法关系的法律适用;

(2)克罗地亚共和国法院及其他机关对本条第1项所述私法关系标的的诉讼案件的管辖权以及诉讼程序规则;

(3)对于外国法院就本条第1项所述私法关系标的的诉讼案件所作判决的承认与执行。

[与其他法律渊源的关系]

第2条 对于本法第1条所述调整范围内的具体事项,只要其不受欧盟具有法律约束力的文件、对克罗地亚共和国生效的国际协定以及克罗地亚共和国现行的其他法律调整,则适用本法的规定。

[国籍]

第3条 1.一个自然人是否具有某个国家的国籍,依照所涉国家的法律确定。

2.克罗地亚共和国的国民同时具有其他国家国籍的,就适用本法而言,视其只具有克罗地亚共和国国籍。非克罗地亚共和国国民具有两个或两个以上外国

* 本法公布于克罗地亚共和国2017年10月12日第101号《国家公报》,自2019年1月29日起施行。本法译文系根据克丽斯塔·耶塞尔-霍尔斯特(Christa Jessel-Holst)博士的德文译本翻译(资料来源:IPRax 2019, Heft 4,S. 353-362.)并获得翻译授权;湖南师范大学法学院王葆莳副教授、中国政法大学薛童博士、武汉大学法学院2020级博士研究生白雪、武汉大学法学院2020级硕士研究生王姝晗对部分条款的措辞提出了宝贵意见,在此一并致谢。——译者注

** 武汉大学国际法研究所副教授,法学博士。

国籍的,就适用本法而言,视其只具有所持国籍之中与其有最密切联系的国家的国籍。

3. 无国籍人或者其国籍无法确定者,在适用本法时,视为其住所地所在国国民;如果无住所地或者住所地无法确定,视为与其具有最密切联系的国家的国民。

4. 本条第3款的规定,亦适用于对克罗地亚共和国生效的国际协定所指的难民。

[住所地]

第4条 在本法意义上,"住所地"系指一个自然人设立的、并有在此长期居住意图的场所。

[经常居所]

第5条 在本法意义上,经常居所系指一个自然人主要的生活场所,而不论其在此地的居所或者定居是否注册或得到批准。对于经常居所的确定,应特别考虑表明此人与该场所长期联系或者有意建立这种联系的个人或职业情况。

[所在地]

第6条 法人的"所在地",系指其章程或其他类似文件所载明的场所。如果所在地不能通过这种方式确定,则视为位于该法人管理机构所在地。

第二编 准 据 法

第一章 一 般 规 定

[法律漏洞的填补]

第7条 如果本法对于本法第1条所述法律关系准据法的确定未作规定的,则比照适用本法的规定与原则、克罗地亚共和国法律制度的原则和国际私法的原则。

[外国法内容的查明与外国法的适用]

第8条 1. 克罗地亚共和国的法院或其他机关依职权查明外国法的内容。

2. 外国法,应以其在该外国所阐释的方式予以适用。

3. 克罗地亚共和国的法院或其他机关得以从司法部、其他部门以及专家或者专门机构获得有关外国法内容的资料。

4. 双方当事人得以提供有关外国法内容的公文书或私人文件。

5. 如外国法的内容不能以本条前述各款所指的方式确定,则适用克罗地亚法律。

[对外国法律的指引和对克罗地亚法律的反致]

第 9 条 1. 根据本法规定的指引而适用某一国家法律时，系指适用该国除确定准据法的条款以外的现行法律规定。

2. 如果本法第 14 条第 1 款、第 17 条、第 18 条、第 31 条第 1 款和第 45 条的规定指引某一外国的法律，则作为例外，该外国有关确定准据法的条款亦予以适用。若该外国的此类条款反致克罗地亚法律，则适用克罗地亚法律中除确定准据法的条款以外的规定。

[法律制度不统一]

第 10 条 1. 如果应适用法律制度不统一国家的法律，且本法的规定又未指定该国特定法律区域，则依照该国的规定确定应适用的法律。

2. 如果根据本条第 1 款所规定的方式不能确定应适用法律制度不统一国家哪一区域的法律，则适用该国与案件有最密切联系区域的法律制度。

[例外条款]

第 11 条 1. 如果案件的整体情势表明，私法关系与根据本法规定应适用的法律仅有松散的联系，而与另一法律显然有更密切联系，则例外地不适用根据本法应适用的法律。此时，适用该另一法律。

2. 如果双方当事人业已根据本法的规定选择了准据法，或者通过指引某一特定法律而意在产生特定实质性法律效力时，则不适用本条第 1 款的规定。

[公共秩序]

第 12 条 依照本法规定应予适用的某一外国的法律条款，如其适用的结果显然与克罗地亚共和国的公共秩序不相容，则不予适用。

[干预规范]

第 13 条 1. 不论本法有何其他规定，克罗地亚的法律法规，如其遵守被视为对维护克罗地亚的公共利益——诸如政治、社会和经济组织的利益——具有决定性作用，则法院对属于其适用范围内的所有案件均应予以适用，而无须考虑准据法的规定。

2. 如果特定义务的履行，全部或部分地违反了该义务履行地所在的外国法律的规定，则法院得以适用该外国规定。在决定是否适用该外国规定时，应考虑该规定的性质、目的及其适用或不适用的后果。

第二章　人的法律地位

第一节　自　然　人

[权利能力和行为能力]

第14条　1.自然人的权利能力和行为能力,以其国籍国法为准。

2.已经取得的行为能力,不因国籍的变更而丧失。

3.实施法律行为的各方当事人在同一国家境内时,依照本条第1款所指的法律确定为无行为能力的人,如其依照法律行为实施地国法律具有行为能力,并且其他当事人不知晓或无须知晓其无行为能力的,则视为有行为能力。

4.本条第3款的规定,不适用于家事法和继承法领域的法律行为。

[子女监护的准据法]

第15条　子女监护的准据法,依照1996年10月19日《关于父母亲责任与子女保护措施的管辖权、法律适用、承认、执行与合作的海牙公约》确定。

[行为能力的剥夺与恢复以及对成年人的监护]

第16条　1.剥夺与恢复行为能力的要件,对成年人监护的指定和终止,以就其行为能力作出裁判的人或者被监护人的经常居所地国法为准。

2.对成年人监护的执行,以执行监护的机构所在国法为准。

3.当被监护人位于克罗地亚共和国境内,但其经常居所在另一国家时,为保护其人身或财产权益所采取的临时措施,以克罗地亚法律为准。在相关国家的机构未作出决定并且未采取必要措施之前,此种临时措施持续有效。

[失踪者的死亡宣告]

第17条　失踪者的死亡宣告和死亡证明,以其最后为人所知晓的国籍国法为准。

[人名]

第18条　1.自然人的人名,以其国籍国法为准。

2.如果在克罗地亚共和国缔结婚姻,新娘和新郎可根据其中一人的国籍所属国法律确定姓氏,或者在至少其中一人在克罗地亚共和国有经常居所时,依照克罗地亚法律确定姓氏。

3.法定代理人得以在民政官员处依照父母一方国籍所属国的法律确定子女的人名,或者在父母至少一方在克罗地亚共和国境内有经常居所时,依照克罗地亚法律确定子女的人名。

第二节　法人和无法人资格的组织

第 19 条　法人以及无法人资格的组织的设立、活动和终止，以其据以设立的国家法律为准。

第三章　物　权　法

[一般规定]

第 20 条　对物的权利，以物之所在地法为准。

[准据法的变更]

第 21 条　1. 一物体在进入另一国之前已经被取得物权的，对于该物权的取得与丧失，适用该权利据以取得的法律。

2. 对本条第 1 款所指的物权的种类和内容，以该物之所在地国法为准。

3. 如果已从一国进入另一国境内之物尚未被取得物权，则对于此种权利的取得或终止，亦应考虑在该另一国发生的情况。

[运输中的物品]

第 22 条　因为一项法律交易而对运输中物品所产生的物权，其取得和终止，以其运输目的地法律为准。

[交通工具上的物权]

第 23 条　1. 水上交通工具和空中交通工具上的物权，已在公共登记簿上注册的，以该登记簿保管地所在国法律为准。

2. 轨道交通工具上的物权，以经营此种交通者的管理机构所在地国法律为准。

第四章　知 识 产 权

[一般规定]

第 24 条　1. 知识产权的原始取得、成立、有效性、内容和内容上的限制、范围、有效期、放弃权利的可能性以及可转让性，向第三人转让的效果，知识产权质押权以及在知识产权债权上设立的其他担保权，与知识产权本身有关的所有其他事项，以被请求对其进行保护的国家的法律为准。

2. 对于知识产权的取得，如该项权利的标的物产生于受雇佣者和雇主之间的劳动关系存续期间，适用支配该雇佣合同或据以成立该雇佣关系的其他文件的法律。

第五章　债　　法

第一节　合同之债

[准据法]

第25条　1. 在欧盟议会及理事会2008年6月17日《关于合同之债法律适用的(欧共体)第593/2008号条例(罗马I)》(载于2008年7月4日L177号《欧盟官方公报》)适用范围内的合同之债,依照该条例确定其准据法。

2. 被排除在本条第1款所指条例适用范围之外的合同之债,以及对于那些不能依照克罗地亚共和国其他法律或者对克罗地亚共和国生效的国际协定确定准据法的合同之债,依照本条第1款所指条例中有关合同之债的条款确定其准据法。

第二节　非合同之债

[非合同之债]

第26条　1. 在欧盟议会及理事会2007年7月11日《关于非合同之债法律适用的(欧共体)第864/2007号条例(罗马II)》(载于2007年7月31日L199号《欧盟官方公报》)适用范围内的非合同之债,依照该条例确定其准据法。

2. 被排除在本条第1款所指条例适用范围之外的非合同之债,以及对于那些不能依照克罗地亚共和国其他法律或者对克罗地亚共和国生效的国际协定确定准据法的非合同之债,依照本条第1款所指条例中有关非合同之债的条款确定其准据法。

[公路交通事故责任]

第27条　因公路交通事故而产生的非合同之债,其准据法依照1971年5月4日《关于公路交通事故法律适用的海牙公约》确定。

[生产者因产品瑕疵所承担责任的准据法]

第28条　生产者因产品瑕疵所承担的责任,其准据法依照1973年10月2日《关于产品责任法律适用的海牙公约》确定。

第六章　继　承　法

[一般规定]

第29条　继承事项的准据法,依照欧盟议会及理事会2012年7月4日《关于继承事项的管辖权、法律适用、判决的承认与执行,公文书的接受与执行以及设立欧洲遗产证书的(欧盟)第650/2012号条例》(载于2012年7月27日L201号《欧盟官方公报》)确定。

[遗嘱方式]

第30条 遗嘱方式的准据法,依照1961年10月5日《关于遗嘱处分方式法律冲突的海牙公约》确定。

第七章 家 庭 法

第一节 婚 姻

[在克罗地亚共和国缔结的婚姻]

第31条 1. 结婚的要件,就拟在克罗地亚共和国缔结的婚姻而言,适用结婚时各方当事人的国籍国法律。如果结婚显然违背克罗地亚共和国的公共秩序,则不得结婚。

2. 在克罗地亚共和国缔结婚姻的形式,适用克罗地亚法律。

[对于在外国缔结婚姻的承认]

第32条 1. 在外国缔结的婚姻,如果其符合婚姻缔结地国法律,则予以承认。

2. 相同性别者在外国缔结婚姻的,如果其符合婚姻缔结地国法律,则承认其为生活伴侣关系。

[婚姻的有效性]

第33条 婚姻的有效性,以缔结婚姻时所依据的法律为准。

第二节 夫妻之间的人身关系

[一般规定]

第34条 夫妻之间的人身关系,适用:

(1)夫妻双方的共同经常居所地国法律;或者

(2)夫妻双方最后的共同经常居所地国法律;或者

(3)夫妻双方共同的国籍国法律;或者

(4)克罗地亚法律。

第三节　夫妻之间的财产关系

[《第2016/1103号条例》的适用]

第35条　夫妻之间财产关系的准据法,依照欧盟理事会2016年6月24日《关于在婚姻财产制事项的管辖权、法律适用以及判决的承认与执行领域加强合作的第2016/1103号条例》(载于2016年7月8日L183号《欧盟官方公报》)确定。

第四节　离　　婚

[双方当事人的法律选择]

第36条　1.离婚,以夫妻双方所选择的法律为准。夫妻双方得以选择下列法律之一:

(1)夫妻双方在选择法律时的共同经常居所地国法律;或者

(2)夫妻双方最后的共同经常居所地国法律,前提是夫妻一方仍在该国保留有经常居所;或者

(3)夫妻至少一方在选择法律时的国籍国法律;或者

(4)克罗地亚法律。

2.本条第1款所指的法律选择协议,需采用书面形式。该协议可在离婚程序启动之前订立或修改。

[未选择法律时应适用的法律]

第37条　夫妻双方未依照本法第36条的规定选择法律的,离婚适用:

(1)夫妻双方在启动离婚程序时的共同经常居所地国法律;或者

(2)夫妻双方最后的共同经常居所地国法律,前提是夫妻一方仍一直在该国保留有经常居所;或者

(3)夫妻双方在启动离婚程序时的共同国籍国法律;或者

(4)克罗地亚法律。

第五节　未婚同居关系和生活伴侣关系

[未婚同居关系的成立与终止]

第38条　未婚同居关系的成立与终止,适用与其有最密切联系的国家的法律;此种关系已终止的,适用曾与其有最密切联系的国家的法律。

[生活伴侣关系的确立与终止]

第39条　1.在克罗地亚共和国确立和终止生活伴侣关系的要件与程序,此种

伴侣关系的成立需在生活伴侣登记簿上注册的,适用克罗地亚法律。

2. 相同性别者在其他国家已确立的注册生活伴侣关系,如其已依照该其他国家法律缔结,则作为生活伴侣关系在克罗地亚共和国予以认可。

3. 非正式的生活伴侣关系的成立与终止,适用与其有最密切联系的国家的法律;此种关系已终止的,适用曾与其有最密切联系的国家的法律。

[未婚同居者和生活伴侣之间的人身关系、财产关系和扶养]

第 40 条 1. 未婚同居者之间和生活伴侣之间的人身关系,比照适用本法第 34 条的规定。

2. 未婚同居者之间的财产关系,比照适用本法第 35 条的规定。

3. 生活伴侣之间财产关系的准据法,依照欧盟理事会 2016 年 6 月 24 日《关于在注册伴侣财产效力事项的管辖权、法律适用以及判决的承认和执行领域加强合作的第 2016/1104 号条例》(载于 2016 年 7 月 8 日 L183 号《欧盟官方公报》)确定。

4. 未婚同居者之间和生活伴侣之间的扶养,其准据法依照本法第 45 条确定。

第六节　母亲和父亲身份

[认定和否认]

第 41 条 有关母亲或父亲身份的认定或否认,适用启动该程序时:

(1)子女的经常居所地国法律;或者

(2)在对子女最有利时,适用子女的国籍国法律或者其母亲或父亲身份被认定或否认者的国籍国法律。

[认可]

第 42 条 对母亲或父亲身份予以认可的有效性,适用:

(1)进行认可时子女的国籍国法或者经常居所地国法律;或者

(2)进行认可时认可母亲或父亲身份者的国籍国法律或者经常居所地国法律。

第七节　其他规定

[收养]

第 43 条 1. 收养的成立和终止要件,适用收养人和被收养人的共同国籍国法律。

2. 收养人和被收养人国籍不同的,收养的成立和终止要件,重叠适用收养人和被收养人的国籍国法律。

3. 收养人共同收养的,收养的成立和终止要件,除了适用被收养人的国籍国法律外,亦应以收养人的共同国籍国法律为准。若共同收养人此时没有共同国籍,以其共同经常居所地国法律为准。若他们此时亦无共同经常居所,适用被收养人和其中一个共同收养人的国籍国法律。

4. 收养的效力,适用收养成立时收养人和被收养人的共同国籍国法律。若他们此时没有共同国籍,则以其共同经常居所地国法律为准。若他们此时亦无共同经常居所,而其中一方有克罗地亚共和国国籍的,则以克罗地亚共和国法律为准。如果无论收养人还是被收养人均无克罗地亚共和国国籍,则以被收养人的国籍国法律为准。

5. 如果收养在被收养子女的来源国不具有终止既有的法律上父母子女关系的效果,有权同意收养或追认收养的个人、机构或者主管机关同意或者追认收养,并且收养对儿童最有利,则作为例外,此类收养具有与普通收养相同的效果。

6. 如果依照本条第 1 款、第 2 款和第 3 款适用外国法违背了最有利于被收养人的原则,而且被收养人、收养人或者共同收养人各方显然与克罗地亚共和国有密切联系,则以克罗地亚法律为准。

[父母与子女之间的关系]

第 44 条 1. 父母与子女之间关系的准据法,在 1996 年《关于父母亲责任与子女保护措施的管辖权、法律适用、承认、执行与合作的海牙公约》适用范围内的,依照该公约确定。

2. 被排除在本条第 1 款所指公约适用范围之外的父母与子女之间的关系,以及那些不能依照克罗地亚共和国其他法律或者对克罗地亚共和国生效的国际协定确定准据法的父母与子女之间的关系,依照本条第 1 款所指公约中调整此类关系的条款确定其准据法。

[扶养]

第 45 条 扶养义务的准据法,依照 2007 年 11 月 23 日《关于扶养义务法律适用的海牙议定书》(载于 2009 年 12 月 16 日 L331 号《欧盟官方公报》)确定。

第三编 管辖权和诉讼程序

第一章 一 般 规 定

[《布鲁塞尔条例Ⅰ(重订本)》的适用]

第 46 条 1. 克罗地亚共和国法院的民商事管辖权,依照欧盟议会及理事会

2012 年 12 月 12 日《关于民商事管辖权及判决的承认与执行的(欧盟)第 1215/2012 号条例(重订本)》(载于 2012 年 12 月 20 日 L351 号《欧盟官方公报》)确定。

2. 如果被告在非欧盟成员国的某一国境内具有本条第 1 款所述条例意义上的住所地,则克罗地亚共和国法院的管辖权,亦依照该条例第二章第二节、第三节的规定确定。

3. 双方当事人得以协议由非欧盟成员国的某一国法院管辖,但克罗地亚共和国法院或者欧盟其他成员国法院对争议标的具有专属管辖权的除外。对于此种协议,比照适用本条第 1 款所述条例第二章第七节的规定。

第二章　人法、家庭法事项

[婚姻状况]

第 47 条　1. 以自然人的婚姻状况为标的的诉讼,除本法第 57 条所指事项外,如果该人在克罗地亚共和国有经常居所或者具有克罗地亚共和国国籍,则由克罗地亚共和国法院或者其他机关管辖,但本法另有规定的除外。

2. 本条第 1 款的规定,适用于诸如以下列事项为标的的诉讼:

(1)准予结婚的许可;

(2)剥夺或者恢复行为能力;

(3)监护的指定或终止;

(4)母亲或父亲身份的认定或否认;

(5)收养的成立;

(6)对失踪者的死亡宣告。

[婚姻、未婚同居关系和生活伴侣关系]

第 48 条　1. 克罗地亚共和国法院对于涉及离婚、解除婚姻或者宣告婚姻无效的事项的管辖权,依照欧盟理事会 2003 年 11 月 27 日《关于婚姻事项及父母亲责任事项的管辖权、判决的承认与执行并废除(欧共体)第 1347/2000 号条例的(欧共体)第 2201/2003 号条例》(载于 2003 年 12 月 23 日 L338 号《欧盟官方公报》)第二章的规定确定。

2. 对于婚姻事项,如果夫妻一方具有克罗地亚共和国的国籍,则克罗地亚共和国法院具有本条第 1 款所述条例第 7 条意义上的其他管辖权。

3. 对于因未婚同居关系和生活伴侣关系而产生的诉讼,比照适用本条第 1 款、第 2 款的规定。

[夫妻之间、未婚同居者之间和生活伴侣之间的财产关系]

第49条　1.克罗地亚共和国法院对于夫妻财产关系事项的管辖权,依照欧盟理事会2016年6月24日《关于在婚姻财产制事项的管辖权、法律适用以及判决的承认与执行领域加强合作的第2016/1103号条例》(载于2016年7月8日L183号《欧盟官方公报》)确定。

2.克罗地亚共和国法院对于有关未婚同居者财产关系事项的管辖权,比照适用本条第1款的规定。

3.克罗地亚共和国法院对于有关生活伴侣之间财产关系事项的管辖权,依照欧盟理事会2016年6月24日《关于在注册伴侣财产效力事项的管辖权、法律适用以及判决的承认与执行领域加强合作的第2016/1104号条例》(载于2016年7月8日L183号《欧盟官方公报》)确定。

4.克罗地亚共和国法院对于有关非正式的生活伴侣之间财产关系事项的管辖权,比照适用本条第3款的规定。

[父母与子女之间的关系]

第50条　1.克罗地亚共和国法院对于父母照顾事项的管辖权,依照欧盟理事会2003年11月27日《关于婚姻事项及父母亲责任事项的管辖权、判决的承认与执行并废除(欧共体)第1347/2000号条例的(欧共体)第2201/2003号条例》(载于2003年12月23日L338号《欧盟官方公报》)第二章和1996年《关于父母亲责任与子女保护措施的管辖权、法律适用、承认、执行与合作的海牙公约》的规定确定。

2.如果子女在某个非欧盟成员的国家拥有本条第1款所述条例意义上的经常居所,则该条例的规定亦适用于父母照顾事项,但需以本条第1款所述公约不适用于此类事项为前提。

3.如果子女具有克罗地亚共和国的国籍,则克罗地亚共和国法院对于父母照顾事项亦具有本条第1款所述条例第14条意义上的其他管辖权。

[母亲或父亲身份]

第51条　1.对于认定或否认母亲或父亲身份的事项,如果至少当事人一方在克罗地亚共和国有经常居所,或者当子女以及其母亲或父亲身份被认定或否认者具有克罗地亚共和国国籍时,则克罗地亚共和国法院具有管辖权。

2.在下列情形下,得以向克罗地亚共和国的实质争议主管机关宣告承认父亲或母亲身份:

(1)子女或者作出宣告者在克罗地亚共和国有经常居所;

(2)子女或者作出宣告者具有克罗地亚共和国国籍；

(3)该子女出生于克罗地亚共和国。

[收养]

第52条 对于成立或终止收养的事项，如果被收养人或者收养人在克罗地亚共和国有经常居所，或者具有克罗地亚共和国国籍，则克罗地亚共和国法院或其他机关具有管辖权。

[扶养]

第53条 克罗地亚共和国法院对于扶养事项的管辖权，依照欧盟理事会2008年12月18日《关于扶养义务事项的管辖权、法律适用、判决的承认与执行并进行合作的第4/2009号条例》(载于2009年1月10日L7号和2013年10月23日L281号《欧盟官方公报》)第二章规定确定。

第三章 继承事项

第54条 克罗地亚共和国法院或者其他机关对于遗产继承事项、因继承关系引起的争议或者债权人对遗产的债权之诉，依照欧盟议会及理事会2012年7月4日《关于继承事项的管辖权、法律适用、判决的承认与执行，公文书的接受与执行以及设立欧洲遗产证书的(欧盟)第650/2012号条例》(载于2012年7月27日L201号《欧盟官方公报》)确定。

第四章 其他规定

[一般规定]

第55条 克罗地亚共和国法院的管辖权，依照本法第46条第1款所述条例第4条第1款的规定确定，在本法第1条第2项所述范围内予以适用。

[非讼程序]

第56条 对于非讼事项，如果所提申请的相对人在克罗地亚共和国有住所地或经常居所，则克罗地亚共和国法院具有管辖权，但本法另有规定的除外。但是，当只有一人参与非讼程序时，如果该人在克罗地亚共和国有住所地或经常居所，则克罗地亚共和国法院具有管辖权。

[临时措施、保全措施和执行措施]

第57条 1.对涉及位于克罗地亚共和国境内的人或财产的临时措施或者保护措施、保全措施的指定，由克罗地亚共和国法院或者其他主管机关管辖。

2. 对涉及位于克罗地亚共和国境内的人或财产的执行措施的指定或实施,由克罗地亚共和国法院专属管辖。

[必要管辖]

第58条 如果适用本法规定、克罗地亚共和国的其他法律或者对克罗地亚共和国生效的国际协定,对于住所地在非欧盟成员国境内的被告无法确定管辖权,并且诉讼程序无法在外国进行或者预期无法正当地进行,而诉讼标的与克罗地亚共和国有充分的联系,在克罗地亚共和国进行诉讼显得符合目的,则克罗地亚共和国法院具有管辖权。

[实体管辖和属地管辖]

第59条 1. 如果克罗地亚共和国法院根据本法具有管辖权,则其实体管辖权和属地管辖权依照特别法律确定。

2. 若适用特别法律不能确立克罗地亚共和国法院的属地管辖权,则可比照适用本法有关国际管辖权的规定确定该管辖权。根据该规定仍不能确立属地管辖权的,由萨格勒布的法院进行属地管辖。

[在外国法院悬而未决的诉讼]

第60条 1. 非欧盟成员国的一国法院对相同当事人之间的同一事项先前已启动诉讼程序的,在该外国法院作出裁判之前,克罗地亚共和国法院中止诉讼程序,但该外国法院不能预期在合理期限内作出适宜在克罗地亚共和国予以承认的判决的情形除外。

2. 在本条第1款所述情形下,如果克罗地亚共和国法院在诉讼程序中止期间被送达一份适宜在克罗地亚共和国予以承认的外国判决,则克罗地亚共和国法院应宣告无管辖权。

[诉讼费用担保]

第61条 1. 如果原告既无克罗地亚共和国国籍,又无欧盟其他成员国、《欧洲经济区协定》缔约国或者调整免于诉讼费用担保的其他国际协定缔约国的国籍,并且其住所地或者所在地位于既非欧盟成员国也非《欧洲经济区协定》缔约国、调整免于诉讼费用担保的其他国际协定缔约国的某一国境内,则其有义务基于被告的请求提供诉讼费用担保,但克罗地亚共和国法院有关诉讼费用的裁判能被原告住所地或者所在地国承认的情形除外。

2. 外国法的查明,比照适用本法第8条的规定。

3. 被告最迟必须在预审开庭之前提出本条第1款所述申请,在无预审开庭日期时,则在主审程序第一次开庭对案件进行实体审理之前提出。

4. 诉讼费用担保以金钱交付,但法院亦可同意以其他适当形式提供担保。

第 62 条 在下列情形下,被告无权请求诉讼费用担保:

(1)诉讼请求涉及原告在克罗地亚共和国境内因雇佣关系而产生的债权;或者

(2)涉及婚姻争议或者有关认定或者否认母亲或者父亲身份的争议以及涉及法定扶养的争议;或者

(3)涉及反诉的;或者

(4)原告在克罗地亚共和国境内享有庇护权。

第 63 条 1. 在批准诉讼费用担保申请的决定中,法院应确定担保的数额和提供担保的期限,并向原告指出如未能证明在指定期限内提供担保时应承担的法律后果。

2. 如果原告不能证明其已在指定期限内提供了诉讼费用担保,则视为撤诉。

3. 如果被告已及时地提出原告应提供诉讼费用担保的申请,只要未就其申请作出具有法律效力的决定,以及若其申请获得批准,只要原告尚未提供担保,被告即无义务继续参加案件实质问题的诉讼程序。

4. 法院如驳回了提供诉讼费用担保的申请,即使此项驳回申请的决定尚未产生法律效力,仍可决定继续诉讼程序。

[法律规定的证明]

第 64 条 1. 司法部长提供有关克罗地亚共和国现行或有效法律规定的证明,以供外国机构使用。

2. 本条第 1 款所述的证明,应载明法规的名称、制定日期、失效日期以及相应条款的文字表述。

第四编 外国法院判决的承认与执行

[外国法院判决的承认与执行]

第 65 条 本法本编的规定,在其范围内不适用于外国法院判决的承认与执行,只要这些判决由下列规定调整:

(1)欧盟议会及理事会 2012 年 12 月 12 日《关于民商事管辖权及判决的承认与执行的(欧盟)第 1215/2012 号条例(重订本)》(载于 2012 年 12 月 20 日 L351 号《欧盟官方公报》);

(2)欧盟理事会 2008 年 12 月 18 日《关于扶养义务事项的管辖权、法律适用、判决的承认与执行并进行合作的第4/2009号条例》(载于2009年1月10日L7号和2013年10月23日L281号《欧盟官方公报》);

(3)欧盟理事会2003年11月27日《关于婚姻事项及父母亲责任事项的管辖权、判决的承认与执行并废除(欧共体)第1347/2000号条例的(欧共体)第2201/2003号条例》(载于2003年12月23日L338号《欧盟官方公报》);

(4)欧盟议会及理事会2012年7月4日《关于继承事项的管辖权、法律适用、判决的承认与执行,公文书的接受与执行以及设立欧洲遗产证书的(欧盟)第650/2012号条例》(载于2012年7月27日L201号《欧盟官方公报》);

(5)欧盟理事会2016年6月24日《关于在婚姻财产制事项的管辖权、法律适用以及判决的承认与执行领域加强合作的第2016/1103号条例》(载于2016年7月8日L183号《欧盟官方公报》);

(6)欧盟理事会2016年6月24日《关于在注册伴侣财产效力事项的管辖权、法律适用以及判决的承认和执行领域加强合作的第2016/1104号条例》(载于2016年7月8日L183号《欧盟官方公报》);

(7)1996年10月19日《关于父母亲责任与子女保护措施的管辖权、法律适用、承认、执行与合作的海牙公约》;

(8)2007年11月23日《关于国际追索子女抚养费及其他形式家庭扶养的海牙公约》(载于2011年7月22日L192号和2014年4月16日L113号《欧盟官方公报》)。

第66条 1.外国法院的判决,只有经克罗地亚共和国法院承认,方等同于克罗地亚共和国法院所作判决并在克罗地亚共和国境内具有法律效力。

2.在法院达成的和解(法院和解),亦视为本条第1款所述的外国法院判决。

3.其他机关就本法第1条所述各类关系所作的裁决,如在作出国被视为等同于法院判决或法院和解,亦视为外国法院判决。

第67条 1.如果请求承认人在提交外国法院判决的同时,还提交了依照判决作出国法律该判决具有法律效力的证明,该外国法院判决应予以承认。

2.请求执行外国法院判决者,除了必须提供本条第1款所述证明外,还须提供有关该判决依照其作出国法律具有可执行性的证明。

第68条 如果克罗地亚共和国法院根据申请承认判决的相对人提出的异议,经查实,在作出该项判决的诉讼程序中,该方当事人参加诉讼的权利受到侵害,则拒绝承认外国法院判决。

第 69 条 1. 如果克罗地亚共和国法院或者其他机关对案件有专属管辖权，则拒绝承认外国法院判决。

2. 如果作出判决的外国法院仅仅基于被告或其财产出现在法院国境内即确立其管辖权，而此种出现与诉讼标的无任何直接关联，则应拒绝承认外国法院判决。

3. 如果法院确立管辖权的依据违反了本法第 46 条第 1 款所述条例第二章第三节、第四节和第五节的规定，则拒绝承认外国法院判决。

第 70 条 1. 如果克罗地亚共和国法院对相同当事人之间的同一案件已作出了具有法律效力的判决，或者另一外国法院先前已作出具有法律效力的判决并且已在或适宜在克罗地亚共和国予以承认，则拒绝承认外国法院判决。

2. 如果克罗地亚共和国法院对相同当事人之间就同一争讼事件先前提起的诉讼尚未审结，在对该诉讼程序进行有效终结之前，法院应中止承认外国法院判决的程序。

第 71 条 如果承认外国法院判决的结果显然与克罗地亚共和国的公共秩序不相容，则拒绝予以承认。

第 72 条 1. 对于外国法院判决的承认和执行，由请求承认和执行的相对当事方的住所地法院或者执行地法院进行属地管辖。除非请求承认和执行的相对当事方在克罗地亚共和国境内无任何住所地，并且执行行为也不在克罗地亚共和国境内实施，则可向对实质争议有管辖权的克罗地亚共和国法院提出申请。

2. 对有关承认与执行外国法院判决的裁定，当事人各方可在该裁定书送达之日起 15 天内提出上诉。

3. 对承认外国法院判决尚未作出任何具有法律效力的裁定时，各法院均可如同对先决问题一样在诉讼程序中就承认该判决作出裁定，但仅对该诉讼程序有效。

第 73 条 本法本编的规定，必要时比照适用于外国法院判决的可执行性宣告，但欧盟有法律约束力的文件、对克罗地亚共和国生效的国际协定或者其他法律另有规定的除外。

第五编 特别规定

第 74 条 1. 只要克罗地亚共和国的外交使团或领事机构所在国不反对或者国际协定有规定，克罗地亚共和国国民得以在国外在从事领事业务的克罗地亚共和国外交使团或领事机构的授权人员处缔结婚姻。

2. 外交部长应指定可在国外受理克罗地亚共和国国民之间结婚事宜的外交使

团或领事机构。

第75条 只要克罗地亚共和国的外交使团或领事机构所在国不反对或者国际协定有规定,从事领事业务的克罗地亚共和国外交使团或领事机构可执行与在国外的克罗地亚共和国国民有关的监护事务。

第76条 克罗地亚共和国国民得以在从事领事业务的克罗地亚共和国外交使团或领事机构处依照设立公证遗嘱的规定在国外设立遗嘱。

第77条 克罗地亚共和国在外国从事领事业务的外交使团或领事机构,得以依照国际协定或者接收国的法律规定,对签字、手稿及副本进行认证。

第六编 过渡条款和最后规定

第78条 1.本法适用于自本法生效之日起所产生的法律关系,并适用于自本法生效之日起所启动的诉讼程序。

2.调整本法第1条所述各类关系并对克罗地亚共和国有效的国际协定以及欧盟有法律约束力的文件,其适用在时间上不受本条第1款规定的限制。

第79条 自本法生效之日起,外交部长应在6个月期限内作出本法第74条第2款所述的决定。

第80条 自本法生效之日起,《关于解决在特定关系上与其他国家的法律冲突的法律》(载于1991年第53号和2001年第88号《国家公报》)废止。

第81条 本法于《国家公报》上公布并于2019年1月29日生效。

约稿启事

《中国国际私法与比较法年刊》(以下简称《年刊》)是由中国国际私法学会、武汉大学国际法研究所主办,法律出版社出版发行的学术出版物,也是中文社会科学引文索引(CSSCI)法学学科来源集刊。《年刊》享有较高的学术声誉,在推进我国国际私法科学研究、繁荣发展和学术交流中发挥了十分重要的作用。

《年刊》坚持学术自律、自主和自尊的方针,一切采稿、编辑活动坚持学术标准。栏目设置以国际私法专论、冲突法研究、国际统一私法与比较法研究、区际法律问题研究、国际民商事争议解决机制研究等栏目为主,还设有电子商务与国际私法研究、国际私法实务研究、《海牙公约》研究、国际私法教学、评介与资料等栏目。《年刊》自 2017 年卷开始,每年出版 2 卷,面向国内外征集稿件,热忱欢迎广大专家学者踊跃赐稿。

稿件要求如下:

一、来稿体裁和字数不限,要求选题新颖,立论科学,论据充足,论证严密,层次清晰,语言流畅。

二、来稿必须包括:题目(包括英文译名),作者简介(姓名、所在单位、职务或职称、邮编、联系电话、电子邮箱),摘要,正文。

三、来稿必须是未经发表的学术论著,请勿引用未公开发表的资料,勿一稿多投。根据我国《著作权法》的有关规定,编辑部对来稿有权做文字性和技术性的修改、删节。

四、来稿文责自负,《年刊》所载文章仅代表作者个人观点,并不必然反映编辑部或者主办机构的观点或立场。

五、为适应我国信息化建设,扩大《年刊》及作者知识信息交流渠道,《年刊》已被《中国学术期刊网络出版总库》及 CNKI 系列数据库收录,免费提供作者文章引用统计分析资料,其作者文章著作权使用费与本书稿酬一次性给付。如作者不同意文章被收录,请在来稿时声明,《年刊》编辑部将作适当处理。

六、来稿注释范例如下:

(一)文中注释采用脚注,全文每页脚注单独排序,注码放标点之后。

(二)非引用原文者,注释前加“参见”。

(三)引用资料非来自原始出处者,注明“转引自”。

(四)引文出自同一资料相邻数页者,注释例:第28页以下。

(五)具体注释体例:

1. 著作类

①季卫东:《法治秩序的建构》(增补版),商务印书馆2014年版,第20页。

②徐冬根:《财富与美德》,北京大学出版社2013年版,第31页。

2. 论文类

①韩长印、韩永强:《债权受偿顺位省思——基于破产法的考量》,载《中国社会科学》2010年第4期。

②许多奇:《论税法量能平等负担原则》,载《中国法学》2013年第5期。

③高薇:《网络交易中的私人纠纷解决》,载《政法论坛》2013年第5期。

3. 文集类

黄韬:《为什么法院不那么重要——中国证券市场的一个观察》,载苏力主编:《法律和社会科学》(第9卷),法律出版社2012年版。

4. 译作类

[英]H. L. A. 哈特、[美]托尼·奥诺尔:《法律中的因果关系》,张绍谦译,中国政法大学出版社2005年版,第216页。

5. 报纸类

许多奇:《“带头大哥”为何涉嫌非法集资》,载《解放日报》2007年10月15日,第13版。

6. 古籍类

《史记·秦始皇本纪》。

7. 辞书类

《新英汉法律词典》,法律出版社1998年版,第24页。

8. 外文类

依从该文种注释习惯。

例如:Shen Wei, *Rethinking the New York Convention—A Law and Economics Approach*, Cambridge: Intersentia, 2013, p. 153.

9. 法院判决、公告类

《关于进一步支持小微企业增值税和营业税政策的通知》(财税〔2014〕71号)。

10. 网络资讯类

原则上,如果同样内容有纸质参考,请选用纸质参考,以方便保存查阅。

尹守革:《专访吴晓灵:央行应该有更多的自主权》,载搜狐财经网:http://business. sohu. com/20131218/n392003645. shtml,最后访问日期:2013 年 12 月 18 日。

七、经《年刊》采用的来稿,会敬奉稿酬及样书。所有来稿 3 个月内未收到录用通知,作者有权对稿件另行处理,编辑部一般不予退稿,请作者自留底稿。

八、任何来稿视为作者、译作者已经知悉并同意《年刊》的约稿条件。

来稿请采用电子文本。电子文本请发送电子邮件至 ybpil@ whu. edu. cn。

《中国国际私法与比较法年刊》编委会

2020 年 5 月

图书在版编目(CIP)数据

中国国际私法与比较法年刊：第二十四卷. 2019／黄进，肖永平，刘仁山主编. -- 北京：法律出版社，2020

ISBN 978-7-5197-4874-6

Ⅰ. ①中… Ⅱ. ①黄… ②肖… ③刘… Ⅲ. ①国际私法—中国—2019—年刊②比较法—中国—2019—年刊 Ⅳ. ①D997-54

中国版本图书馆 CIP 数据核字(2020)第156745号

中国国际私法与比较法年刊(2019·第二十四卷)
ZHONGGUO GUOJI SIFA YU BIJIAOFA NIANKAN
(2019·DI-ERSHISI JUAN)

黄 进
肖永平 主编
刘仁山

策划编辑 沈小英
责任编辑 沈小英 张泽华
装帧设计 李 瞻

出版 法律出版社
总发行 中国法律图书有限公司
经销 新华书店
印刷 北京虎彩文化传播有限公司
责任校对 晁明慧
责任印制 吕亚莉

编辑统筹 法治与经济出版分社
开本 710毫米×1000毫米 1/16
印张 24.25
字数 452千
版本 2020年10月第1版
印次 2020年10月第1次印刷

法律出版社／北京市丰台区莲花池西里7号(100073)
网址／www. lawpress. com. cn
投稿邮箱／info@ lawpress. com. cn
举报维权邮箱／jbwq@ lawpress. com. cn
销售热线／400-660-8393
咨询电话／010-63939796

中国法律图书有限公司／北京市丰台区莲花池西里7号(100073)
全国各地中法图分、子公司销售电话：
统一销售客服／400-660-8393/6393
第一法律书店／010-83938432/8433 西安分公司／029-85330678 重庆分公司／023-67453036
上海分公司／021-62071639/1636 深圳分公司／0755-83072995

书号：ISBN 978-7-5197-4874-6 **定价**：196.00元